中国西部县域经济数据报告

（2015）

樊　森　著

陕西新华出版传媒集团
陕西科学技术出版社
Shaanxi Science And Technology Press

图书在版编目(CIP)数据

中国西部县域经济数据报告. 2015 / 樊森著. —西安：陕西科学技术出版社，2017. 6

ISBN 978 - 7 - 5369 - 6893 - 6

Ⅰ. ①中…　Ⅱ. ①樊…　Ⅲ. ①县级经济—区域经济发展—研究报告—西北地区—2015　②县级经济—区域经济发展—研究报告—西南地区—2015　Ⅳ. ①F127

中国版本图书馆 CIP 数据核字(2017)第 003025 号

中国西部县域经济数据报告(2015)

出版者	陕西新华出版传媒集团　陕西科学技术出版社 西安北大街 131 号　邮编 710003 电话(029)87211894　传真(029)87218236 http://www.snstp.com
发行者	陕西新华出版传媒集团　陕西科学技术出版社 电话(029)87212206　87260001
印　刷	陕西光大印务有限责任公司
规　格	787mm×1092mm　1/16
印　张	20.25
字　数	329 千字
版　次	2017 年 6 月第 1 版 2017 年 6 月第 1 次印刷
书　号	ISBN 978 - 7 - 5369 - 6893 - 6
定　价	45.00 元

编委会名单

Preface
前 言

县域是我国经济发展的基础和载体，是我国全面建成小康社会的主场。西部县域是我国经济发展的后发潜力和支撑，是我国打赢脱贫攻坚战的主阵地。“郡县治、天下安”！“十八大”以来，我国县域经济发展受到空前重视，但从实际层面上看，我国针对县域经济的数据统计、基础研究普遍不足，我们对于县域经济的认识，大部分只停留在稳定器、蓄水池，地位很关键、工作很重要，底子较薄、基础较差、潜力很大等层面，但要说清楚县域经济基本层面的相关数据和问题仍然比较困难。

鉴于以上情况，中研智库定位于中国县域发展决策高端智库，中研智业作为我国县域经济综合解决方案提供商，多年来根植于县域，长期为县域提供研究咨询及规划设计服务，在其已研究出版系列经济丛书 7 本专著的基础上，精心组织安排研究出版第 8 本专著——《中国西部县域经济数据报告(2015)》(以下称“本专著”)，试以西部县域为研究范围和起点，统计分析我国西部县域经济发展的关键数据，开展数据库建设，进行基础研究，旨在为我国县域经济发展提供基础研究成果和数据依据，为县域主政者及相关研究等人员提供基础决策服务支撑。

本专著研究涉及陕西、甘肃、宁夏、青海、新疆、四川、重庆、云南、贵州、西藏、内蒙古、广西 12 个省市自治区，900 余个县区，以 2014 年数据为研究基准数，运用县域发展的生产总值、三次产业结构、工业总产值、财政收入、固定资产投资等关键经济指标，全部采用定量统计，进行指标相关分析，最终以数据研究反映得出，西部及每个省县域经济发展的整体情况、结构情况、分布情况、发展水平及与省级与西部的差距、问题等。本专著结构分为4大块，综述篇为西部综合篇，其余12篇章为每个省的研究报告及标准数据库。以上涉及12个省市自治区，每个省的研究报告及数据库等共同构成了本专著的全部内容。

《中国西部县域经济数据报告(2015)》是对我国西部县域一次较为全面、系统的数据统计分析，全面采用数据及定量研究，建立西部县域经济数据库，以数据推算数据，以定量推导结论是本书的最大特点。从事县域经济研究是中研智库和中研智业的立足之本和使命方向，开展西部县域经济研究也是一次全新的尝试。未来，中研智库将继续推动全国县域经济数据库建设，进一步深化研究层次，开展全国县域经济研究，并持续每年出成果，为我国县域经济发展贡献绵薄之力。

樊　森

2017年3月

Contents

目 录

第一编 西部综合

第二编 西北五省

第三编　西南五省

第四编　其他省份

第一编

西部综合

一、整体概况

(一)西部概况

中国西部地区包括12个省市及自治区，即西北五省区(陕西、甘肃、青海、新疆、宁夏)、西南五省区市(四川、云南、贵州、西藏、重庆)和内蒙古、广西。2014年年末西部常住人口36839万人，占全国总人口的26.9%，总面积约686万平方千米，约占全国总面积的72%。同时，西部地区与蒙古、俄罗斯、塔吉克斯坦、哈萨克斯坦、吉尔吉斯斯坦、巴基斯坦、阿富汗、不丹、尼泊尔、印度、缅甸、老挝、越南12个国家接壤，陆地边境线长达1.8万余千米，约占全国陆地边境线的91%；与东南亚许多国家隔海相望，有大陆海岸线1595千米，约占全国大陆海岸线的1/10。

2014年末，全国大陆总人口为136782万人；全年国内生产总值636463.0亿元，人均国内生产总值约为4.7万元，其中，第一产业增加值58332.0亿元，第二产业增加值271392.0亿元，第三产业增加值306739.0亿元，三次产业比重结构为9.2∶42.6∶48.2；全年全国一般公共财政收入140350.0亿元；全年全社会固定资产投资512761.0亿元；全年社会消费品零售总额262394.0亿元，其中城镇消费品零售额226368.0亿元，乡村消费品零售额36027.0亿元。

西部地区生产总值实现138082.9亿元，占全国生产总值的21.7%；人均生产总值约3.7万元，为全国水平的78.7%。其中，第一产业增加值16426.9亿元，第二产业增加值66211.2亿元，第三产业增加值55444.8亿元，三次产业比重结构为11.9∶47.9∶40.2；公共财政预算收入16201.2亿元，占全国公共财政收入的11.5%；全社会固定资产投资126014.4亿元，占全国固定资产投资的24.6%；社会消费品零售总额47226.2亿元，占全国社会消费品零售总额的18%，其中，城镇消费品零售额40720.0亿元，乡村消费品零售额6506.2亿元。

(二)县域概况

中国西部地区1089个县级行政区划单位,纳入县域体系的有902个县级行政区划单位。行政区域面积约659万平方千米,占西部国土面积的96.0%,占全国国土面积的68.6%;户籍人口31613万人,约占西部总人口的85.8%,约占全国总人口的23.1%;县域地区生产总值为84350.6亿元,占西部地区生产总值的61.1%,占全国国内生产总值的13.1%;县域地区人均生产总值2.7万元,为西部地区水平的72.9%,为全国水平的57.4%。其中:第一产业增加值14354.6亿元,第二产业增加值42826.5亿元,第三产业增加值27169.5亿元,三次产业结构比重为17.0∶50.8∶32.2。县域公共财政收入为5764.0亿元,占西部地区公共财政收入的35.6%,占全国公共财政收入的4.1%;县域固定资产为82819.8亿元,占西部地区固定资产投资的65.7%,占全国固定资产投资的16.2%。

二、经济分析

(一)生产总值

1.占比分析

(1)西部县域占西部地区生产总值比重

2014年,西部县域生产总值为84350.6亿元,占西部地区生产总值比重的61.1%。其中,各省占西部地区生产总值比重结构为:陕西省占7.5%、甘肃省占2.9%、青海省占1.0%、新疆占4.9%、宁夏占0.9%、四川省占12.0%、云南省占6.1%、贵州省占5.3%、西藏占0.5%、重庆市占4.4%、内蒙古占9.6%、广西占6.0%(见图1-1)。

(2)各省县域占西部县域生产总值比重

2014年,西部县域生产总值为84350.6亿元,其中:陕西省占12.2%、甘肃省占4.8%、青海省占1.7%、新疆占8.0%、宁夏占1.4%、四川省占19.6%、云南省占10.0%、贵州省占8.6%、西藏占0.8%、重庆市占7.3%、内蒙古占15.7%、广西占9.9%(见图1-2)。

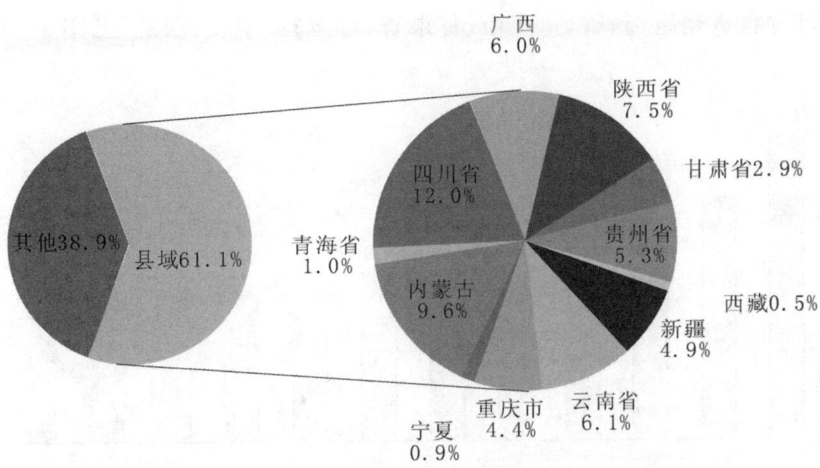

图1-1　2014年西部县域占西部地区生产总值比重

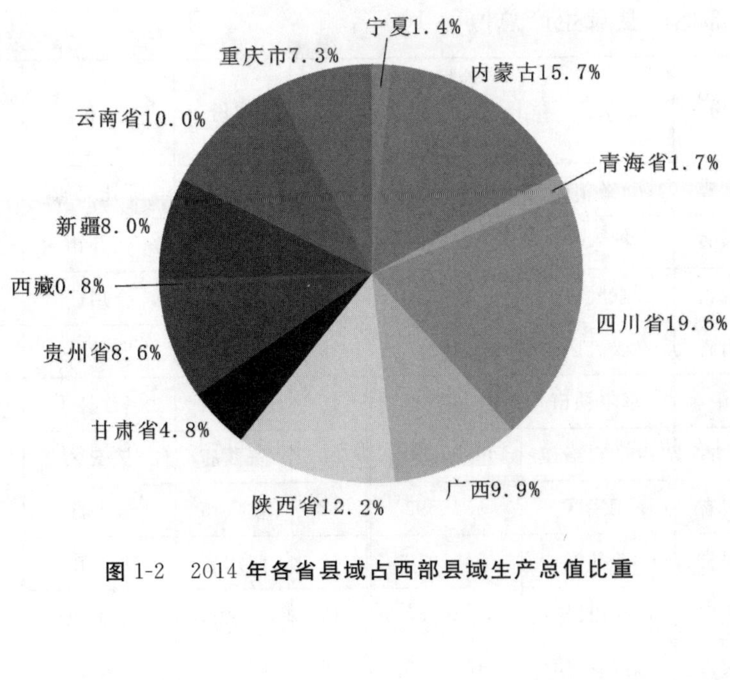

图1-2　2014年各省县域占西部县域生产总值比重

2. 排名分析

(1)西部地区各省县域生产总值排名

2014 年，西部地区各省县域生产总值排名依次为：四川省、内蒙古、陕西省、云南省、广西、贵州省、新疆、重庆市、甘肃省、青海省、宁夏、西藏(见图 1-3)。

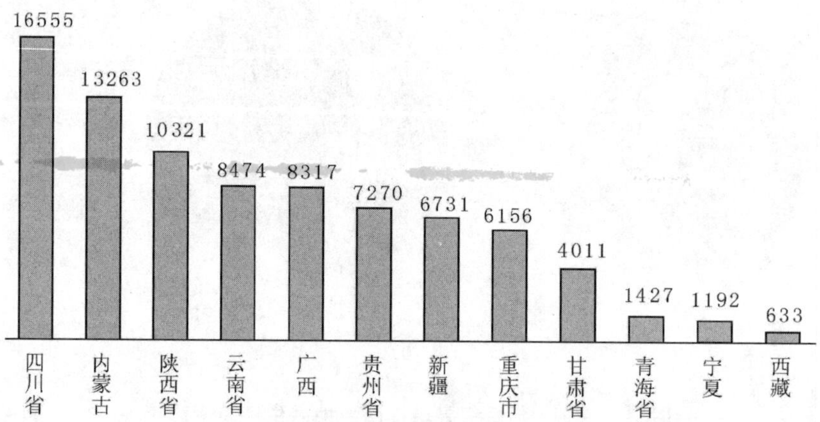

图 1-3 2014 年西部地区各省县域生产总值排名(亿元)

(2)西部地区县域生产总值前 100 名

排名	省份	单位	地区生产总值(万元)	排名	省份	单位	地区生产总值(万元)
1	内蒙古	准格尔旗	11067094	11	内蒙古	鄂托克旗	4594056
2	陕西省	神木县	9682380	12	贵州省	仁怀市	4428700
3	内蒙古	东胜区	9305330	13	重庆市	合川区	4404576
4	四川省	双流区	8145244	14	陕西省	府谷县	4365781
5	新疆	库尔勒市	7282633	15	贵州省	盘县	4263034
6	内蒙古	伊金霍洛旗	6755200	16	陕西省	长安区	4206958
7	四川省	江津区	5546593	17	重庆市	长寿区	4204068
8	四川省	新都区	5421913	18	四川省	西昌市	4186854
9	重庆市	永川区	5125385	19	内蒙古	乌审旗	4035200
10	内蒙古	达拉特旗	4950200	20	四川省	郫县	3966603

续表

排名	省份	单位	地区生产总值（万元）	排名	省份	单位	地区生产总值（万元）
21	四川省	简阳市	3772216	45	新疆	石河子市	2903739
22	内蒙古	阿拉善左旗	3714830	46	贵州省	兴义市	2828324
23	陕西省	靖边县	3651900	47	重庆市	铜梁区	2810500
24	四川省	温江区	3645078	48	内蒙古	海拉尔区	2744229
25	重庆市	綦江区	3579891	49	贵州省	遵义县	2733927
26	陕西省	定边县	3383900	50	内蒙古	临河区	2733344
27	重庆市	璧山区	3345173	51	云南省	楚雄市	2690502
28	内蒙古	土默特右旗	3343125	52	四川省	中江县	2689445
29	新疆	昌吉市	3317744	53	广西	武鸣区	2660717
30	重庆市	大足区	3298433	54	广西	桂平县	2648517
31	内蒙古	霍林郭勒市	3258031	55	四川省	安岳县	2638639
32	宁夏	灵武市	3252568	56	甘肃省	凉州区	2603442
33	云南省	大理市	3135119	57	四川省	射洪县	2600602
34	四川省	仁寿县	3124699	58	贵州省	七星关区	2588975
35	新疆	哈密市	3089378	59	内蒙古	土默特左旗	2584923
36	四川省	广汉市	3050124	60	四川省	南部县	2555974
37	陕西省	韩城市	3030147	61	四川省	大竹县	2533390
38	四川省	彭州市	3017443	62	广西	北流市	2521373
39	四川省	江油市	3006171	63	四川省	金堂县	2520914
40	重庆市	荣昌县	3004235	64	四川省	都江堰市	2515800
41	重庆市	开县	3001665	65	四川省	宣汉县	2505629
42	陕西省	高陵县	3000900	66	广西	兴宾区	2503985
43	四川省	威远县	2939962	67	云南省	弥勒市	2458891
44	青海省	格尔木市	2921071	68	广西	横县	2386498

续表

排名	省份	单位	地区生产总值（万元）	排名	省份	单位	地区生产总值（万元）
69	广西	八步区	2384354	85	重庆市	梁平县	2178288
70	四川省	泸县	2370288	86	四川省	会理县	2159907
71	内蒙古	托克托县	2364208	87	广西	临桂区	2157671
72	重庆市	潼南县	2341631	88	内蒙古	满洲里市	2124403
73	四川省	资中县	2340865	89	陕西省	吴起县	2115141
74	云南省	安宁市	2309359	90	四川省	渠县	2089354
75	陕西省	洛川县	2294430	91	四川省	新津县	2083097
76	云南省	宣威市	2293201	92	重庆市	忠县	2078381
77	内蒙古	牙克石市	2271352	93	内蒙古	锡林浩特市	2075007
78	内蒙古	阿拉尔市	2260742	94	四川省	富顺县	2068040
79	内蒙古	开鲁县	2254537	95	四川省	隆昌县	2062373
80	重庆市	垫江县	2240941	96	广西	博白县	2038586
81	四川省	什邡市	2201623	97	四川省	崇州市	2032290
82	贵州省	清镇市	2193868	98	广西	陆川县	2025602
83	四川省	达川区	2187456	99	内蒙古	达尔罕茂明安联合旗	2023900
84	广西	岑溪市	2182961	100	四川省	绵竹市	2014181

(3)西部各省县域人均生产总值排名

2014 年，西部各省县域人均生产总值排名：内蒙古、陕西省、新疆、宁夏、青海省、重庆市、四川省、西藏、云南省、广西、贵州省、甘肃省(见图 1-4)。

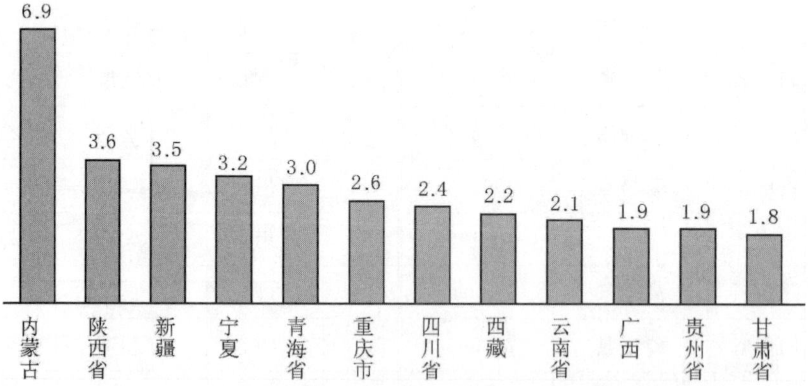

图 1-4　2014 年西部地区各省县域人均生产总值排名(万元)

(4)西部地区县域人均生产总值前100名

排名	省份	单位	人均生产总值(元)	排名	省份	单位	人均生产总值(元)
1	内蒙古	鄂托克旗	459405.6	21	新疆	库尔勒市	151721.5
2	内蒙古	霍林郭勒市	407253.9	22	陕西省	吴起县	151081.5
3	内蒙古	伊金霍洛旗	397364.7	23	甘肃省	阿克塞哈萨克族自治县	150705.0
4	内蒙古	乌审旗	366836.4	24	内蒙古	苏尼特左旗	149096.0
5	内蒙古	东胜区	344641.9	25	内蒙古	陈巴尔虎旗	148162.3
6	甘肃省	肃北蒙古族自治县	341496.0	26	陕西省	凤县	145610.4
7	内蒙古	准格尔旗	299110.6	27	内蒙古	达拉特旗	137505.6
8	内蒙古	二连浩特市	294654.0	28	宁夏	灵武市	135523.7
9	内蒙古	阿拉善左旗	265345.0	29	内蒙古	西乌珠穆沁旗	129755.6
10	内蒙古	额济纳旗	245948.0	30	内蒙古	满洲里市	124964.9
11	新疆	伊吾县	226848.5	31	内蒙古	阿拉善右旗	124014.3
12	陕西省	神木县	220054.1	32	内蒙古	阿巴嘎旗	122030.2
13	新疆	若羌县	219052.0	33	内蒙古	锡林浩特市	115278.2
14	青海省	格尔木市	208647.9	34	西藏	林芝县	113477.3
15	内蒙古	新巴尔虎右旗	192326.0	35	内蒙古	托克托县	112581.3
16	内蒙古	达尔罕茂明安联合旗	183990.9	36	青海省	天峻县	111161.0
17	内蒙古	东乌珠穆沁旗	176002.5	37	内蒙古	乌拉特后旗	110116.7
18	陕西省	府谷县	174631.2	38	陕西省	靖边县	107408.8
19	内蒙古	镶黄旗	161009.3	39	陕西省	洛川县	104292.3
20	内蒙古	鄂托克前旗	159186.3	40	陕西省	志丹县	104137.0

续表

排名	省份	单位	人均生产总值(元)	排名	省份	单位	人均生产总值(元)
41	新疆	阿拉尔市	102761.0	65	新疆	乌苏市	72531.6
42	内蒙古	海拉尔区	98008.2	66	新疆	奎屯市	71925.3
43	新疆	五家渠市	97715.4	67	甘肃省	敦煌市	71896.0
44	陕西省	定边县	96682.9	68	新疆	哈密市	71846.0
45	四川省	温江区	91127.0	69	内蒙古	和林格尔县	70490.6
46	陕西省	高陵县	90936.4	70	内蒙古	乌拉特中旗	70042.9
47	内蒙古	土默特右旗	90354.7	71	内蒙古	土默特左旗	69862.8
48	新疆	昌吉市	89668.8	72	新疆	玛纳斯县	69360.8
49	新疆	阜康市	85944.8	73	内蒙古	新巴尔虎左旗	69314.0
50	陕西省	黄陵县	85661.0	74	内蒙古	多伦县	67694.6
51	云南省	安宁市	85531.8	75	四川省	新津县	67196.7
52	内蒙古	正蓝旗	83883.9	76	内蒙古	牙克石市	64895.8
53	四川省	双流区	80646.0	77	四川省	西昌市	64413.1
54	甘肃省	玉门市	78438.1	78	贵州省	仁怀市	64184.1
55	云南省	呈贡区	77952.3	79	新疆	鄯善县	64182.5
56	内蒙古	鄂温克族自治旗	77879.2	80	内蒙古	扎鲁特旗	61964.7
57	内蒙古	苏尼特右旗	77513.9	81	陕西省	麟游县	61943.4
58	甘肃省	华池县	76462.6	82	云南省	香格里拉县	60628.1
59	新疆	石河子市	76414.2	83	新疆	呼图壁县	60481.3
60	陕西省	韩城市	75753.7	84	内蒙古	杭锦旗	60164.3
61	甘肃省	肃南裕固族自治县	75356.0	85	青海省	海晏县	60037.8
62	四川省	新都区	75304.3	86	广西	东兴市	57840.1
63	新疆	吉木萨尔县	73871.2	87	西藏	乃东县	56498.8
64	四川省	郫县	73455.6	88	云南省	瑞丽市	56400.3

续表

排名	省份	单位	人均生产总值(元)	排名	省份	单位	人均生产总值(元)
89	内蒙古	开鲁县	56363.4	95	内蒙古	额尔古纳市	55342.0
90	陕西省	安塞县	56020.0	96	内蒙古	固阳县	55290.5
91	内蒙古	克什克腾旗	55978.2	97	新疆	奇台县	55187.0
92	新疆	沙湾县	55788.3	98	四川省	汶川县	54993.4
93	青海省	德令哈市	55730.3	99	西藏	堆龙德庆县	54719.0
94	四川省	米易县	55489.4	100	新疆	富蕴县	54654.1

(二)产业结构

1.西部地区三次产业增加值比重

2014年,西部地区生产总值实现138073.5亿元,第一产业增加值16426.9亿元,第二产业增加值66190.1亿元,第三产业增加值55456.6亿元,三次产业比重结构为11.9∶47.9∶40.2(见图1-5)。

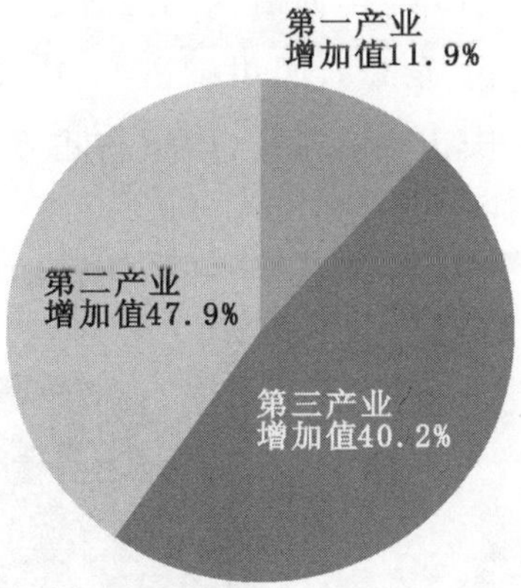

图1-5　2014年西部地区三次产业增加值比重

2.西部地区县域三次产业增加值比重

2014年,西部地区县域生产总值实现84350.6亿元,其中:第一产业增加值14354.6亿元,第二产业增加值42826.5亿元,第三产业增加值27169.5亿元,三次产业结构比重为17.0∶50.8∶32.2(见图1-6)。

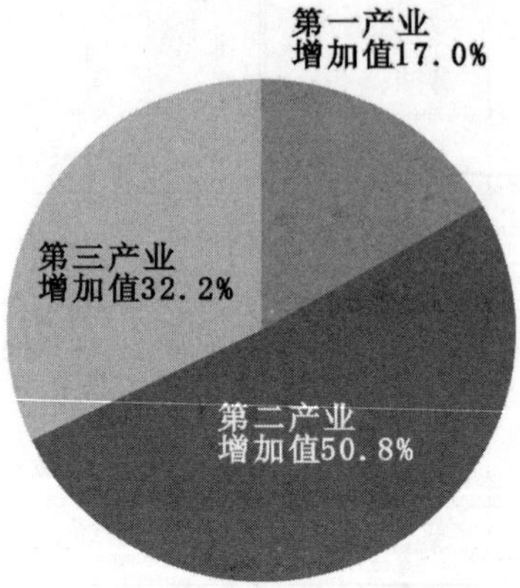

图 1-6　2014 年西部地区县域三次产业增加值比重

(三)财政收入

1. 占比分析

(1)各省占西部地区公共财政收入比重

2014 年,西部地区县域公共财政收入为 5764.0 亿元,占西部地区公共财政收入的比重为 35.6%。其中:陕西省占 3.2%、甘肃省占 1.4%、青海省占 0.5%、新疆占 3.7%、宁夏占 0.6%、四川省占 5.9%、云南省占 4.1%、贵州省占4.6%、西藏占 0.2%、重庆市占 3.1%、内蒙古占 5.4%、广西占 2.9%(见图 1—7)。

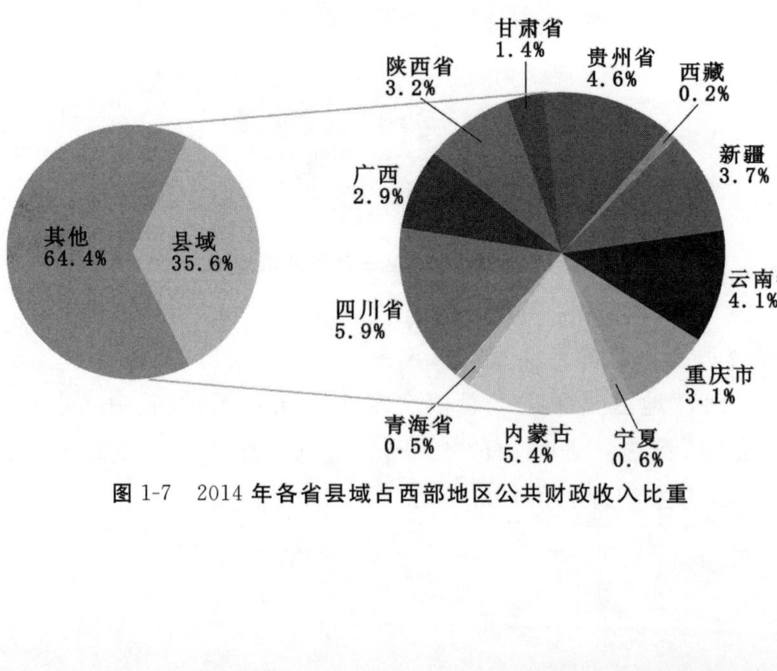

图 1-7　2014 年各省县域占西部地区公共财政收入比重

(2)各省占西部地区县域公共财政收入比重

2014 年,西部地区县域公共财政收入为 5764.0 亿元,其中,各省占西部地区县域公共财政收入的比重结构为:陕西省占 8.9%、甘肃省占3.9%、青海省占 1.3%、宁夏占 1.6%、四川省占 16.5%、云南省占 11.4%、贵州省占12.9%、西藏占 0.7%、新疆占 10.6%、重庆市占 18.8%、内蒙古占15.2%、广西占8.2%(见图 1-8)。

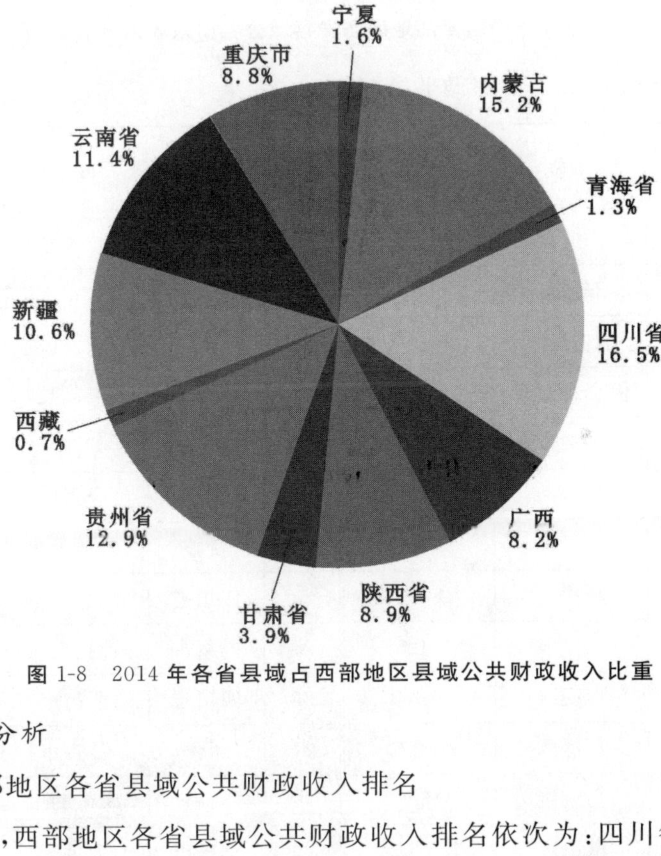

图 1-8 2014 年各省县域占西部地区县域公共财政收入比重

2.排名分析

(1)西部地区各省县域公共财政收入排名

2014 年,西部地区各省县域公共财政收入排名依次为:四川省、内蒙古、贵州省、云南省、新疆、陕西省、重庆市、广西、甘肃省、宁夏、青海省、西藏(见图 1-9)。

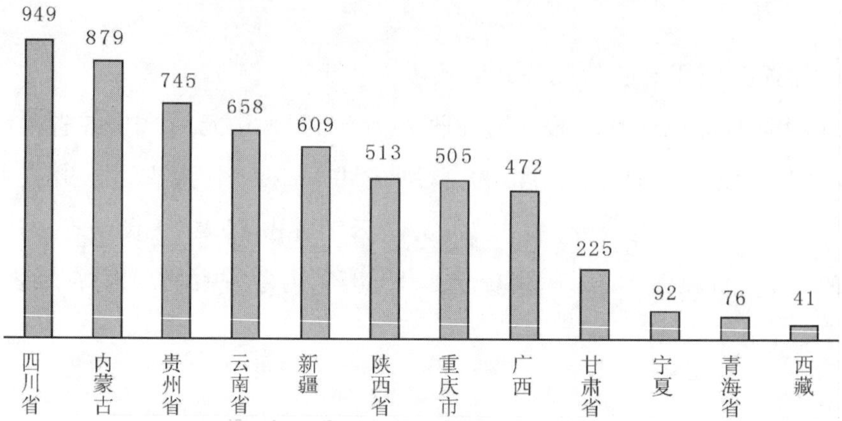

图 1-9　2014 年中国西部地区各省县域公共财政收入排名(亿元)

(2)西部地区县域公共财政收入前 100 名

排名	省份	单位	公共财政收入(万元)	排名	省份	单位	公共财政收入(万元)
1	内蒙古	东胜区	891720	17	内蒙古	阿拉善左旗	382333
2	四川省	双流区	796941	18	新疆	哈密市	363537
3	内蒙古	准格尔旗	767109	19	陕西省	长安区	357385
4	内蒙古	伊金霍洛旗	750075	20	陕西省	吴起县	355688
5	贵州省	兴义市	615238	21	重庆市	綦江区	340021
6	陕西省	神木县	540203	22	重庆市	合川区	332359
7	贵州省	凯里市	514200	23	新疆	石河子市	330848
8	贵州省	金沙县	484955	24	四川省	温江区	330639
9	重庆市	江津区	474255	25	内蒙古	鄂托克旗	330475
10	贵州省	盘县	461446	26	四川省	西昌市	325839
11	四川省	新都区	443544	27	新疆	昌吉市	320724
12	内蒙古	乌审旗	443302	28	新疆	库尔勒市	317521
13	重庆市	璧山区	1257034	29	重庆市	大足区	313839
14	四川省	郫县	403334	30	重庆市	长寿区	313126
15	重庆市	永川区	388726	31	贵州省	织金县	305087
16	贵州省	大方县	384266	32	新疆	喀什市	283900

续表

排名	省份	单位	公共财政收入（万元）	排名	省份	单位	公共财政收入（万元）
33	内蒙古	霍林郭勒市	282295	58	内蒙古	土默特右旗	193150
34	云南省	大理市	275326	59	四川省	都江堰市	191928
35	新疆	库车县	272671	60	内蒙古	临河区	188285
36	陕西省	韩城市	270558	61	重庆市	开县	187381
37	贵州省	仁怀市	258089	62	云南省	楚雄市	184260
38	陕西省	志丹县	254706	63	重庆市	南川区	183683
39	新疆	伊宁市	245427	64	四川省	仁寿县	182046
40	内蒙古	锡林浩特市	245310	65	宁夏	灵武市	181635
41	内蒙古	集宁区	244294	66	广西	岑溪市	180791
42	云南省	蒙自市	239455	67	新疆	阜康市	180060
43	内蒙古	托克托县	238018	68	内蒙古	西乌珠穆沁旗	176426
44	贵州省	安龙县	234142	69	四川省	彭州市	174297
45	云南省	呈贡区	232061	70	四川省	新津县	172652
46	陕西省	府谷县	231055	71	内蒙古	东乌珠穆沁旗	170218
47	云南省	安宁市	227439	72	新疆	奎屯市	170187
48	重庆市	荣昌县	221366	73	四川省	金堂县	169966
49	陕西省	定边县	211044	74	重庆市	潼南县	169035
50	内蒙古	达拉特旗	209804	75	贵州省	贞丰县	168364
51	重庆市	铜梁区	207829	76	贵州省	遵义县	165453
52	新疆	阿克苏市	203329	77	广西	临桂区	162398
53	陕西省	靖边县	200000	78	四川省	简阳市	158588
54	甘肃省	永昌县	199384	79	广西	宾阳县	156000
55	青海省	格尔木市	197000	80	云南省	文山市	156000
56	贵州省	七星关区	196118	81	广西	平果县	155843
57	贵州省	水城县	195076	82	云南省	腾冲市	153016

续表

排名	省份	单位	公共财政收入(万元)	排名	省份	单位	公共财政收入(万元)
83	重庆市	梁平县	150706	92	云南省	开远市	142933
84	四川省	江油市	150634	93	陕西省	安塞县	142521
85	云南省	宣威市	150000	94	重庆市	秀山土家族苗族自治县	141527
86	四川省	古蔺县	148692	95	四川省	宣汉县	140195
87	内蒙古	鄂托克前旗	146998	96	内蒙古	满洲里市	139291
88	宁夏	贺兰县	145449	97	四川省	什邡市	138849
89	云南省	晋宁县	144958	98	四川省	崇州市	137255
90	四川省	广汉市	144294	99	内蒙古	扎鲁特旗	136788
91	内蒙古	达尔罕茂明安联合旗	144147	100	内蒙古	海拉尔区	136556

(3)西部地区各省县域人均公共财政收入排名

2014 年,西部地区各省县域人均公共财政收入排名依次为:内蒙古、新疆、宁夏、重庆市、贵州省、陕西省、云南省、青海省、西藏、四川省、广西、甘肃省(见图 1-10)。

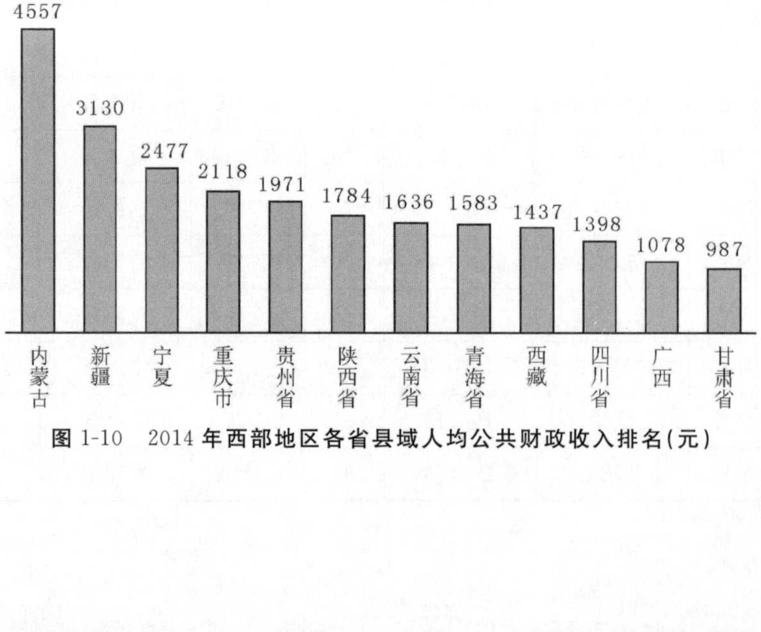

图 1-10　2014 年西部地区各省县域人均公共财政收入排名(元)

(4)西部地区县域人均公共财政收入前100名

排名	省份	单位	人均财政收入(元)	排名	省份	单位	人均财政收入(元)
1	内蒙古	伊金霍洛旗	44122.1	26	云南省	呈贡区	12213.7
2	内蒙古	乌审旗	40300.2	27	内蒙古	新巴尔虎右旗	12008.5
3	内蒙古	霍林郭勒市	35286.9	28	内蒙古	乌拉特后旗	11564.3
4	青海省	天峻县	34795.0	29	内蒙古	托克托县	11334.2
5	内蒙古	鄂托克旗	33047.5	30	新疆	奎屯市	10636.7
6	内蒙古	东胜区	33026.7	31	西藏	堆龙德庆县	10619.2
7	新疆	若羌县	28969.7	32	新疆	阜康市	10591.8
8	甘肃省	肃北蒙古族自治县	28808.0	33	新疆	富蕴县	10260.0
9	内蒙古	阿拉善左旗	27309.5	34	西藏	达孜县	10075.3
10	陕西省	吴起县	25406.3	35	甘肃省	阿克塞哈萨克族自治县	9936.0
11	内蒙古	额济纳旗	23254.5	36	贵州省	凯里市	9349.1
12	新疆	伊吾县	22081.0	37	陕西省	府谷县	9242.2
13	内蒙古	西乌珠穆沁旗	22053.3	38	内蒙古	陈巴尔虎旗	9232.8
14	内蒙古	东乌珠穆沁旗	21277.3	39	新疆	乌鲁木齐县	9176.0
15	内蒙古	准格尔旗	20732.7	40	新疆	石河子市	8706.5
16	重庆市	璧山区	19641.2	41	新疆	昌吉市	8668.2
17	新疆	和布克赛尔蒙古自治县	18917.6	42	内蒙古	杭锦旗	8585.8
18	青海省	治多县	18688.8	43	西藏	墨脱县	8463.0
19	内蒙古	鄂托克前旗	18374.8	44	新疆	哈密市	8454.3
20	陕西省	志丹县	15919.1	45	云南省	安宁市	8423.7
21	内蒙古	二连浩特市	14593.3	46	四川省	温江区	8266.0
22	青海省	格尔木市	14071.4	47	内蒙古	满洲里市	8193.6
23	内蒙古	锡林浩特市	13628.3	48	新疆	五家渠市	8174.1
24	内蒙古	达尔罕茂明安联合旗	13104.3	49	甘肃省	永昌县	7975.4
25	陕西省	神木县	12277.3	50	新疆	吉木萨尔县	7929.8

续表

排名	省份	单位	人均财政收入(元)	排名	省份	单位	人均财政收入(元)
51	甘肃省	肃南裕固族自治县	7926.0	76	青海省	海晏县	6341.3
52	四川省	双流区	7890.5	77	新疆	托克逊县	6332.5
53	广西	凭祥县	7850.2	78	四川省	新都区	6160.3
54	广西	东兴市	7661.9	79	云南省	蒙自市	6139.9
55	内蒙古	集宁区	7634.2	80	陕西省	定边县	6029.8
56	宁夏	灵武市	7568.1	81	内蒙古	乌拉特中旗	6023.8
57	陕西省	安塞县	7501.1	82	内蒙古	正蓝旗	5900.5
58	四川省	郫县	7469.1	83	陕西省	靖边县	5882.4
59	新疆	巴里坤哈萨克自治县	7439.8	84	内蒙古	达拉特旗	5827.9
60	贵州省	兴义市	7324.3	85	内蒙古	鄂温克族自治旗	5790.4
61	陕西省	麟游县	7244.4	86	西藏	当雄县	5641.4
62	贵州省	金沙县	7238.1	87	四川省	新津县	5569.4
63	内蒙古	镶黄旗	7221.3	88	新疆	库车县	5564.7
64	新疆	轮台县	7032.2	89	青海省	尖扎县	5514.7
65	云南省	瑞丽市	7019.7	90	内蒙古	阿拉善右旗	5469.3
66	青海省	德令哈市	6965.1	91	宁夏	永宁县	5457.4
67	陕西省	黄陵县	6791.8	92	四川省	米易县	5425.0
68	青海省	乌兰县	6773.3	93	新疆	鄯善县	5404.7
69	陕西省	韩城县	6764.0	94	新疆	乌苏市	5221.5
70	内蒙古	苏尼特左旗	6735.0	95	内蒙古	土默特右旗	5220.3
71	陕西省	凤县	6639.6	96	云南省	晋宁县	5177.1
72	西藏	墨竹工卡县	6620.0	97	云南省	开远市	5104.8
73	新疆	库尔勒市	6615.0	98	宁夏	盐池县	5013.5
74	宁夏	贺兰县	6611.3	99	四川省	西昌市	5012.9
75	新疆	哈巴河县	6494.6	100	内蒙古	和林格尔县	4921.3

(5)西部地区各省县域生产总值公共财政贡献率排名

2014 年年末，西部地区生产总值财政贡献率 11.7%，县域生产总值财政贡献率 6.8%，各省县域生产总值公共财政贡献率排名依次为：贵州省、新疆、重庆市、云南省、宁夏、内蒙古、西藏、四川省、广西、甘肃省、青海省、陕西省(见图 1-11)。

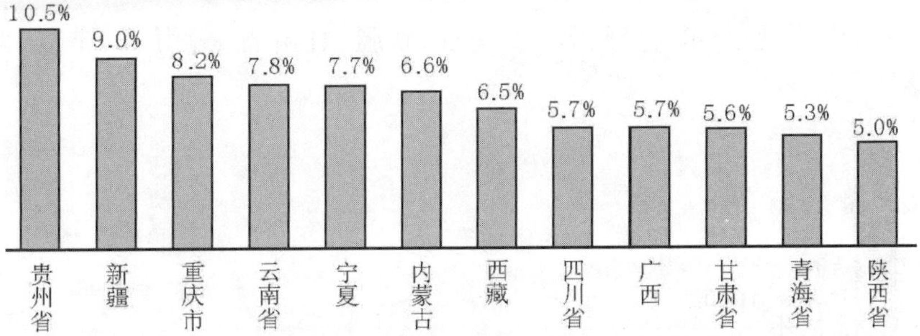

图 1-11 2014 年西部地区各省县域生产总值公共财政贡献率排名

(四)工业总产值

1. 占比分析

2014 年，西部地区县域规模以上工业总产值为 88127.2 亿元，各省占西部县域规模以上工业总产值的比重结构为：陕西省占 12.1%、甘肃省占4.1%、青海省占 2.7%、新疆占 5.4%、宁夏占 1.9%、四川省占 22.8%、云南省占7.8%、贵州省占 8.2%、西藏占 0.2%、重庆市占 8.4%、内蒙古占 16.5%、广西占 9.9%(见图 1-12)。

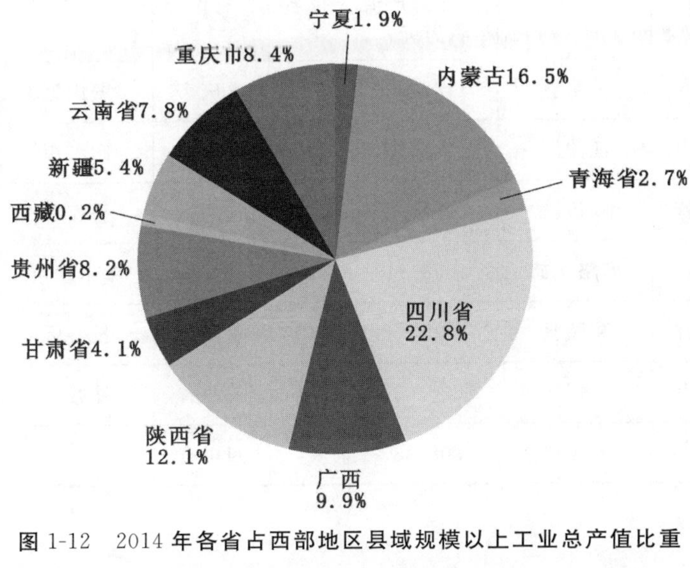

图 1-12 2014 年各省占西部地区县域规模以上工业总产值比重

2. 排名分析

(1)西部地区各省县域规模以上工业总产值排名

2014 年,西部地区各省县域规模以上工业总产值名依次为:四川省、内蒙古、陕西省、广西、重庆市、贵州省、云南省、新疆、甘肃省、青海省、宁夏、西藏(见图 1-13)。

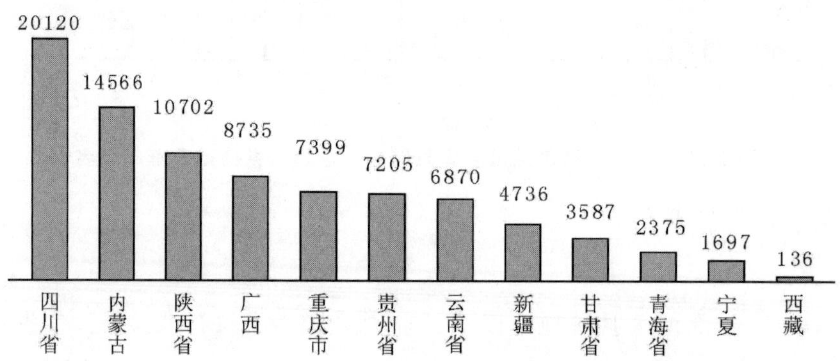

图 1-13 2014 年西部地区各省县域规模以上工业总产值排名(亿元)

(2)西部地区县域规模以上工业总产值前 100 名

排名	省份	单位	规模以上工业总产值(万元)	排名	省份	单位	规模以上工业总产值(万元)
1	陕西省	神木县	11386309	8	重庆市	璧山区	7871159
2	重庆市	江津区	11070201	9	四川省	广汉市	7834858
3	四川省	双流区	10858800	10	青海省	平安区	7318541
4	内蒙古	准格尔旗	10688843	11	新疆	库尔勒市	6963055
5	陕西省	高陵县	8491500	12	重庆市	长寿区	6790754
6	重庆市	永川区	8251000	13	陕西省	韩城市	6736127
7	内蒙古	伊金霍洛旗	8086239	14	四川省	新都区	6641505

续表

排名	省份	单位	规模以上工业总产值（万元）	排名	省份	单位	规模以上工业总产值（万元）
15	四川省	简阳市	6635212	39	四川省	绵竹市	4253979
16	陕西省	府谷县	6396803	40	四川省	西昌市	4194000
17	内蒙古	乌审旗	6310900	41	青海省	格尔木市	4118733
18	内蒙古	达拉特旗	6273246	42	四川省	什邡市	4010443
19	贵州省	盘县	5993907	43	四川省	射洪县	3915000
20	内蒙古	鄂托克旗	5933030	44	四川省	温江区	3882482
21	重庆市	荣昌县	5901654	45	青海省	湟中县	3785798
22	四川省	郫县	5776526	46	贵州省	水城县	3766982
23	四川省	彭州市	5647613	47	内蒙古	托克托县	3753826
24	四川省	威远县	5582373	48	贵州省	遵义县	3713996
25	重庆市	合川区	5518746	49	重庆市	铜梁区	3679551
26	宁夏	灵武市	5286724	50	广西	临桂区	3641599
27	内蒙古	东胜区	5189700	51	陕西省	兴平市	3571452
28	内蒙古	阿拉善左旗	5057600	52	四川省	隆昌县	3484723
29	云南省	安宁市	5018187	53	新疆	昌吉市	3442881
30	内蒙古	兴和县	4914291	54	四川省	仁寿县	3442776
31	重庆市	綦江区	4890624	55	内蒙古	土默特左旗	3397028
32	陕西省	靖边县	4810472	56	四川省	新津县	3377969
33	贵州省	仁怀市	4745500	57	贵州省	开阳县	3286461
34	新疆	石河子市	4595100	58	甘肃省	凉州区	3286230
35	四川省	江油市	4351332	59	云南省	呈贡区	3278004
36	重庆市	大足区	4337071	60	四川省	安岳县	3241675
37	内蒙古	霍林郭勒市	4298606	61	广西	陆川县	3225261
38	广西	岑溪市	4281480	62	广西	北流市	3196500

续表

排名	省份	单位	规模以上工业总产值（万元）	排名	省份	单位	规模以上工业总产值（万元）
63	云南省	大理市	3163817	82	四川省	资中县	2638694
64	云南省	个旧市	3107114	83	新疆	库车县	2624594
65	内蒙古	开鲁县	3071367	84	四川省	华蓥市	2615392
66	宁夏	青铜峡市	3068190	85	甘肃省	永登县	2604754
67	广西省	桂平县	3059708	86	内蒙古	达尔罕茂明安联合旗	2587197
68	甘肃省	肃州区	3040800	87	内蒙古	牙克石市	2581686
69	内蒙古	临河区	3019521	88	甘肃省	西峰区	2558241
70	内蒙古	土默特右旗	2989564	89	陕西省	三原县	2532001
71	四川省	南部县	2985122	90	广西	横县	2528764
72	四川省	乐至县	2936890	91	广西	柳江县	2518426
73	四川省	中江县	2933008	92	内蒙古	扎鲁特旗	2500457
74	陕西省	凤县	2865315	93	云南省	楚雄市	2480843
75	新疆	五家渠市	2859903	94	广西	兴宾区	2454085
76	四川省	会理县	2843000	95	陕西省	耀州区	2451803
77	四川省	武胜县	2821855	96	四川省	大英县	2439587
78	广西	藤县	2807376	97	贵州省	兴义市	2429900
79	四川省	彭山区	2803351	98	陕西省	彬县	2400618
80	贵州省	息烽县	2746428	99	新疆	阜康市	2397570
81	陕西省	勉县	2680226	100	云南省	沾益县	2388867

（五）固定资产投资

1.占比分析

(1)各省占西部地区固定资产投资比重

2014年，县域固定资产为82819.8亿元，各省占西部地区固定资产投资的65.7%，其中，陕西省占7.2%、甘肃省占4.6%、青海省占1.4%、新疆占5.2%、宁夏占 1.2%，四川省占 11.2%、云南省占 6.0%、贵州省占 8.0%、西藏占 0.6%、重庆市占 5.7%，内蒙古占 8.6%、广西占 6.0%(见图 1-14)。

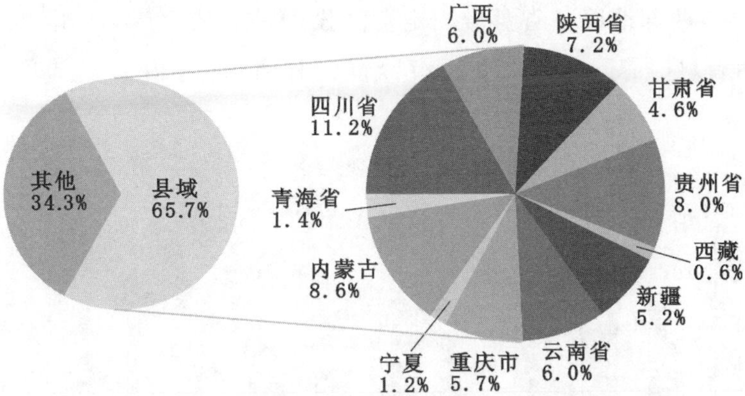

图 1-14 2014 年各省占西部地区固定资产投资比重

(2)各省占西部地区县域固定资产投资比重

2014 年，西部县域固定资产为 82819.8 亿元，各省占西部县域固定资产投资比重结构为：陕西省占 11.0%、甘肃省占 7.0%、青海省占 2.1%、新疆占 8.0%、宁夏占 1.8%，四川省占 17.0%、云南省占 9.1%、贵州省占 12.2%、西藏占 0.8%、重庆市占 8.7%，内蒙古占 13.1%、广西占 9.2%(见图 1-15)。

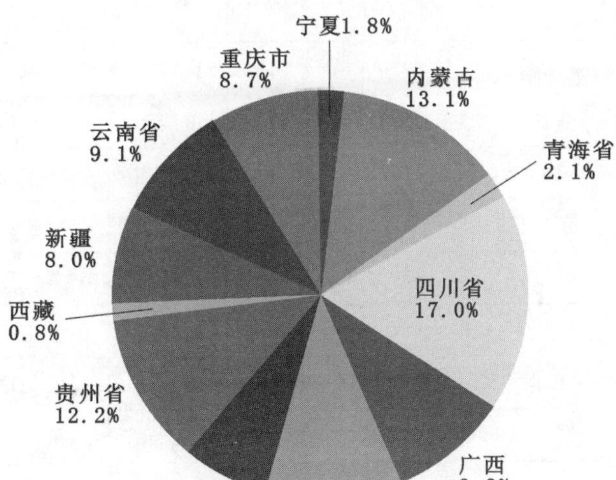

图 1-15 2014 年各省占西部地区县域固定资产投资比重

2. 排名分析

(1)西部地区各省县域固定资产投资排名

2014年,西部地区各省县域固定资产投资排名依次为:四川省、内蒙古、贵州省、陕西省、广西、云南省、重庆市、新疆、甘肃省、青海省、宁夏、西藏(见图1-16)。

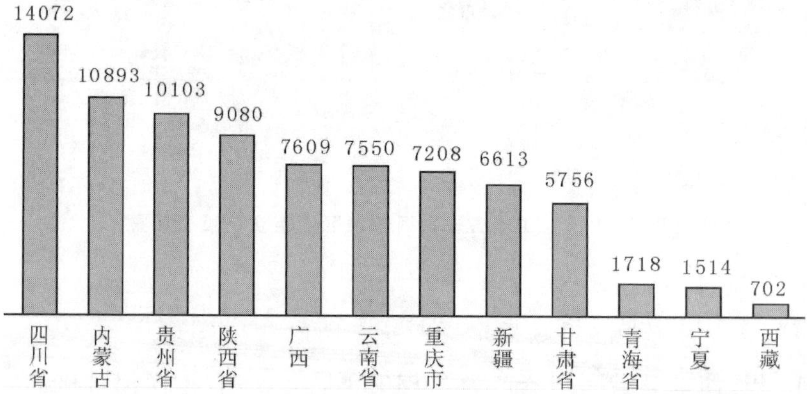

图1-16　2014年西部地区各省县域固定资产投资排名(亿元)

(2)西部地区县域固定资产投资前100名

排名	省份	单位	固定资产投资(万元)	排名	省份	单位	固定资产投资(万元)
1	贵州省	盘县	8020006	11	重庆市	铜梁区	4437209
2	四川省	双流区	7792171	12	重庆市	合川区	4371028
3	内蒙古	准格尔旗	7100300	13	内蒙古	乌审旗	4351756
4	内蒙古	东胜区	6950000	14	甘肃省	凉州区	4272331
5	陕西省	长安区	6782200	15	重庆市	綦江区	4235400
6	重庆市	永川区	5779944	16	内蒙古	伊金霍洛旗	4173551
7	重庆市	江津区	5750370	17	重庆市	大足区	4167763
8	重庆市	璧山区	5454053	18	重庆市	长寿区	4150005
9	宁夏	灵武市	4659600	19	四川省	新都区	4051665
10	新疆	库尔勒市	4515809	20	贵州省	凯里市	4000000

续表

排名	省份	单位	固定资产投资(万元)	排名	省份	单位	固定资产投资(万元)
21	陕西省	高陵县	3772303	46	广西	武鸣区	2719802
22	重庆市	荣昌县	3741798	47	云南省	大理市	2675741
23	内蒙古	鄂托克旗	3600724	48	重庆市	潼南县	2649678
24	内蒙古	土默特右旗	3422389	49	青海省	湟中县	2644751
25	新疆	哈密市	3389350	50	贵州省	大方县	2634974
26	内蒙古	海拉尔区	3254547	51	内蒙古	达尔罕茂明安联合旗	2623737
27	四川省	温江区	3251457	52	四川省	简阳市	2609432
28	四川省	郫县	3213007	53	内蒙古	达拉特旗	2603400
29	贵州省	织金县	3182116	54	新疆	昌吉市	2530006
30	重庆市	开县	3075173	55	陕西省	韩城市	2523942
31	内蒙古	阿拉善左旗	3017313	56	云南省	安宁市	2485719
32	贵州省	水城县	3006396	57	新疆	吉木萨尔县	2474504
33	广西	八步区	2996393	58	新疆	奇台县	2468645
34	贵州省	金沙县	2940000	59	四川省	仁寿县	2467519
35	青海省	格尔木市	2922300	60	重庆市	垫江县	2438905
36	四川省	金堂县	2880110	61	甘肃省	肃州区	2428530
37	四川省	西昌市	2833969	62	甘肃省	玉门市	2401165
38	贵州省	仁怀市	2823890	63	甘肃省	西峰区	2395260
39	内蒙古	霍林郭勒市	2810569	64	贵州省	息烽县	2341929
40	内蒙古	鄂托克前旗	2801254	65	内蒙古	临河区	2322142
41	贵州省	七星关区	2791000	66	新疆	伊宁市	2320471
42	新疆	石河子市	2773400	67	广西	兴宾区	2276209
43	贵州省	遵义县	2770144	68	广西	岑溪市	2269819
44	贵州省	兴义市	2753153	69	陕西省	神木县	2254562
45	四川省	新津县	2743494	70	广西	临桂区	2250306

续表

排名	省份	单位	固定资产投资(万元)	排名	省份	单位	固定资产投资(万元)
71	重庆市	梁平县	2220111	86	陕西省	志丹县	2059000
72	四川省	南部县	2215567	87	云南省	景洪市	2047321
73	陕西省	吴起县	2198550	88	新疆	五家渠市	2044154
74	重庆市	忠县	2190506	89	四川省	宣汉县	2038646
75	贵州省	纳雍县	2126000	90	陕西省	陈仓区	2029889
76	陕西省	兴平市	2123347	91	四川省	泸县	2026052
77	四川省	大竹县	2111262	92	陕西省	靖边县	2020351
78	重庆市	奉节县	2107585	93	云南省	宣威市	2017986
79	四川省	邛崃市	2107392	94	贵州省	清镇市	2016251
80	云南省	碧江县	2107371	95	重庆市	云阳县	2011716
81	四川省	达川区	2107078	96	四川省	宜宾县	2011433
82	贵州省	开阳县	2089703	97	四川省	大邑县	2006622
83	云南省	楚雄市	2075954	98	贵州省	黔西县	2001335
84	四川省	渠县	2065548	99	四川省	南江县	1994407
85	陕西省	蒲城县	2060800	100	陕西省	凤翔县	1994100

三、数据小结

1.西部县域生产总值为84350.6亿元，占西部生产总值的比重为61.1%。从各省来看，四川省总产值占比最大，占西部地区总产值的12.0%，县域总产值的19.6%。西部地区三次产业比重结构为11.9∶47.9∶40.2，县域三次产业结构比重为17.0∶50.8∶32.2。

2.西部县域生产总值排名，准格尔旗位居第一，数值为11067094万元。西部县域生产总值前100名各省所占比例：陕西省占8%、甘肃省占1%、宁夏占1%、新疆占4%、青海省占1%、四川省占31%、云南省占5%、贵州省占6%、西藏占0%、重庆市占13%、内蒙古占19%、广西占10%。其中，四川省占比最大。

3.西部人均生产总值约为3.7万元，县域人均生产总值2.7万元，为西部平均水平的72.9%。各省县域人均生产总值排名，内蒙古位居第一，甘肃省排名末位，排名第一位是末位人均生产总值的3.8倍。从县域看，鄂托克旗位居第一，数值为459405.6元。西部县域人均生产总值前100名各省所占比例：陕西省占13%、甘肃省占6%、宁夏占1%、新疆占18%、青海省占4%、四川省占8%、云南省占4%、贵州省占1%、西藏占3%、重庆市占0%、内蒙古占41%、广西占1%。其中，内蒙古占比最大。

4.县域占西部地区公共财政收入的比重为35.6%，其中：四川省占比最大，占西部地区5.9%，占西部县域16.5%。西部人均公共财政收入为4397.9元，县域人均公共财政收入为1823.3元，县域为西部人均公共财政收入水平的41.5%。

5.西部县域公共财政收入排名第一位为东胜区，数值为891720万元。西部县域公共财政收入前100名各省所占比例：陕西省占9%、甘肃省占1%、宁夏占2%、新疆占10%、青海省占1%、四川省占17%、云南省占10%、贵州省占12%、西藏占0%、重庆市占14%、内蒙古占20%、广西占4%。其中，内蒙古占比最大。

6.西部县域人均公共财政收入排名第一位为伊金霍洛旗，数值为44122.1元。西部县域人均公共财政收入前100名各省所占比例：陕西省占11%、甘肃省占4%、宁夏占4%、新疆占20%、青海省占7%、四川省占7%、云南省占6%、贵州省占3%、西藏占5%、重庆市占1%、内蒙古占30%、广西占2%。其中，内蒙古占比最大。

7.西部生产总值财政贡献率为11.7%，县域生产总值财政贡献率6.8%，县域是西部平均水平的58.1%。西部各省县域生产总值公共财政贡献率排名第一位是贵州省，贡献率为10.5%，末位是陕西省，贡献率为5.0%。

8.西部县域规模以上工业产值为88127.2亿元，四川省占比最大，占县域工业总产值的22.8%。从县域看，西部县域工业总产值排名神木县排名第一，数值为11386309万元。西部县域规模以上工业产值前100名各省所占比例：

陕西省占11%、甘肃省占4%、宁夏占2%、新疆占6%、青海省占3%、四川省占26%、云南省占6%、贵州省占7%、西藏占0%、重庆市占9%、内蒙古占17%、广西占9%。其中,四川省占比最大。

9.西部县域固定资产投资为82819.8亿元,占西部固定资产投资的65.7%,其中四川省占比最大,占西部地区11.2%,占县域的17.0%。西部县域固定资产投资排名,盘县位居第一,数值为8020006万元。西部县域固定资产投产前100名各省所占比例:陕西省占11%、甘肃省占4%、宁夏占1%、新疆占8%、青海省占2%、四川省占19%、云南省占6%、贵州省占15%、西藏占0%、重庆市占16%、内蒙古占13%、广西占5%。其中,四川省占比最大。

第二编

西北五省

第一章　陕西篇

一、整体概况

(一)全省概况

陕西简称陕或秦,省会古都西安。位于西北内陆腹地,横跨黄河和长江两大流域中部,是连接中国东、中部地区和西北、西南的重要枢纽,面积为 20.58 万平方千米。2014 年末全省常住人口 3775.12 万人。全省拥有 10 个地级市,107 个县级行政区划单位(其中:15 个市辖区、8 个县级市、84 个县)。全省行政地域分布主要分为关中、陕北、陕南 3 个区域,其中关中区域包含 5 个地级市(宝鸡市、铜川市、咸阳市、西安市、渭南市),陕北区域包含 2 个地级市(榆林市、延安市),陕南区域包含 3 个地级市(安康市、汉中市、商洛市)。

2014 年全省生产总值 17689.94 亿元,人均生产总值约为 4.7 万元。其中,第一产业增加值 1564.94 亿元,第二产业增加值 9689.78 亿元,第三产业增加值 6435.22 亿元,三次产业比重结构为 8.8∶54.8∶36.4。全部工业增加值 8090.39 亿元,其中规模以上工业增加值 7468.64 亿元;全部财政收入 3144.9 亿元,其中公共财政预算收入 1862.1 亿元;全社会固定资产投资 18709.69 亿元;社会消费品零售总额 5572.84 亿元,其中城镇消费品零售额 4954.45 亿元,乡村消费品零售额 618.39 亿元。

(二)县域概况

全省 107 个县级行政区划单位,纳入县域体系的有 87 个县级行政区划单位(其中:8 个市辖区、3 个县级市、76 个县),行政区域面积 18.6 万平方千米,户籍人口 2874 万人。县域生产总值为 10320.7 亿元,人均生产总值 3.6 万元。

其中:第一产业增加值 1329.0 亿元,第二产业增加值 6282.8 亿元,第三产业增加值 2708.9 亿元,三次产业结构比重为 12.8∶60.9∶26.3。县域公共财政收入为 512.8 亿元,县域固定资产投资为 9080.3 亿元。

二、经济分析

(一)生产总值

1. 占比分析

(1)县域占全省生产总值比重

2014 年,县域生产总值为 10320.7 亿元,占全省生产总值的 58.3%,其中:关中区域占全省生产总值的 27.2%;陕北区域占全省生产总值的20.6%;陕南区域占全省生产总值的 10.5%(见图 2-1)。

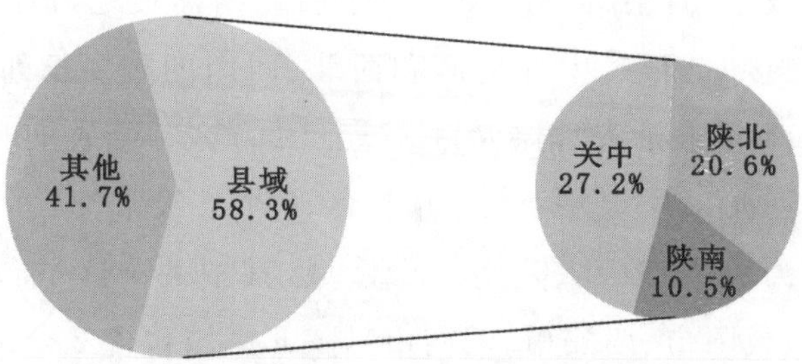

图 2-1　2014 年陕西省县域占全省生产总值比重

(2)各区域县域生产总值比重

2014 年,各区域县域生产总值比重结构为:关中区域占县域总值的 46.6%;陕北区域占县域生产总值的 35.3%;陕南区域占县域生产总值的18.1%(见图 2-2)。

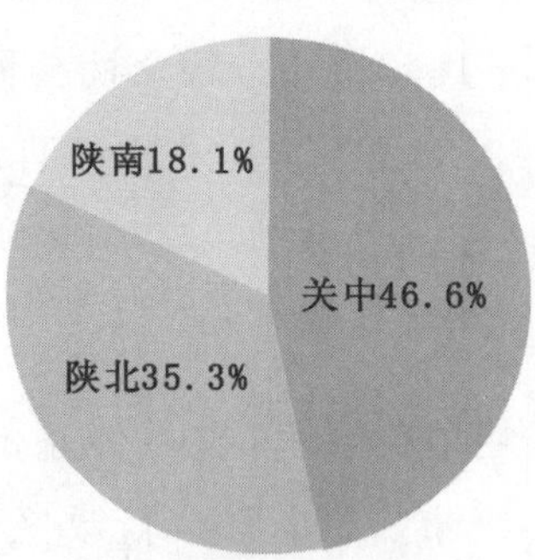

图 2-2　2014 年陕西省各区域县域生产总值比重

(3)各地市县域占全省生产总值比重

2014年,各地市县域占全省生产总值比重结构为:关中区域,西安市占6.2%、铜川市占1.0%、宝鸡市占5.8%、咸阳市占7.7%、渭南市占6.6%;陕北区域,延安市占6.4%、榆林市占14.1%;陕南区域,汉中市占4.5%、安康市占2.7%、商洛市占3.3%(见图2-3)。

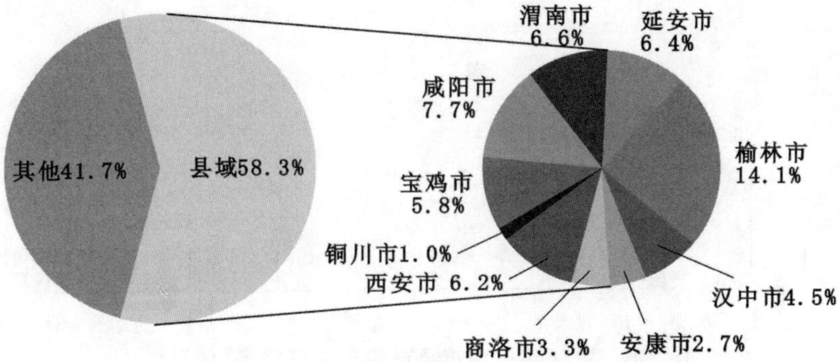

图2-3　2014年陕西省各地市县域占全省生产总值比重

(4)各地市县域生产总值比重

2014年,各地市县域生产总值比重结构为:关中区域,西安市占10.6%、铜川市占1.7%、宝鸡市占10.0%、咸阳市占13.1%、渭南市占11.2%;陕北区域,延安市占11.1%、榆林市占24.2%;陕南区域,汉中市占7.8%、安康市占4.6%、商洛市占5.7%(见图2-4)。

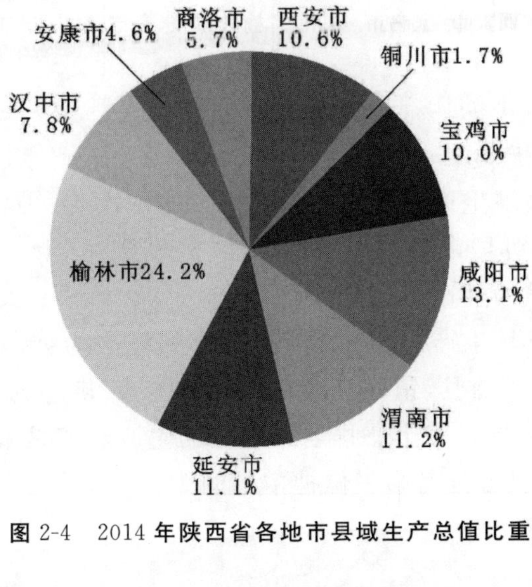

图2-4　2014年陕西省各地市县域生产总值比重

2. 排名分析

(1)全省各地市县域生产总值排名

2014年，各地市县域生产总值排名依次为：榆林市、咸阳市、渭南市、延安市、西安市、宝鸡市、汉中市、商洛市、安康市、铜川市。其中，榆林市生产总值高出排名第二位咸阳市的84.1%，为铜川市的13.9倍(见图2-5、图2-6)。

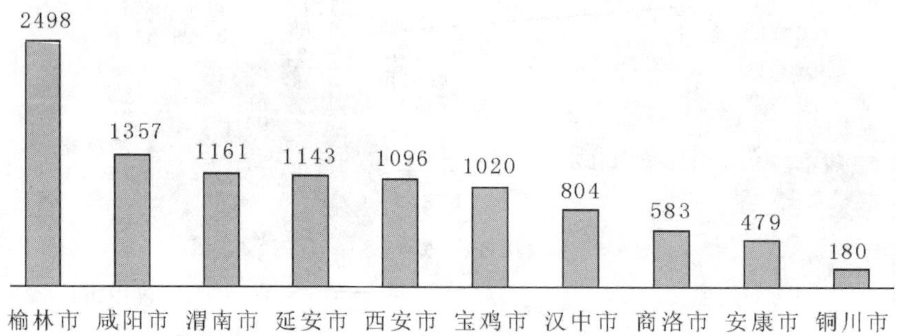

图2-5　2014年各地市县域生产总值排名(亿元)

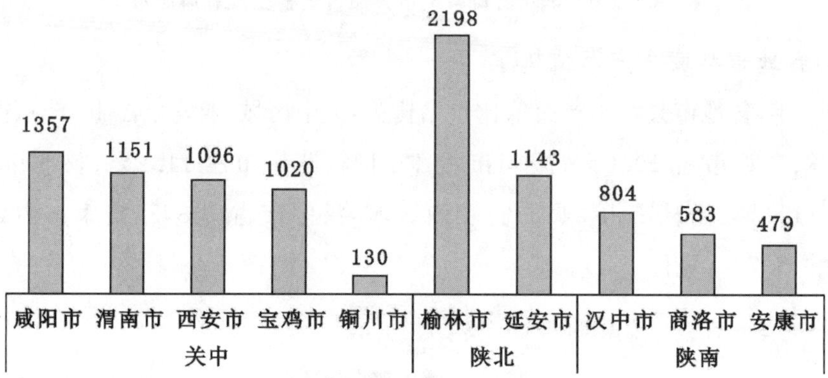

图2-6　2014年各地市在区域内生产总值排名(亿元)

(2)全省县域生产总值排名

2014年，全省县域生产总值排名前10位的依次为：神木县、府谷县、长安区、靖边县、定边县、韩城市、高陵县、洛川县、吴起县、彬县。其中，前10位次的4位分布在陕北区域榆林市(见图2-7)。

2014年，全省县域生产总值排名后10位的依次为：宜君县、宜川县、甘泉县、宁陕县、吴堡县、太白县、镇坪县、留坝县、黄龙县、佛坪县。其中，后10位次的3位分布在陕北区域延安市。排名第一位的生产总值是末位的147.0倍，后10位生产总值总和仅占排名第一位神木县的18.0%(见图2-8)。

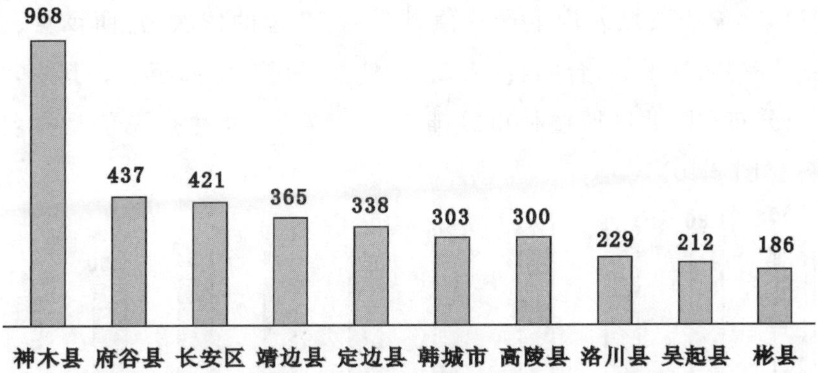

图 2-7　2014 年陕西省县域生产总值排名前 10 名(亿元)

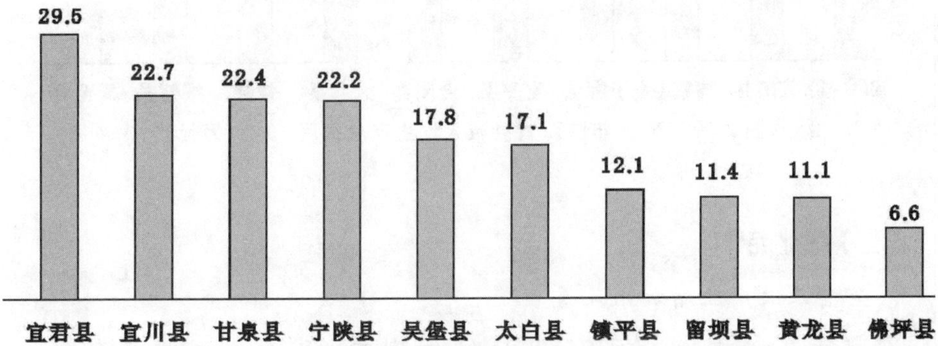

图 2-8　2014 年陕西省县域生产总值排名后 10 名(亿元)

(3)全省县域人均生产总值排名

2014 年,全省县域人均生产总值排名前 10 位的依次为:神木县、府谷县、吴起县、凤县、靖边县、洛川县、志丹县、定边县、高陵县、黄陵县。其中,前 10 位次的 4 位分布在陕北区域的榆林市和延安市(见图 2-9)。

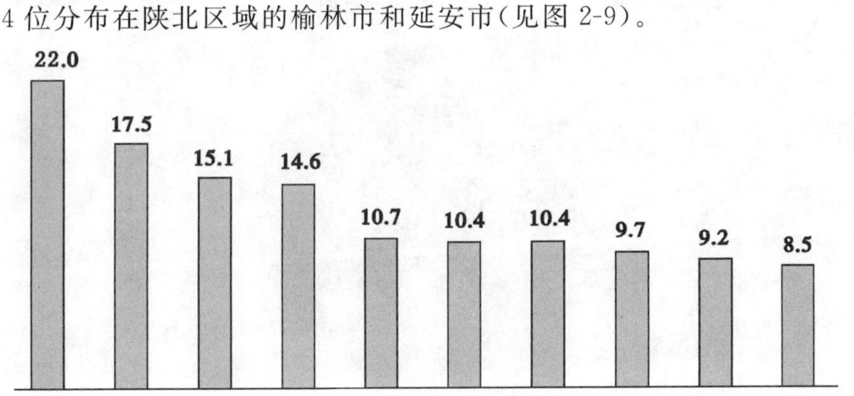

图 2-9　2014 年陕西省县域人均生产总值排名前 10 名(万元)

2014 年,全省县域人均生产总值排名后 10 位的依次为:西乡县、蓝田县、清涧县、子洲县、富平县、合阳县、大荔县、佳县、绥德县、周至县。其中,后 10 位的次 4 位分布在陕北区域榆林市。排名第一位的人均生产总值是排名末位的 15.6 倍(见图 2-10)。

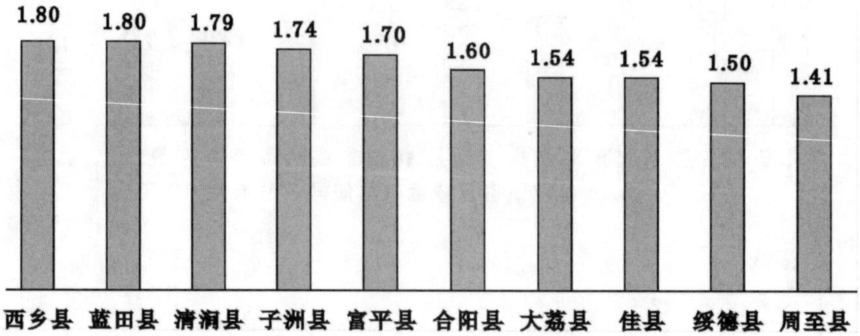

图 2-10　2014 年陕西省县域人均生产总值后 10 名(万元)

(二)产业结构

1. 全省三次产业增加值比重

2014 年,全省生产总值 17689.94 亿元,其中,第一产业增加值 1564.94 亿元,第二产业增加值 9689.78 亿元,第三产业增加值 6435.22 亿元,三次产业比重结构为 8.8∶54.8∶36.4。

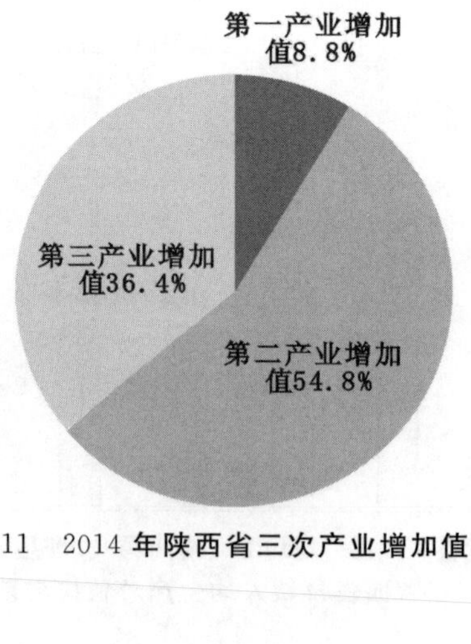

图 2-11　2014 年陕西省三次产业增加值比重

2. 县域三次产业增加值比重

2014 年，全省县域生产总值为 10320.7 亿元，其中：第一产业增加值 1329 万元，第二产业增加值 6282.8 万元，第三产业增加值 2708.9 万元，三次产业结构比重为 12.8∶60.9∶26.3(见图 2-12)。

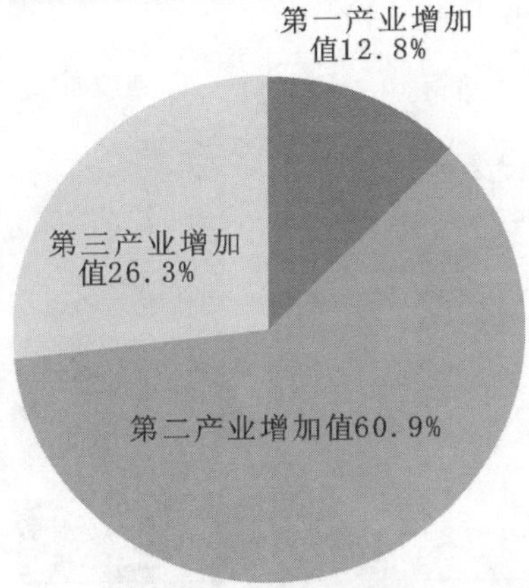

图 2-12　2014 年陕西省县域三次产业增加值比重

(三)财政收入

1. 占比分析

(1)县域占全省公共财政收入比重

2014 年，县域公共财政收入为 512.8 亿元，占全省公共财政收入的比重为 28%。其中，各地市占全省公共财政收入的比重结构为：关中区域，西安市占 3.5%、铜川市占 0.6%、宝鸡市占 2.0%、咸阳市占 2.0%、渭南市占3.3%；陕北区域，延安市占 5.9%、榆林市占 6.9%；陕南区域，汉中市占 1.3%、安康市占 1.0%、商洛市占 1.5%(见图 2-13)。

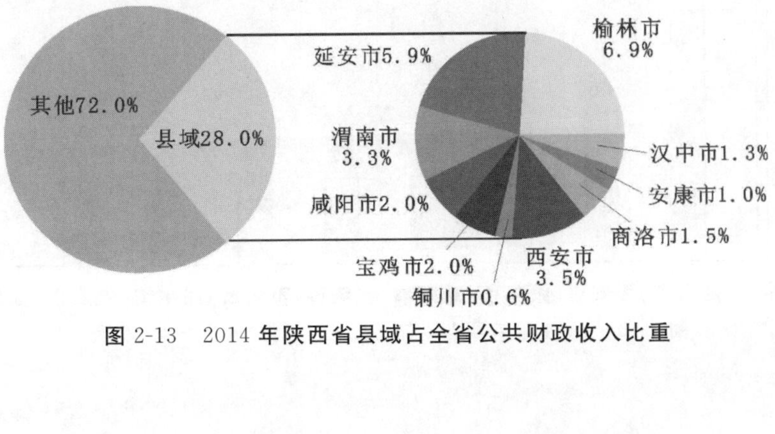

图 2-13　2014 年陕西省县域占全省公共财政收入比重

(2)各地市占县域公共财政收入比重

2014 年,各地市占县域公共财政收入的比重结构为:关中区域,西安市占 12.6%、铜川市占 2.0%、宝鸡市占 7.3%、咸阳市占 7.4%、渭南市占 11.7%;陕北区域,延安市占 21.1%、榆林市占 24.6%;陕南区域,汉中市占 4.5%、安康市占 3.3%、商洛市占 5.5%(见图 2-14)。

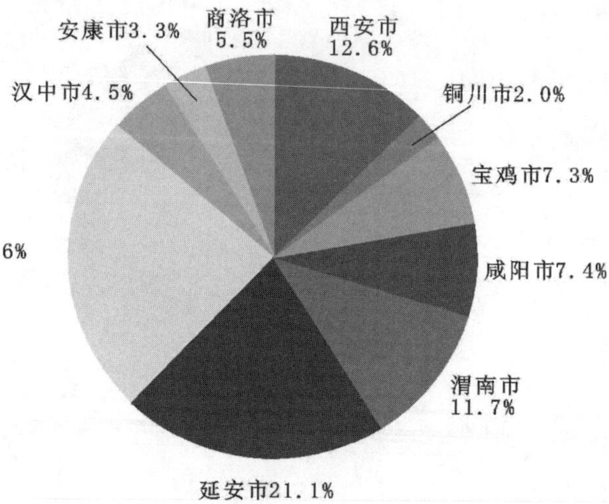

图 2-14 2014 年陕西省各地市占县域公共财政收入比重

2. 排名分析

(1)县域公共财政收入排名

2014 年,各地市县域公共财政收入排名依次为:榆林市、延安市、西安市、渭南市、咸阳市、宝鸡市、商洛市、汉中市、安康市、铜川市。其中,榆林市公共财政收入为铜川市的 12.6 倍(见图 2-15)。

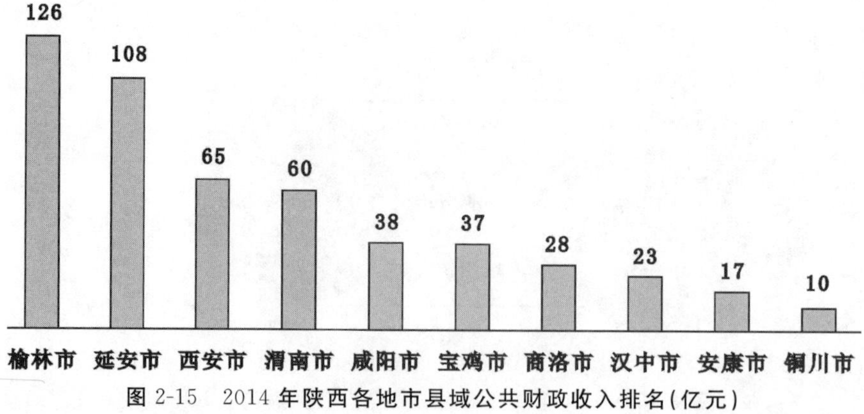

图 2-15 2014 年陕西各地市县域公共财政收入排名(亿元)

2014年，全省县域公共财政收入排名前10位的依次为：神木县、长安区、吴起县、韩城市、志丹县、府谷县、定边县、靖边县、安塞县、高陵县。其中，前10位次的4位分布在陕北区域榆林市(见图2-16)。

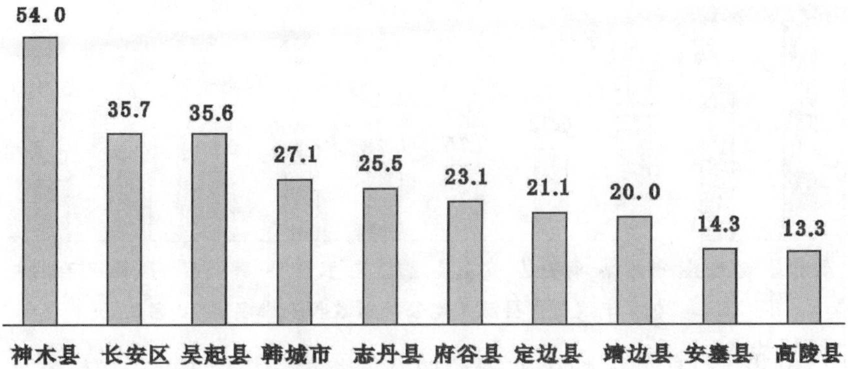

图2-16 2014年陕西省县域公共财政收入排名前10名(亿元)

2014年，全省县域公共财政收入排名后10位的依次为：绥德县、子洲县、米脂县、清涧县、淳化县、镇坪县、留坝县、黄龙县、吴堡县、佛坪县。其中，后10位次的5位分布在陕北区域榆林市。排名第一位的公共财政收入是末位的174.2倍(见图2-17)。

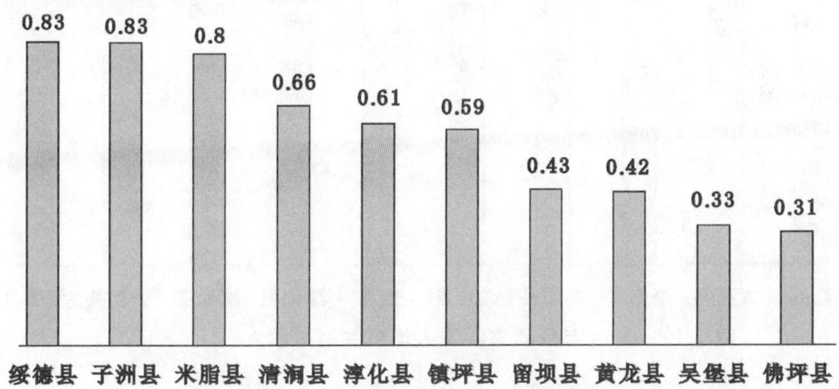

图2-17 2014年陕西省县域公共财政收入排名后10名(亿元)

(2)县域人均公共财政收入排名

2014年，县域人均公共财政收入为1784.3元，全省县域人均公共财政收入排名前10位的依次为：吴起县、志丹县、神木县、府谷县、安塞县、麟游县、黄陵县、韩城市、凤县、定边县。其中前10位次的4位分布在陕北区域延安市(见

图 2-18)。

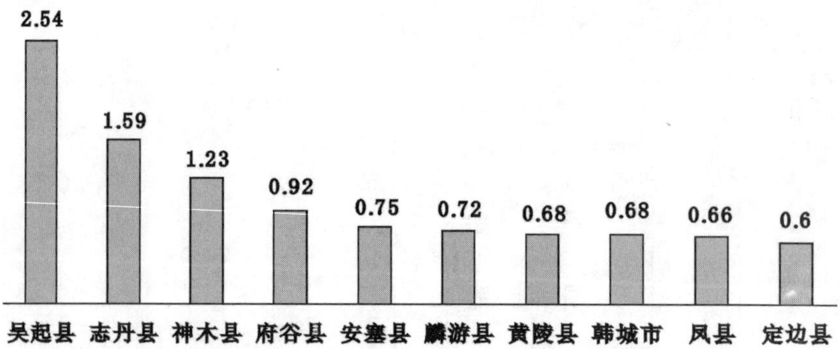

图 2-18 2014 年陕西省县域人均公共财政收入排名前 10 名(万元)

2014 年,全省县域人均公共财政收入排名后 10 位的依次为:乾县、大荔县、米脂县、吴堡县、武功县、佳县、淳化县、清涧县、子洲县、绥德县。其中,后 10 位次的 6 位分布在陕北区域榆林市(见图 2-19)。

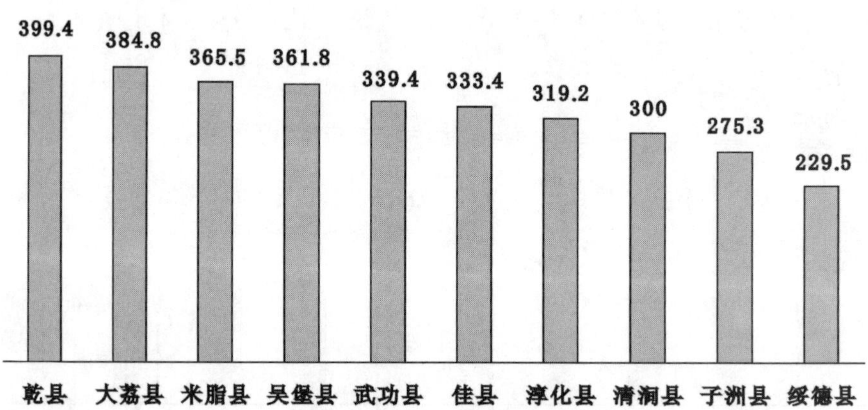

图 2-19 2014 年陕西省县域人均公共财政收入后 10 名(元)

(3)县域生产总值公共财政贡献率排名

2014 年,全省生产总值公共财政贡献率 10.5%,县域生产总值财政贡献率 5.0%,各地市生产总值公共财政贡献率排名依次为:延安市、西安市、铜川市、渭南市、榆林市、商洛市、宝鸡市、安康市、汉中市、咸阳市(见图 2-20)。

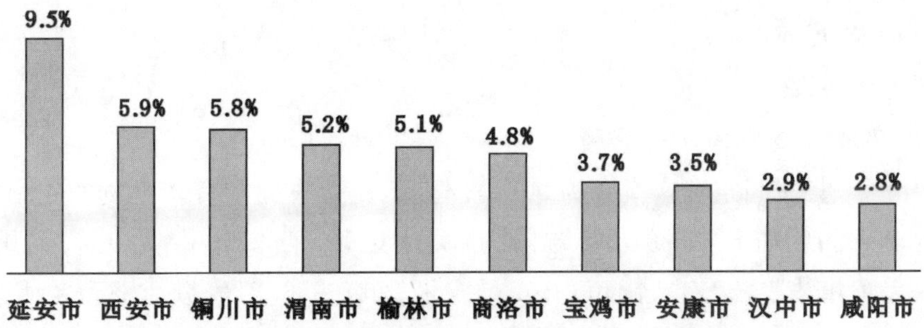

图 2-20　2014 年陕西省地市生产总值公共财政贡献率排名

2014 年，全省县域生产总值公共财政贡献率排名前 10 位的依次为：吴起县、志丹县、甘泉县、安塞县、麟游县、宜君县、潼关县、韩城市、长安区、延长县。其中，前 10 位次的 5 位分布在陕北区域延安市（见图 2-21）。

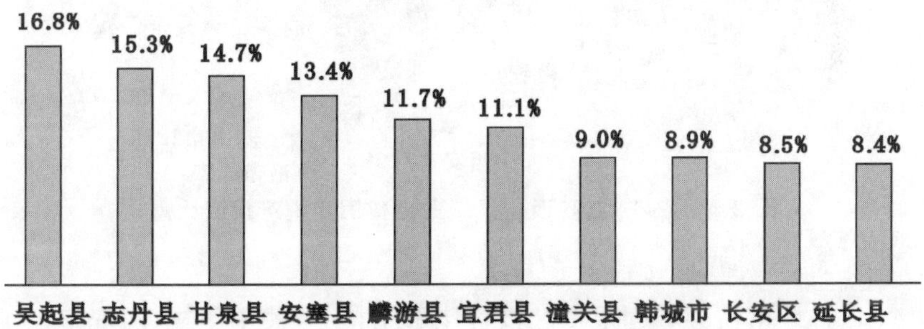

图 2-21　2014 年陕西省县域生产总值公共财政贡献率排名前 10 名

2014 年，全省县域生产总值公共财政贡献率排名后 10 位的依次为：清涧县、米脂县、乾县、子洲县、绥德县、礼泉县、城固县、武功县、洛川县、淳化县。其中，后 10 位次的 4 位分别分布在关中区域的咸阳市和陕北区域的榆林市（见图 2-22）。

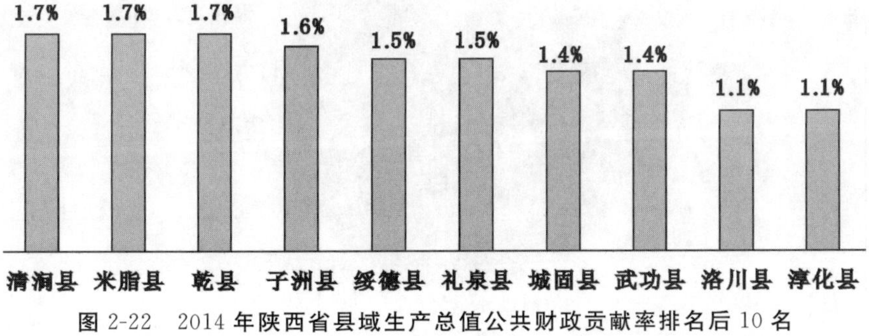

图 2-22　2014 年陕西省县域生产总值公共财政贡献率排名后 10 名

(四)固定资产投资

1.占比分析

(1)县域占全省固定资产投资比重

2014年,县域固定资产投资为9080.3亿元,占全省固定资产投资的48.5%,各地市占全省固定资产投资比重结构为:关中区域,西安市占7.9%、铜川市占1.1%、宝鸡市占7.6%、咸阳市占6.3%、渭南市占6.9%;陕北区域,延安市占5.3%、榆林市占5.2%;陕南区域,汉中市占2.9%、安康市占2.2%、商洛市占3.2%(见图2-23)。

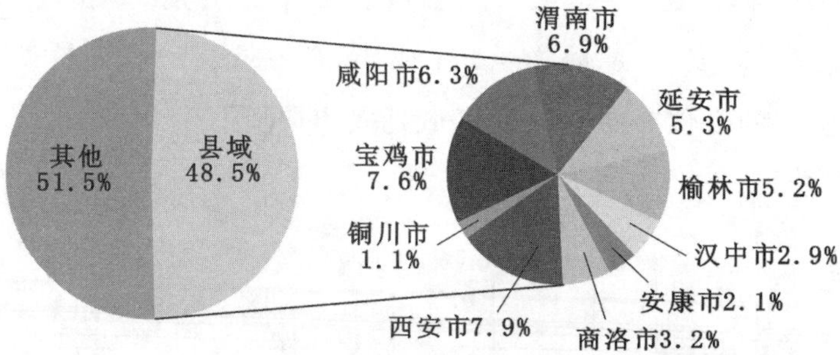

图2-23　2014年陕西省县域占全省固定资产投资比重

(2)各地市县域固定资产投资比重

2014年,各地市占县域固定资产投资比重结构为:关中区域,西安市占16.4%、铜川市占2.2%、宝鸡市占15.6%、咸阳市占12.9%、渭南市占14.3%;陕北区域,延安市占10.9%、榆林市占10.8%;陕南区域,汉中市占6.0%、安康市占4.3%、商洛市占6.6%(见图2-24)。

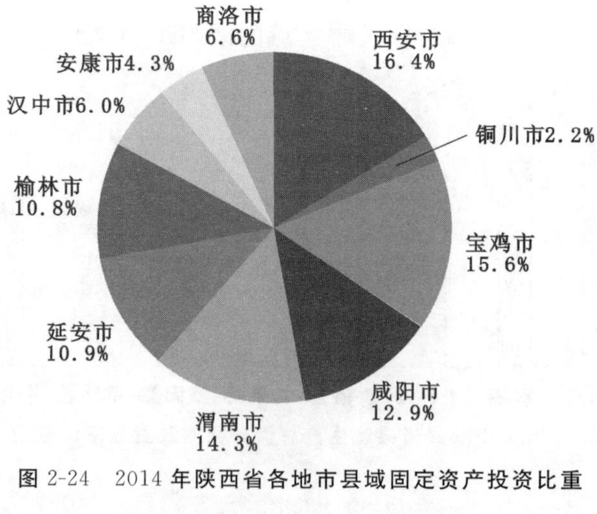

图2-24　2014年陕西省各地市县域固定资产投资比重

2. 排名分析

2014 年,各地市县域固定资产投资排名依次为:西安市、宝鸡市、渭南市、咸阳市、延安市、榆林市、商洛市、汉中市、安康市、铜川市。其中,西安市固定资产投资为铜川市的 7.4 倍(见图 2-25)。

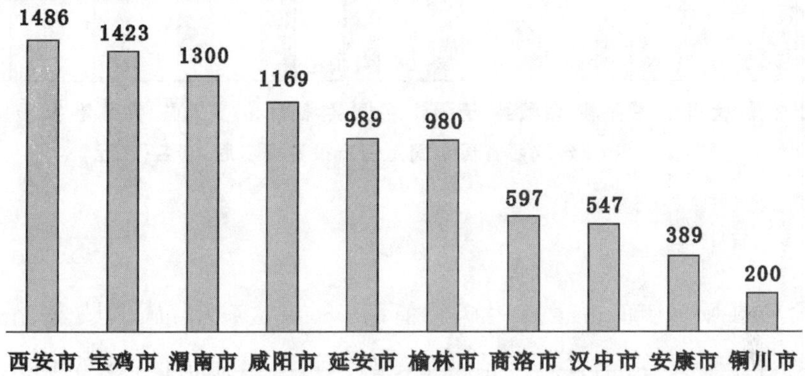

图 2-25　2014 年陕西省各地市县域固定资产投资排名(亿元)

2014 年,全省县域固定资产投资排名前 10 位的依次为:长安区、高陵区、韩城市、神木县、吴起县、兴平县、蒲城县、志丹县、陈仓区、靖边县(见图 2-26)。

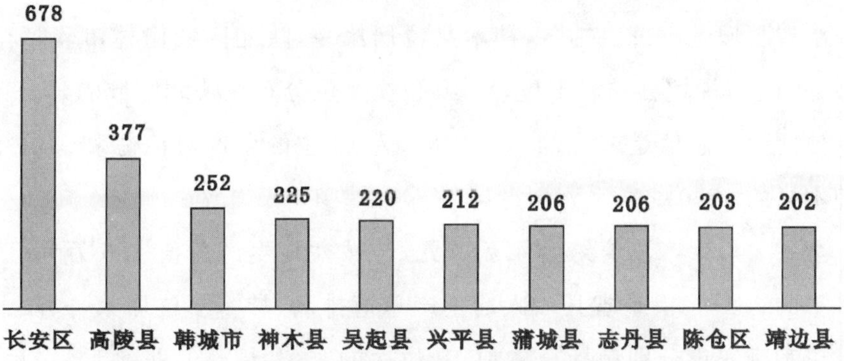

图 2-26　2014 年陕西省县域固定资产投资排名前 10 名(亿元)

2014 年,全省县域固定资产投资排名后 10 位的依次为:宁陕县、宜川县、甘泉县、留坝县、子洲县、礼泉县、镇坪县、黄龙县、佛坪县、吴堡县。其中,后 10 位次的 3 位分布在陕北区域的延安市。排名第一位长安区的固定资产投资是末位吴堡县的 74.5 倍(见图 2-27)。

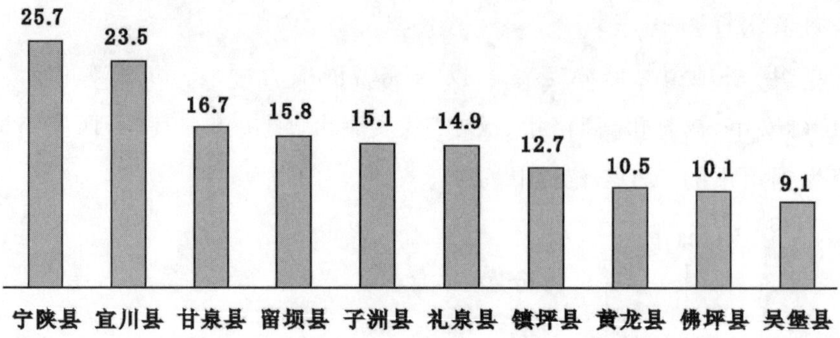

图 2-27 2014 年陕西省县域固定资产投资排名后 10 名(亿元)

三、数据小结

1. 全省县域总产值占全省生产总值的 58.3%,其中:从区域来看,关中区域总产值占比最大,占全省总产值的 27.2%,占县域总值的 46.6%;从地市来看,榆林市总产值占比最大,占全省总产值的 14.1%,占县域总产值的 24.2%,高出排名第二咸阳市的 84.1%,为铜川市的 13.9 倍。全省三次产业比重结构为8.8:54.8:36.4,县域三次产业结构比重为 12.8:60.9:26.3。

2. 全省县域生产总值排名,神木县位居第一,陕北区域榆林市囊括全省前 10 位次的 4 位;佛坪县排名末位,后 10 位次 4 位分布在陕北区域的延安市。排名第一位的生产总值是末位的 147.0 倍,后 10 位的生产总值总和仅占排名第一位神木县的 18.0%。

3. 全省人均生产总值约为 4.7 万元,县域人均生产总值 3.6 万元,为全省平均水平的 76.6%。全省县域人均生产总值排名,神木县位居第一,陕北区域的榆林市和延安市分别囊括全省前 10 位次的 4 位;周至县排名最后,后 10 位次的 4 位分布在陕北区域的榆林市。排名第一位的人均生产总值是末位的 15.7倍,后 10 位的人均生产总值总和仅占排名第一位神木县的 74.6%。

4. 县域占全省公共财政收入的比重为 28.0%,其中:榆林市占比最大,占全省 6.9%,占县域 24.6%。全省人均公共财政收入为 4932.6 元,县域人均公共财政收入为 1784.3 元,县域为全省人均公共财政收入水平的 36.2%。

5. 全省县域公共财政收入排名,第一位为神木县,末位是佛坪县,第一位的公共财政收入是末位的 174.2 倍。人均县域公共财政收入排名，第一位为吴起县，末位是绥德县，第一位的公共财政收入是末位的 110.7 倍。

6. 全省生产总值财政公共贡献率为 10.5%，县域生产总值公共财政贡献率 5.0%，县域是全省平均水平的 47.6%。全省各地市县域生产总值公共财政贡献率排名，第一位为延安市，贡献率为 9.5%，末位是咸阳市，贡献率为 2.8%。全省县域生产总值公共财政贡献率排名，第一位为吴起县，贡献率为 16.8%，末位是淳化县，贡献率为 1.1%，第一位的贡献率是末位的 15.3 倍。

7. 全省县域固定资产投资为 9080.3 亿元，占全省固定资产投资的 48.5%，其中西安市占比最大，占全省 7.9%，占县域的 16.4%。全省县域固定资产投资排名第一位的长安区固定资产投资是末位吴堡县的 74.5 倍。

附录：

陕西全省107个县级行政区划单位(其中:15个市辖区、8个县级市、84个县)

陕西省87个县域行政区划单位(其中:4个市辖区,3个县级市,80个县)

地市	县域	行政区域面积(平方公里)	户籍人口(万人)	地区生产总值(万元)	人均生产总值(元)	第一产业增加值(万元)	第二产业增加值(万元)	第三产业增加值(万元)	公共财政收入(万元)	人均财政收入(元)	生产总值公共财政贡献率	规模以上工业总产值(万元)	固定资产投资(万元)
西安市【9区4县(市)】不包含在内的区:新城区、碑林区、莲湖区、灞桥区、未央区、雁塔区、阎良区、临潼区	长安区	1588	106	4206958	39688.3	336650	1992700	1877608	357385	3371.6	8.5%	257551	6782200
	蓝田县	2006	66	1184532	17947.5	259058	464000	461474	38387	581.6	3.2%	448932	1538018
	周至县	2969	69	972043	14087.6	276272	284700	411071	35218	510.4	3.6%	288171	1242559
	户　县	1282	61	1592073	26099.6	271973	816800	503300	82748	1356.5	5.2%	1009259	1526900
	高陵县	294	33	3000900	90936.4	259555	2413300	328045	132510	4015.5	4.4%	8491500	3772303
铜川市【3区1县(市)】不包含在内的:王益区、印台区	耀州区	1604	34	1509245	44389.6	104245	1091900	313100	71726	2109.6	4.8%	2451803	1715873
	宜君县	1532	9	295417	32824.1	61317	170900	63200	32830	3647.8	11.1%	301268	286800
宝鸡市【3区9县(市)】不包含在内的:渭滨区、金台区	陈仓区	2472	60	1736368	28939.5	239216	946024	551128	36868	614.5	2.1%	1569628	2029889
	凤翔县	1179	52	1818120	34963.8	241720	1184900	391500	44915	863.8	2.1%	2088294	1994100
	岐山县	856	48	1490962	31061.7	225449	864483	401030	36548	761.4	2.5%	1568842	1748800
	扶风县	705	45	1005732	22349.6	197171	497705	310856	42433	943.0	4.2%	1075048	1409274
	眉　县	857	33	1046300	31706.1	203700	608600	234000	29963	908.0	2.9%	1379807	1907333
	陇　县	2277	27	571564	21169.0	166059	240258	165247	26805	992.8	4.7%	368420	1160188

续表

地市	县域	行政区域面积（平方公里）	户籍人口（万人）	地区生产总值（万元）	人均生产总值（元）	第一产业增加值（万元）	第二产业增加值（万元）	第三产业增加值（万元）	公共财政收入（万元）	人均财政收入（元）	生产总值公共财政贡献率	规模以上工业总产值（万元）	固定资产投资（万元）
宝鸡市【3区9县(市)】不包含在内的：渭滨区、金台区	千阳县	997	13	350596	26968.9	91816	187464	71316	16786	1291.2	4.8%	475997	785393
	麟游县	1704	9	557491	61943.4	65891	439900	51700	65200	7244.4	11.7%	820700	1146982
	凤　县	3187	10	1456104	145610.4	63719	1151876	240509	66396	6639.6	4.6%	2865315	1755007
	太白县	2698	5	171079	34215.8	52932	78496	39651	9043	1808.6	5.3%	139700	292489
咸阳市【3区11县(市)】不包含在内：秦都区、杨凌区、渭城区	三原县	577	42	1601314	38126.5	291714	873200	436400	43389	1033.1	2.7%	2532001	1299700
	泾阳县	792	54	1520067	28149.4	438354	618512	463201	40056	741.8	2.6%	1772240	1794300
	乾　县	1003	60	1450439	24174.0	296239	674200	480000	23961	399.4	1.7%	1520401	1337000
	礼泉县	1012	51	1450187	28435.0	501987	560500	387700	21728	426.0	1.5%	1181653	148669
	永寿县	889	21	448300	21347.6	143000	176500	128800	14096	671.2	3.1%	477976	527387
	彬　县	1184	37	1860873	50293.9	168073	1464500	228300	108287	2926.7	5.8%	2400618	1659928
	长武县	567	19	606100	31900.0	147306	365900	92894	32013	1684.9	5.3%	784800	1079800
	旬邑县	1774	29	1160200	40006.9	268200	752600	139400	20261	698.7	1.7%	1245398	771400
	淳化县	983	19	535400	28178.9	229224	172300	133876	6065	319.2	1.1%	398000	363473
	武功县	398	45	1100371	24452.7	202671	569400	328300	15274	339.4	1.4%	1168000	586500
	兴平市	508	62	1834689	29591.8	243411	1014900	576378	51300	827.4	2.8%	3571452	2123347

续表

地市	县域	行政区域面积（平方公里）	户籍人口（万人）	地区生产总值（万元）	人均生产总值（元）	第一产业增加值（万元）	第二产业增加值（万元）	第三产业增加值（万元）	公共财政收入（万元）	人均财政收入（元）	生产总值公共财政贡献率	规模以上工业总产值（万元）	固定资产投资（万元）
渭南市【1区10县(市)】不包含在内的：临渭区	华　县	1139	35	1157450	33070.0	93970	866980	196500	34300	980.0	3.0%	2332499	1527463
	潼关县	526	16	411000	25687.5	34240	231890	144870	36862	2303.9	9.0%	558569	538087
	大荔县	1776	73	1123694	15393.1	311324	253620	558750	28088	384.8	2.5%	606828	965264
	合阳县	1437	46	713854	15518.6	174894	205480	333480	24568	534.1	3.4%	389431	967484
	澄城县	1121	40	852880	21322.0	196430	398560	257890	40180	1004.5	4.7%	828939	1240415
	蒲城县	1584	79	1516180	19192.2	236160	761060	518960	61600	779.7	4.1%	1691028	2060800
	白水县	960	29	663000	22862.1	227910	186090	249000	23700	817.2	3.6%	385328	685968
	富平县	1243	80	1355020	16937.8	263250	688290	403480	40365	504.6	3.0%	1602100	1299752
	韩城市	1621	40	3030147	75753.7	138177	2364520	527450	270558	6764.0	8.9%	6736127	2523942
	华阴市	817	26	783510	30135.0	56300	420530	306680	38701	1488.5	4.9%	1037298	1190201
延安市【1区12县(市)】不包含在内的：宝塔区	延长县	2368	15	410920	27394.7	86980	192460	131480	34562	2304.1	8.4%	6733	527901
	延川县	1985	20	1001686	50084.3	59426	783550	158710	34133	1706.7	3.4%	57908	346565
	子长县	2396	27	811240	30045.9	72000	537190	202050	65998	2444.4	8.1%	553803	1158898
	安塞县	2949	19	1064380	56020.0	73190	821810	169380	142521	7501.1	13.4%	198261	1350074
	志丹县	3781	16	1666192	104137.0	50192	1401270	214730	254706	15919.1	15.3%	37537	2059000

续表

地市	县域	行政区域面积（平方公里）	户籍人口（万人）	地区生产总值（万元）	人均生产总值（元）	第一产业增加值（万元）	第二产业增加值（万元）	第三产业增加值（万元）	公共财政收入（万元）	人均财政收入（元）	生产总值公共财政贡献率	规模以上工业总产值(万元)	固定资产投资（万元）
延安市【1区12县(市)】不包含在内的：宝塔区	吴起县	3789	14	2115141	151081.5	49401	1876540	189200	355688	25406.3	16.8%	16215	2198550
	甘泉县	2272	9	224370	24930.0	42190	97030	85150	33017	3668.6	14.7%	99274	166506
	富　县	4180	15	389532	25968.8	124682	128620	136230	30844	2056.3	7.9%	57727	487608
	洛川县	1792	22	2294430	104292.3	220480	1895920	178030	26100	1186.4	1.1%	17013	528563
	宜川县	2938	12	227170	18930.8	110820	14980	101370	11152	929.3	4.9%	11077	234681
	黄龙县	2746	5	111105	22221.0	45615	10660	54830	4226	845.2	3.8%		105400
	黄陵县	2287	13	1113593	85661.0	79823	850520	183250	88293	6791.8	7.9%	1315230	723916
榆林市【1区11县(市)】不包含在内的：榆阳区	神木县	7635	44	9682380	220054.1	119740	6785300	2777340	540203	12277.3	5.6%	11386309	2254562
	府谷县	3229	25	4365781	174631.2	59581	3727200	579000	231055	9242.2	5.3%	6396803	1506681
	横山县	4282	37	1360900	36781.1	141900	785800	433200	37826	1022.3	2.8%	727232	1025300
	靖边县	5088	34	3651900	107408.8	196000	2818300	637600	200000	5882.4	5.5%	4810472	2020351
	定边县	6920	35	3383900	96682.9	181400	2740500	462000	211044	6029.8	6.2%	838764	1161100
	绥德县	1853	36	540584	15016.2	104284	75300	361000	8261	229.5	1.5%	62088	450733
	米脂县	1212	22	486560	22116.4	59630	136260	290670	8041	365.5	1.7%	235328	272512
	佳　县	2029	27	414700	15359.3	94000	119100	201600	9002	333.4	2.2%	137003	573500

续表

地市	县域	行政区域面积（平方公里）	户籍人口（万人）	地区生产总值（万元）	人均生产总值（元）	第一产业增加值（万元）	第二产业增加值（万元）	第三产业增加值（万元）	公共财政收入（万元）	人均财政收入（元）	生产总值公共财政贡献率	规模以上工业总产值（万元）	固定资产投资（万元）
榆林市【1区11县(市)】不包含在内的：榆阳区	吴堡县	418	9	178100	19788.9	25000	65300	87800	3256	361.8	1.8%	75273	90900
	清涧县	1881	22	392234	17828.8	119534	118800	153900	6600	300.0	1.7%	176744	291000
	子洲县	2042	30	522600	17420.0	103415	218500	200685	8258	275.3	1.6%	266300	151158
汉中市【1区10县(市)】不包含在内的：汉台区	南郑县	2824	57	1540416	27024.8	212543	916712	411161	64962	1139.7	4.2%	1356291	553457
	城固县	2265	54	1688411	31266.9	415806	763504	509101	23730	439.4	1.4%	1630293	1387600
	洋　县	3206	45	944018	20978.2	224026	424718	295274	35195	782.1	3.7%	902114	817119
	西乡县	3253	42	753805	17947.7	174215	259729	319861	22069	525.5	2.9%	472795	606170
	勉　县	2406	43	1114061	25908.4	195601	601087	317373	31020	721.4	2.8%	2680226	346921
	宁强县	3260	33	619349	18768.2	174047	200686	244616	16072	487.0	2.6%	397302	717400
	略阳县	2831	19	631949	33260.5	86095	302858	242996	17016	895.6	2.7%	666261	313000
	镇巴县	3437	29	564234	19456.3	151722	198727	213785	15176	523.3	2.7%	245736	467200
	留坝县	1965	4	114236	28559.0	28837	29901	55498	4346	1086.5	3.8%	25848	157700
	佛坪县	1279	3	66477	22159.0	11775	23353	31349	3117	1039.0	4.7%	21302	100602
安康市【1区9县(市)】不包含在内：汉滨区	汉阴县	1365	31	684351	22075.8	116776	402158	165417	19900	641.9	2.9%	1038595	490897
	石泉县	1516	18	547592	30421.8	63252	364870	119470	12985	721.4	2.4%	912055	509597

续表

地市	县域	行政区域面积（平方公里）	户籍人口（万人）	地区生产总值（万元）	人均生产总值（元）	第一产业增加值（万元）	第二产业增加值（万元）	第三产业增加值（万元）	公共财政收入（万元）	人均财政收入（元）	生产总值公共财政贡献率	规模以上工业总产值(万元)	固定资产投资（万元）
安康市【1区9县(市)】不包含在内:汉滨区	宁陕县	3678	7	222224	31746.3	40626	125292	56306	10499	1499.9	4.7%	174675	257033
	紫阳县	2240	34	647899	19055.9	109509	353823	184567	21342	627.7	3.3%	655265	531617
	岚皋县	1957	17	351051	20650.1	60251	195514	95286	10192	599.5	2.9%	374135	318343
	平利县	2648	23	605864	26341.9	97246	405918	102700	21628	940.3	3.6%	868386	370789
	镇坪县	1502	6	120586	20097.7	29761	42995	47830	5944	990.7	4.9%	58249	126746
商洛市【1区6县】	旬阳县	3541	46	1123710	24428.5	120872	669877	332961	52500	4.7%	1141.3	1212882	914834
	白河县	1453	21	482711	22986.2	69993	295433	117285	13026	620.3	2.7%	719010	373478
	商州区	2672	56	1176497	21008.9	136167	516000	524330	64720	1155.7	5.5%	1246936	1304060
	洛南县	2830	46	920575	20012.5	198025	459900	262650	50240	1092.2	5.5%	1112170	939974
	丹凤县	2438	31	732040	23614.2	110632	362200	259208	29822	962.0	4.1%	559461	775700
	商南县	2307	25	633940	25357.6	118620	313450	201870	31983	1279.3	5.0%	588223	720620
	山阳县	3535	47	955100	20321.3	165230	492100	297770	38003	808.6	4.0%	953229	795765
	镇安县	3487	30	774980	25832.7	118900	447400	208680	39300	1310.0	5.1%	614890	756000
	柞水县	2332	16	641800	40112.5	60580	405700	175520	27519	1719.9	4.3%	1234185	680402
合　计	87个	186417	2874	103207433	35910.7	13289967	62828353	27089113	5128205	5.0%	1784.3	107024529	90803471

第二章 甘肃篇

一、整体概况

(一)全省概况

甘肃省简称甘或陇,省会兰州市。位于我国西北部,黄河上游。甘肃海拔大多在1000米以上,四周为群山峻岭所环抱。北有六盘山、合黎山和龙首山;东为岷山、秦岭和子午岭;西接阿尔金山和祁连山;南壤青泥岭。境内地势起伏、山岭连绵、江河奔流,地形相当复杂,面积45.37万平方千米。截至2014年末,全省常住人口2590.78万人。全省拥有12个地级市和2个自治州,86个县级行政区划单位(其中:17个市辖区、4个县级市、58个县、7个自治县)。全省行政地域分布主要分为陇中、河西走廊、陇东南3个区域,其中,陇中区域包含3个地级市和2个自治州(兰州市、白银市、定西市、临夏回族自治州(以下简称临夏州)、甘南藏族自治州(以下简称甘南州)),河西走廊区域包含5个地级市(武威市、张掖市、酒泉市、金昌市、嘉峪关市),陇东南区域包含4个地级市(平凉市、庆阳市、天水市、陇南市)。

2014年,全省生产总值6835.27亿元,人均生产总值约为2.7万元。其中,第一产业增加值900.8亿元,第二产业增加值2924.86亿元,第三产业增加值3009.61亿元,三次产业比重结构为13.2∶42.8∶44.0。全部工业增加值2263.2亿元,其中规模以上工业增加值2070亿元;全部财政收入1234.54亿元,其中公共财政预算收入672.15亿元;全社会固定资产投资7759.62亿元;社会消费品零售总额2410.4亿元,其中城镇消费品零售额1927.93亿元,乡村消费品零售额482.44亿元。

(二)县域概况

全省 86 个县级行政区划单位,纳入县域体系的有 76 个县级行政区划单位(其中:7 个市辖区、4 个县级市、58 个县、7 个自治县),行政区域面积 44.3 万平方千米,户籍人口 2281 万人。县域生产总值为 4011.3 亿元,人均生产总值 1.8 万元。其中:第一产业增加值 774.2 亿元,第二产业增加值 1566.1 亿元,第三产业增加值 1671 亿元,三次产业结构比重为 19.3∶39.0∶41.7。县域公共财政收入为 225.1 亿元,县域固定资产投资为 5756.3 亿元。

二、经济分析

(一)生产总值

1.占比分析

(1)县域占全省生产总值比重

2014 年,县域生产总值为 4011.3 亿元,占全省生产总值比重的58.7%,其中:陇中区域占全省生产总值的 15.2%;河西走廊区域占全省生产总值的 21.2%;陇东南区域占全省生产总值的 22.3%(见图 2-28)。

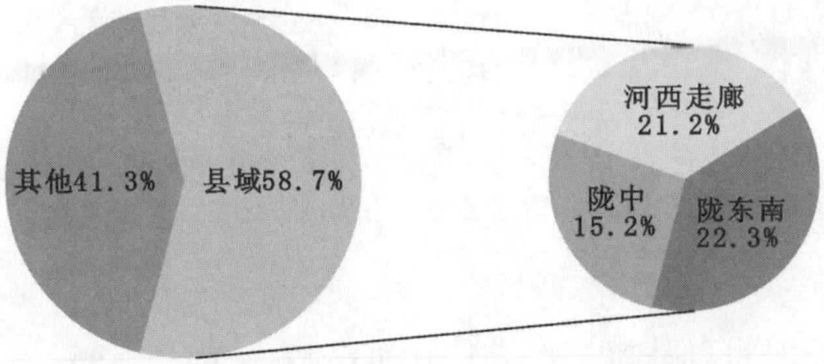

图 2-28　2014 年甘肃省县域占全省生产总值比重

(2)各区域县域生产总值比重

2014 年,各区域县域生产总值比重结构为:陇中区域占县域生产总值的 25.9%;河西走廊区域占县域生产总值的 36.1%;陇东南区域占县域生产总值的 38.0%(见图 2-29)。

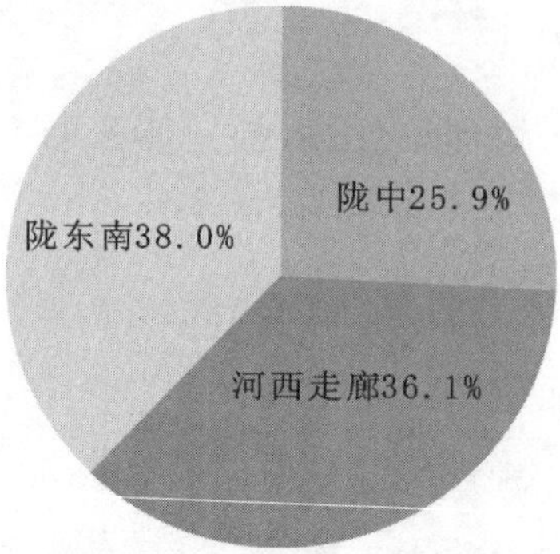

图 2-29 2014 年甘肃省各区域县域生产总值比重

(3)各地州市县域占全省生产总值比重

2014 年,各地州市县域占全省生产总值比重结构为:陇中区域,兰州市占 3.6%、白银市占 2.6%、定西市占 4.2%、临夏州占 3.0%、甘南州占 1.8%;河西走廊区域,金昌市占 1.0%、武威市占 6.0%、酒泉市占 8.9%、张掖市占 5.3%;陇东南区域,天水市占 3.1%、平凉市占 5.1%、庆阳市占 9.8%、陇南市占 4.3%(见图 2-30)。

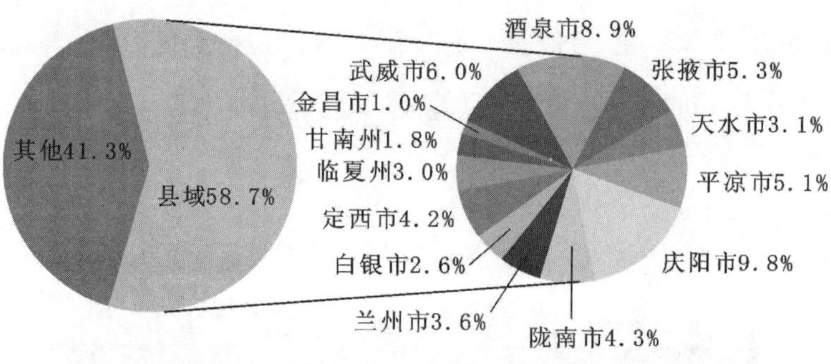

图 2-30 2014 年甘肃省各地州市县域占全省生产总值比重

(4)各地州市县域生产总值比重

2014 年,各地州市县域生产总值比重结构为:陇中区域,兰州市占6.1%、白银市占 4.4%、定西市占 7.2%、临夏州占 5.1%、甘南州占 3.1%;河西走廊区域,金昌市占 1.6%、武威市占 10.2%、酒泉市占 15.2%、张掖市占9.0%;陇东南区域,天水市占 5.4%、平凉市占 8.8%、庆阳市占 16.6%、陇南市占 7.3%(见图 2-31)。

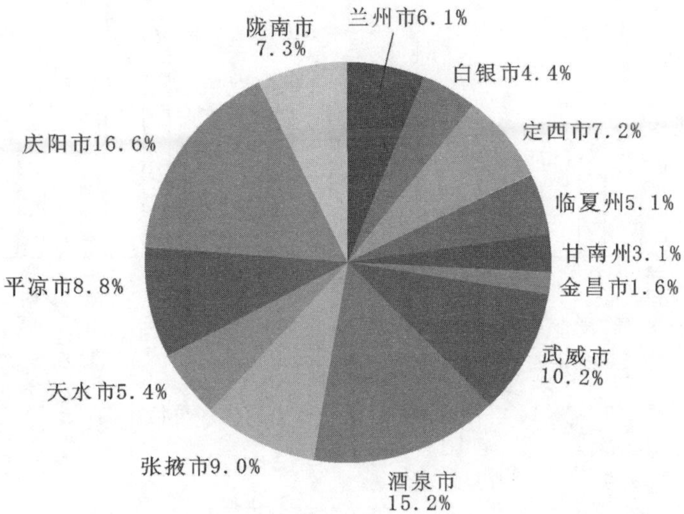

图 2-31　2014 年甘肃省各地州市县域生产总值比重

2. 排名分析

(1)全省各地州市县域生产总值排名

2014 年,全省各地州市县域生产总值排名依次为:庆阳市、酒泉市、武威市、张掖市、平凉市、陇南市、定西市、兰州市、天水市、临夏州、白银市、甘南州、金昌市。其中,庆阳市为金昌市的 10.2 倍(见图 2-32、图 2-33)。

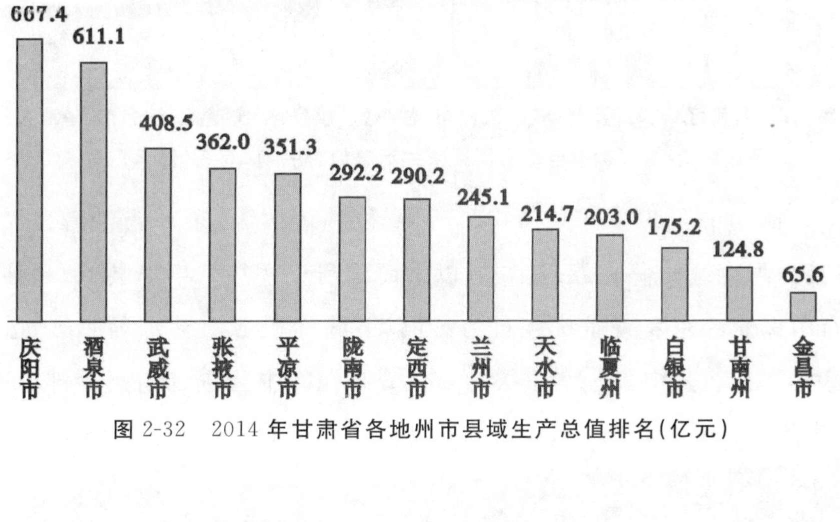

图 2-32　2014 年甘肃省各地州市县域生产总值排名(亿元)

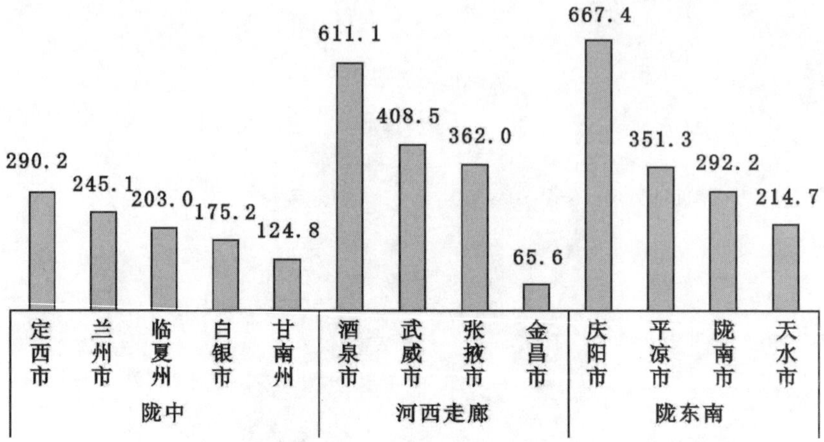

图 2-33　2014 年各地州市县域在区域内生产总值排名(亿元)

(2)全省县域生产总值排名

2014 年末,全省县域生产总值排名前 10 位依次为:凉州区、肃州区、西峰区、甘州区、玉门市、崆峒区、永登县、庆城县、敦煌市、华池县。其中,前 10 位的 6 位分布在河西走廊区域酒泉市和陇东南区域庆阳市(见图 2-34)。

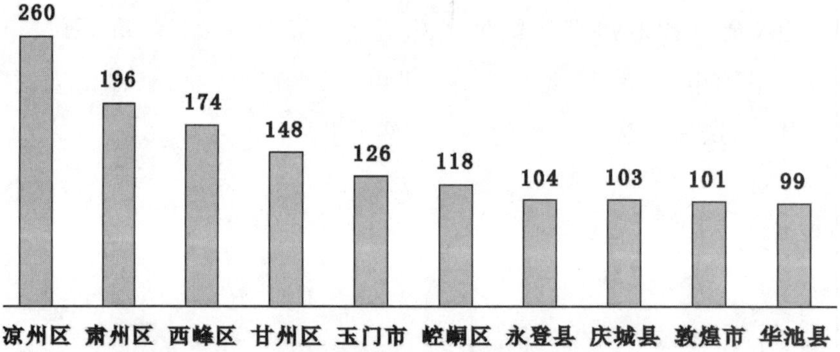

图 2-34　2014 年甘肃省县域生产总值排名前 10 名(亿元)

2014 年,全省县域生产总值排名后 10 位的依次为:东乡族自治县(以下简称东乡县)、阿克塞哈萨克族自治县(以下简称阿克塞县)、卓尼县、和政县、舟曲县、积石山保安族东乡族撒拉族自治县(以下简称积石山县)、玛曲县、迭部县、碌曲县、两当县。其中,后 10 位次的 5 位分布在陇中区域甘南州。排名第一位的县域生产总值是末位的 41.0 倍,后 10 位的生产总值总和仅占排名第一位凉州区的 48.0%(见图 2-35)。

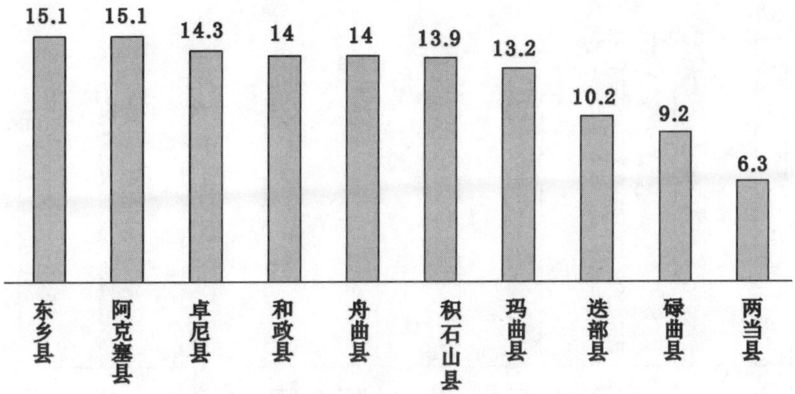

图 2-35　2014 年甘肃省县域生产总值排名后 10 名(亿元)

(3)全省县域人均生产总值排名

2014 年,全省县域人均生产总值排名前 10 位的依次为:肃北蒙古族自治县(以下简称肃北县)、阿克塞县、玉门市、华池县、肃南裕固族自治县(以下简称肃南县)、敦煌市、瓜州县、肃州区、金塔县、西峰区。其中,后 10 位次的 7 位分布在河西走廊区域酒泉市(见图 2-36)。

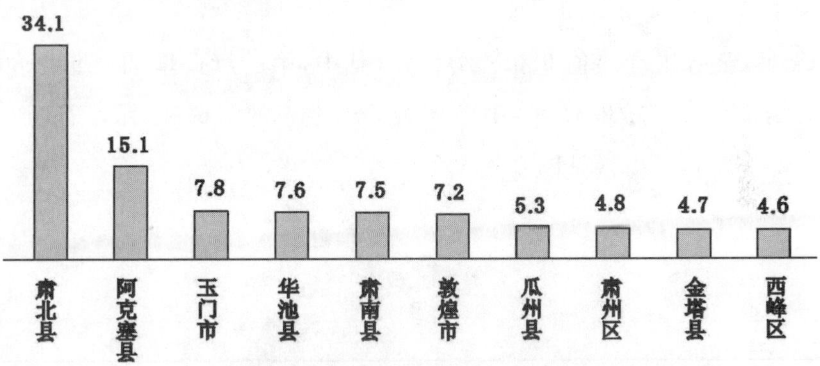

图 2-36　2014 年甘肃省县域人均生产总值排名前 10 名(万元)

2014 年,全省县域人均生产总值排名后 10 位的依次为:张家川回族自治县(以下简称张家川县)、西和县、和政县、广河县、岷县、康乐县、宕昌县、礼县、积石山县、东乡族自治县。其中后 10 位次的 5 位分布在陇中区域临夏州。排名第一位的是末位的 68.0 倍(见图 2-37),后 10 位的人均生产总值总和仅占排名第一位肃北县的 31.7%。

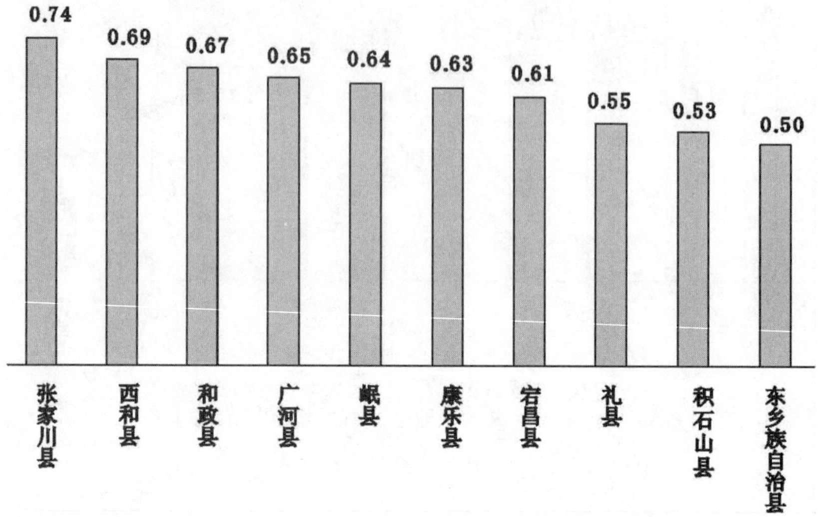

图 2-37　2014 年甘肃省县域人均生产总值排名后 10 名(万元)

(二)产业结构

1.全省三次产业增加值比重

2014 年,全省生产总值 6835.27 亿元,其中,第一产业增加值 900.80 亿元,第二产业增加值 2924.86 亿元,第三产业增加值 3009.61 亿元,三次产业比重结构为 13.2∶42.8∶44.0(见图 2-38)。

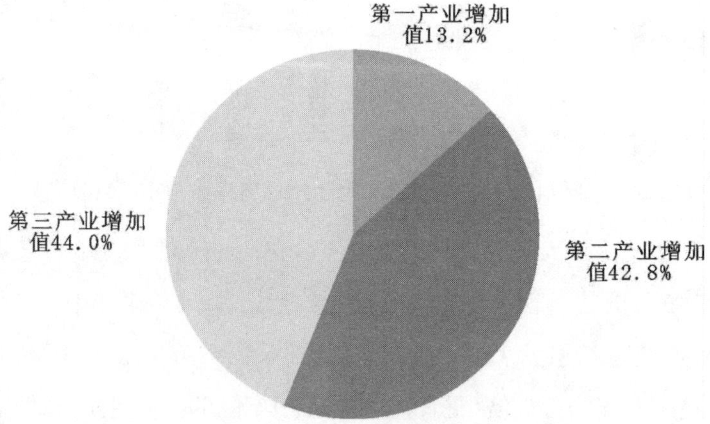

图 2-38　2014 年甘肃省三次产业增加值比重

2. 县域三次产业增加值比重

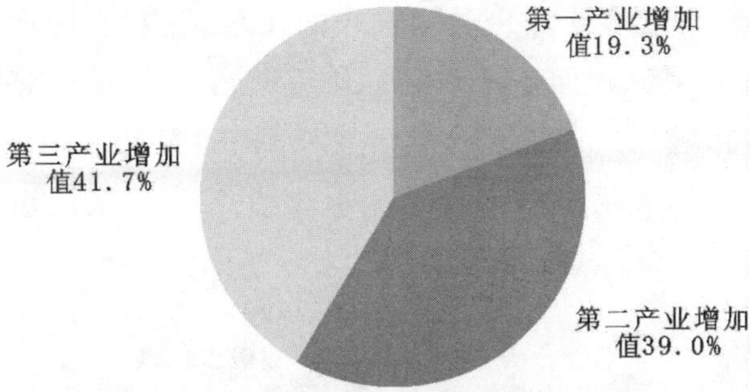

图 2-39 2014 年甘肃省县域三次产业增加值比重

2014 年,全省县域生产总值为 4011.3 亿元,其中:第一产业增加值 774.2 亿元,第二产业增加值 1566.1 亿元,第三产业增加值 1671.0 亿元,三次产业结构比重为 19.3∶39.0∶41.7(见图 2-43)。

(三)财政收入

1. 占比分析

(1)县域占全省公共财政收入比重

2014 年,县域公共财政收入为 225.1 亿元,占全省公共财政收入的比重为 33.5%。其中,各地州市县域占全省公共财政收入的比重结构为:陇中区域,兰州市占 1.6%、白银市占 1.1%、定西市占 2.7%、临夏州占 2.8%、甘南州占 1.4%;河西走廊区域,金昌市占 3.0%、武威市占 2.5%、酒泉市占 3.5%、张掖市占3.5%;陇东南区域,天水市占 1.5%、平凉市占 2.6%、庆阳市占 4.2%、陇南市占 3.1%(见图 2-40)。

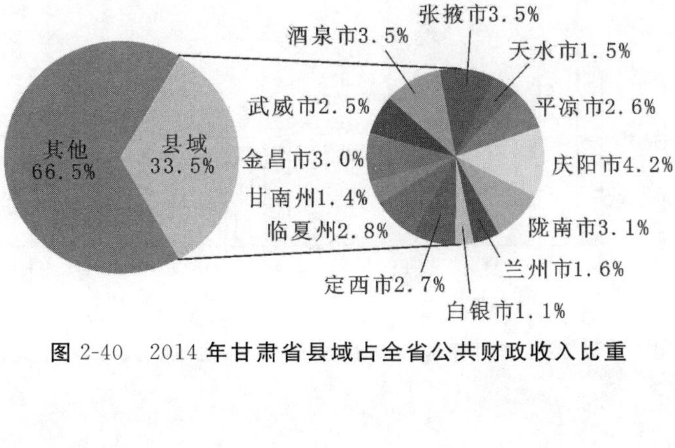

图 2-40 2014 年甘肃省县域占全省公共财政收入比重

(2)各地州市县域公共财政收入比重

2014年,各地州市县域公共财政收入的比重结构为:陇中区域,兰州市占4.7%、白银市占3.3%、定西市占8.2%、临夏州占8.3%、甘南州占4.1%;河西走廊区域,金昌市占8.9%、武威市占7.5%、酒泉市占10.5%、张掖市占10.4%;陇东南区域,天水市占4.6%、平凉市占7.8%、庆阳市占12.6%、陇南市占9.1%(见图2-41)。

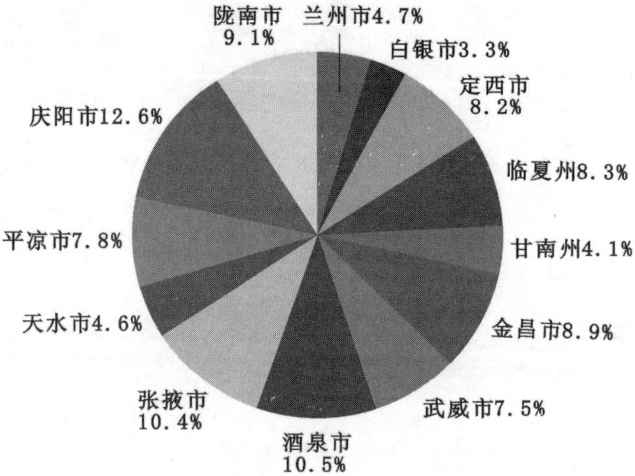

图2-41 2014年甘肃省各地州市县域公共财政收入比重

2.排名分析

(1)县域公共财政收入排名

2014年,各地州市县域公共财政收入排名依次为:庆阳市、酒泉市、张掖市、陇南市、金昌市、临夏州、定西市、平凉市、武威市、兰州市、天水市、甘南州、白银市。其中,庆阳市为白银市的3.9倍(见图2-42)。

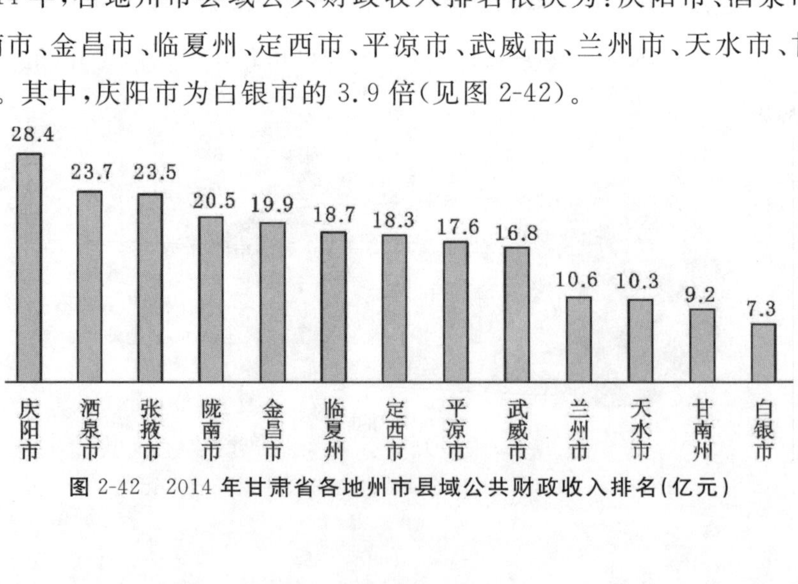

图2-42 2014年甘肃省各地州市县域公共财政收入排名(亿元)

2014年,全省县域公共财政收入排名前10位的依次为:永昌县、凉州县、临夏市、西峰区、甘州区、华亭县、环县、高台县、肃州区、敦煌市(图2-43)。

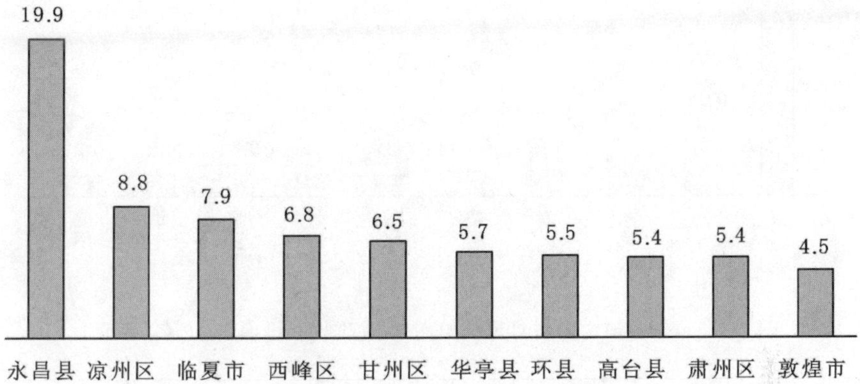

图2-43　2014年甘肃省县域公共财政收入排名前10名(亿元)

2014年,全省县域公共财政收入排名后10位的依次为:卓尼县、迭部县、灵台县、阿克塞县、广河县、夏河县、庄浪县、临潭县、两当县、碌曲县。其中,后10位次的5位分布在陇中区域甘南州。排名第一位的公共财政收入是末位的36.9倍(见2-44)。

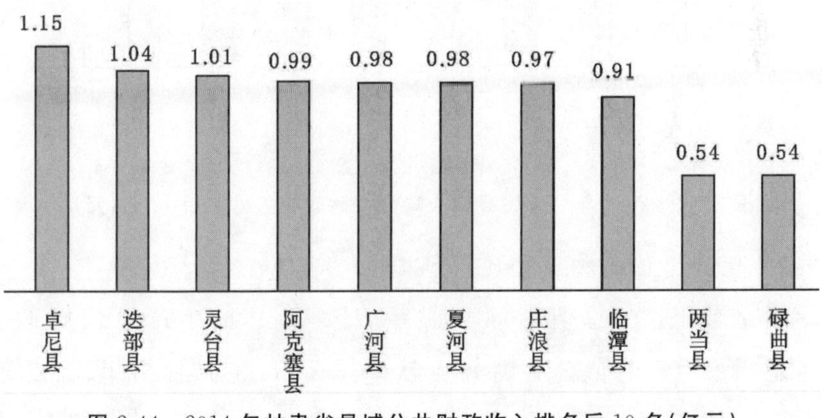

图2-44　2014年甘肃省县域公共财政收入排名后10名(亿元)

(2)县域人均公共财政收入排名

2014年,县域人均公共财政收入为986.8元,全省县域人均公共财政收入排名前10位的依次为:肃北县、阿克塞县、永昌县、肃南县、高台县、玛曲县、敦煌市、临夏市、华亭县、瓜州县。其中前10位次的4位分布在河西走廊区域酒泉市(见图2-45)。

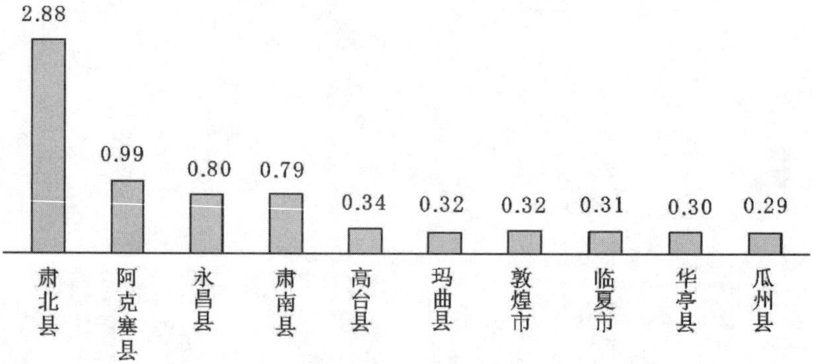

图2-45 2014年甘肃省县域人均公共财政收入排名前10名(万元)

2014年,全省县域人均公共财政收入排名后10位的依次为:东乡县、会宁县、广河县、礼县、张家川县、临夏县、武山县、通渭县、静宁县、庄浪县。其中,后10位次的3位分布在陇中区域临夏州(见图2-46)。

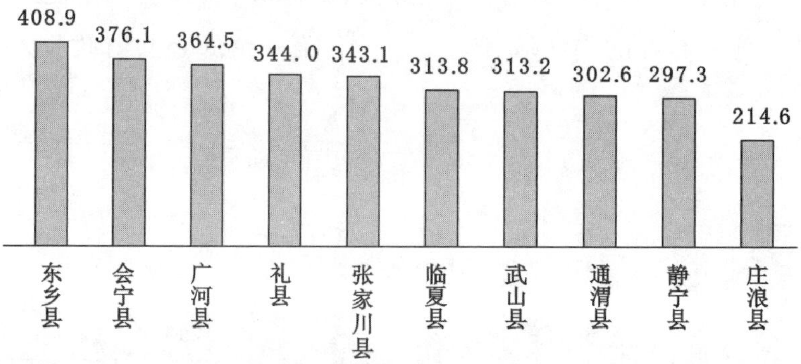

图2-46 2014年甘肃省县域人均公共财政收入排名后10名(元)

(3)县域生产总值公共财政贡献率排名

2014年,全省生产总值财政贡献率9.8%,县域生产总值财政贡献率5.6%,各地州市生产总值公共财政贡献率排名依次为:甘南州、临夏州、金昌市、陇南市、张掖市、定西市、平凉市、天水市、兰州市、庆阳市、白银市、武威市、酒泉市(见图2-47)。

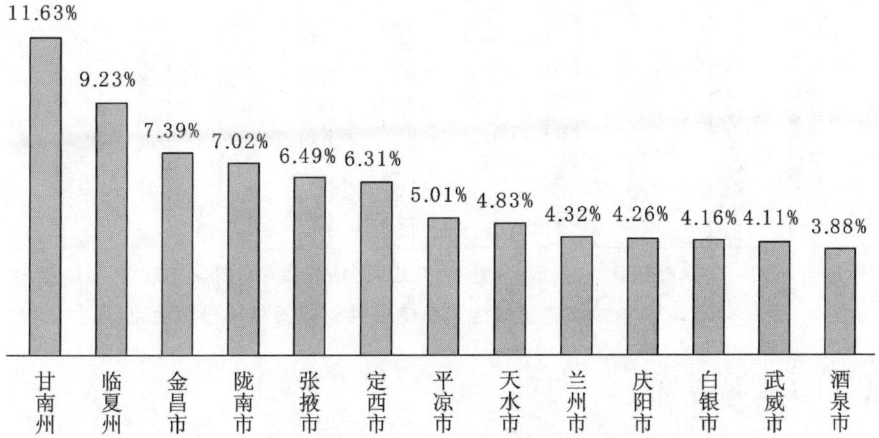

图 2-47 2014 年甘肃省各地州市生产总值公共财政贡献率排名

2014 年，全省县域生产总值公共财政贡献率排名前 10 位的依次为：永昌县、临夏市、玛曲县、积石山县、华亭县、高台县、肃南县、迭部县、文县、崇信县（见图 2-48）。

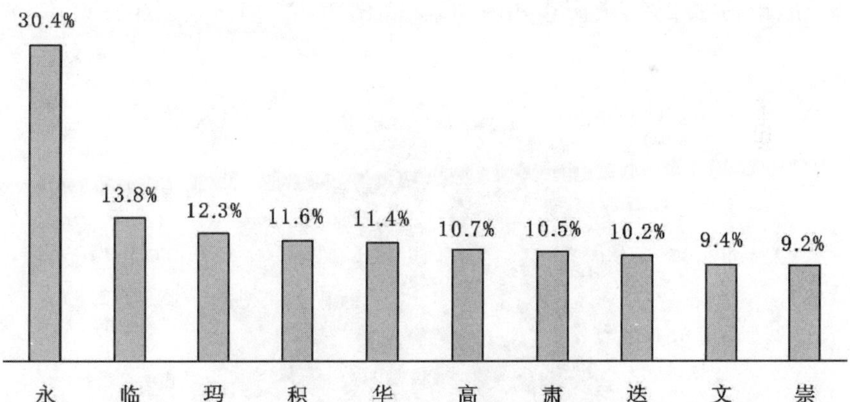

图 2-48 2014 年甘肃省县域生产总值公共财政贡献率排名前 10 名

2014 年，全省县域生产总值公共财政贡献率排名后 10 位的依次为：合水县、泾川县、灵台县、凉州区、永登县、武山县、华池县、肃州区、庄浪县、金塔县。其中，后 10 位次的 3 位分布在陇东南区域的平凉市（见图 2-49）。

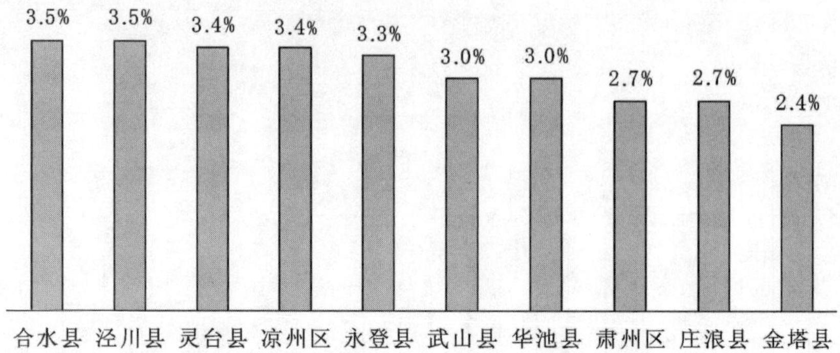

图 2-49　2014 年甘肃省县域生产总值公共财政贡献率排名后 10 名

(四)工业总产值

1. 占比分析

2014 年,县域规模以上工业总产值为 3587.28 亿元,各地州市县域规模以上工业总产值比重结构为:陇中区域,兰州市占 16.0%、白银市占 3.2%、定西市占 3.9%、临夏州占 2.8%、甘南州占 1.1%;河西走廊区域,金昌市占6.2%、武威市占 13.5%、酒泉市占 22.0%、张掖市占 8.4%;陇东南区域,天水市占 2.0%、平凉市占 7.2%、庆阳市占 9.6%、陇南市占 4.1%(见图 2-50)。

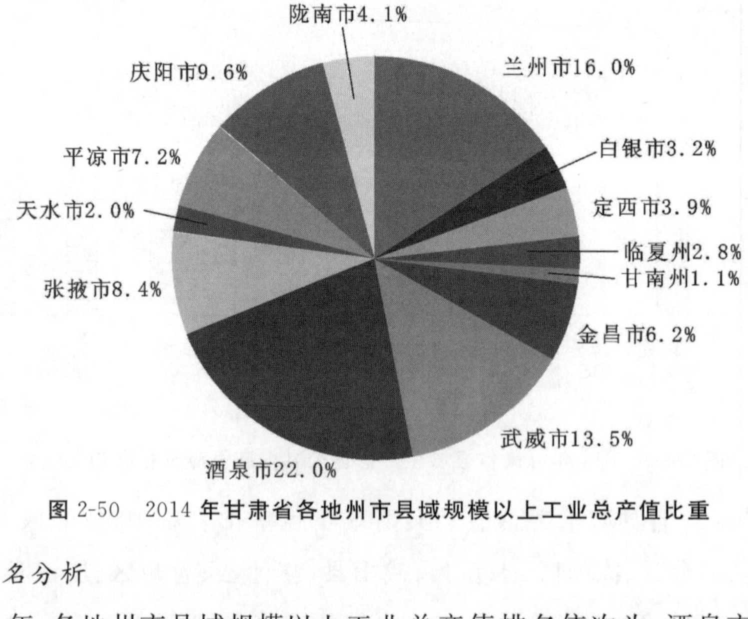

图 2-50　2014 年甘肃省各地州市县域规模以上工业总产值比重

2. 排名分析

2014 年,各地州市县域规模以上工业总产值排名依次为:酒泉市、兰州市、庆阳市、张掖市、平凉市、金昌市、陇南市、定西市、白银市、临夏州、天水市、武威市、甘南州。排名第一位的酒泉市是末位甘南州的 20.1 倍(见图 2-51)。

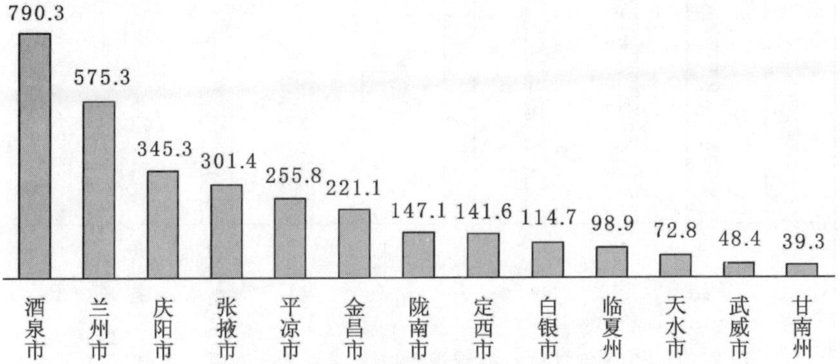

图 2-51 2014 年甘肃省各地州市县域规模以上工业总产值排名(亿元)

2014 年,全省县域规模以上工业总产值排名前 10 位的依次为:凉州区、肃州区、永登县、西峰区、永昌县、玉门市、榆中县、皋兰县、甘州区、崆峒区。其中,前 10 位次的 3 位分布在陇中区域的兰州市(见图 2-52)。

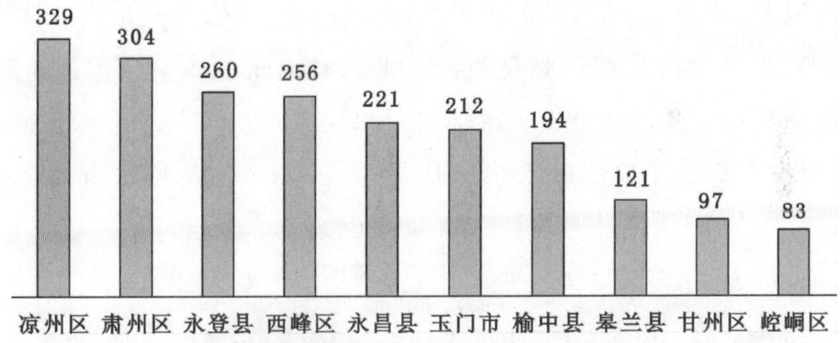

图 2-52 2014 年甘肃省县域规模以上工业总产值排名前 10 名(亿元)

2014 年,全省县域规模以上工业总产值排名后 10 位的依次为:灵台县、夏河县、碌曲县、华池县、正宁县、临潭县、迭部县、积石山县、舟曲县、两当县。其中,后 10 位次的 5 位分布在陇中区域的甘南州。排名第一位的规模以上工业总产值是末位的 411.3 倍(见图 2-53)。

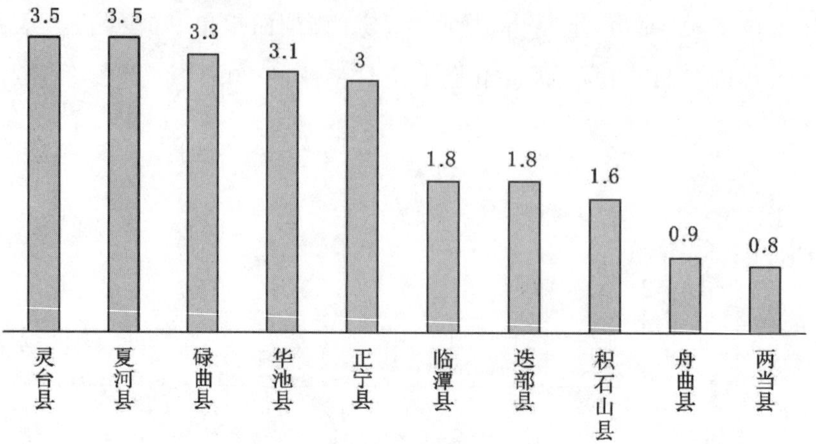

图 2-53　2014 年甘肃省县域规模以上工业总产值后十名(亿元)

(五)固定资产投资

1.占比分析

(1)县域占全省固定资产投资比重

2014 年,县域固定资产投资为 5756.3 亿元,占全省固定资产投资的 74.2%,各地州市县域占全省固定资产投资比重结构为:陇中区域,兰州市占 2.4%、白银市占 2.8%、定西市占 6.4%、临夏州占 3.4%、甘南州占 2.3%;河西走廊区域,金昌市占 0.9%、武威市占 9.5%、酒泉市占 13.0%、张掖市占 3.5%;陇东南区域,天水市占 3.6%、平凉市占 7.0%、庆阳市占 12.5%、陇南市占 6.9%(见图 2—54)。

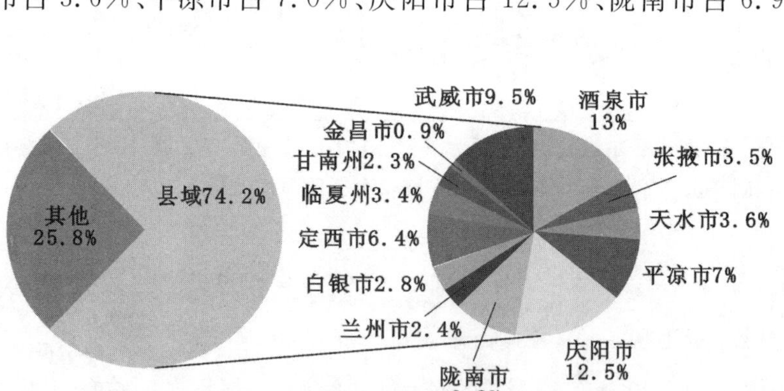

图 2-54　2014 年甘肃省县域占全省固定资产投资比重

(2)各地州市县域固定资产投资比重

2014 年,各地州市县域固定资产投资比重结构为:陇中区域,兰州市占3.2%、白银市占3.8%、定西市占8.7%、临夏州占4.6%、甘南州占3.1%;河西走廊区域,金昌市占1.2%、武威市占12.8%、酒泉市占17.5%、张掖市占4.8%;陇东南区域,天水市占4.8%、平凉市占9.4%、庆阳市占16.8%、陇南市占9.3%(见图2-55)。

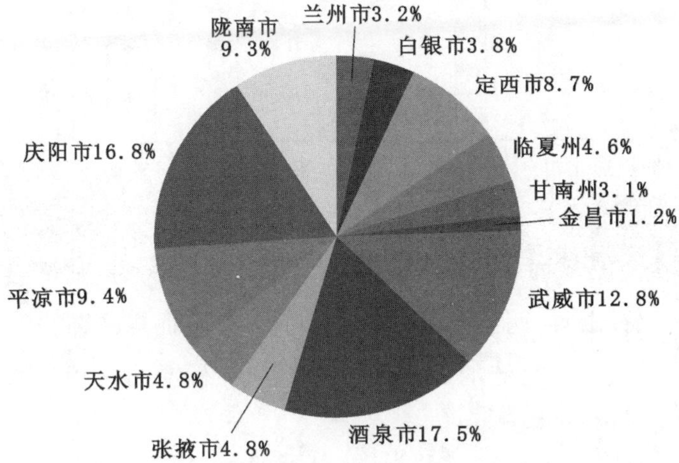

图2-55 2014年甘肃省各地州市县域固定资产投资比重

2. 排名分析

2014年,各地州市县域固定资产投资排名依次为:酒泉市、庆阳市、武威市、平凉市、陇南市、定西市、天水市、张掖市、临夏州、白银市、兰州市、甘南州、金昌市。其中,酒泉市固定资产投资为金昌市的14.4倍(见图2-56)。

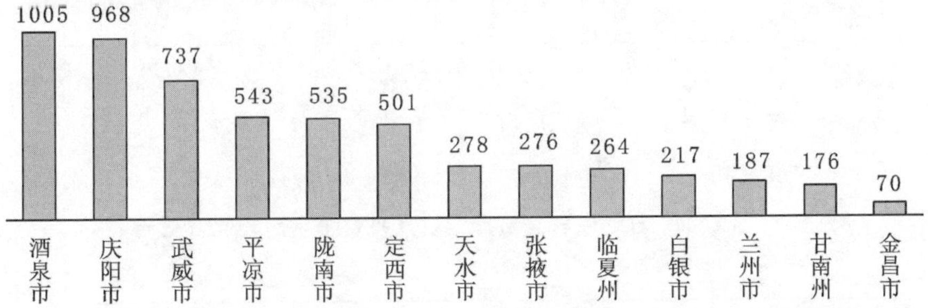

图2-56 2014年甘肃省各地州市县域固定资产投资排名(亿元)

2014年,全省县域固定资产投资排名前10位的依次为:凉州区、肃州区、玉门市、西峰区、宁县、瓜州县、崆峒区、民勤县、敦煌市、华亭县。其中,前10位次的3位分布在河西走廊区域的酒泉市(见图2-57)。

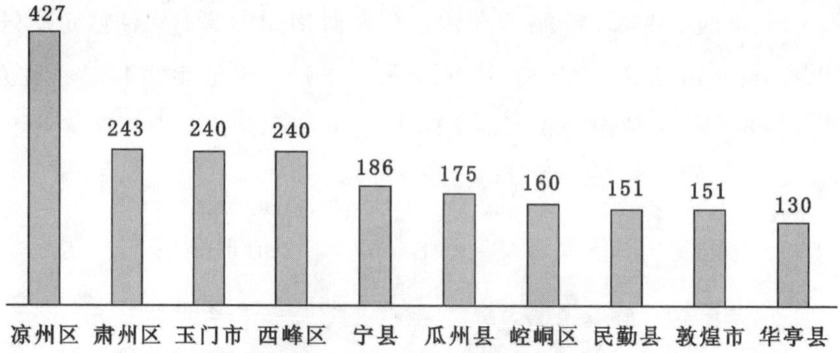

图 2-57　2014 年甘肃省县域固定资产投资排名前 10 名(亿元)

2014 年,全省县域固定资产投资排名后 10 位依次为:临潭县、迭部县、卓尼县、东乡县、积石山县、两当县、康乐县、舟曲县、玛曲县、碌曲县。其中,后 10 位次的 6 位分布在陇中区域的甘南州。排名第一位凉州区固定资产投资是末位碌曲县的 39.0 倍(见图 2-58)。

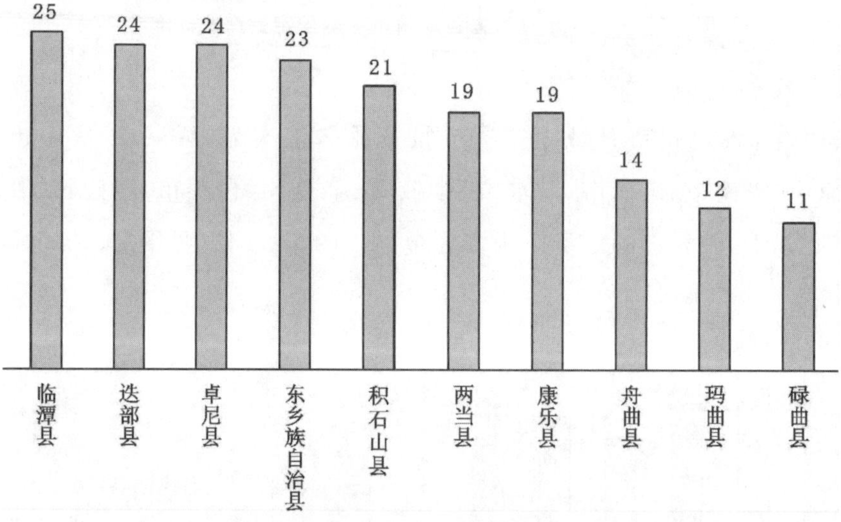

图 2-58　2014 年甘肃省县域固定资产投资排名后 10 名(亿元)

三、数据小结

1. 全省县域总产值占全省生产总值的 58.7%,其中:从区域来看,陇东南区域总产值占比最大,占全省总产值的 22.3%,占县域总值的 38.0%;从各地州市来看,庆阳市总产值占比最大,占全省总产值的 9.8%,占县域总产值的

16.6%。全省三次产业比重结构为13.2∶42.8∶44.0，县域三次产业结构比重为19.3∶39.0∶41.7。

2.全省县域生产总值排名，凉州区位居第一，酒泉市和庆阳市囊括全省前10位次的6位；两当县排名末位，后10位次中的5位分布在甘南州。排名第一位的生产总值是末位的41.0倍，后10位的生产总值总和仅占排名第一位凉州区的48.0%。

3.全省人均生产总值约为2.7万元，县域人均生产总值1.8万元，为全省平均水平的67.0%。全省县域人均生产总值排名，肃北县位居第一，酒泉市囊括全省前10位次的7位；东乡县排名末位，后10位次的5位分布在临夏州。排名第一位的人均生产总值是末位的68.0倍。

4.县域占全省公共财政收入的比重为33.5%，其中：庆阳市占比最大，占全省4.2%，占县域12.6%。全省人均公共财政收入为2594.3元，县域人均公共财政收入为986.8元，县域为全省人均公共财政收入水平的38.0%。

5.全省县域公共财政收入排名，第一位为永昌县，末位是碌曲县，第一位的公共财政收入是末位的36.9倍。人均县域公共财政收入排名，第一位为肃北县，末位是庄浪县，第一位的公共财政收入是末位的134.2倍。

6.全省生产总值公共财政贡献率为9.8%，县域生产总值公共财政贡献率为5.6%，县域是全省平均水平的57.1%。全省各地州市县域生产总值公共财政贡献率排名，第一位是甘南州，贡献率为11.63%，末位是酒泉市，贡献率为3.88%。全省县域生产总值公共财政贡献率排名，第一位是永昌县，贡献率为30.4%，末位是金塔县，贡献率为2.4%，第一位的贡献率是末位的12.7倍。

7.全省县域规模以上工业产值为3587.28亿元，酒泉市占比最大，占县域工业总产值的22%，是甘南州的20.1倍；从县域来看，全省县域规模以上工业总产值排名，凉州区排名第一位，两当县排名末位，排名第一位的规模以上工业总产值是末位的411.3倍。

8.全省县域固定资产投资为5756.3亿元，占全省固定资产投资的74.2%，其中酒泉市占比最大，占全省13%，占县域的17.5%。全省县域固定资产投资排名，酒泉市囊括全省前10位次的3位，排名第一位的凉州区固定资产投资是末位碌曲县的39.0倍。

附录:

甘肃全省 86 个县级行政区划单位(17 个市辖区、4 个县级市、58 个县、7 个自治县)

甘肃省 76 个县域行政区划单位(7 个市辖区,4 个县级市,58 个县,7 个自治县)

地州市	县域	行政区域面积(平方公里)	户籍人口(万人)	地区生产总值(万元)	人均生产总值(元)	第一产业增加值(万元)	第二产业增加值(万元)	第三产业增加值(万元)	公共财政收入(万元)	生产总值公共财政贡献率	人均财政收入(元)	规模以上工业总产值(万元)	固定资产投资(万元)
兰州市【5 区 3 县(市)】不包含在内的区:城关区、七里河区、西固区、安宁区、红古区	永登县	5622	44	1037030	23568.9	100712	486017	450301	34735	3.3%	789.4	2604754	621199
	皋兰县	2174	14	442760	31625.7	55318	237353	150089	28930	6.5%	2066.4	1210755	293149
	榆中县	3302	45	971571	21590.5	140148	430912	400511	42216	4.3%	938.1	1937980	960000
白银市【2 区 3 县(市)】不包含在内:白银区、平川区	靖远县	5792	48	634180	13212.1	212179	189841	232160	28687	4.5%	597.6	249819	733604
	会宁县	6439	57	572158	10037.9	162691	171085	238382	21436	3.7%	376.1	353602	656574
	景泰县	5483	24	545175	22715.6	108845	206358	229972	22813	4.2%	950.5	543595	775061
定西县【1 区 6 县】	安定区	3639	46	657774	14299.4	119043	194918	343813	34018	5.2%	739.5	449377	1093098
	通渭县	2909	44	339508	7716.1	105890	42410	191208	13313	3.9%	302.6	64429	415984
	陇西县	2409	52	576041	11077.7	132794	142751	300496	44234	7.7%	850.7	356270	1088090
	渭源县	2066	35	263484	7528.1	94398	35469	133617	15556	5.9%	444.5	41133	486300
	临洮县	2851	55	565054	10273.7	134778	176540	253736	41095	7.3%	747.2	308519	932081
	漳　县	2164	21	187783	8942.0	56623	37660	93500	13358	7.1%	636.1	83028	372739
	岷　县	3533	49	311999	6367.3	92607	74800	144592	21790	7.0%	444.7	112894	617643

续表

地州市	县域	行政区域面积（平方公里）	户籍人口（万人）	地区生产总值（万元）	人均生产总值（元）	第一产业增加值（万元）	第二产业增加值（万元）	第三产业增加值（万元）	公共财政收入（万元）	生产总值公共财政贡献率	人均财政收入（元）	规模以上工业总产值（万元）	固定资产投资（万元）
临夏回族自治州【8县】	临夏市	89	25	568028	22721.1	32486	113108	422434	78503	13.8%	3140.1	225456	521367
	临夏县	1213	40	312959	7824.0	68568	53381	191010	12551	4.0%	313.8	64326	259058
	康乐县	1083	29	132568	6295.4	47899	25261	109408	15156	8.3%	522.6	37314	187219
	永靖县	1864	21	361941	17235.3	55933	190185	115823	30986	8.6%	1475.5	433887	586754
	广河县	538	27	174250	6453.7	30019	38086	106145	9842	5.6%	364.5	83883	311635
	和政县	960	21	140414	6686.4	37318	29528	73568	11804	8.4%	562.1	42751	329290
	东乡族自治县	1607	30	150854	5028.5	40331	30428	80095	12268	8.1%	408.9	84711	228935
	积石山保安族东乡族撒拉族自治县	910	26	139064	5348.6	34135	16358	88571	16177	11.6%	622.2	16327	213059
甘南藏族自治州【8县】	合作市	2291	8	313690	39211.3	18816	70539	224335	17971	5.7%	2246.4	181752	350317
	临潭县	1558	16	167913	10494.6	30460	28164	109289	9094	5.4%	568.4	18274	250430
	卓尼县	5420	11	143295	13026.8	37184	32804	73307	11505	8.0%	1045.9	36292	237155
	舟曲县	3010	14	139706	9979.0	35680	28236	75790	11960	8.6%	854.3	9066	141009
	迭部县	5108	6	101551	16925.2	22580	26305	52666	10350	10.2%	1725.0	17859	238964
	玛曲县	10191	5	131834	26366.8	44274	31910	55650	16158	12.3%	3231.6	61253	121762
	碌曲县	5299	4	92055	23013.8	26298	31793	33964	5403	5.9%	1350.8	33155	105200
	夏河县	6274	9	158335	17592.8	42531	33187	82617	9806	6.2%	1089.6	34916	316943

续表

地州市	县域	行政区域面积(平方公里)	户籍人口(万人)	地区生产总值(万元)	人均生产总值(元)	第一产业增加值(万元)	第二产业增加值(万元)	第三产业增加值(万元)	公共财政收入(万元)	生产总值公共财政贡献率	人均财政收入(元)	规模以上工业总产值(万元)	固定资产投资(万元)
金昌市【1区1县(市)】不包含在内的：金川区	永昌县	5877	25	655851	26234.0	138160	238721	278970	199384	30.4%	7975.4	2210587	700019
武威市【1区3县(市)】	凉州区	5081	102	2603442	25523.9	538491	1131543	933408	87666	3.4%	859.5	3286230	4272331
	民勤县	15907	27	644105	23855.7	221596	211860	210649	27508	4.3%	1018.8	503832	1514143
	古浪县	5130	39	400185	10261.2	117189	135635	147361	18331	4.6%	470.0	517486	809493
	天祝藏族自治县	7147	17	437593	25740.8	59358	224397	153838	34400	7.9%	2023.5	531471	775949
酒泉市【1区6县(市)】	肃州区	3386	41	1958551	47769.5	230073	880199	848279	53668	2.7%	1309.0	3040800	2428530
	金塔县	18798	15	704274	46951.6	159593	224547	320134	17167	2.4%	1144.5	392941	868294
	瓜州县	24130	13	694856	53450.5	84195	373564	237097	37937	5.5%	2918.2	653258	1753847
	肃北蒙古族自治县	66748	1	341496	341496.0	4519	271368	65609	28808	8.4%	28808.0	671782	758299
	阿克塞哈萨克族自治县	31241	1	150705	150705.0	5141	101044	44520	9936	6.6%	9936.0	292015	324900
	玉门市	13496	16	1255009	78438.1	95989	723566	435454	44691	3.6%	2793.2	2121745	2401165
	敦煌市	31200	14	1006544	71896.0	132632	315732	558180	44965	4.5%	3211.8	730203	1513340

续表

地州市	县域	行政区域面积（平方公里）	户籍人口（万人）	地区生产总值（万元）	人均生产总值（元）	第一产业增加值（万元）	第二产业增加值（万元）	第三产业增加值（万元）	公共财政收入（万元）	生产总值公共财政贡献率	人均财政收入（元）	规模以上工业总产值（万元）	固定资产投资（万元）
嘉峪关市 【1(市)】 不包含在内：嘉峪关市													
张掖市 【1区5县(市)】	甘州区	4240	51	1481585	29050.7	338082	382592	760911	64995	4.4%	1274.4	971000	970200
	肃南裕固族自治县	23887	4	301424	75356.0	45018	191065	65341	31704	10.5%	7926.0	494389	362032
	民乐县	3687	25	440878	17635.1	134155	153775	152948	18988	4.3%	759.5	457391	357427
	临泽县	2729	15	474246	31616.4	127135	166813	180298	40028	8.4%	2668.5	494371	350836
	高台县	4426	16	503931	31495.7	158966	168214	176751	54090	10.7%	3380.6	363985	353596
	山丹县	5402	20	418302	20915.1	86467	134389	197446	25160	6.0%	1258.0	232627	362877
天水市 【2区5县(市)】 不包含在内的：秦州区、麦积区	清水县	2012	33	367078	11123.6	103976	55285	207817	13500	3.7%	409.1	93953	524620
	秦安县	1602	58	492502	8491.4	160200	110339	221963	33656	6.8%	580.3	120206	398102
	甘谷县	1572	64	553666	8651.0	157719	179050	216897	30547	5.5%	477.3	262582	747809
	武山县	2011	46	483782	10517.0	177288	104257	202237	14407	3.0%	313.2	178886	684418
	张家川回族自治县	1312	34	250205	7359.0	61285	43013	145907	11667	4.7%	343.1	72459	424710

续表

地州市	县域	行政区域面积（平方公里）	户籍人口（万人）	地区生产总值（万元）	人均生产总值（元）	第一产业增加值（万元）	第二产业增加值（万元）	第三产业增加值（万元）	公共财政收入（万元）	生产总值公共财政贡献率	人均财政收入（元）	规模以上工业总产值（万元）	固定资产投资（万元）
平凉市【1区6县(市)】	崆峒区	1936	51	1175809	23055.1	155166	364924	655719	41773	3.6%	819.1	834104	1596167
	泾川县	1409	36	470610	13072.5	180644	128092	161874	16267	3.5%	451.9	141900	597421
	灵台县	2038	23	295311	12839.6	114975	80589	99747	10125	3.4%	440.2	35201	365641
	崇信县	850	10	289329	28932.9	61752	158727	68850	26506	9.2%	2650.6	378378	517738
	华亭县	1182	19	502611	26453.2	70348	313829	118434	57229	11.4%	3012.1	807257	1297021
	庄浪县	1553	45	358141	7958.7	121322	93759	143060	9655	2.7%	214.6	127801	423886
	静宁县	2194	49	421263	8597.2	143402	120372	157489	14568	3.5%	297.3	233289	635906
庆阳市【1区7县(市)】	西峰区	996	38	1735714	45676.7	97802	902966	734946	68053	3.9%	1790.9	2558241	2395260
	庆城县	2692	29	1032659	35608.9	86811	771020	174828	37026	3.6%	1276.8	300300	827132
	环　县	9236	35	824087	23545.3	88660	513070	222357	54600	6.6%	1560.0	130115	1059319
	华池县	3791	13	994014	76462.6	52023	841247	100744	29400	3.0%	2261.5	30579	780800
	合水县	2933	18	554355	30797.5	71857	377302	105196	19164	3.5%	1064.7	53758	762400
	正宁县	1320	24	249592	10399.7	88658	29377	131557	14710	5.9%	612.9	29751	983600
	宁　县	2653	55	656916	11943.9	141865	276276	238775	29118	4.4%	529.4	170312	1858813
	镇原县	3500	53	626981	11829.8	149710	272770	204501	32413	5.2%	611.6	179599	1015402

续表

地州市	县域	行政区域面积（平方公里）	户籍人口（万人）	地区生产总值（万元）	人均生产总值（元）	第一产业增加值（万元）	第二产业增加值（万元）	第三产业增加值（万元）	公共财政收入（万元）	生产总值公共财政贡献率	人均财政收入（元）	规模以上工业总产值（万元）	固定资产投资（万元）
陇南市【1区8县】	武都区	4683	57	349006	14894.8	144872	133508	570626	41600	4.9%	729.8	101336	1004607
	成　县	1677	27	461730	17101.1	88741	157738	215251	37677	8.2%	1395.4	425432	659753
	文　县	4994	25	214784	8591.4	49649	57576	107559	20177	9.4%	807.1	186805	658366
	宕昌县	3331	31	190484	6144.6	47328	36288	106868	16490	8.7%	531.9	64513	523000
	康　县	2958	20	174304	8715.2	43369	48891	82044	13145	7.5%	657.3	142529	593505
	西和县	1856	40	278967	6974.2	62651	62167	154149	21978	7.9%	549.5	166823	662797
	礼　县	4300	53	290549	5482.1	91295	61868	137386	18234	6.3%	344.0	109896	577603
	徽　县	2722	22	399439	18156.3	111389	122311	165739	30633	7.7%	1392.4	265735	472309
	两当县	1374	5	63166	12633.2	20108	9770	33288	5408	8.6%	1081.6	7573	193337
合　计	76个	442997	2281	40113005	17585.7	7742162	15660792	16710051	2250867		986.8	35872803	57563339

第三章 青海篇

一、整体概况

(一)全省概况

青海省简称青,省会西宁市。青海北部和东部同甘肃省相接,西北部与新疆维吾尔自治区相邻,南部和西南部与西藏自治区毗连,东南部与四川省接壤,全省东西长1240.6多千米,南北宽844.5多千米,总面积72.23万平方千米。截至2014年末,全省常住人口583.4万人。全省拥有8个地级行政单位(2个地级市、6个自治州),43个县级行政单位(6个市辖区、3个县级市、27个县、7个自治县)。

2014年,全省生产总值2301.1亿元,人均生产总值约为4.0万元。其中,第一产业增加值215.9亿元,第二产业增加值1232.1亿元,第三产业增加值853.1亿元,三次产业比重结构为9.4∶53.5∶37.1。全部工业增加值953.9亿元;公共财政预算收入385.5亿元;全社会固定资产投资2908.7亿元。社会消费品零售总额614.6亿元,其中城镇消费品零售额534.1亿元,乡村消费品零售额80.5亿元。

(二)县域概况

全省43个县级行政区划单位,纳入县域体系的有39个县级行政区划单位(2个市辖区、3个县级市、27个县、7个自治县),行政区域面积63.86万平方千米,户籍人口479万人。县域生产总值为1426.9亿元,人均生产总值3.0万元。其中：第一产业增加值 209.3 亿元，第二产业增加值 832.5 亿元，第三产业增加值 385.1 亿元，三次产业结构比重为 14.7∶58.3∶27.0。县域公共财政收入为 75.8 亿元，县域固定资产投资为 1717.9 亿元。

二、经济分析

（一）生产总值

1.占比分析

（1）县域占全省生产总值比重

2014 年，县域生产总值为 1426.9 亿元，占全省生产总值比重的62.0％，各州地市县域占全省生产总值比重结构为：西宁市占 12.6％、海东市占16.0％、海北藏族自治州（以下简称海北州）占 4.0％、黄南藏族自治州（以下简称黄南州）占 2.9％、海南藏族自治州（以下简称海南州）占 5.5％、果洛藏族自治州（以下简称果洛州）占 1.4％、玉树藏族自治州（以下简称玉树州）占 1.9％；海西蒙古族藏族自治州（以下简称海西州）占17.7％、其他占 38.0％（见图 2-59）。

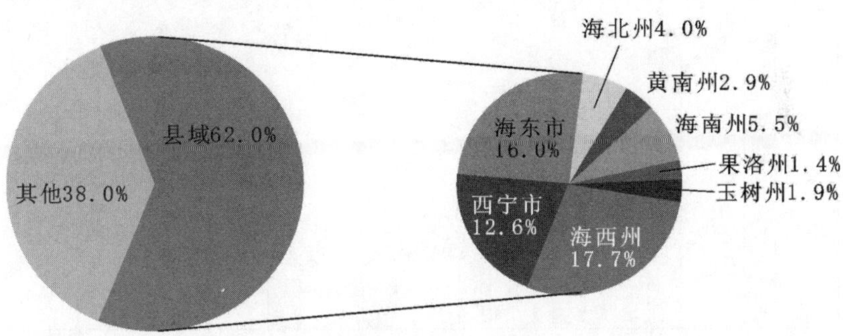

图 2-59　2014 年青海省县域占全省生产总值比重

（2）各地州市县域生产总值比重

2014 年，各地州市县域生产总值比重结构为：西宁市占 20.4％、海东市占25.8％、海北州占 6.4％、黄南州占 4.6％、海南州占 8.9％、果洛州占2.2％、玉树州占 3.1％、海西州占 28.6％（见图 2-60）。

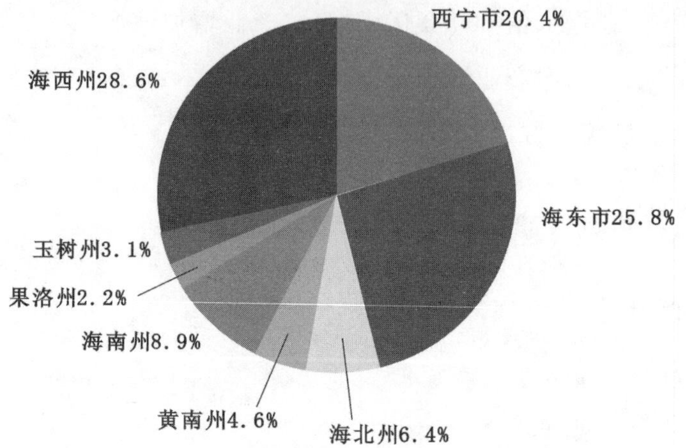

图 2-60　2014 年青海省各地州市县域生产总值比重

2. 排名分析

(1)全省各地州市县域生产总值排名

2014 年,各地州市县域生产总值排名依次为:海西州、海东市、西宁市、海南州、海北州、黄南州、玉树州、果洛州;其中,海西州生产总值是果洛州的13.2倍(见图 2-61)。

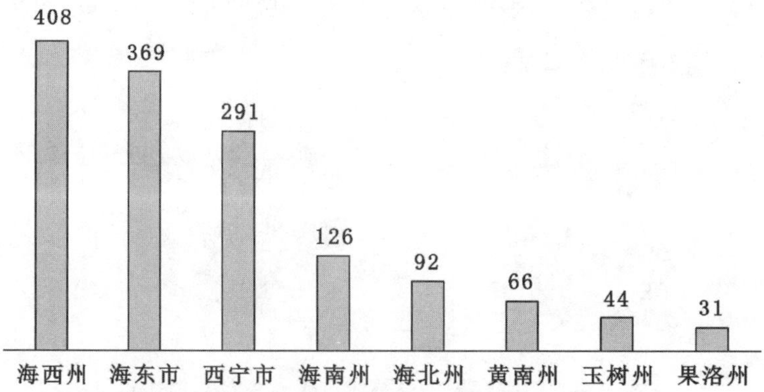

图 2-61　2014 年青海省各地州市县域生产总值排名(亿元)

(2)全省县域生产总值排名

2014 年,全省县域生产总值排名前 10 位的依次为:格尔木市、湟中县、大通县、互助县、乐都区、民和县、平安区、共和县、化隆县、德令哈市(见图 2-62)。

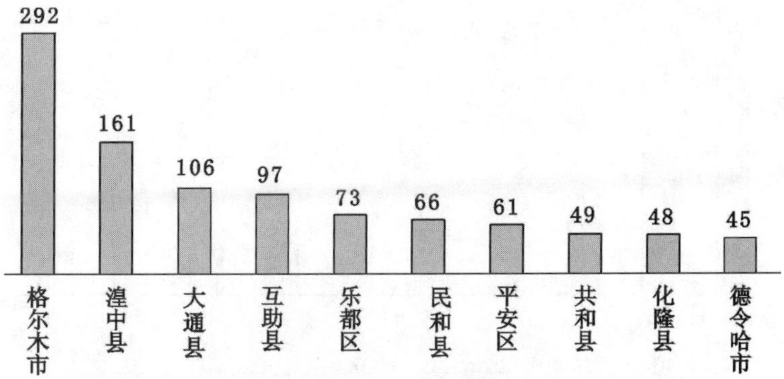

图 2-62 2014 年青海省县域生产总值排名前 10 名(亿元)

2014 年,全省县域生产总值排名后 10 位的依次为:称多县、玉树市、囊谦县、治多县、曲麻莱县、班玛县、久治县、达日县、甘德县、玛多县。其中,后 10 位次的 5 位分布在玉树州,五位分布在果洛州。排名第一位的生产总值是末位的 139.0 倍,后 10 位的生产总值总和仅占排名第一位格尔木市的16.5%(见图 2-67)。

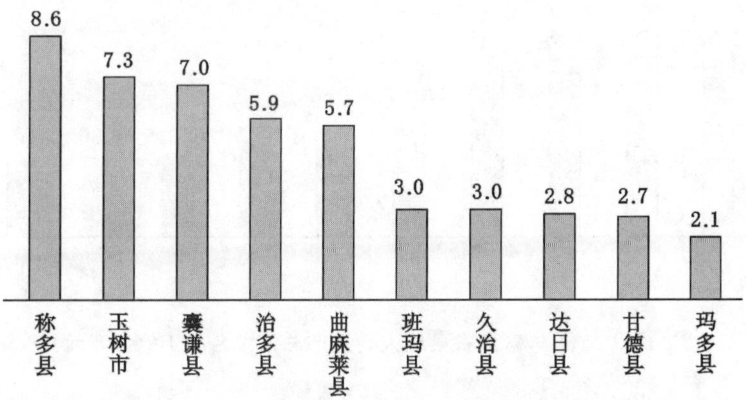

图 2-63 2014 年青海省县域生产总值后 10 名(亿元)

(3)全省县域人均生产总值排名

2014 年,全省县域人均生产总值排名前 10 位的依次为:格尔木市、天峻县、海晏县、德令哈市、乌兰县、平安区、都兰县、祁连县、玛沁县、共和县。其中,前 10 位次的 5 位分布在海西州(见图 2-64)。

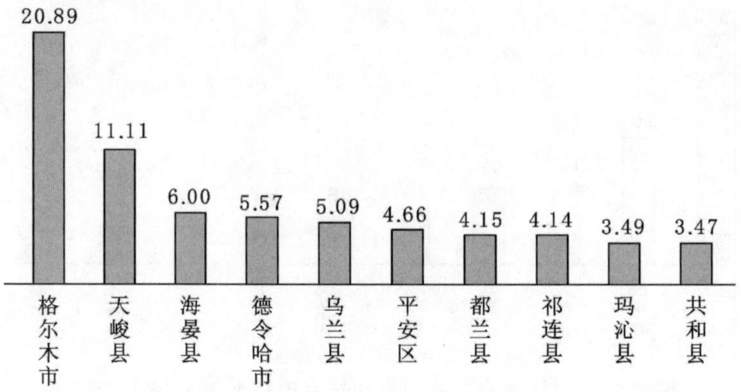

图 2-64　2014 年青海省县域人均生产总值排名前 10 名(万元)

2014 年,全省县域人均生产总值排名后 10 位的依次为:杂多县、民和县、治多县、称多县、班玛县、久治县、达日县、甘德县、玉树市、囊谦县。其中,后 10 位次的 5 位分布在玉树州。排名第一位的人均生产总值是末位的 32.6 倍,后 10 位生产总值总和仅占排名第一位格尔木市的 51.8%(见图 2-65)。

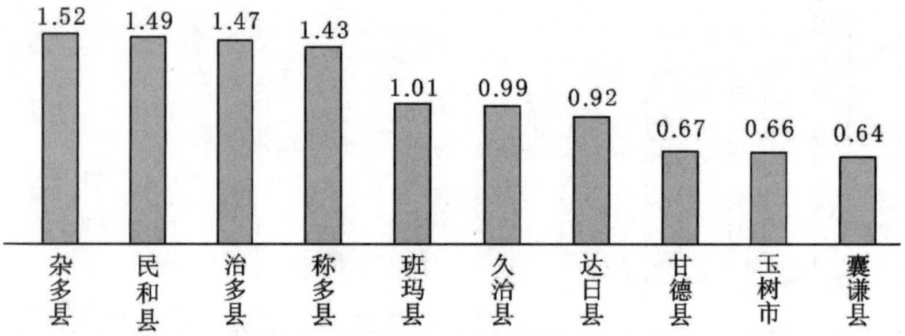

图 2-65　2014 年青海省县域人均生产总值排名后 10 名(万元)

(二)产业结构

1.全省三次产业增加值比重

2014 年,全省生产总值 2301.1 亿元,其中,第一产业增加值 215.9 亿元,第二产业增加值 1232.1 亿元,第三产业增加值 853.1 亿元,三次产业比重结构为 9.4∶53.5∶37.1(见图 2-66)。

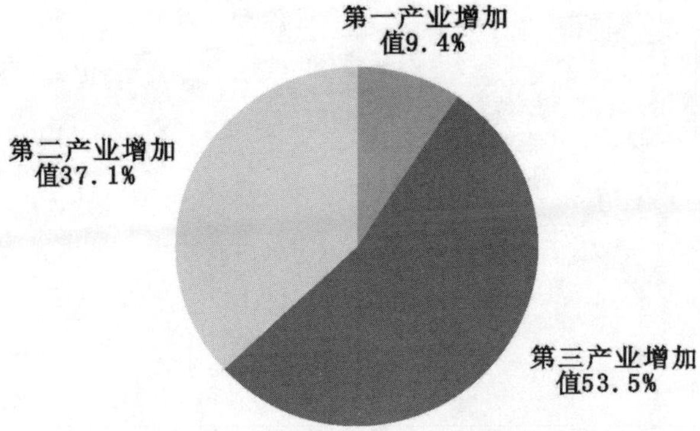

图 2-66　2014 年青海省三次产业增加值比重

2. 县域三次产业增加值比重

2014 年,全省县域生产总值为 1426.9 亿元,其中:第一产业增加值 209.3 亿元,第二产业增加值 832.5 亿元,第三产业增加值 385.1 亿元,三次产业结构比重为 14.7∶58.3∶27.0(见图 2-67)。

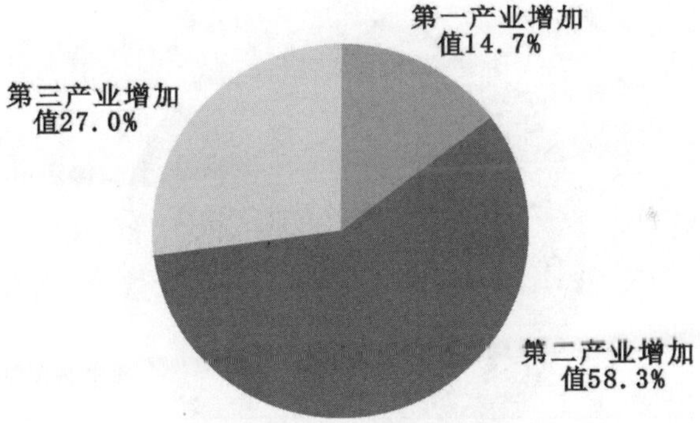

图 2-67　2014 年青海省县域三次产业增加值比重

(三)财政收入

1. 占比分析

(1)县域占全省公共财政收入比重

2014 年,县域公共财政收入为 75.8 亿元,占全省 385.5 亿元公共财政收入的比重为 19.7%。其中,各州地市县域占全省公共财政收入的比重结构为:西宁市占 2.3%、海东市占 3.5%、海北州占 1.7%、黄南州占 1.3%、海南州占 1.4%、果洛州占 0.4%、玉树州占 0.6%、海西州占 8.5%(见图 2-68)。

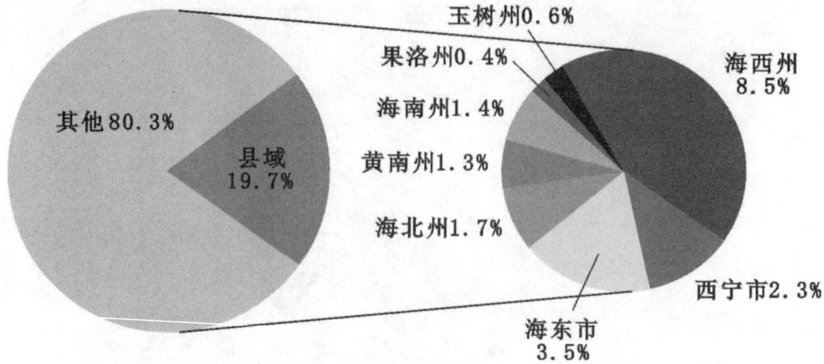

图 2-68　2014 年青海省县域占全省财政收入比重

(2)各州地市县域公共财政收入比重

2014 年,各州地市占县域公共财政收入的比重结构为:西宁市占 11.8%、海东市占 17.7%、海北州占 8.7%、黄南州占 6.4%、海南州占 7.4%、果洛州占 1.9%、玉树州占 2.9%、海西州占 43.2%(见图 2-69)。

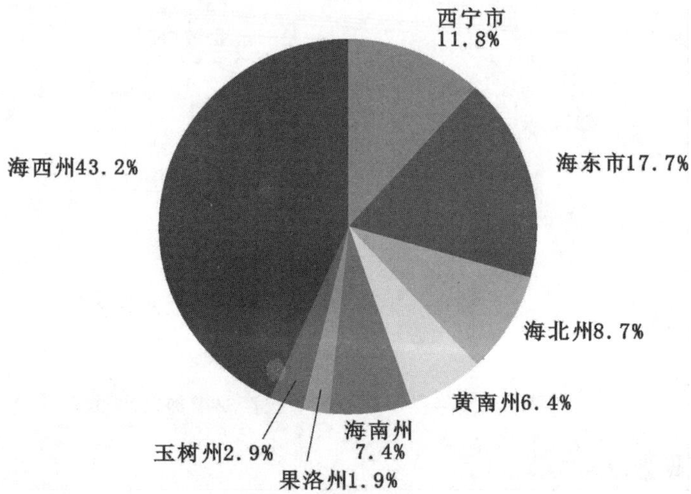

图 2-69　2014 年青海省各州地市县域公共财政收入比重

2. 排名分析

(1)县域公共财政收入排名

2014 年,各州地市公共财政收入排名依次为:海西州、海东市、西宁市、海北州、海南州、黄南州、玉树州、果洛州。其中,海西州公共财政收入为果洛州的 21.8 倍(见图 2-70)。

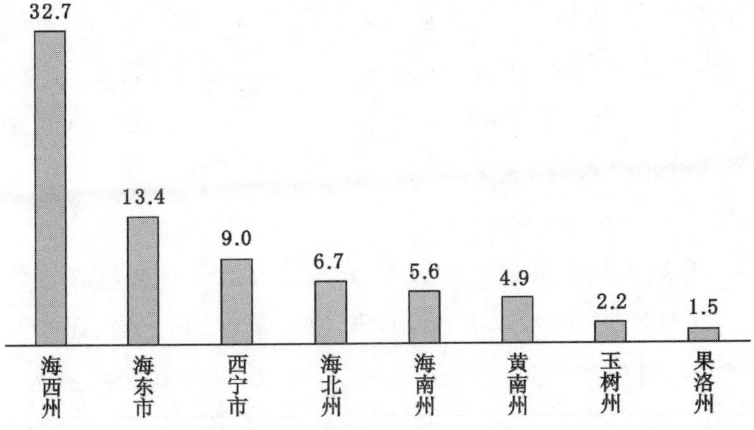

图 2-70　2014 年青海省各地州市公共财政收入排名(亿元)

2014 年,全省县域公共财政收入排名前 10 位的依次为:格尔木市、大通县、德令哈市、互助县、尖扎县、民和县、都兰县、乌兰县、平安区、海晏县。其中前 10 位次的 4 位分布在海西州(见图 2-71)。

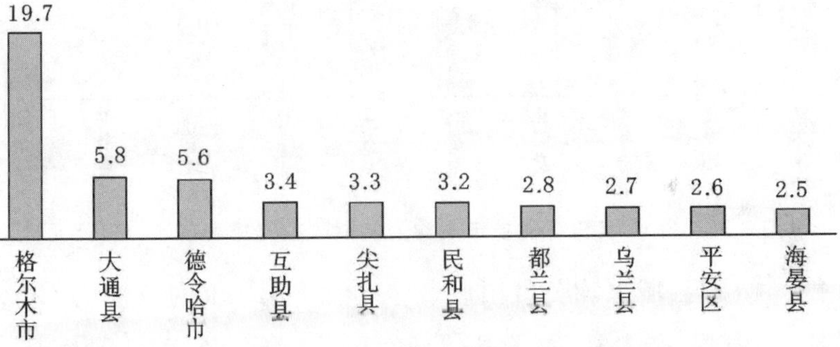

图 2-71　2014 年青海省县域公共财政收入排名前 10 名(亿元)

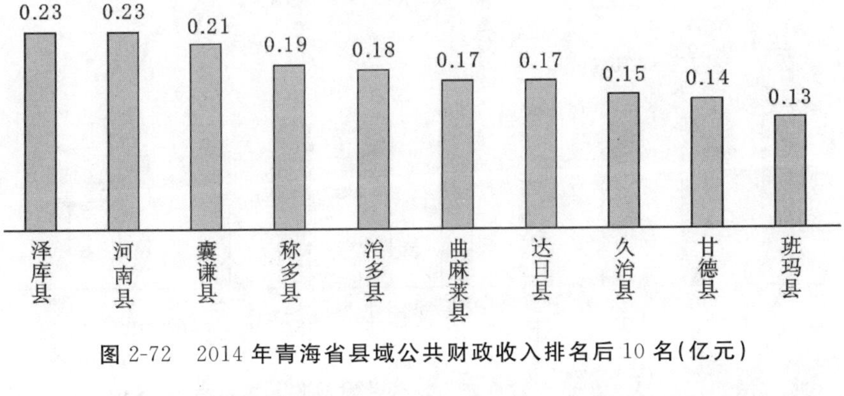

图 2-72　2014 年青海省县域公共财政收入排名后 10 名(亿元)

2014 年年末，全省县域公共财政收入排名后 10 位的依次为：泽库县、河南县、囊谦县、称多县、治多县、曲麻莱县、达日县、久治县、甘德县、班玛县。其中，后 10 位次的 4 位分布在玉树州，4 位分布在果洛州、两位分布在黄南州。排名第一位的公共财政收入是末位的 151.5 倍(见图 2-72)。

(2)县域人均公共财政收入排名

2014 年，县域人均公共财政收入为 1582.8 元，全省县域人均公共财政收入排名前 10 位依次为：格尔木市、天峻县、德令哈市、乌兰县、海晏县、尖扎县、都兰县、刚察县、玛多县、祁连县。其中前 10 位次的 5 位分布在海西州(见图 2-73)。

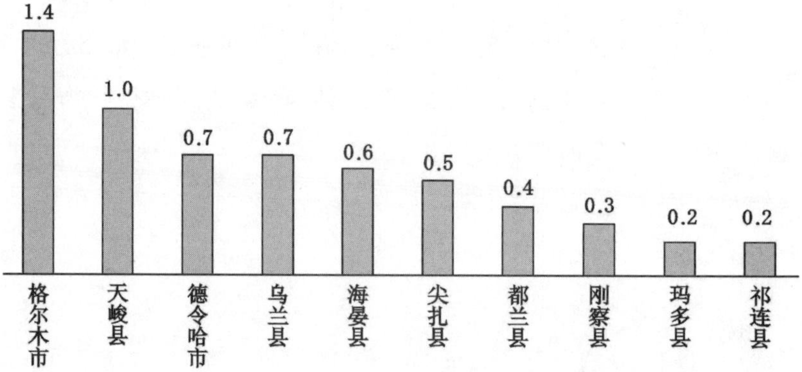

图 2-73　2014 年青海省县域人均公共财政收入排名前 10 名(万元)

2014 年，全省县域人均公共财政收入排名后 10 位的依次为：久治县、治多县、班玛县、湟中县、杂多县、甘德县、化隆县、称多县、泽库县、囊谦县。其中，后 10 位次的 4 位分布在玉树州(见图 2-74)。

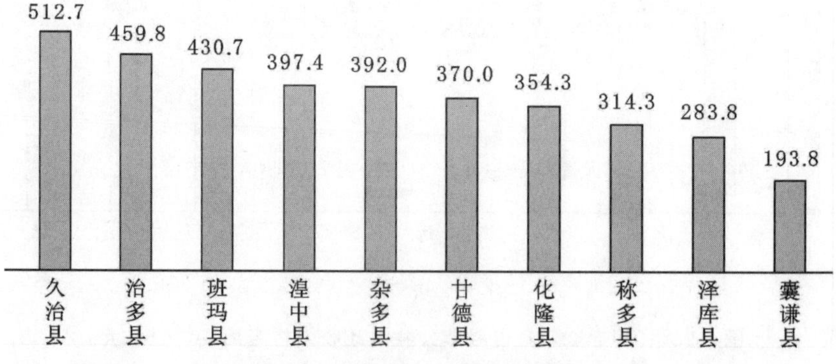

图 2-74　2014 年青海省县域人均公共财政收入排名后 10 名(元)

(3)县域生产总值公共财政收入贡献率排名

2014年,全省生产总值财政贡献率16.7%,县域生产总值财政贡献率5.3%,各地州市生产总值公共财政贡献率排名依次为:海西州、果洛州、黄南州、海北州、玉树州、海南州、海东市、西宁市(见图2-75)。

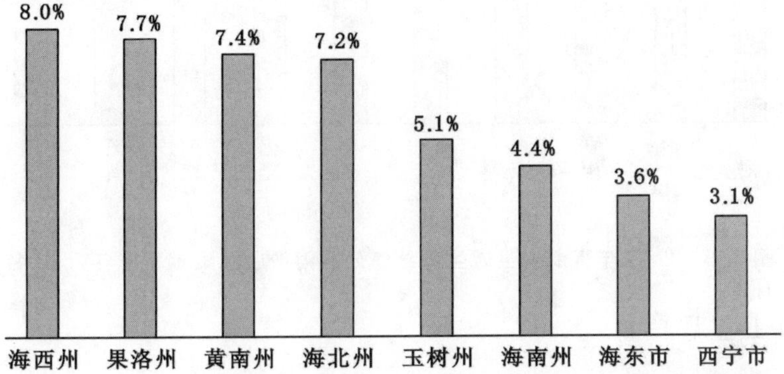

图2-75 2014年青海省各地州市生产总值公共财政收入贡献率排名

2014年,全省县域生产总值公共财政贡献率排名前10位的依次为:尖扎县、玉树市、乌兰县、德令哈市、玛多县、刚察县、海晏县、都兰县、天峻县、格尔木市。其中,前10位次的5位分布在海西州(见图2-76)。

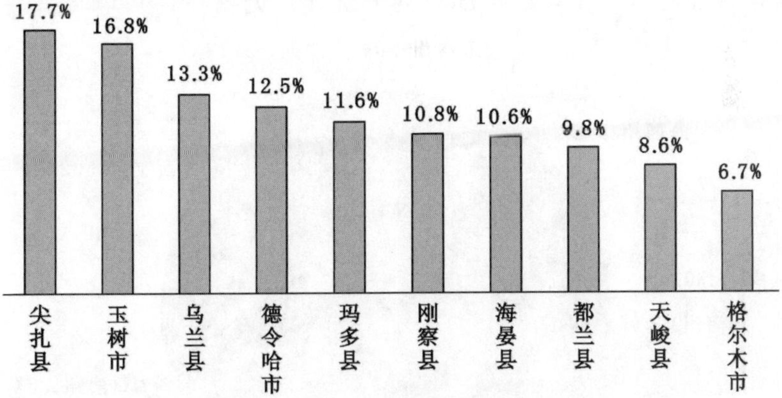

图2-76 2014年青海省县域生产总值公共财政收入贡献率排名前10名

2014年,全省县域生产总值公共财政贡献率排名后10位的依次为:乐都区、治多县、囊谦县、曲麻莱县、杂多县、称多县、化隆县、河南县、泽库县、湟中县。其中,后10位次的5位分布在玉树州(见图2-77)。

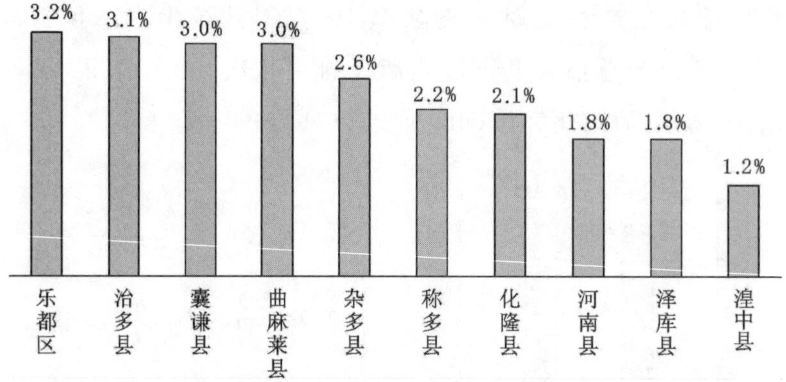

图 2-77　2014 年青海省县域生产总值公共财政收入贡献率排名后 10 名

(四)工业总产值

1. 占比分析

2014 年，县域规模以上工业总产值为 2374.6 亿元，各地州市县域规模以上工业总产值比重结构为：西宁市占 25.2%、海东市占 42.8%、海北州占 3.7%、黄南州占 1.2%、海南州占 2.9%、果洛州占 0.4%、玉树州占 0.0%、海西州占 23.8%(玉树州和果洛州部分县未统计)(见图 2-78)。

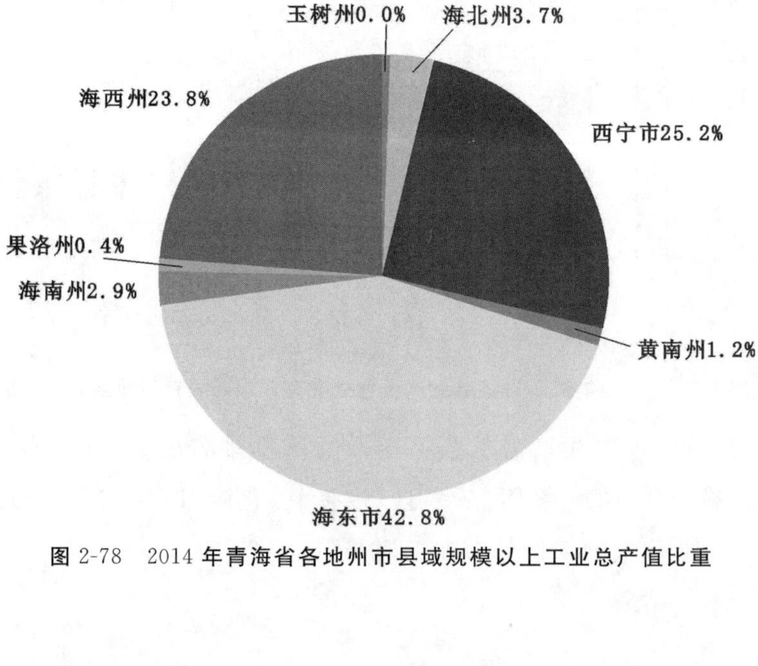

图 2-78　2014 年青海省各地州市县域规模以上工业总产值比重

2. 排名分析

2014 年,各地州市县域规模以上工业总产值名依次为:海东市、西宁市、海西州、海北州、海南州、黄南州、果洛州(见图 2-79)。

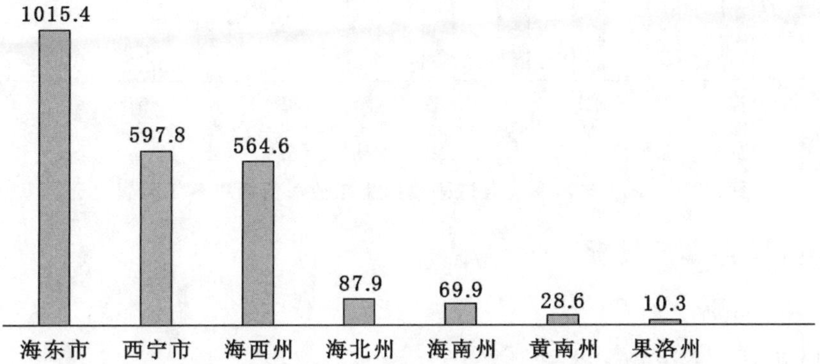

图 2-79 2014 年青海省各地州市规模以上工业总产值排名(亿元)

2014 年,全省已统计县域规模以上工业总值排名前 10 位的依次为:平安区、格尔木市、湟中县、大通县、乐都区、互助县、民和县、化隆县、德令哈市、乌兰县。其中,前 10 位次的 5 位次分布在海东市(见图 2-80)。

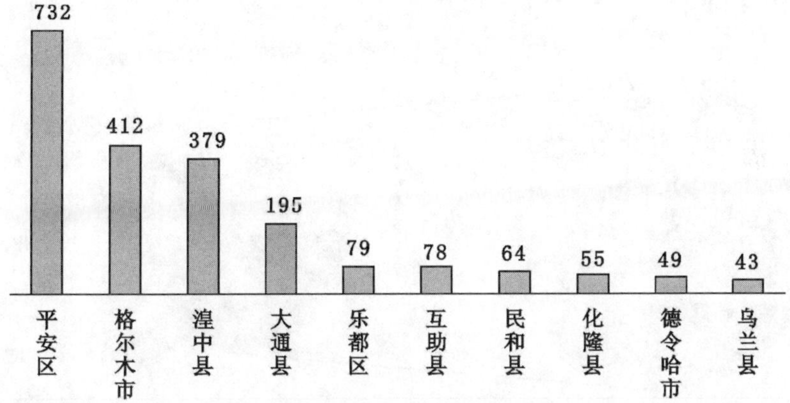

图 2-80 2014 年青海省县域规模以上工业总值排名前 10 名(亿元)

2014 年,全省已统计县域规模以上工业总值排名后 10 位的依次为:湟源县、贵德县、刚察县、门源县、祁连县、玛沁县、循化县、兴海县、河南县、同德县。其中,排名第一位的规模以上工业总产值是最后一位的 1464.0 倍,其中,同仁县、泽库县、贵南县、班玛县、甘德县、达日县、久治县、玛多县、玉树市、杂多县、称多县、治多县、囊谦县、曲麻莱县未统计规模以上工业总产值(见图 2-81)。

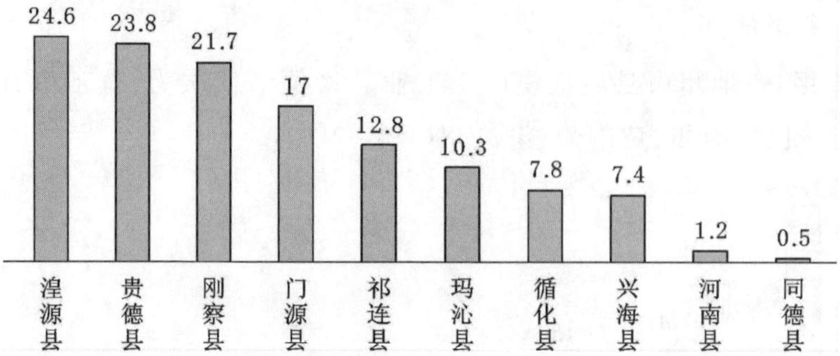

图 2-81　2014 年青海省县域规模以上工业总值后排名 10 名(亿元)

(五)固定资产投资

1. 占比分析

(1)县域占全省固定资产投资比重

2014 年,县域固定资产投资为 1718 亿元,占全省固定资产投资的 59.1%,各州地市县域占全省固定资产投资比重结构为:西宁市占 13.1%、海东市占 17.5%、海北州占 3.8%、黄南州占 2.2%、海南州占 4.7%、果洛州占 2.0%、玉树州占 1.1%、海西州占 14.7%(见图 2-82)。

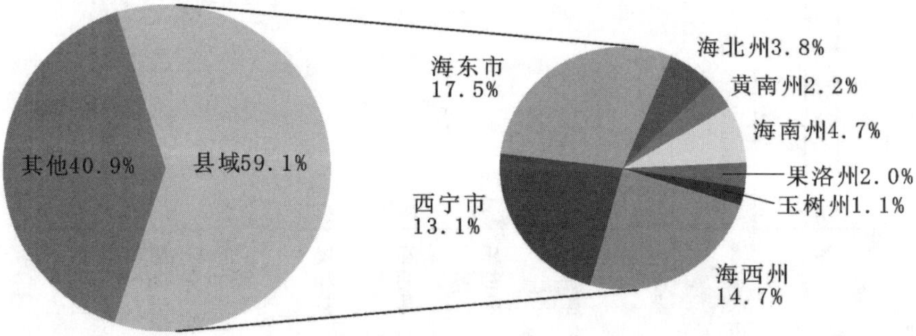

图 2-82　2014 年青海省县域占全省固定资产投资比重

(2)各地州市县域固定资产投资比重

2014 年,各地州市县域固定资产投资比重结构为:西宁市占 22.1%、海东市占 29.6%、海北州占 6.4%、黄南州占 3.8%、海南州占 7.9%、果洛州占3.4%、玉树州占 1.9%、海西州占 24.9%(见图 2-83)。

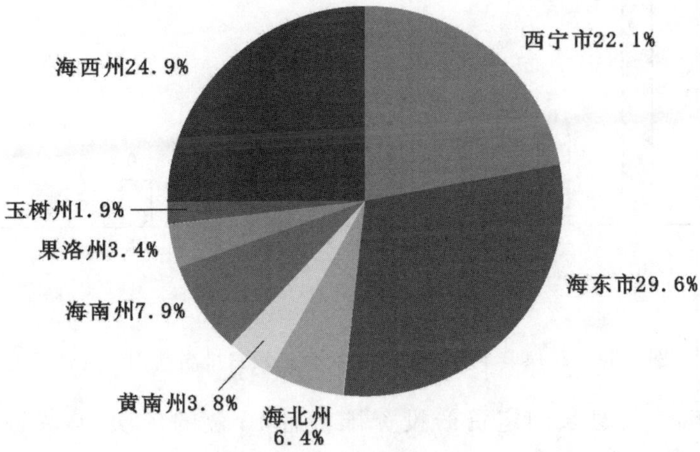

图 2-83 2014 年青海省各地州市县域固定资产投资比重

2. 排名分析

2014 年，各州地市固定资产投资排名依次为：海东市、海西州、西宁市、海南州、海北州、黄南州、果洛州、玉树州。其中，海东市固定资产投资为玉树州的 15.4 倍(见图 2-84)。

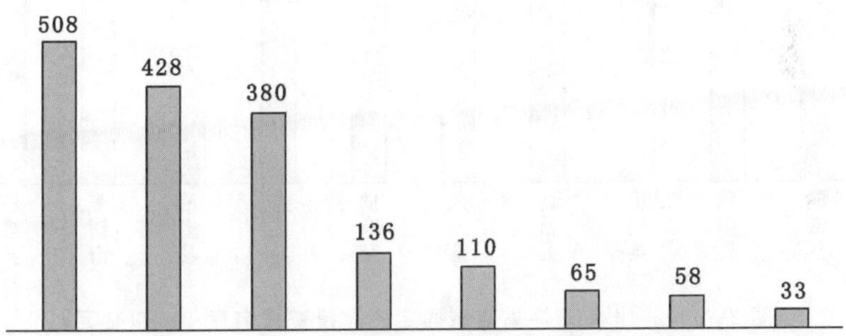

图 2-84 2014 年青海省各地州市县域固定资产投资排名(亿元)

2014 年，全省县域固定资产投资排名前 10 位的依次为：格尔木市、湟中县、乐都区、互助县、民和县、平安区、大通县、共和县、德令哈市、化隆县。其中，前 10 位次的 5 位分布在海东市(见图 2-85)。

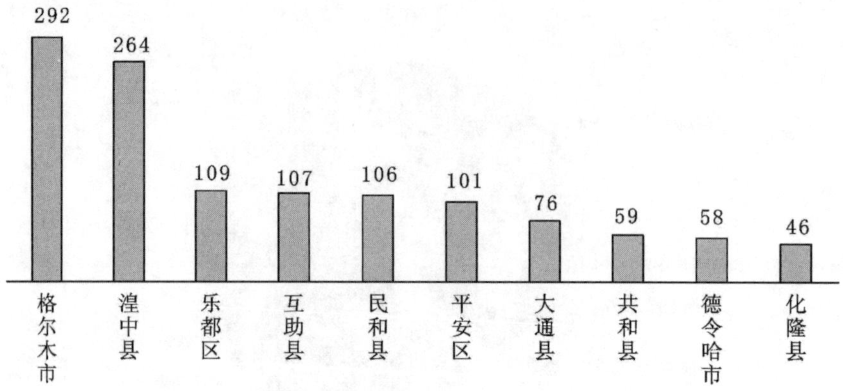

图 2-85　2014 年青海省县域固定资产投资排名前 10 名(亿元)

2014 年,全省县域固定资产投资排名后 10 位的依次为:囊谦县、玛多县、班玛县、达日县、久治县、曲麻莱县、杂多县、治多县、玉树市、称多县。其中,后 10 位次的 6 位分布在玉树州。排名第一位的格尔木市固定资产投资是末位称多县的 67.9 倍(见图 2-86)。

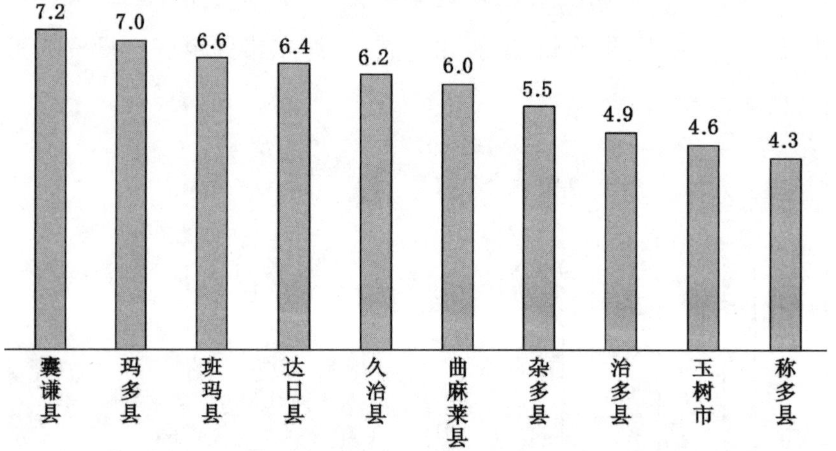

图 2-86　2014 年青海省县域固定资产投资排名后 10 名(亿元)

三、数据小结

1. 全省县域总产值占全省生产总值的 62.0%,其中:从各地州市来看,海西州总产值占比最大,占全省总产值的 17.7%,占县域总产值的 28.6%,为果洛州的 13.2 倍。全省三次产业比重结构为 9.4∶53.5∶37.1,县域三次产业结构比重为 14.7∶58.3∶27.0。

2. 全省县域生产总值排名，格尔木市位居第一位；玛多县排名末位，后 10 位次的 5 位分布在玉树州，5 位分布在果洛州。排名第一位的生产总值是末位的 139.0 倍，后 10 位的生产总值总和仅占排名第一位格尔木市的16.5%。

3. 全省人均生产总值约为 4.0 万元，县域人均生产总值约为 3.0 万元，为全省平均水平的 75.0%。全省县域人均生产总值排名，格尔木市位居第一，前 10 位次的 5 位分布在海西州；囊谦县排名末位，其中，后 10 位次的 5 位分布在玉树州。排名第一位的人均生产总值是末位的 32.6 倍，后 10 位的生产总值总和仅占排名第一位格尔木市的 51.8%。

4. 县域占全省公共财政收入的比重为 19.7%，其中：海西州占比最大，占全省 8.5%，占县域 43.2%。全省人均公共财政收入为 6607.8 元，县域人均公共财政收入为 1582.8 元，县域为全省人均公共财政收入水平的 23.9%。

5. 全省县域公共财政收入排名，第一位为格尔木市，末位是班玛县，第一位的公共财政收入是末位的 151.5 倍。人均县域公共财政收入排名，第一位为格尔木市，末位是囊谦县，第一位的公共财政收入是末位的 72.2 倍。

6. 全省生产总值财政贡献率为 16.7%，县域生产总值财政贡献率 5.3%。全省各州地市县域生产总值公共财政贡献率排名，第一位是海西州，贡献率为 8.0%，末位是西宁市，贡献率为 3.1%。全省县域生产总值公共财政贡献率排名，第一位次是尖扎县，贡献率为 17.7%，末位是湟中县，贡献率为 1.2%，第一位的贡献率是末位的 14.8 倍。

7. 全省县域规模以上工业产值为 2374.6 亿元，海东市占比最大，占县域规模以上工业总产值的 42.8%，是果洛州的 98.6 倍；从县域来看，全省县域规模以上工业总产值排名，平安区排名第一位，同德县排名末位，排名第一位的规模以上工业总产值是末位的 1464.0 倍。其中，同仁县、泽库县、贵南县、班玛县、甘德县、达日县、久治县、玛多县、玉树市、杂多县、称多县、治多县、囊谦县、曲麻莱县未统计规模以上工业总产值。

8. 全省县域固定资产投资为 1717.9 亿元，占全省固定资产投资的 59.1%，其中，海东市占比最大，占全省17.5%，占县域的 29.6%，为玉树州的 15.4 倍。全省县域固定资产投资排名，海东市囊括全省前 10 位次的 5 位，排名第一位的格尔木市是末位称多县的 67.9 倍。

附录:

青海全省 46 个县级行政区划单位(6 个市辖区,3 个县级市,27 个县,7 个自治县,3 个县级行委)

青海省 39 个县域行政区划单位(2 个市辖区,3 个县级市,27 个县,7 个自治县)

地州市	县域	行政区域面积(平方公里)	户籍人口(万人)	地区生产总值(万元)	人均生产总值(元)	第一产业增加值(万元)	第二产业增加值(万元)	第三产业增加值(万元)	公共财政收入(万元)	人均财政收入(元)	生产总值公共财政贡献率	规模以上工业总产值(万元)	固定资产投资(万元)
西宁市	大通回族土族自治县	3200	46	1059825	23039.7	136426	736840	186559	57743	1255.3	5.4%	1946109	756788
	湟中县	2600	49	1608850	32833.7	163361	1273664	171825	19471	397.4	1.2%	3785798	2644751
	湟源县	1509	13	238288	18329.8	47046	113502	77740	12128	932.9	5.1%	246371	399830
海东市	乐都区	2500	29	733862	25305.6	111836	347643	274383	23448	808.6	3.2%	789521	1091700
	平安区	769	13	605709	46593.0	40357	333727	231625	25965	1997.3	4.3%	7318541	1014286
	民和回族土族自治县	1891	44	657637	14946.3	95847	353923	207867	31773	722.1	4.8%	636088	1064656
	互助土族自治县	3424	40	966198	24155.0	175114	471101	319983	33847	846.2	3.5%	784338	1072190
	化隆回族自治县	2740	29	481186	16592.6	58242	319121	103823	10275	354.3	2.1%	547651	462503
	循化撒拉族自治县	1851	16	243212	15200.8	42105	104116	96991	8657	541.1	3.6%	78107	375600

续表

地州市	县域	行政区域面积（平方公里）	户籍人口（万人）	地区生产总值（万元）	人均生产总值（元）	第一产业增加值（万元）	第二产业增加值（万元）	第三产业增加值（万元）	公共财政收入（万元）	人均财政收入（元）	生产总值公共财政贡献率	规模以上工业总产值（万元）	固定资产投资（万元）
海北藏族自治州	门源回族自治县	6902	16	337817	21113.6	70419	149073	118325	15891	993.2	4.7%	169107	356339
	祁连县	14000	5	206795	41359.0	44648	108396	53751	10096	2019.2	4.9%	128183	282101
	海晏县	4500	4	240151	60037.8	16810	136629	86712	25365	6341.3	10.6%	365319	251007
	刚察县	9600	5	135912	27182.4	39999	44090	51823	14745	2949.0	10.8%	217268	213227
黄南藏族自治州	同仁县	3200	10	220311	22031.1	41005	34586	144720	10955	1095.5	5.0%		205010
	尖扎县	1714	6	186625	31104.2	19838	126792	39995	33088	5514.7	17.7%	273586	193227
	泽库县	6700	8	128998	16124.8	70707	27659	30632	2270	283.8	1.8%		124262
	河南蒙古族自治县	6700	4	124310	31077.5	64193	31017	29100	2270	567.5	1.8%	11933	124692
海南藏族自治州	共和县	17209	14	485275	34662.5	73891	241815	169569	17817	1272.6	3.7%	382043	588118
	同德县	4653	6	122814	20469.0	65087	33706	24021	4222	703.7	3.4%	4522	139870
	贵德县	3600	11	287694	26154.0	27975	191194	68525	18619	1692.6	6.5%	238124	319907
	兴海县	12182	8	227193	28399.1	67211	109740	50242	10160	1270.0	4.5%	74385	175410
	贵南县	6650	8	140252	17531.5	72521	31375	36356	5019	627.4	3.6%		135847

续表

地州市	县域	行政区域面积（平方公里）	户籍人口（万人）	地区生产总值（万元）	人均生产总值（元）	第一产业增加值（万元）	第二产业增加值（万元）	第三产业增加值（万元）	公共财政收入（万元）	人均财政收入（元）	生产总值公共财政贡献率	规模以上工业总产值（万元）	固定资产投资（万元）
果洛藏族自治州	玛沁县	13400	5	174701	34940.2	19352	98875	56474	6215	1243.0	3.6%	102734	245540
	班玛县	6139	3	30348	10116.0	9047	8715	12586	1292	430.7	4.3%		65842
	甘德县	7100	4	26961	6740.3	8338	7818	10805	1480	370.0	5.5%		75006
	达日县	14842	3	27685	9228.3	7802	9662	10221	1709	569.7	6.2%		64381
	久治县	8757	3	29867	9955.7	10089	7518	12260	1538	512.7	5.1%		62299
	玛多县	26541	1	21300	21300.0	5214	5831	10255	2471	2471.0	11.6%		69519
玉树藏族自治州	玉树市	15412	11	73471	6679.2	47721	11057	14693	12353	1123.0	16.8%		46169
	杂多县	35500	6	90967	15161.2	41046	26694	23227	2352	392.0	2.6%		55177
	称多县	14600	6	85558	14259.7	39222	23955	22381	1886	314.3	2.2%		43250
	治多县	88770	4	58737	14684.3	40452	10814	7471	1839	459.8	3.1%		49000
	囊谦县	12741	11	70377	6397.9	35695	18051	16631	2132	193.8	3.0%		71992
	曲麻莱县	46600	3	57100	19033.3	32124	13135	11841	1725	575.0	3.0%		60046
海西蒙古族藏族自治州	格尔木市	119263	14	2921071	208647.9	40955	2150931	729185	197000	14071.4	6.7%	4118733	2922300
	德令哈市	27358	8	445842	55730.3	47845	183475	214522	55721	6965.1	12.5%	490040	584610
	乌兰县	12256	4	203627	50906.8	29071	146967	27589	27093	6773.3	13.3%	433354	273457
	都兰县	45270	7	290392	41484.6	106072	125610	58710	28452	4064.6	9.8%	248481	260089
	天峻县	25989	2	222322	111161.0	28683	156544	37095	19100	9550.0	8.6%	355291	239503
合　　计	39 个	638632	479	14269240	29789.64509	2093366	8325361	3850513	758182	1582.8	5.3%	23745627	17179501

第四章　新疆篇

一、整体概况

(一)全区概况

新疆维吾尔自治区简称新，首府乌鲁木齐市。新疆维吾尔自治区(以下简称“新疆”)地处亚欧大陆腹地，位于我国西北边陲，周边与俄罗斯、哈萨克斯坦、吉尔吉斯斯坦、塔吉克斯坦、巴基斯坦、蒙古、印度、阿富汗八国接壤，是中国5个少数民族自治区之一，也是中国陆地面积最大的省级行政区，面积166万平方千米，占中国国土总面积六分之一。截至2014年末常住人口2298.5万人。新疆拥有4个地级市、5个地区、5个自治州、104个县级行政区划单位(其中:12个市辖区、24个县级市、62个县、6个自治县)。新疆行政地域分布主要分为北疆、南疆、东疆三个区域，其中北疆区域包含2个地级市、3个自治州、2个地区、3个直辖县级市[乌鲁木齐市、吐鲁番市、昌吉回族自治州(以下简称“昌吉州”)、博尔塔拉蒙古族自治州(以下简称“博州”)、伊犁哈萨克自治州(以下简称“伊犁州”)、塔城地区、阿勒泰地区、石河子市、五家渠市、北屯市];东疆区域包含1个地区(哈密地区);南疆区域包含2个自治州、3个地区、2个直辖县级市[巴音郭楞蒙古自治州(以下简称“巴州”)、克孜勒苏柯尔克孜自治州(以下简称“克州”)、阿克苏地区、喀什地区、和田地区、阿拉尔市、图木舒克市]。本文在数据分析中将5个直辖县级市归入其他类。

2014年，新疆生产总值9273.5亿元，人均生产总值约为4.1万元。其中，第一产业增加值1538.6亿元，第二产业增加值3949.0亿元，第三产业增加值

3785.9 亿元,三次产业比重结构为 16.6∶42.6∶40.8。全部工业增加值 3179.6 亿元,其中规模以上工业增加值 3079.0 亿元;全部财政收入 2457.8 亿元,其中公共财政预算收入 1282.3 亿元;全社会固定资产投资 9744.8 亿元;社会消费品零售总额 2279.7 亿元,其中城镇消费品零售额 2090.4 亿元,乡村消费品零售额 189.3 亿元。

(二)县域概况

新疆 104 个县级行政区划单位,纳入县域体系的有 88 个县级行政区划单位(其中 1 个市辖区,19 个县级市,62 个县,6 个自治区),户籍人口 1945 万人。2014 年,县域生产总值为 6730.9 亿元,人均生产总值约 3.5 万元。其中:第一产业增加值 1457.5 亿元,第二产业增加值 2970.0 亿元,第三产业增加值 2303.4 亿元,三次产业结构比重为 21.7∶44.1∶34.2。县域公共财政收入为 608.7 亿元,县域固定资产投资为 6613.2 亿元。

二、经济分析

(一)生产总值

1. 占比分析

(1)县域占全区生产总值比重

2014 年,县域生产总值为 6730.9 亿元,占全区生产总值比重的72.6%,其中:北疆区域占全区生产总值的 36.5%;东疆区域占全区生产总值的 4.3%;南疆区域占全区生产总值的 31.8%(见图 2-87)。

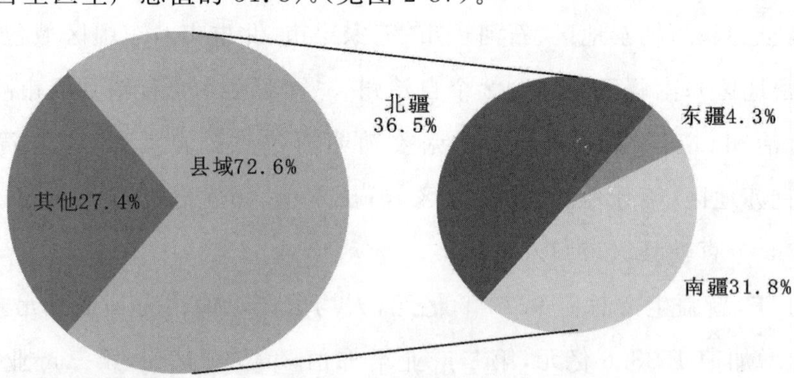

图 2-87　2014 年新疆县域占全区生产总值比重

(2)各区域县域生产总值比重

2014年,各区域县域生产总值比重结构为:北疆区域占县域生产总值的50.2%;东疆区域占县域生产总值的6.0%;南疆区域占县域生产总值的43.8%(见图2-88)。

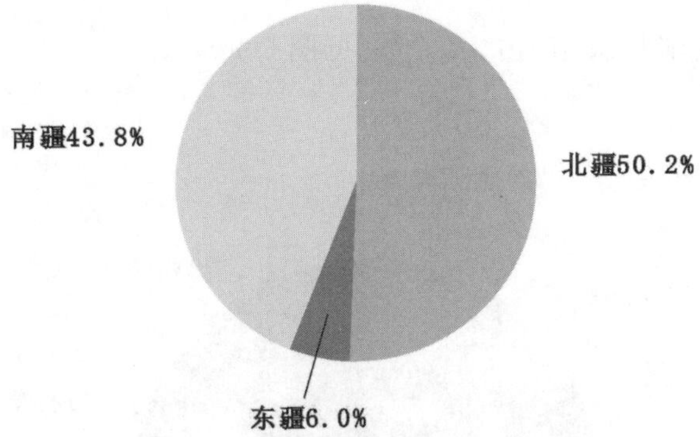

图2-88　2014年新疆各区域县域生产总值比重

(3)各地州市县域占全区生产总值比重

2014年,各地州市县域占全区生产总值比重结构为:北疆区域,乌鲁木齐市占0.2%、吐鲁番市占2.9%、昌吉州占11.1%、博州占1.9%、伊犁州占8.1%、塔城地区占5.4%、阿勒泰地区占2.2%;东疆区域,哈密地区占4.3%;南疆区域,巴州占11.9%、阿克苏地区占6.1%、克州占1.0%、喀什地区占7.6%、和田地区占2.1%;其他(县级直辖市)占7.8%(见图2-89)。

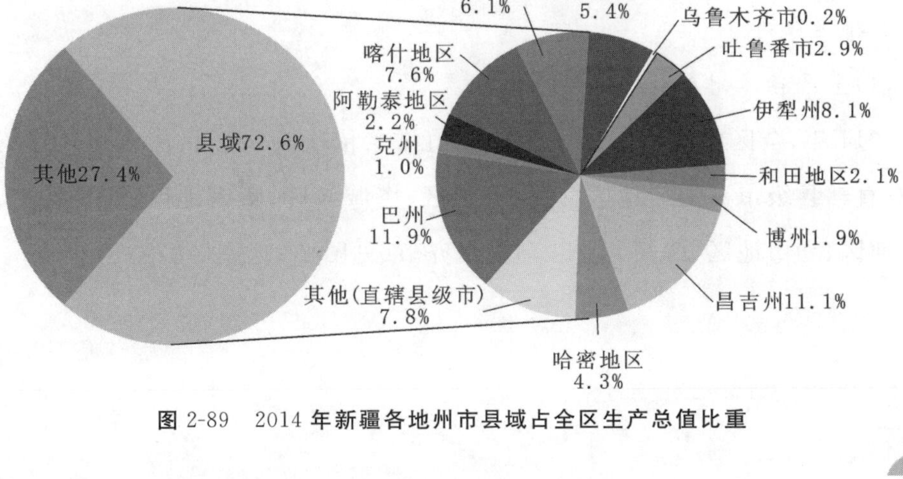

图2-89　2014年新疆各地州市县域占全区生产总值比重

(4)各地州市县域生产总值比重

2014年,各地州市县域生产总值比重结构为:北疆区域,乌鲁木齐市占0.3%、吐鲁番市占3.9%、昌吉州占15.3%、博州占2.6%、伊犁州占11.0%、塔城地区占7.5%、阿勒泰地区占3.1%;东疆区域,哈密地区占6.0%;南疆区域,巴州占16.5%、阿克苏地区占8.4%、克州占1.3%、喀什地区占10.5%、和田地区占2.9%;其他(直辖县级市)占10.7%(见图2-90)。

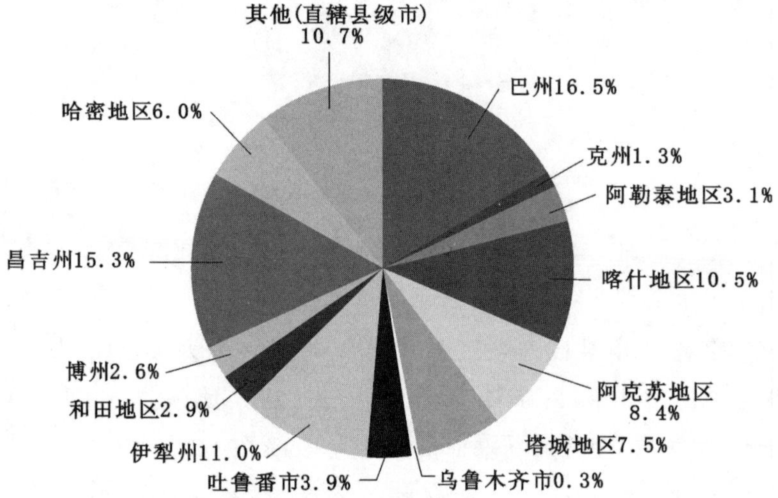

图2-90　2014年新疆各地州市县域生产总值比重

2.排名分析

(1)全区各地州市县域生产总值排名

2014年,全区各地州市县域生产总值排名依次为:巴州、昌吉州、伊犁州、其他(直辖县级市)、喀什地区、阿克苏地区、塔城地区、哈密地区、吐鲁番市、阿勒泰地区、和田地区、博州、克州、乌鲁木齐市(见图2-91、图2-92)。

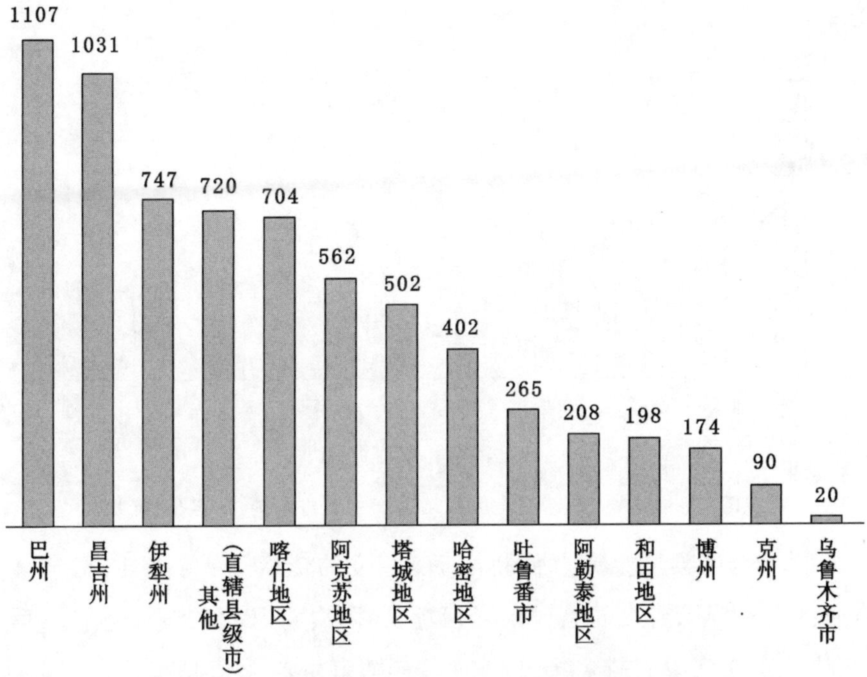

图 2-91　2014 年新疆各地州市县域生产总值排名(亿元)

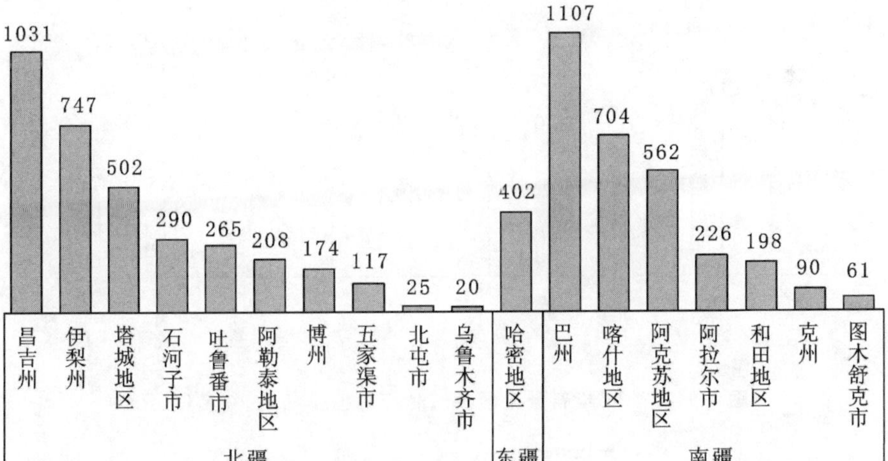

图 2-92　2014 年新疆各地州市县域生产总值在区域内排名(亿元)

(2)全区县域生产总值排名

2014 年,全区县域生产总值排名前 10 位的依次为:库尔勒市、昌吉市、哈密市、石河子市、阿拉尔市、喀什市、伊宁市、玛纳斯县、乌苏市、阿克苏市(见图

2-93)。

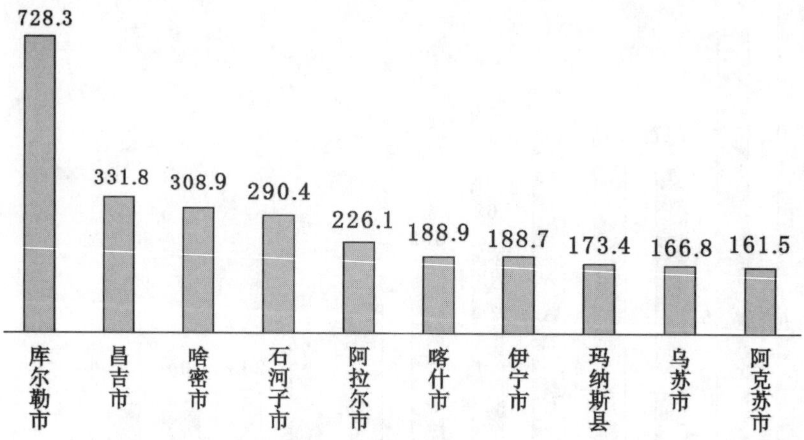

图 2-93　2014 年新疆全区县域生产总值排名前 10 名(亿元)

2014 年,全区县域生产总值排名后 10 位的依次为:乌恰县、温泉县、策勒县、清河县、裕民县、吉木乃县、塔县、柯坪县、阿合奇县、民丰县。其中,后 10 位次的 6 位分布在南疆。排名第一位的库尔勒市生产总值是末位民丰县生产总值的 93.4 倍。后 10 位生产总值总和仅占排名第一位库尔勒市的16.8%(见图 2-94)。

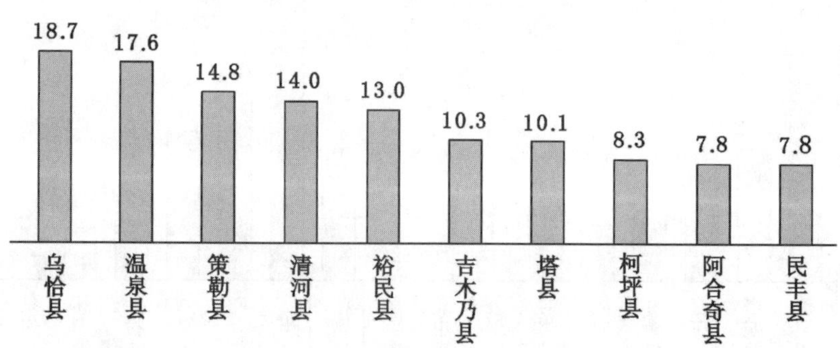

图 2-94　2014 年新疆全区县域生产总值排名后 10 名(亿元)

(3)全区县域人均生产总值排名

2014 年,全区县域人均生产总值排名前 10 位的依次为:伊吾县、若羌县、库尔勒市、阿拉尔市、五家渠市、昌吉市、阜康市、石河子市、吉木萨尔县、乌苏市。其中,前 10 位次的 6 位分布在北疆(见图 2-99)。

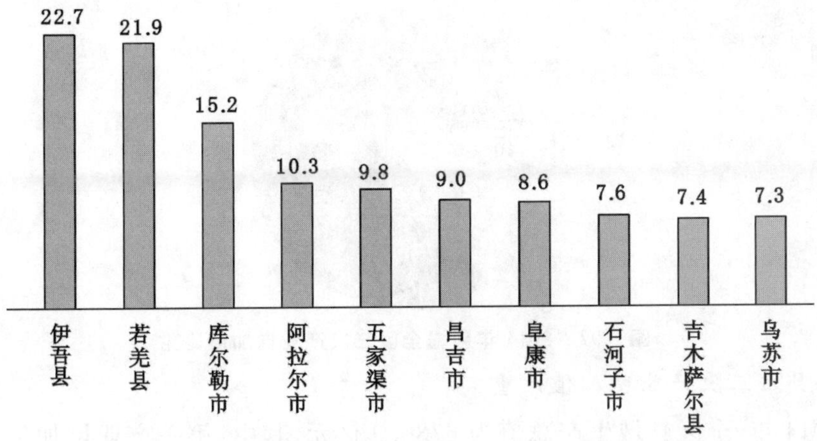

图 2-95　2014 年新疆全区县域人均生产总值排名前 10 名(万元)

2014 年,全区县域人均生产总值排名后 10 位的依次为:阿克陶县、乌什县、英吉沙县、策勒县、莎车县、和田县、洛浦县、于田县、皮山县、墨玉县。其中,后 10 位次的 6 位分布在南疆区域和田地区。排名第一位的人均生产总值是末位的 37.8 倍(见图 2-96)。

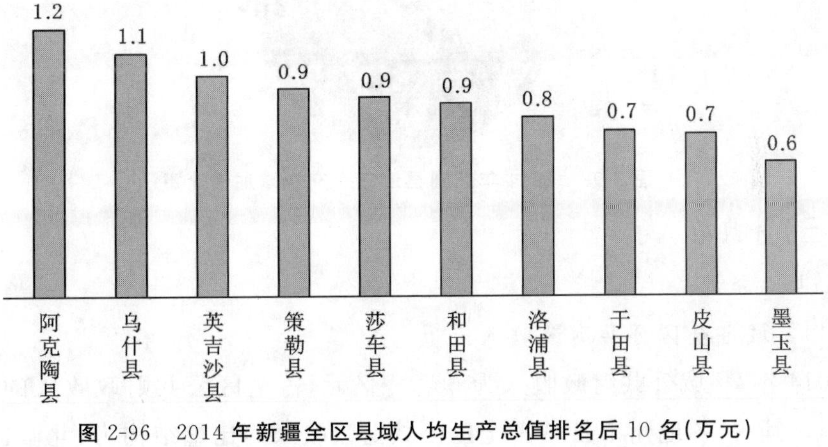

图 2-96　2014 年新疆全区县域人均生产总值排名后 10 名(万元)

(二)产业结构

1.全区三次产业增加值比重

2014 年,全区生产总值 9273.5 亿元,其中,第一产业增加值 1538.6 亿元,第二产业增加值 3949.0 亿元,第三产业增加值 3785.9 亿元,三次产业比重结构为 16.6∶42.6∶40.8(见图 2-97)。

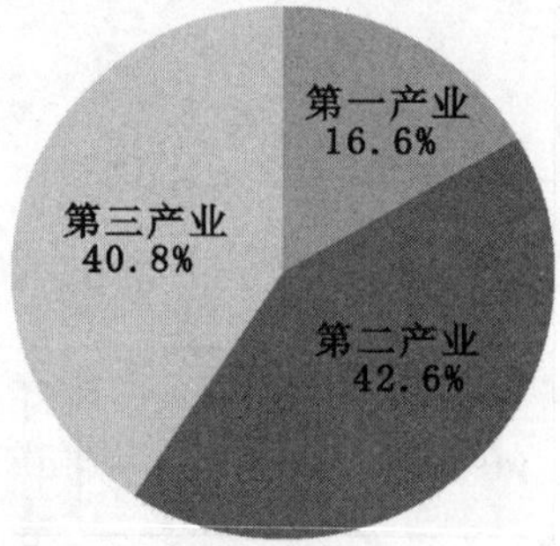

图 2-97　2014 年新疆全区三次产业增加值比重

2. 县域三次产业增加值比重

2014 年，全区县域生产总值为 6730.9 亿元，其中：第一产业增加值 1457.5 亿元，第二产业增加值 2970.0 亿元，第三产业增加值 2303.4 亿元，三次产业结构比重为 21.7∶44.1∶34.2(见图 2-98)。

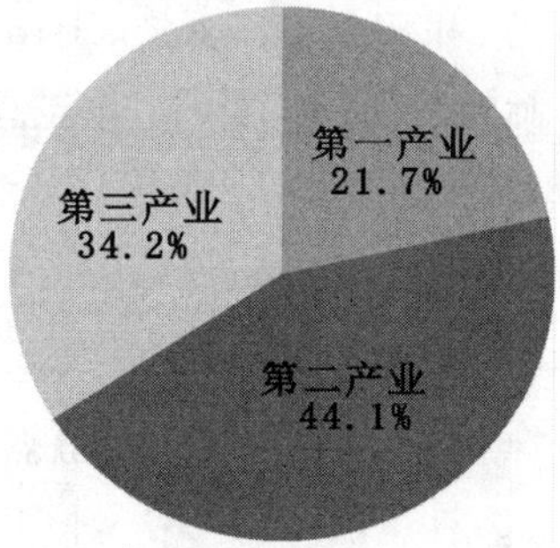

图 2-98　2014 年新疆县域三次产业增加值比重

(三)财政收入

1. 占比分析

(1)县域占全区公共财政收入比重

2014 年，县域公共财政收入为 608.7 亿元，占全区公共财政收入的比重为 47.5%。其中，各地州市县域占全区公共财政收入的比重结构为：北疆区域，乌鲁木齐市占 0.4%、吐鲁番市占 2.1%、昌吉州占 7.0%、博州占 0.9%、伊犁州占 5.5%、塔城地区占 3.2%、阿勒泰地区占 2.4%；东疆区域，哈密地区占 3.8%；南疆区域，巴州占 5.1%、阿克苏地区占 6.2%、克州占 0.8%、喀什地区占 4.8%、和田地区占 1.2%；其他(直辖县级市)占 4.1%(见图 2-99)。

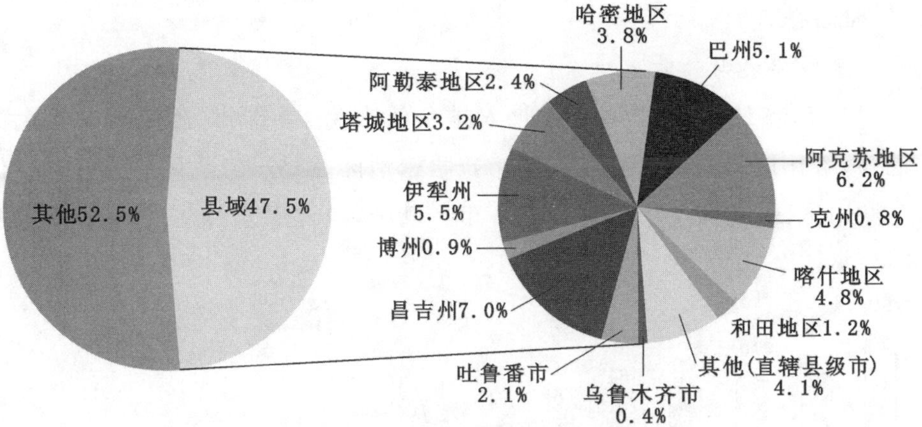

图 2-99　2014 年新疆县域占全区公共财政收入比重

(2)各地州市占县域公共财政收入比重

2014 年末,各地州市占县域公共财政收入的比重结构为:北疆区域,乌鲁木齐市占 0.9%、吐鲁番市占 4.5%、昌吉州占 14.7%、博州占 2.0%、伊犁州占 11.5%、塔城地区占 6.7%、阿勒泰地区占 5.2%;东疆区域,哈密地区占 8.0%;南疆区域,巴州占 10.8%、阿克苏地区占 12.9%、克州占 1.6%、喀什地区占 10.0%、和田地区占 2.6%;其他(直辖县级市)占 8.6%(见图 2-100)。

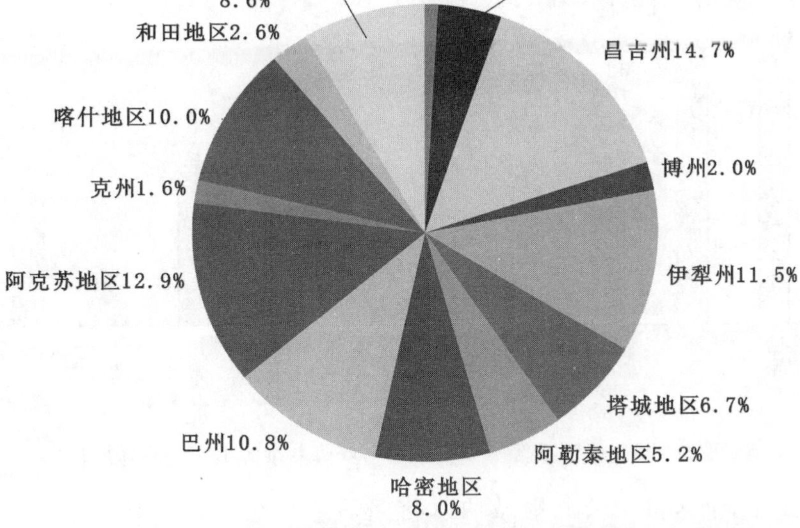

图 2-100　2014 年新疆各地州市占县域公共财政收入比重

2. 排名分析

(1)县域公共财政收入排名

2014 年,各地州市公共财政收入排名依次为:昌吉州、阿克苏地区、伊犁州、巴州、喀什地区、其他(直辖县级市)、哈密地区、塔城地区、阿勒泰地区、吐鲁番市、和田地区、博州、克州、乌鲁木齐市。其中,昌吉州的公共财政收入为克州的 9 倍(见图 2-101)。

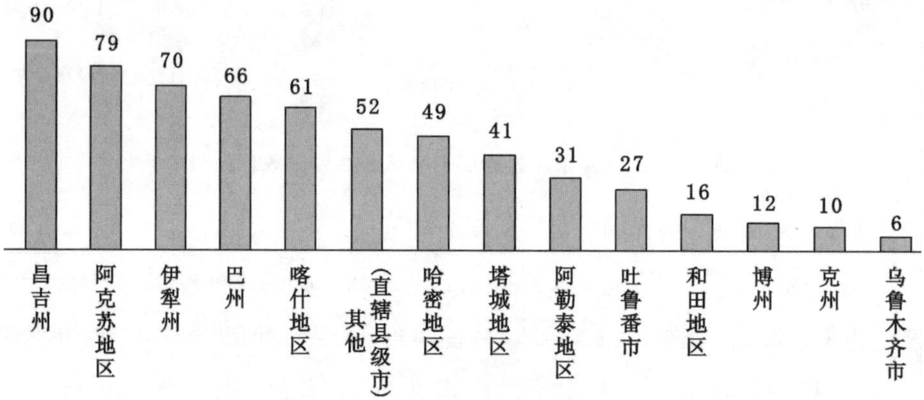

图 2-101　2014 年新疆各地州市县域公共财政收入排名(亿元)

2014 年,全区县域公共财政收入排名前 10 位次依次为:哈密市、石河子市、昌吉市、库尔勒市、喀什市、库车县、伊宁市、阿克苏市、阜康市、奎屯市。其中,前 10 位次的 5 位分布在北疆(见图 2-102)。

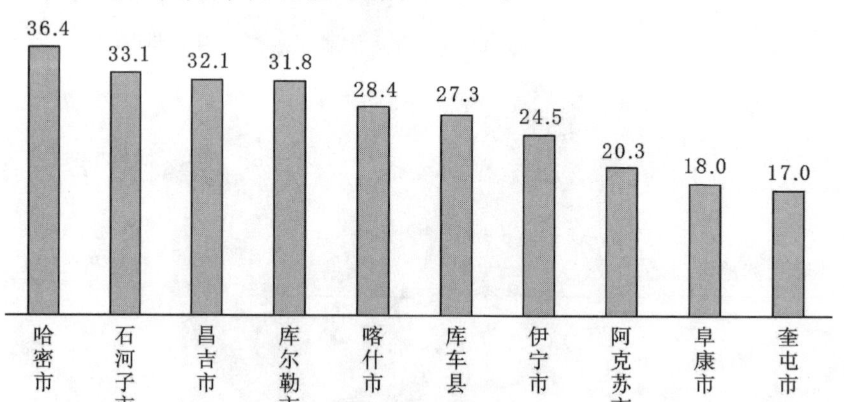

图 2-102　2014 年新疆县域公共财政收入排名前 10 名(亿元)

2014 年,全区县域公共财政收入排名后 10 位依次为:博湖县、皮山县、温泉县、乌什县、民丰县、阿合奇县、吉木乃县、策勒县、裕民县、柯坪县。其中,后

10 位次的 7 位分布在南疆。排名第一位的公共财政收入是末位的 91.0 倍(见图 2-103)。

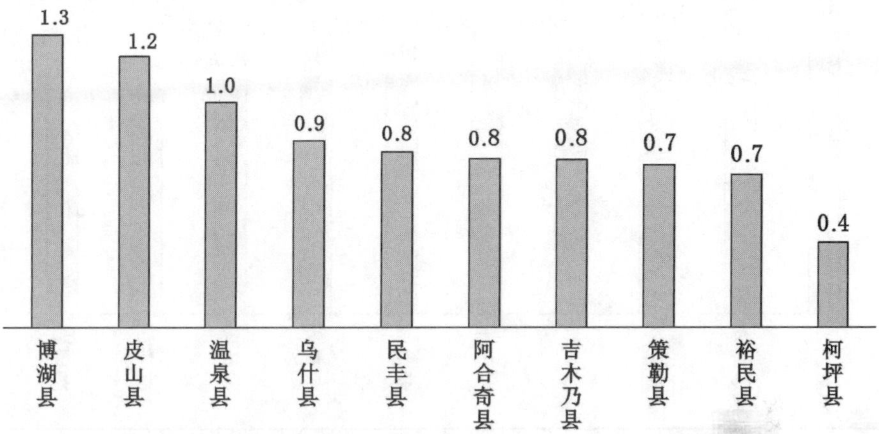

图 2-103　2014 年新疆县域公共财政收入排名后 10 名(亿元)

(2)县域人均公共财政收入排名

2014 年,县域人均公共财政收入为 3129.6 元,全区县域人均公共财政收入排名前十位的依次为:若羌县、伊吾县、和布克赛尔县、奎屯市、阜康市、富蕴县、乌鲁木齐县、石河子市、昌吉市、哈密市。其中前十位次的七位分布在北疆(见图 2-104)。

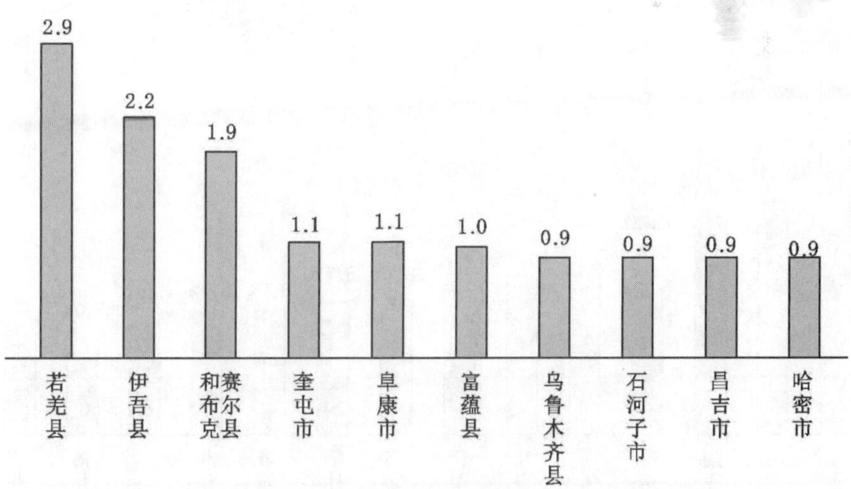

图 2-104　2014 年新疆县域人均公共财政收入排名前 10 名(万元)

2014 年,全区县域人均公共财政收入排名后 10 位的依次为:阿瓦提县、英吉沙县、洛浦县、莎车县、于田县、和田县、策勒县、皮山县、乌什县、墨玉县。其中,后10位全部分布在南疆区域(见图2-105)。

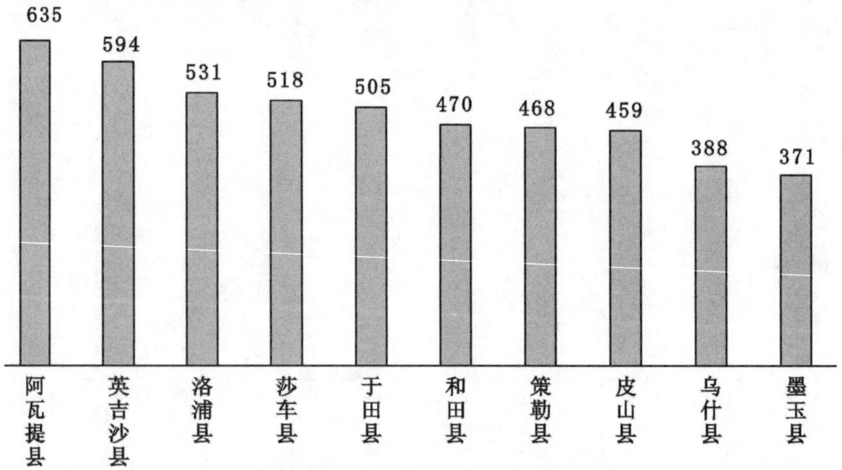

图2-105 2014年新疆县域人均公共财政收入排名后10名(元)

(3)县域生产总值公共财政贡献率排名

2014年,全区生产总值公共财政贡献率13.8%,县域生产总值财政贡献率9.0%,各地州市生产总值公共财政贡献率排名依次为:乌鲁木齐市、阿勒泰地区、阿克苏地区、哈密地区、克州、吐鲁番市、伊犁州、昌吉州、喀什地区、塔城地区、和田地区、其他(直辖县级市)、博州、巴州(见图2-106)。

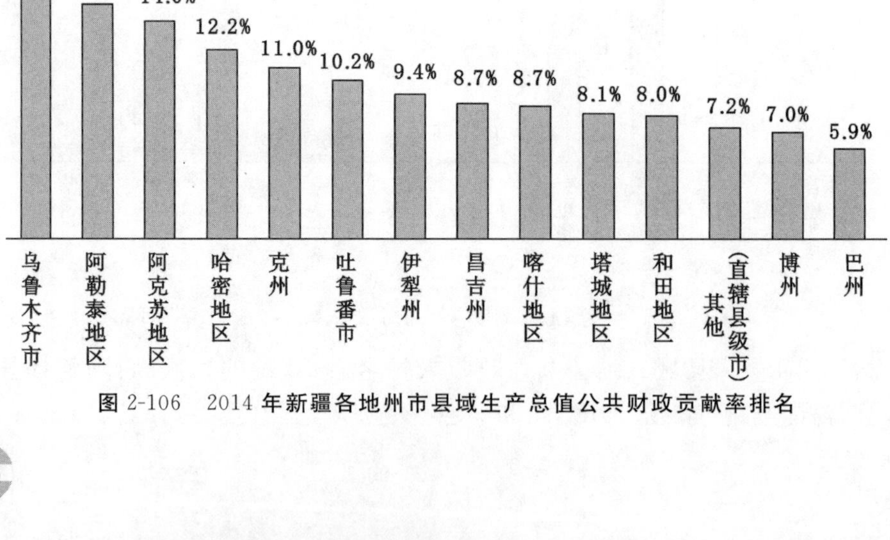

图2-106 2014年新疆各地州市县域生产总值公共财政贡献率排名

2014年，全区县域生产总值公共财政贡献率排名前10位的依次为：和布克赛尔县、乌鲁木齐县、拜城县、沙雅县、富蕴县、库车县、布尔津县、巴里坤县、哈巴河县、清河县。其中，前10位次的7位分布在北疆区域（见图2-107）。

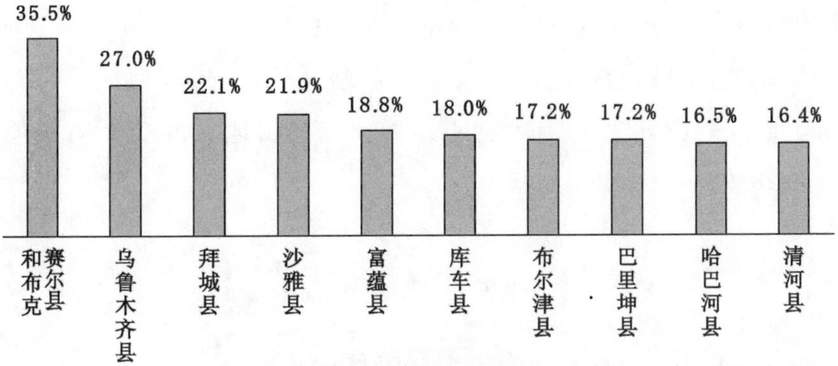

图2-107　2014年新疆县域生产总值公共财政贡献排名率前10名

2014年，全区县域生产总值公共财政贡献率排名后10位的依次为：柯坪县、和硕县、尉犁县、库尔勒市、霍城县、图木舒克市、阿瓦提县、昭苏县、乌什县、阿拉尔市。其中，后10位次的8位分布在南疆区域（见图2-108）。

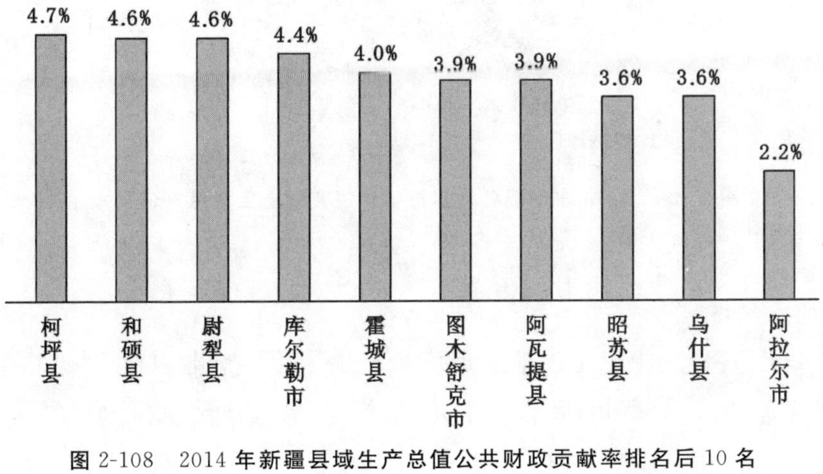

图2-108　2014年新疆县域生产总值公共财政贡献率排名后10名

(四)工业总产值

1.占比分析

2014年,县域规模以上工业总产值为4735.6亿元,各地州市县域规模以上工业总产值比重结构为:北疆区域,乌鲁木齐市占0.1%、吐鲁番市占5.8%、昌吉州占23.8%、博州占0.9%、伊犁州占6.0%、塔城地区占4.0%、阿勒泰地区占2.4%;东疆区域,哈密地区占5.4%;南疆区域,巴州占18.1%、阿克苏地区占10.5%、克州占0.8%、喀什地区占2.8%、和田地区占0.5%;其他(直辖县级市)占18.9%(见图2-109)。

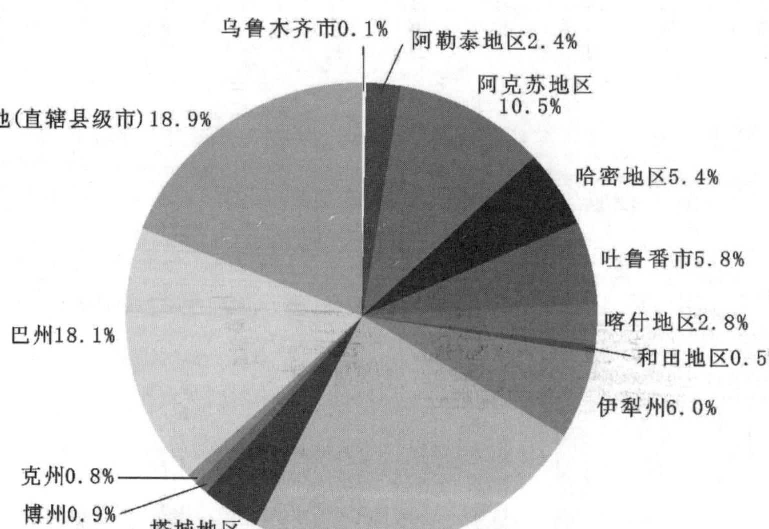

图2-109 2014年新疆各地州市县域规模以上工业总产值比重

2.排名分析

2014年,各地规模以上工业总产值名依次为:昌吉州、其他(直辖县级市)、巴州、阿克苏地区、伊犁州、吐鲁番市、哈密地区、塔城地区、喀什地区、阿勒泰地区、博州、克州、和田地区、乌鲁木齐市。排名第一位的规模以上工业总产值是末位的281.8倍(见图2-110)。

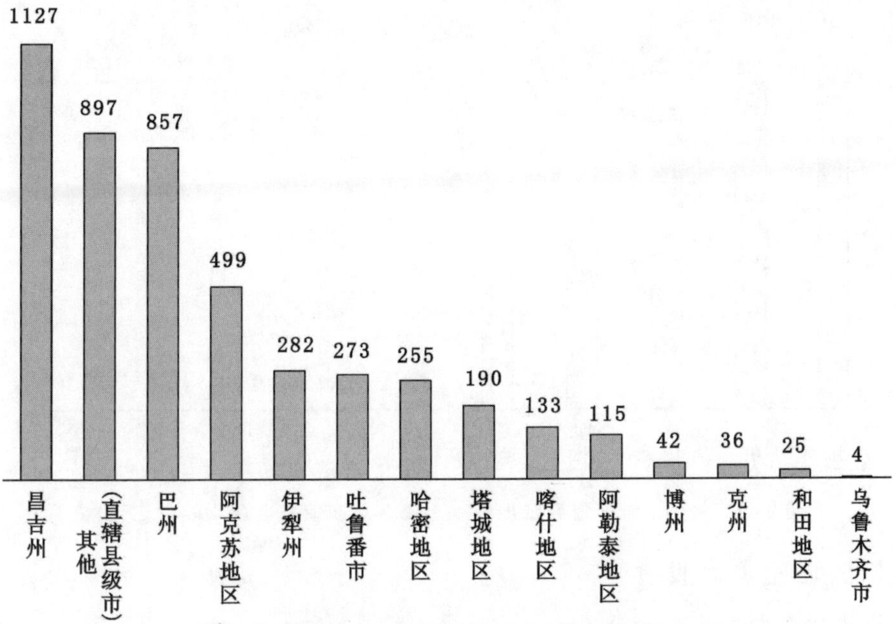

图 2-110 2014 年新疆各地州市县域规模以上工业总产值排名（亿元）

2014 年，全区县域规模以上工业总产值排名前 10 位的依次为：库尔勒市、石河子市、昌吉州、五家渠市、库车县、阜康市、吉木萨尔县、哈密市、玛纳斯县、鄯善县。其中，前 10 位次的 7 位分布在北疆，昌吉州占 4 位次（见图 2-111）。

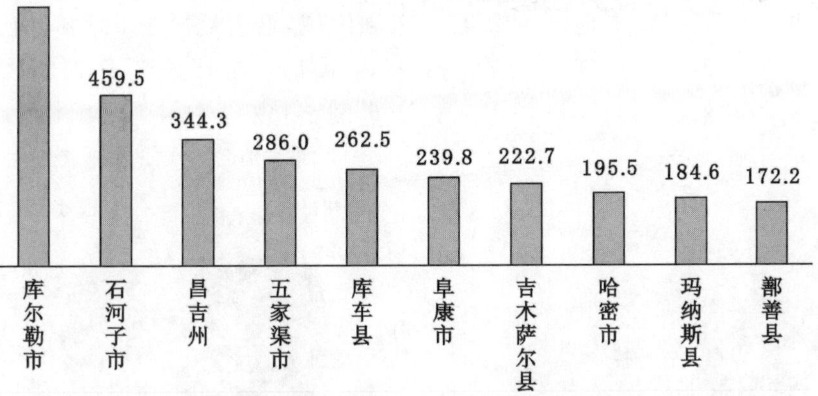

图 2-111 2014 年新疆县域规模以上工业总产值排名前 10 名（亿元）

2014 年，全区县域规模以上工业总产值排名后 10 位的依次为：昭苏县、于田县、皮山县、且末县、温泉县、疏附县、裕民县、墨玉县、策勒县、民丰县，有 4 位县域规模以上工业总产值为零。后 10 位次的 7 位分布在南疆，其中和田地区占5 位次（见图 2-112）。

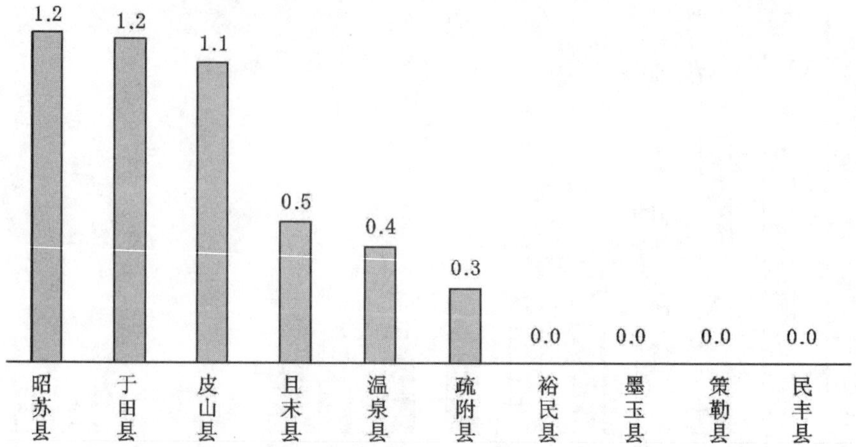

图 2-112　2014 年新疆县域规模以上工业总产值排名后 10 名(亿元)

(五)固定资产投资

1. 占比分析

(1)县域占全区固定资产投资比重

2014 年,全区县域固定资产为 6613.2 亿元,占全区固定资产投资的 67.9%,各地州市占全区固定资产投资比重结构为:北疆区域,乌鲁木齐市占 0.4%、吐鲁番市占 3.2%、昌吉州占 12.9%、博州占 1.9%、伊犁州占 7.7%、塔城地区占 3.0%、阿勒泰地区占 2.4%;东疆区域,哈密地区占 5.1%;南疆区域,巴州占 7.1%、阿克苏地区占 5.7%、克州占 1.1%、喀什地区占 7.2%、和田地区占 2.2%;其他(直辖县级市)占 8.0%(见图 2-113)。

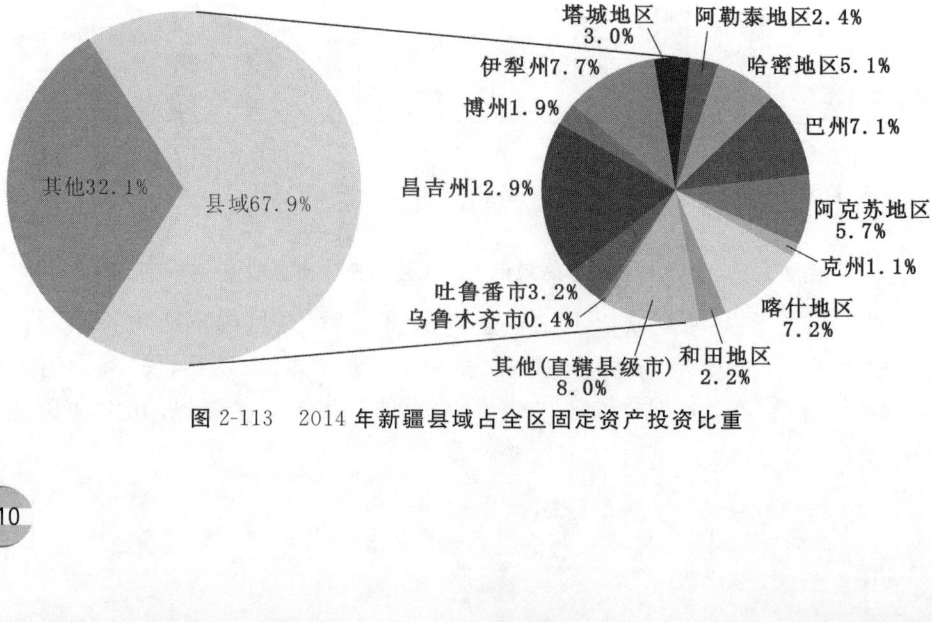

图 2-113　2014 年新疆县域占全区固定资产投资比重

(2)各地州市县域固定资产投资比重

2014年,全区各地州市县域固定资产投资比重结构为:北疆区域,乌鲁木齐市占0.7%、吐鲁番市占4.7%、昌吉州占19.0%、博州占2.7%、伊犁州占11.3%、塔城地区占4.3%、阿勒泰地区占3.5%;东疆区域,哈密地区占7.5%;南疆区域,巴州占10.5%、阿克苏地区占8.5%、克州占1.7%、喀什地区占10.6%、和田地区占3.2%;其他(直辖县级市)占11.8%(见图2-114)。

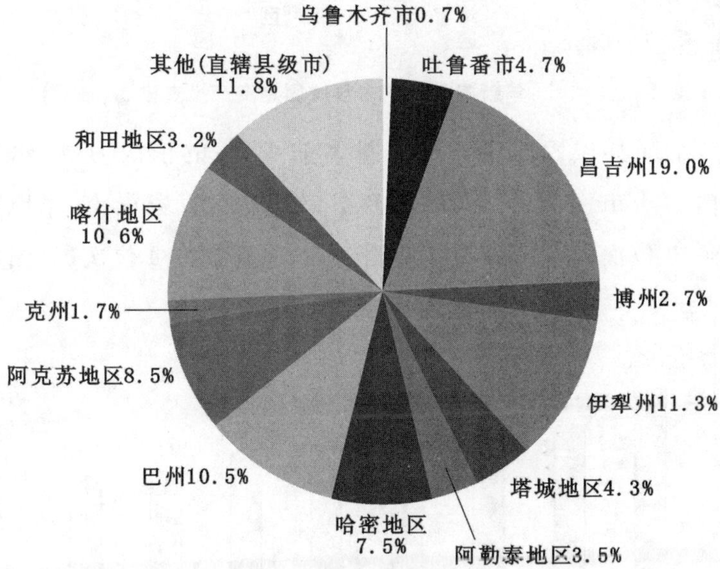

图2-114 2014年新疆各地州市县域固定资产投资比重

2.排名分析

2014年,全区各地州市县域固定资产投资排名依次为:昌吉州、其他(直辖县级市)、伊犁州、喀什地区、巴州、阿克苏地区、哈密地区、吐鲁番市、塔城地区、阿勒泰地区、和田地区、博州、克州、乌鲁木齐市。其中,排名第一的昌吉州固定资产投资为排名最后乌鲁木齐市的29.3倍(见图2-115)。

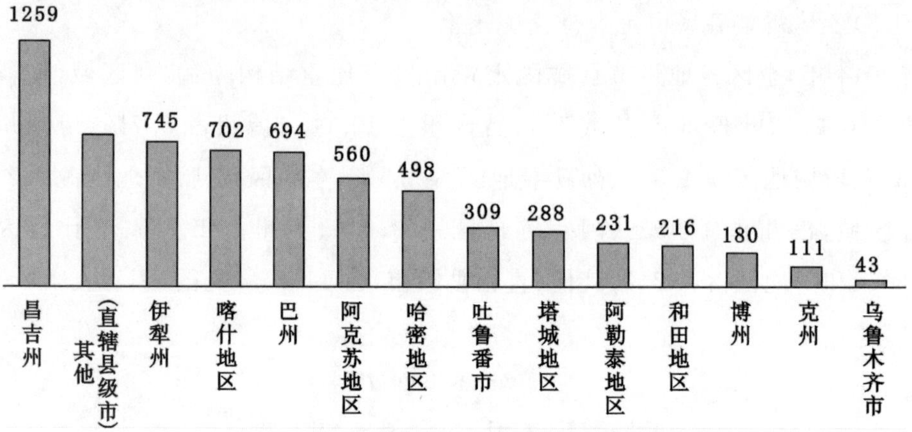

图 2-115　2014 年新疆各地州市县域固定资产投资排名(亿元)

2014 年,全区县域固定资产投资排名前 10 位的依次为:库尔勒市、哈密市、石河子市、昌吉市、吉木萨尔县、奇台县、伊宁市、五家渠市、阜康市、阿拉尔市。其中,前 10 位次的 7 位分布在北疆区域,昌吉州占 4 位次(见图2-116)。

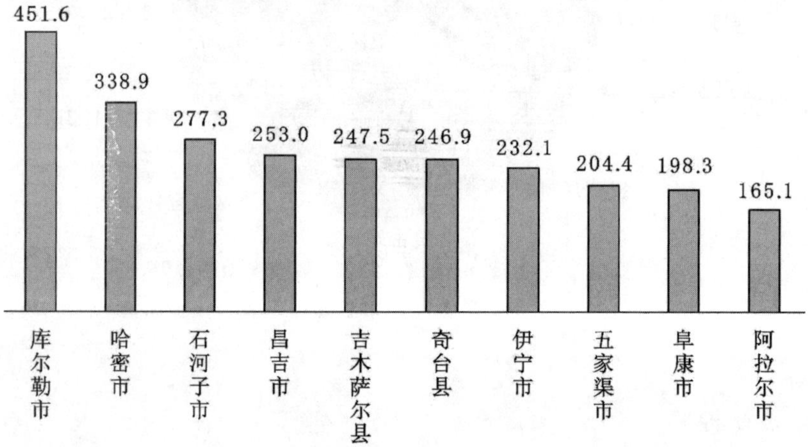

图 2-116　2014 年新疆县域固定资产投资排名前 10 名(亿元)

2014 年,全区县域固定资产投资排名后 10 位的依次为:福海县、吉木乃县、和硕县、策勒县、温泉县、博湖县、柯坪县、民丰县、阿合奇县、裕民县。其中,后 10 位次的有 6 位分布在南疆区域。排名第一位的库尔勒市固定资产投资是末位裕民县的 60.2 倍(见图 2-117)。

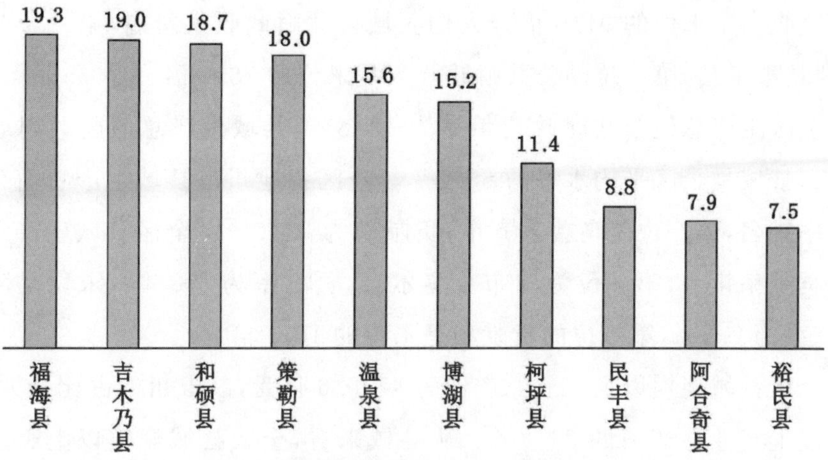

图 2-117　2014 年新疆县域固定资产投资排名后 10 名(亿元)

三、数据小结

1. 新疆县域总产值占全区生产总值的 72.6%，其中：从区域来看，北疆区域总产值占比最大，占全区总产值的 36.5%，占县域总值的 50.2%；从地市来看，巴州总产值占比最大，占全区总产值的 11.9%，占县域总产值的 16.5%。全区三次产业比重结构为 16.6∶42.6∶40.8，县域三次产业结构比重为 21.7∶44.1∶34.2。

2. 全区县域生产总值排名，库尔勒市位居第一，北疆区域囊括全区前 10 位次的 5 位；民丰县排名末位，后 10 位次的 6 位分布在南疆。排名第一位的生产总值是末位的 93.4 倍，后 10 位生产总值总和仅占第一位库尔勒市的16.8%。

3. 全区人均生产总值约为 4.1 万元，县域人均生产总值 3.5 万元，为全区平均水平的 85.4%。全区县域人均生产总值排名，伊吾县位居第一，北疆区域囊括全区前 10 位次的 6 位；墨玉县排名末位，后 10 位全部分布在南疆区域，其中和田地区占 6 位。排名第一位的人均生产总值是末位的 37.8 倍。

4. 县域占全区公共财政收入的比重为 47.5%，其中：昌吉市占比最大，占全区 7.0%，占县域 14.7%。全区人均公共财政收入为 5580.5 元，县域人均公共财政收入为 3129.6 元，县域为全区人均公共财政收入水平的 56.1%。

5. 全区县域公共财政收入排名，第一位为哈密市，末位是柯坪县，第一位的公共财政收入是末位的91.0倍。人均县域公共财政收入排名,第一位为若羌县,末位是墨玉县,第一位的公共财政收入是末位的78.2倍。

6.全区生产总值公共财政贡献率为13.8%,县域生产总值公共财政贡献率9.0%,县域是全区平均水平的65.2%。全区各地州市县域生产总值公共财政贡献率排名,第一位是乌鲁木齐市,贡献率为27.0%。全区县域生产总值公共财政贡献率排名,第一位为和布克赛尔县,贡献率为35.5%,末位是阿拉尔市,贡献率为2.2%,第一位的贡献率是末位的16.1倍。

7.全区县域规模以上工业总产值为4735.6亿元,昌吉州市占比最大,占县域规模以上工业总产值的23.8%。从县域来看,全区县域规模以上工业总产值排名,库尔勒市排名第一位。

8.全区县域固定资产投资为6313.2亿元,占全区固定资产投资的67.9%,其中,昌吉州占比最大,占全区12.9%,占县域的19.0%。全区县域固定资产投资排名,昌吉州囊括全区前10位次的4位,排名第一位的库尔勒市固定资产投资是末位裕民县的60.2倍。

附录：

新疆维吾尔自治区 88 个县域行政区划单位（1 个市辖区，19 个县级市，62 个县，6 个自治县）

地州市	县域	行政区域面积（平方千米）	户籍人口（万人）	地区生产总值（万元）	人均生产总值（元）	第一产业增加值（万元）	第二产业增加值（万元）	第三产业增加值（万元）	公共财政收入（万元）	人均财政收入（元）	生产总值公共财政贡献率	规模以上工业总产值（万元）	固定资产投资（万元）
乌鲁木齐市 **【1 县】** 不包含在内的区：天山区、沙依巴克区、新市区、水磨沟区、头屯河区、达坂城区、米东区	乌鲁木齐县	4141	6	203867	33977.8	70900	57000	75967	55056	9176.0	27.0%	42398	434477
吐鲁番市 **【1 市辖区 2 县】**	高昌区	13650	29	693220	24076.6	179120	173900	345200	70249	2422.4	10.1%	3[illegible]4572.0	770400
	托克逊县	16561	12	472110	39342.5	90206	284206	97698	75990	6332.5	16.1%	[illegible]99746	976200
	鄯善县	39548	23	1476197	64182.5	152671	1090168	233358	124307	5404.7	8.4%	1722309	1345000
昌吉回族自治州 **【2 县级市，4 县，1 自治县】**	昌吉市	8215	37	3317744	89668.8	405145	1608963	1303636	320724	8668.2	9.7%	3[illegible]42881	2530006
	阜康市	8529	17	1461062	85944.8	270198	876898	313966	180060	10591.8	12.3%	2[illegible]97570	1982558
	呼图壁县	9721	22	1330588	60481.3	412395	512605	405588	85982	3908.3	6.5%	754820	1300513
	玛纳斯县	11067	25	1734021	69360.8	674319	684433	375269	87959	3518.4	5.1%	1[illegible]45789	1500721
	奇台县	19300	21	1158926	55187.0	442814	446092	270020	81172	3865.3	7.0%	5[illegible]5446	2468645
	吉木萨尔县	8144	14	1034197	73871.2	192021	689524	152652	111017	7929.8	10.7%	2[illegible]7123	2474504
	木垒哈萨克自治县	22171	9	270168	30018.7	122488	54653	93027	29565	3285.0	10.9%	5[illegible]654	330244

续表

地州市	县域	行政区域面积（平方千米）	户籍人口（万人）	地区生产总值（万元）	人均生产总值（元）	第一产业增加值（万元）	第二产业增加值（万元）	第三产业增加值（万元）	公共财政收入（万元）	人均财政收入（元）	生产总值公共财政贡献率	规模以上工业总产值（万元）	固定资产投资（万元）
博尔塔拉蒙古自治州【1县级市，2县】	博乐市	7790	27	932210	34526.3	176998	313838	441374	80939	2997.7	8.7%	278633	1082280
	精河县	11187	15	634231	42282.1	273173	167893	193165	29900	1993.3	4.7%	135403	562647
	温泉县	5881	8	176363	22045.4	68616	37880	69867	10303	1287.9	5.8%	4181	156313
伊犁哈萨克自治州【2县级市，7县，1自治县】	伊宁市	761	53	1887060	35604.9	66359	497745	1322956	245427	4630.7	13.0%	584668	2320471
	奎屯市	1110	16	1150804	71925.3	67479	457186	626139	170187	10636.7	14.8%	735761	828626
	伊宁县	4682	43	691584	16083.3	286855	182546	222183	54559	1268.8	7.9%	346029	823440
	察布查尔锡伯自治县	4485	17	459269	27015.8	212834	112210	134225	38000	2235.3	8.3%	190094	1037057
	霍城县	5430	42	1046374	24913.7	325865	273417	447092	41840	996.2	4.0%	130272	661347
	巩留县	4327	20	386893	19344.7	142501	131671	112721	19210	960.5	5.0%	118917	264324
	新源县	7422	30	789857	26328.6	258462	311343	220052	63276	2109.2	8.0%	466601	496795
	昭苏县	11128	19	394580	20767.4	171219	85466	137895	14263	750.7	3.6%	11960	359330
	特克斯县	8066	18	237420	13190.0	102124	38388	96908	18996	1055.3	8.0%	60611	247595
	尼勒克县	10130	18	427976	23776.4	141940	187253	98783	34137	1896.5	8.0%	175487	413033

续表

地州市	县域	行政区域面积（平方千米）	户籍人口（万人）	地区生产总值（万元）	人均生产总值（元）	第一产业增加值（万元）	第二产业增加值（万元）	第三产业增加值（万元）	公共财政收入（万元）	人均财政收入（元）	生产总值公共财政贡献率	规模以上工业总产值（万元）	固定资产投资（万元）
塔城地区【2县级市，4县，1自治县】	塔城市	4357	16	775000	48437.5	165000	159000	451000	45838	2864.9	5.9%	34603	430000
	乌苏市	20700	23	1663226	72531.6	361740	1019246	287240	120095	5221.5	7.2%	1179398	803615
	额敏县	9532	16	532810	33300.6	154990	194622	183198	38233	2389.6	7.2%	28476	533132
	沙湾县	13110	22	1227343	55788.3	443580	324805	458958	74757	3398.0	6.1%	437393	540123
	托里县	21300	10	419451	41945.1	56667	276337	86447	28560	2856.0	6.8%	94705	266154
	裕民县	6220	5	130107	26021.4	45806	26128	58173	6996	1399.2	5.4%		75040
	和布克赛尔蒙古自治县	30600	5	266667	53333.4	39146	167000	60521	94588	18917.6	35.5%	128091	229011
阿勒泰地区【1县级市，6县】	阿勒泰市	11481	20	551691	27584.6	86099	98679	366913	61700	3085.0	11.2%	34213	545939
	布尔津县	10357	7	188164	26880.6	32579	78836	76749	32293	4613.3	17.2%	72829	400300
	富蕴县	32186	10	546541	54654.1	59757	389736	97048	102600	10260.0	18.8%	636701	461611
	福海县	32035	7	198698	28385.4	80636	39062	79000	28446	4063.7	14.3%	51629	193160
	哈巴河县	8186	9	354827	39425.2	71201	203721	79905	58451	6494.6	16.5%	208636	274311
	清河县	15743	7	139540	19934.3	35911	49586	54043	22913	3273.3	16.4%	55597	240357
	吉木乃县	7146	4	102572	25643.0	13248	60428	28896	7651	1912.8	7.5%	94620	189862

续表

地州市	县域	行政区域面积（平方千米）	户籍人口（万人）	地区生产总值（万元）	人均生产总值（元）	第一产业增加值（万元）	第二产业增加值（万元）	第三产业增加值（万元）	公共财政收入（万元）	人均财政收入（元）	生产总值公共财政贡献率	规模以上工业总产值（万元）	固定资产投资（万元）
石河子市【1县级市】	石河子市	460	38	2903739	76414.2	103887	1734547	1065305	330848	8706.5	11.4%	4595100	2773400
五家渠市【1县级市】	五家渠市	740	12	1172585	97715.4	66589	696674	409322	98089	8174.1	8.4%	2859903	2044154
北屯市【1县级市】	北屯市	911	5	251788	50357.6	42081	126085	83622	17483	3496.6	6.9%	105013	413385
哈密地区【1县级市，1县，1自治县】	哈密市	85587	43	3089378	71846.0	235840	1661524	1192014	363537	8454.3	11.8%	1954606	3389350
	巴里坤哈萨克自治县	36901	11	477094	43372.2	97496	245664	133934	81838	7439.8	17.2%	170424	777084
	伊吾县	19519	2	453697	226848.5	46974	347215	59508	44162	22081.0	9.7%	427931	809591
巴音郭楞蒙古自治州【1县级市，7县，1自治县】	库尔勒市	7267	48	7282633	151721.5	401200	5748405	1133028	317521	6615.0	4.4%	6963055	4515809
	轮台县	14182	12	572388	47699.0	203755	96192	272441	84386	7032.2	14.7%	274810	272724
	尉犁县	59700	11	459067	41733.4	277668	67219	114180	21070	1915.5	4.6%	21921	231203
	若羌县	202298	3	657156	219052.0	194988	397156	65012	86909	28969.7	13.2%	436623	440506
	且末县	138645	7	238568	34081.1	100269	52711	85588	27697	3956.7	11.6%	5075	319008
	焉耆回族自治县	2571	14	589000	42071.4	162000	148000	279000	30204	2157.4	5.1%	69022	343957
	和静县	33793	19	720131	37901.6	217406	257212	245513	59767	3145.6	8.3%	687547	473533
	和硕县	12753	7	319205	45600.7	194679	44683	79843	14831	2118.7	4.6%	81782	187227
	博湖县	3581	6	236346	39391.0	95077	47680	93589	13371	2228.5	5.7%	30035	151739

续表

地州市	县域	行政区域面积（平方千米）	户籍人口（万人）	地区生产总值（万元）	人均生产总值（元）	第一产业增加值（万元）	第二产业增加值（万元）	第三产业增加值（万元）	公共财政收入（万元）	人均财政收入（元）	生产总值公共财政贡献率	规模以上工业总产值（万元）	固定资产投资（万元）
阿克苏地区【1县级市,8县】	阿克苏市	15033	51	1615052	31667.7	184128	432943	997981	203329	3986.8	12.6%	1177252	1437728
	温宿县	14336	23	481000	20913.0	203000	102000	176000	36006	1565.5	7.5%	92072	716135
	库车县	14603	49	1511000	30836.7	200791	840000	470209	272671	5564.7	18.0%	2624594	1416230
	沙雅县	31955	28	462181	16506.5	142823	101942	217416	101234	3615.5	21.9%	215912	495911
	新和县	5820	19	312697	16457.7	114297	64000	134400	36117	1900.9	11.6%	107362	271472
	拜城县	19100	25	491240	19649.6	112619	196708	181913	108771	4350.8	22.1%	664346	680600
	乌什县	9082	22	238122	10823.7	80841	31000	126281	8531	387.8	3.6%	26169	194591
	阿瓦提县	13018	26	426813	16415.9	160198	67200	199415	16500	634.6	3.9%	48020	272166
	柯坪县	8912	6	83012	13835.3	19569	17447	45996	3903	650.5	4.7%	32526	114018
克孜勒苏柯尔克孜自治州【1县级市,3县】	阿图什市	16151	27	387093	14336.8	59140	96772	231181	41547	1538.8	10.7%	140880	383900
	阿克陶县	24540	21	248144	11816.4	53269	99162	95713	25013	1191.1	10.1%	107420	382288
	阿合奇县	12737	4	77693	19423.3	8895	18896	49902	7748	1937.0	10.0%	16958	79436
	乌恰县	22000	6	186878	31146.3	9768	91742	85368	24450	4075.0	13.1%	93199	262000
喀什地区【1县级市,10县,1自治县】	喀什市	1059	61	1889000	30967.2	80800	629000	1179200	283900	4654.1	15.0%	561900	1387003
	疏附县	2708	28	346000	12357.1	147000	65000	134000	27399	978.5	7.9%	2672	440157
	疏勒县	2398	35	645862	18453.2	200489	323146	122227	39056	1115.9	6.0%	125047	784738

续表

地州市	县域	行政区域面积(平方千米)	户籍人口(万人)	地区生产总值(万元)	人均生产总值(元)	第一产业增加值(万元)	第二产业增加值(万元)	第三产业增加值(万元)	公共财政收入(万元)	人均财政收入(元)	生产总值公共财政贡献率	规模以上工业总产值(万元)	固定资产投资(万元)
喀什地区【1县级市,10县,1自治县】	英吉沙县	3425	30	295044	9834.8	112044	80000	103000	17823	594.1	6.0%	28779	552739
	泽普县	988	20	440560	22028.0	140279	92513	207768	25017	1250.9	5.7%	25921	372731
	莎车县	8957	85	752559	8853.6	391559	108000	253000	44051	518.2	5.9%	116370	540337
	叶城县	28929	52	710555	13664.5	324266	167871	218418	43537	837.3	6.1%	128328	642089
	麦盖提县	15200	24	376379	15682.5	185581	73568	117230	23611	983.8	6.3%	18968	409143
	岳普湖县	3023	17	316623	18624.9	88817	126159	101647	17620	1036.5	5.6%	85839	494165
	伽师县	6528	44	577774	13131.2	221708	175800	180266	38431	873.4	6.7%	164192	543113
	巴楚县	21700	38	588000	15473.7	192000	117000	279000	34266	901.7	5.8%	43054	586891
	塔什库尔干塔克吉自治县	25000	4	101224	25306.0	12674	50438	38112	14743	3685.8	14.6%	32563	268000
和田地区【1县级市,7县】	和田市	466	35	550892	15739.8	39347	198998	312547	67859	1938.8	12.3%	138186	629336
	和田县	41080	30	256136	8537.9	91411	57635	107090	14087	469.6	5.5%	59739	288498
	墨玉县	25608	57	338631	5940.9	137723	27396	173012	21121	370.5	6.2%		305076
	皮山县	39463	27	194000	7185.2	89826	19143	85031	12386	458.7	6.4%	10870	200123
	洛浦县	14114	27	213112	7893.0	61250	35285	116577	14339	531.1	6.7%	29644	246428
	策勒县	31592	16	148102	9256.4	54089	20564	73449	7491	468.2	5.1%		180152

续表

地州市	县域	行政区域面积（平方千米）	户籍人口（万人）	地区生产总值（万元）	人均生产总值（元）	第一产业增加值（万元）	第二产业增加值（万元）	第三产业增加值（万元）	公共财政收入（万元）	人均财政收入（元）	生产总值公共财政贡献率	规模以上工业总产值（万元）	固定资产投资（万元）
和田地区 【1县级市,7县】	于田县	39034	28	205770	7348.9	68309	28708	108753	14135	504.8	6.9%	11724	221202
	民丰县	56703	4	77564	19391.0	13901	12520	51143	8042	2010.5	10.4%		88055
阿拉尔市 【1县级市】	阿拉尔市	5264	22	2260742	102761.0	985919	814711	460112	50831	2310.5	2.2%	943915	1650638
图木舒克市 【1县级市】	图木舒克市	1914	14	607524	43394.6	193340	282929	131255	23514	1679.6	3.9%	468054	903283
合　　计	88个	1667747	1945	67309111	34606.2	14574641	29700127	23034343	6087031	3129.6	9.0%	47356138	66132183

第五章　宁夏篇

一、整体概况

(一)全区概况

宁夏回族自治区,简称宁,是中国五大少数民族自治区之一,自治区首府银川。宁夏处于中国西部的黄河上游,东邻陕西省,西、北部接内蒙古自治区,西南、南部和东南部与甘肃省相连。南北相距约456千米,东西相距约250千米,总面积为6.64万平方千米。2014年末全区常住人口661.54万人。全区拥有5个地级市,22个县级行政区划单位(其中:9个市辖区、2个县级市、11个县)。

2014年,全区生产总值2752.10亿元,人均生产总值约为4.0万元。其中,第一产业增加值216.84亿元,第二产业增加值1343.13亿元,第三产业增加值1192.13亿元,三次产业比重结构为7.9∶48.8∶43.3。全部工业增加值973.5亿元,其中规模以上工业增加值954.4亿元;全部财政收入904.83亿元,其中公共财政预算收入565.02亿元;全社会固定资产投资3200.98亿元;社会消费品零售总额673.22亿元,其中城镇消费品零售额612.92亿元,乡村消费品零售额60.30亿元。

(二)县域概况

全区22个县级行政区划单位,纳入县域体系的有13个县级行政区划单位(其中:2个县级市,11个县),行政区域面积4.4万平方千米,户籍人口372万人。县域生产总值为1191.8亿元,人均生产总值3.2万元。其中:第一产业增加值142.8亿元,第二产业增加值731.9亿元,第三产业增加值317.2亿元,三次产业结构比重为12.0∶61.4∶26.6。县域公共财政收入为92.1亿元,县域固定资产投资为1513.9亿元。

二、经济分析

(一)生产总值

1. 占比分析

(1)县域占全区生产总值比重

2014年,县域生产总值为1191.8亿元,占全区生产总值比重的43.3%。其中,各地市县域占全区生产总值比重结构为:银川市占19.9%,石嘴山市占4.8%,吴忠市占8.6%,固原市占4.2%,中卫市占5.8%(见图2-118)。

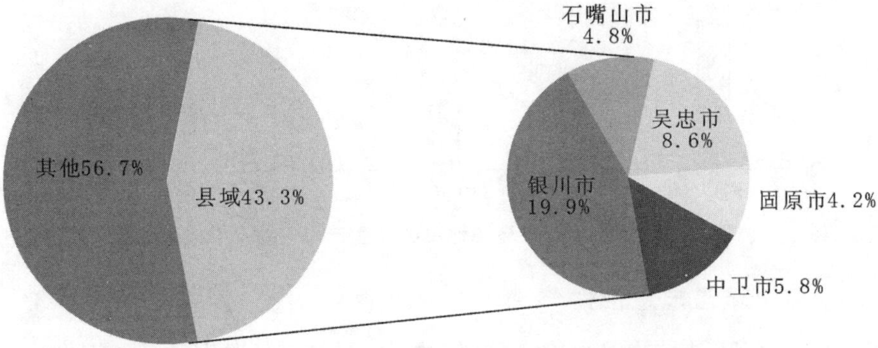

图2-118　2014年宁夏县域占全区生产总值比重

(2)各地市占县域生产总值比重

2014年,各地市县域生产总值占全区县域生产总值比重结构为:银川市占45.9%,石嘴山市占11.2%,吴忠市占19.9%,固原市占9.6%,中卫市占13.4%(见图2-119)。

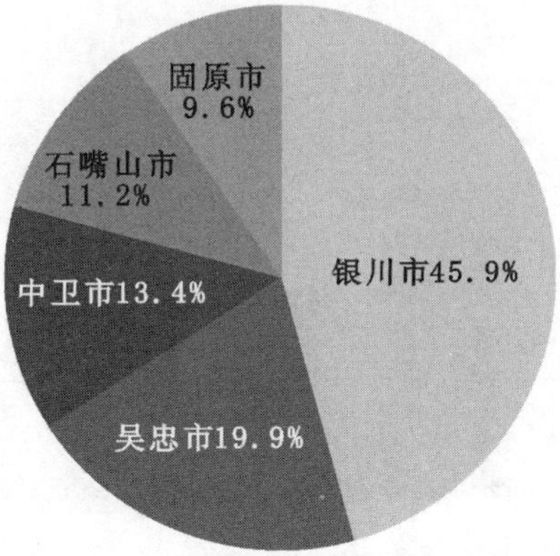

图2-119　2014年宁夏各地市县域生产总值比重

2. 排名分析

(1)全区各地市县域生产总值排名

2014 年,全区各地市县域生产总值排名依次为:银川市、吴忠市、中卫市、石嘴山市、固原市。其中,银川市生产总值高出排名第二位吴忠市的 2.3 倍,为排名最后一位的固原市的 4.8 倍,且后 3 位生产总值总和为银川市的 74.6%(见图 2-120)。

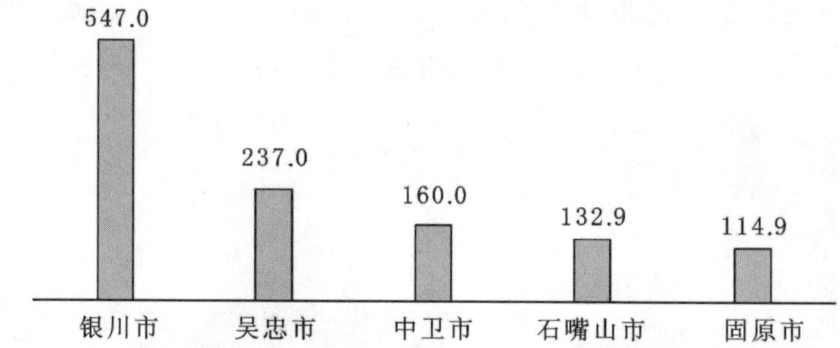

图 2-120 2014 年宁夏各地市县域生产总值排名(亿元)

(2)全区县域生产总值排名

2014 年,全区县域生产总值排名依次为:灵武市、青铜峡市、平罗县、中宁县、永宁县、贺兰县、盐池县、西吉县、同心县、海原县、彭阳县、隆德县、泾源县。其中,生产总值过 100 亿元以上的 6 个县市中有 1/2 位于银川市,且灵武市的生产总值位列榜首,排名后两位的为隆德县和泾源县。排名第一位的灵武市是末位泾源县的 27.0 倍(见图 2-121)。

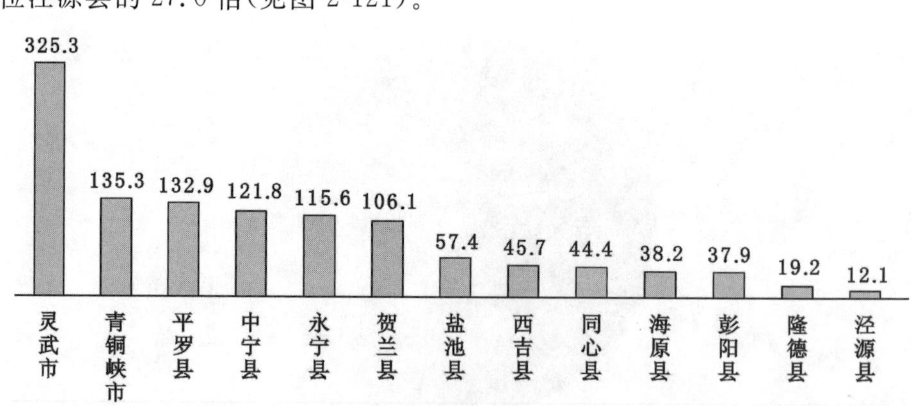

图 2-121 2014 年宁夏县域生产总值排名(亿元)

(3)全区县域人均生产总值排名

2014年,全区县域人均生产总值排名依次为:灵武市、永宁县、青铜峡市、贺兰县、平罗县、中宁县、盐池县、彭阳县、同心县、隆德县、泾源县、西吉县、海原县。其中,灵武市位居第一,为排名第二位永宁县的2.7倍,为最后一位海原县的17.0倍。排名前4位的县市中有3个位于银川市,排名后6位的县市中有4个位于固原市(见图2-122)。

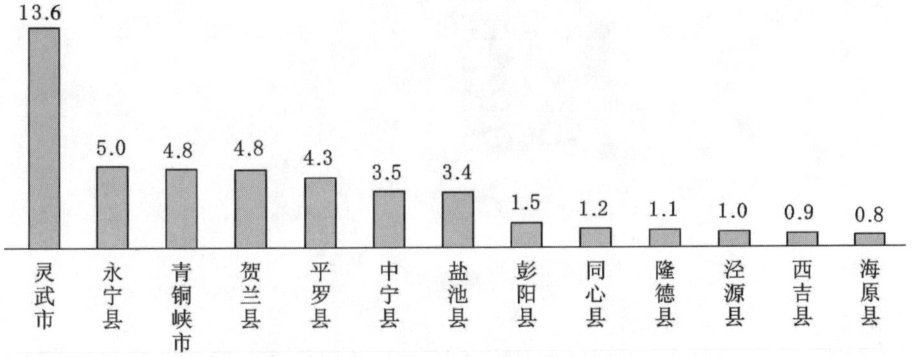

图2-122 2014年宁夏县域人均生产总值排名(万元)

(二)产业结构

1.全区三次产业增加值比重

2014年,全区生产总值2752.1亿元,其中,第一产业增加值216.8亿元,第二产业增加值1343.1亿元,第三产业增加值1192.1亿元,三次产业比重结构为7.9:48.8:43.3(见图2-123)。

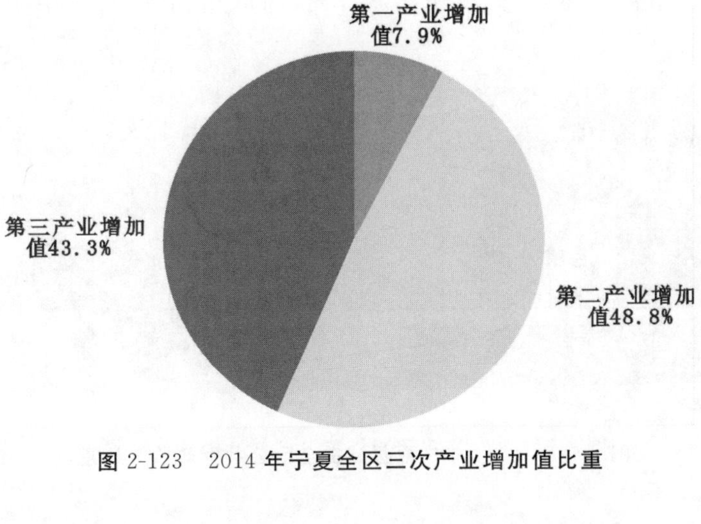

图2-123 2014年宁夏全区三次产业增加值比重

2.县域三次产业增加值比重

2014 年,全区县域生产总值为 1191.8 亿元,其中:第一产业增加值142.8亿元,第二产业增加值 731.9 亿元,第三产业增加值 317.2 亿元,县域三次产业结构比重为 12.0:61.4:26.6(见图 2-124)。

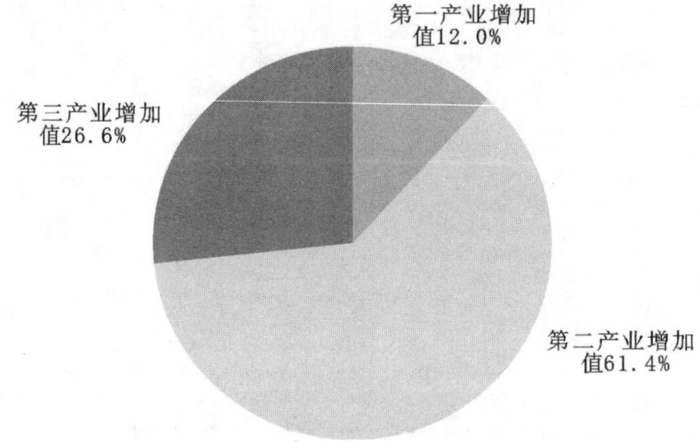

图 2-124 2014 年宁夏县域三次产业增加值比重

(三)财政收入

1.占比分析

(1)县域占全区公共财政收入比重

2014 年,县域公共财政收入为 92.1 亿元,占全区公共财政收入的比重为 16.4%。其中,各地市县域占全区公共财政收入的比重结构为:银川市占 8.1%,石嘴山市占 1.6%,吴忠市占 3.7%,固原市占 1.2%,中卫市占 1.8%(见图 2-125)。

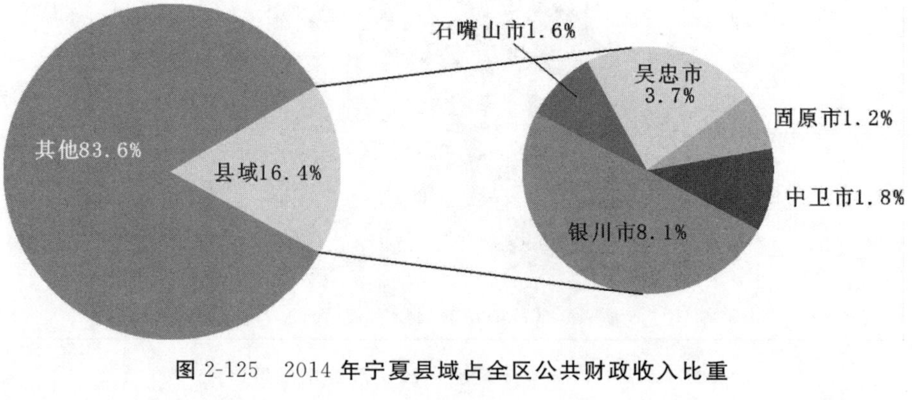

图 2-125 2014 年宁夏县域占全区公共财政收入比重

(2)各地市县域公共财政收入比重

2014年,各地市县域公共财政收入的比重结构为:银川市占49.1%,石嘴山市占10.1%,吴忠市占22.7%,固原市占7.0%,中卫市占11.1%(见图2-126)。

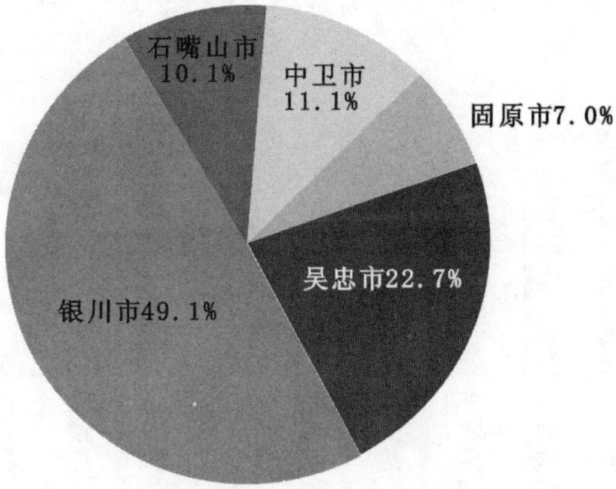

图2-126　2014年宁夏各地市县域公共财政收入比重

2.排名分析

(1)县域公共财政收入排名

2014年,各地市县域公共财政收入排名依次为:银川市、吴忠市、中卫市、石嘴山市、固原市。其中,银川市公共财政收入约为固原市的7.0倍(见图2-127)。

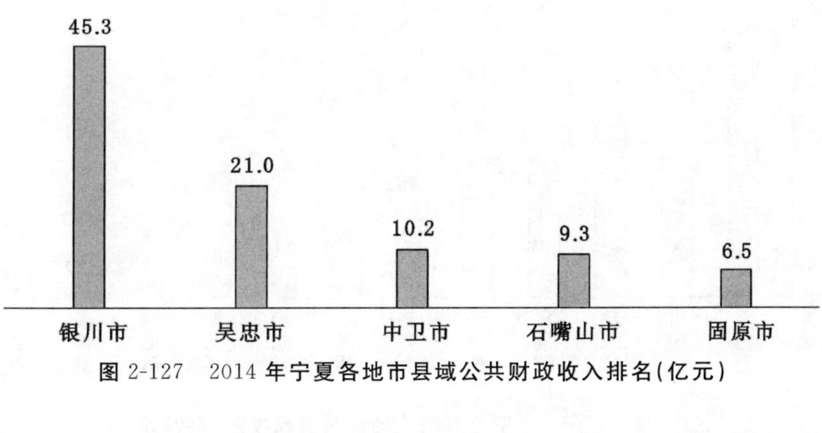

图2-127　2014年宁夏各地市县域公共财政收入排名(亿元)

2014 年,全区县域公共财政收入排名依次为:灵武市、贺兰县、永宁县、青铜峡市、平罗县、中宁县、盐池县、彭阳县、同心县、海原县、西吉县、隆德县、泾源县。其中灵武市位居第一,其公共财政收入为排名最后一位泾源县的 18.2 倍。排名前 3 位的县市均位于银川市,在排名后 6 位的县市中有 4 个位于固原市,且后 6 位县市的公共财政收入总和仅达到灵武市的 54.9%(见图 2-128)。

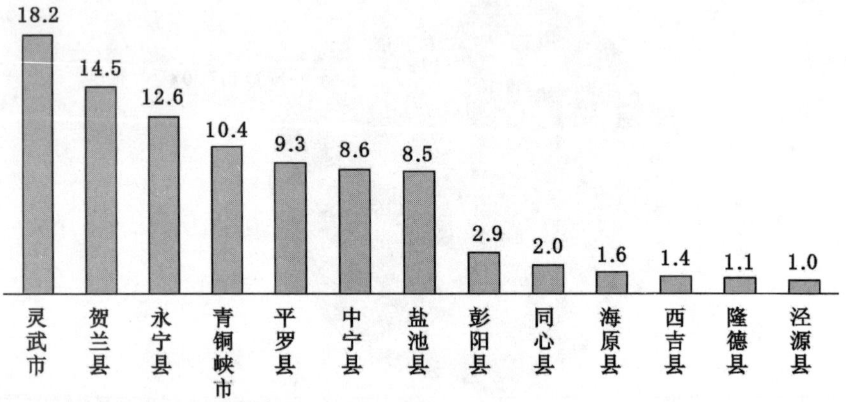

图 2-128　2014 年宁夏县域公共财政收入排名(亿元)

(2)县域人均公共财政收入排名

2014 年,县域人均公共财政收入为 2476.6 元,全区县域人均公共财政收入排名依次为:灵武市、贺兰县、永宁县、盐池县、青铜峡市、平罗县、中宁县、彭阳县、泾源县、隆德县、同心县、海原县、西吉县。排名第一位的公共财政收入末位的 28.3 倍。排名前 3 位的县市位于银川市,而在排名后 6 位的县市中有 4 个位于固原市(见图 2-129)。

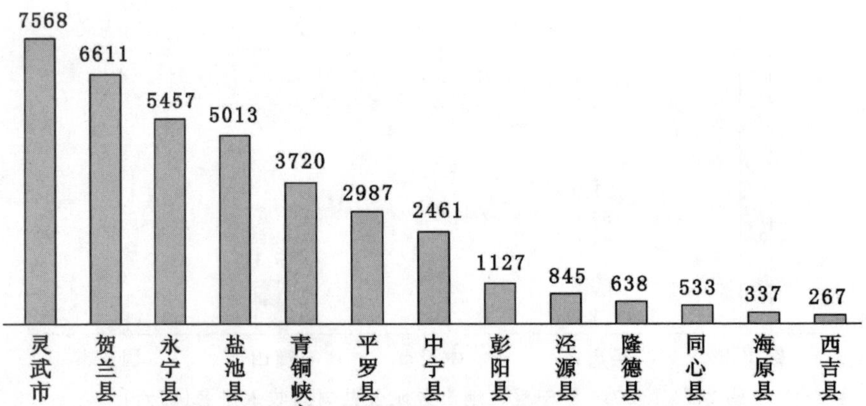

图 2-129　2014 年宁夏县域人均公共财政收入排名(元)

(3)县域生产总值公共财政贡献率排名

2014 年,全区生产总值公共财政贡献率为 20.5%,县域生产总值公共财政贡献率7.7%,各地市县域生产总值公共财政贡献率排名依次为:吴忠市、银川市、石嘴山市、中卫市、固原市(见图 2-130)。

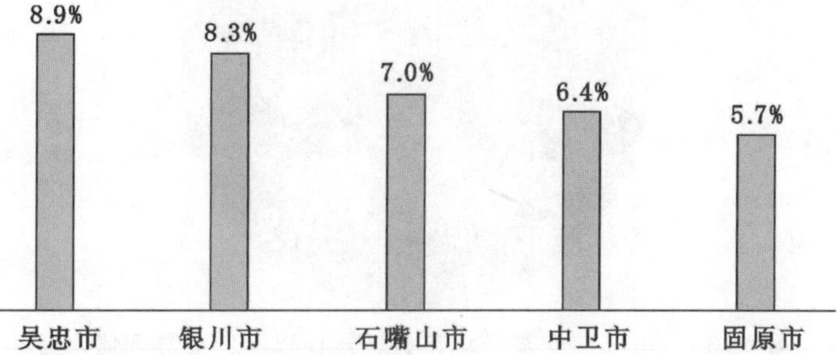

图 2-130　2014 年宁夏各地市县域生产总值公共财政贡献率排名

2014 年,全区县域生产总值公共财政贡献率排名依次为:盐池县、贺兰县、永宁县、泾源县、彭阳县、青铜峡市、中宁县、平罗县、隆德县、灵武市、同心县、海原县、西吉县。排名第一位盐池县的贡献率为排名末位西吉县的5.0倍。排名前 3 位的县市中有 2 个位于银川市(见图 2-131)。

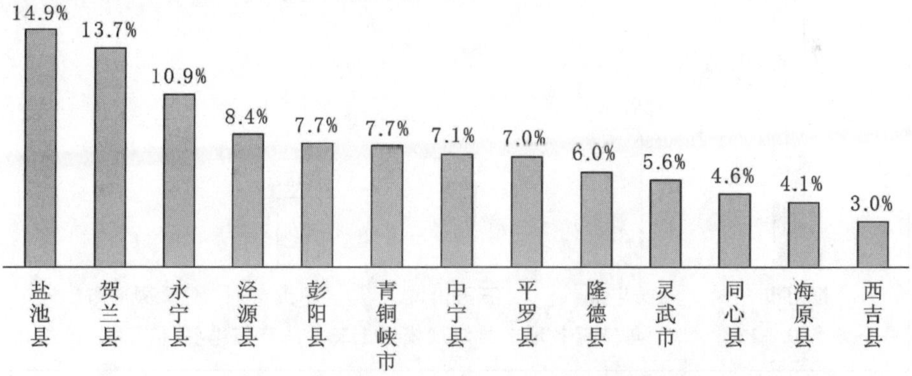

图 2-131　2014 年宁夏县域生产总值公共财政收入贡献率排名

(四)工业总产值

1. 占比分析

2014 年,县域规模以上工业总产值为 1697.5 亿元,各地市县域规模以上工业总产值比重结构为:银川市占 49.2%,石嘴山市占 14.0%,吴忠市占

23.1%,固原市占 1.6%,中卫市占 12.1%(见图 2-132)。

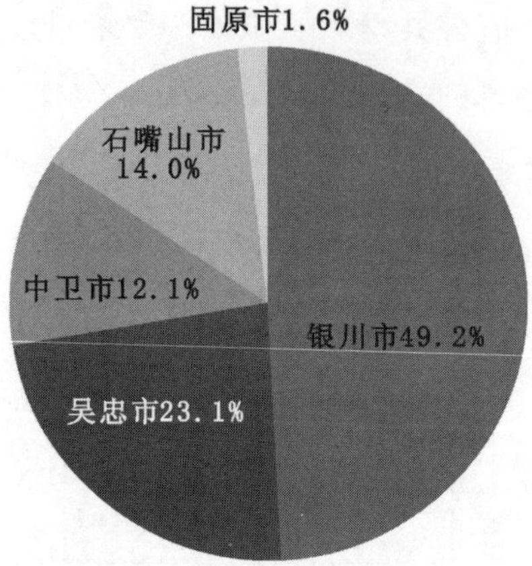

图 2-132　2014 年宁夏各地市县域规模以上工业总产值比重

2. 排名分析

2014 年,各地市县域规模以上工业总产值排名依次为:银川市、吴忠市、石嘴山市、中卫市、固原市。排名第一位的银川市工业总产值是末位固原市的 31.0 倍(见图 2-133)。

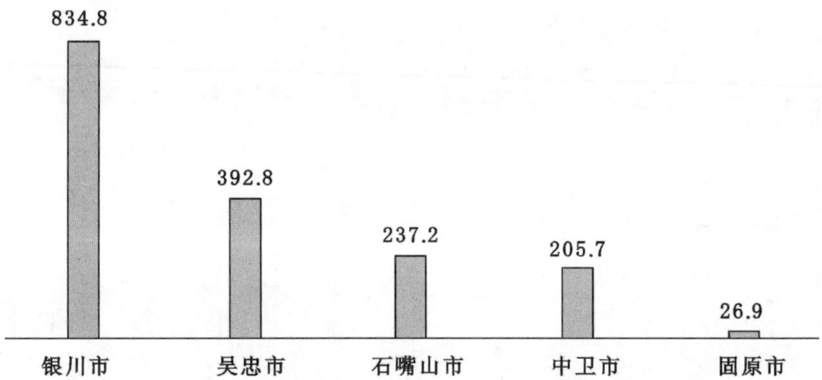

图 2-133　2014 年宁夏各地市县域规模以上工业总产值排名(亿元)

2014 年,全区县域规模以上工业总产值排名依次为:灵武市、青铜峡市、平罗县、中宁县、贺兰县、永宁县、盐池县、同心县、海原县、彭阳县、西吉县、泾源县、隆德县。排名前 6 位的县市中有 1/2 位于银川市,排名后 3 位的县市县域规模以上工业总产值均在 10 亿元以下,且均位于固原市。排名第一位的规模以上工业总产值是末位的 211.5 倍(见图 2-134)。

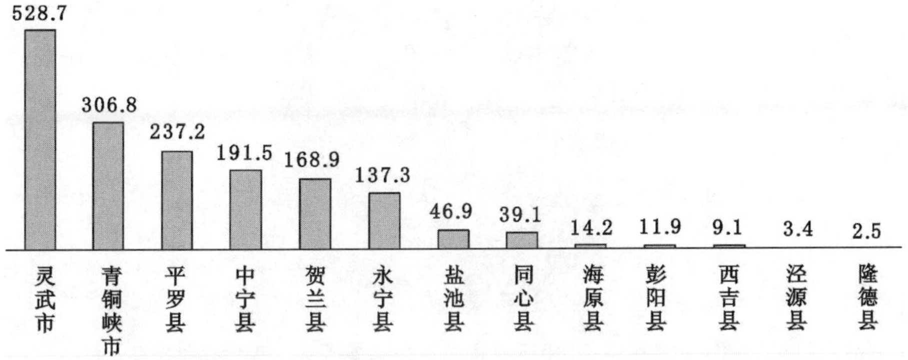

图 2-134 2014 年宁夏县域规模以上工业总产值排名(亿元)

(五)固定资产投资

1. 占比分析

(1)县域占全区固定资产投资比重

2014 年,县域固定资产投资为 1513.9 亿元,占全区固定资产投资的 47.4%,各地市县域占全区固定资产投资比重结构为:银川市占 24.4%,石嘴山市占 4.7%,吴忠市占 8.4%,固原市占 4.2%,中卫市占 5.7%(见图 2-135)。

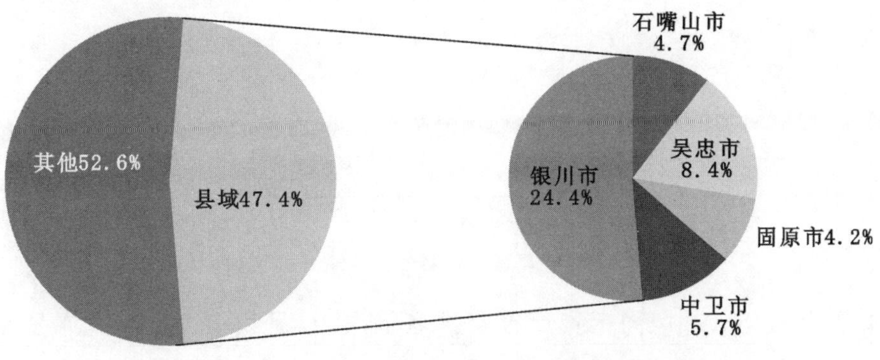

图 2-135 2014 年宁夏县域占全区固定资产投资比重

(2)各地市县域固定资产投资比重

2014 年,各地市县域固定资产投资比重结构为:银川市占 51.5%,石嘴山市占 9.9%,吴忠市占 17.7%,固原市占 8.9%,中卫市占 12.0%(见图2-136)。

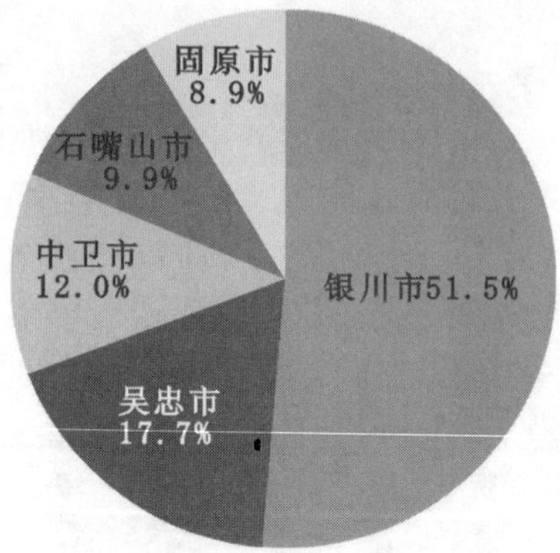

图 2-136　2014 年宁夏各地市县域固定资产投资比重

2.排名分析

2014 年,各地市县域固定资产投资排名依次为:银川市、吴忠市、中卫市、石嘴山市、固原市。其中,银川市固定资产投资为吴忠市的 2.9 倍,为固原市的 5.8倍,且排名后 3 位的地市固定资产投资总和仅为银川市的 60.0%(见图 2-137)。

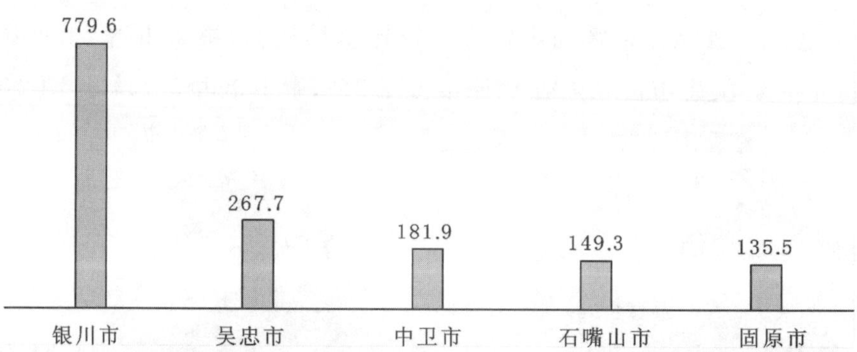

图 2-137　2014 年宁夏各地市县域固定资产投资排名(亿元)

2014 年,全区县域固定资产投资排名依次为:灵武市、永宁县、平罗县、贺兰县、中宁县、青铜峡市、盐池县、同心县、海原县、彭阳县、隆德县、西吉县、泾源县。固定资产投资达 100 亿元以上的县市中有 1/2 位于银川市,排名后 4 位的县市均位于固原市,且后 4 位县市的固定资产投资总和仅为排名第一位灵武市的 29.1%(见图 2-138)。

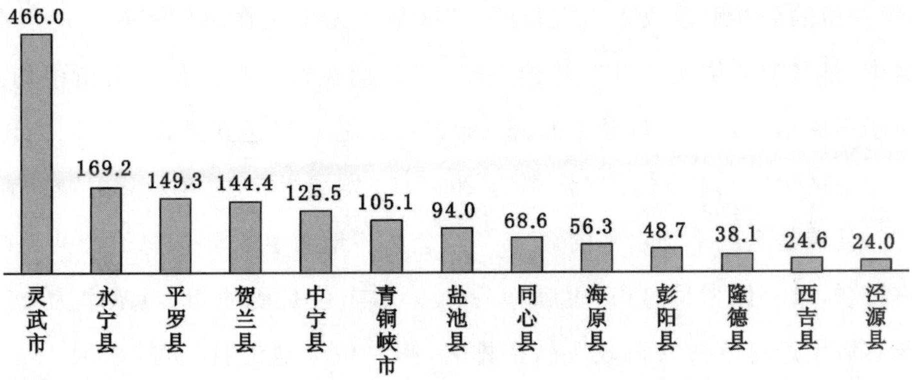

图 2-138 2014 年宁夏县域固定资产投资排名(亿元)

三、数据小结

1. 全区县域总产值占全区生产总值的 43.3%，其中银川市总产值占比最大，占全区总产值的 19.9%，县域总产值的 45.9%，为排名第二位吴忠市的 2.3 倍，为排名末位固原市的 4.8 倍。全区三次产业比重结构为 7.9∶48.8∶43.3，县域三次产业结构比重为 12.0∶61.4∶26.6。

2. 全区县域生产总值排名，灵武市位居第一位，且生产总值达 100 亿元以上的 6 个县市中有 1/2 位于银川市，排名后两位的为隆德县和泾源县。排名第一位灵武市的生产总值是末位泾源县的 27.0 倍。

3. 全区人均生产总值约为 4.0 万元，县域人均生产总值 3.2 万元，为全区平均水平的 80%。全区县域人均生产总值排名，灵武市位居第一，为排名第二位永宁县的 2.7 倍，为排名末位海原县的 17.0 倍。排名前 4 位的县市中有 3 个位于银川市，排名后 6 位的县市中有 4 个位于固原市。

4. 县域占全区公共财政收入的比重为 16.4%，其中银川市占比最大，占全区的 8.1%，占县域的 49.1%。全区人均公共财政收入为 8541 元，县域人均公共财政收入为 2476.6 元，县域人均公共财政收入水平为全区的 29.0%。

5. 全区县域公共财政收入排名，第一位为灵武市，末位是泾源县，第一位是末位的 18.2 倍。人均县域公共财政收入排名，第一位是灵武市，末位是西吉县,第一位的公共财政收入是末位的28.3倍。无论是在总体还是人均水平的排名中,排名前3位次的县市均位于银川市,而在排名后6位的县市中均有4个位于固原市。且后6位县市的公共财政收入总和仅达到灵武市的54.9%。

6.全区生产总值财政贡献率为20.5%,县域生产总值公共财政贡献率7.7%,县域是全区平均水平的37.6%。全区各地市县域生产总值公共财政贡献率排名,第一位为吴忠市,贡献率为8.9%,末位是固原市,贡献率为5.7%。全区县域生产总值公共财政贡献率排名,第一位为盐池县,贡献率为14.9%,末位是西吉县,贡献率为3.0%,第一位的贡献率是末位的5.0倍。排名前3位的县市中有2个位于银川市。

7.全区县域规模以上工业产值为1697.5亿元,从地市来看,银川市居第一位,占县域工业总产值的49.2%,是末位固原市的31.0倍;从县域来看,全区县域规模以上工业总产值排名,灵武市排名第一位,隆德县排名末位,排名第一位的规模以上工业总产值是末位的211.5倍。同时,排名前6位的县市中有1/2位于银川市,排名后3位的县市且均位于固原市。

8.全区县域固定资产投资为1513.9亿元,占全区固定资产投资的47.4%,其中银川市占比最大,占全区的24.4%,占县域的51.5%。全区县域固定资产投资排名,灵武市位居第一,排名前6位的县市中有1/2位于银川市,排名后4位的县市均位于固原市,且后4位县市的固定资产投资总和仅为排名首位的灵武市的29.1%。

附录：

宁夏回族自治区22个县级行政区划单位（9个市辖区、2个县级市、11个县、0个自治县）
宁夏回族自治区13个县域行政区划单位（0个市辖区，2个县级市，11个县，0个自治县）

地市	县域	行政区域面积（平方公里）	户籍人口（万人）	地区生产总值（万元）	人均生产总值（元）	第一产业增加值（万元）	第二产业增加值（万元）	第三产业增加值（万元）	公共财政收入（万元）	人均财政收入（元）	生产总值公共财政贡献率	规模以上工业总产值（万元）	固定资产投资（万元）
银川市【3区3县(市)】不包含在内的：兴庆区、西夏区、金凤区	永宁县	1179	23	1156403	50278.4	133856	648537	374010	125520	5457.4	10.9%	1372582	1692123
	贺兰县	1599	22	1060802	48218.3	140154	558335	362313	145449	6611.3	13.7%	1688553	1444496
	灵武市	4539	24	3252568	135523.7	92034	2839019	321515	181635	7568.1	5.6%	5286724	4659600
石嘴山市【2区1县(市)】不包含在内的：大武口区、惠农区	平罗县	2086	31	1329482	42886.5	176002	777703	375777	92585	2986.6	7.0%	2372417	1492851
吴忠市【2区3县(市)】不包含在内的：利通区、红寺堡区	盐池县	8861	17	573540	33737.6	54285	320039	199216	85229	5013.5	14.9%	468734	939945
	同心县	4486	38	444068	11686.0	106148	176629	161291	20246	532.8	4.6%	391318	685684
	青铜峡市	2525	28	1353013	48321.9	151910	869831	331272	104150	3719.6	7.7%	3068190	1051029
固原市【1区4县(市)】不包含在内的：原州区	西吉县	3135	51	456501	8951.0	126237	100207	230057	13604	266.7	3.0%	91084	245820
	隆德县	992	18	192403	10689.1	45418	53967	93018	11479	637.7	6.0%	25029	381481
	泾源县	1431	12	120654	10055.3	23625	39266	57773	10138	844.8	8.4%	33786	240153
	彭阳县	2529	26	379151	14583.1	111406	126195	141560	29296	1126.8	7.7%	119164	487105

续表

地市	县域	行政区域面积（平方公里）	户籍人口（万人）	地区生产总值（万元）	人均生产总值（元）	第一产业增加值（万元）	第二产业增加值（万元）	第三产业增加值（万元）	公共财政收入（万元）	人均财政收入（元）	生产总值公共财政贡献率	规模以上工业总产值（万元）	固定资产投资（万元）
中卫市【1区2县(市)】不包含在内的：沙坡头区	中宁县	4327	35	1217924	34797.8	157735	709185	351004	86143	2461.2	7.1%	1915435	1255151
	海原县	6472	47	381605	8119.3	108892	99980	172733	15819	336.6	4.1%	141528	563427
合　计	13个	44161	372	11918134	32038.0	1427702	7318893	3171539	921293	2476.6		16974544	15138865

第三编

西南五省

第一章　四川篇

一、整体概况

(一)全省概况

四川省简称川或蜀,省会成都。四川与重庆、贵州、云南、西藏、青海、甘肃、陕西诸省市交界。四川东部为川东平行岭谷和川中丘陵,中部为成都平原,西部为川西高原。四川省辖区面积 48.6 万平方千米。2014 年末全省常住人口 8140.2 万人。全省拥有 21 个地级市,183 个县级行政区划单位(其中:50 个市辖区、16 个县级市、113 个县、4 个自治县)。全省行政地域分布主要分为川西、川南、川北、川东四个区域,其中川西区域包含 6 个地州市(成都市、德阳市、雅安市、资阳市、阿坝自治州、甘孜自治州),川南区域包含 8 个地州市(自贡市、攀枝花市、泸州市、内江市、乐山市、眉山市、宜宾市、凉山自治州),川北区域包含 3 个地州市(绵阳市、广元市、广安市),川东区域包含 4 个地州市(遂宁市、南充市、达州市、巴中市)。

2014 年,全省生产总值 28536.7 亿元,人均生产总值约为 3.5 万元。其中,第一产业增加值 3531.1 亿元,第二产业增加值 14519.4 亿元,第三产业增加值 10486.2 亿元,三次产业比重结构为 12.4∶50.9∶36.7。全部工业增加值 12409.0亿元,其中规模以上工业增加值 11416.3 亿元;全年地方公共财政收入 3058.5 亿元;全社会固定资产投资 23577.5 亿元;社会消费品零售总额11665.8 亿元,其中城镇消费品零售额 9348.8 亿元,乡村消费品零售额 2317.0 亿元。

(二)县域概况

全省 183 个县级行政区划单位,纳入县域体系的有 140 个县级行政区划单位(其中:7 个市辖区,16 个县级市,113 个县,4 个自治县),行政区域面积 45.8 平方千米,户籍人口 6786 万人。县域生产总值为 16555.1 亿元,人均生产总值 2.4 万元。其中:第一产业增加值 2817.6 亿元,第二产业增加值 8826.1 亿元,第三产业增加值 4911.4 亿元,三次产业结构比重为 17.0∶53.3∶29.7。县域公共财政收入为 948.5 亿元,县域固定资产投资为 14072.3 亿元。

二、经济分析

(一)生产总值

1.占比分析

(1)县域占全省生产总值比重

2014 年末,全省县域生产总值为 16555.1 亿元,占全省生产总值比重的 58.0%,其中:川西区域占全省生产总值的 22.6%;川南区域占全省生产总值的 19.2%;川北区域占全省生产总值的 6.2%;川东区域占全省生产总值的 10.0%(见图 3-1)。

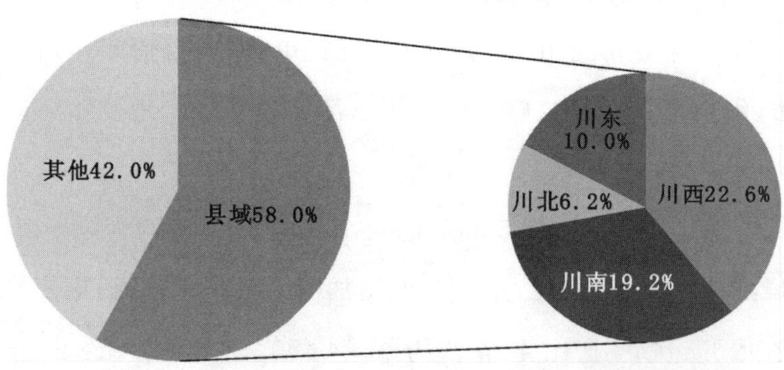

图 3-1　2014 年四川省各区域县域占全省生产总值比重

(2)各区域县域生产总值比重

2014 年,各区域县域生产总值比重结构为:川西区域占县域生产总值的

39.0%；川南区域占县域生产总值的33.1%；川北区域占县域生产总值的10.7%；川东区域占县域生产总值的17.2%（见图3-2）。

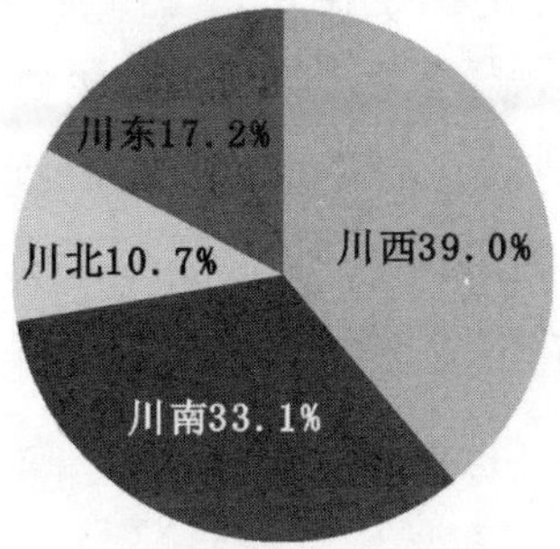

图3-2　2014年四川省各区域县域生产总值比重

(3)各地州市县域占全省生产总值比重

2014年，各地州市县域占全省生产总值比重结构为：川西区域，成都市占13.2%、德阳市占4.0%、雅安市占1.1%、资阳市占2.8%、阿坝自治州占0.9%、甘孜自治州占0.7%；川南区域，自贡市占1.3%、攀枝花市占0.8%、泸州市占2.1%、内江市占2.6%、乐山市占2.2%、眉山市占2.2%、宜宾市占3.4%、凉山自治州占4.6%；川北区域，绵阳市占2.9%、广元市占1.0%、广安市占2.3%；川东区域，遂宁市占1.7%、南充市占3.2%、达州市占4.0%、巴中市占1.0%（见图3-3）。

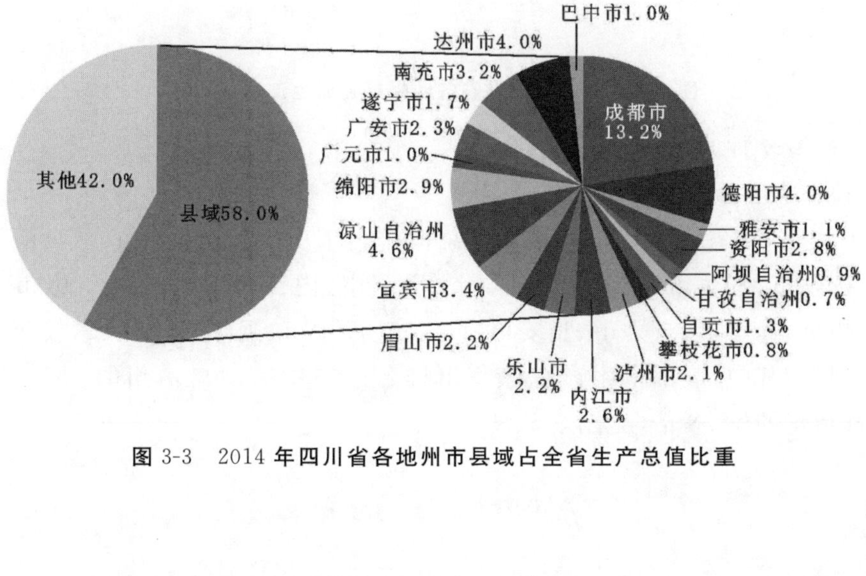

图3-3　2014年四川省各地州市县域占全省生产总值比重

(4)各地州市县域生产总值比重

2014年,各地州市县域生产总值比重结构为:川西区域,成都市占22.8%、德阳市占6.5%、雅安市占2.0%、资阳市占4.9%、阿坝自治州占1.5%、甘孜自治州占1.2%;川南区域,自贡市占2.3%、攀枝花市占1.4%、泸州市占3.7%、内江市占4.4%、乐山市占3.8%、眉山市占3.8%、宜宾市占5.8%、凉山自治州占7.9%;川北区域,绵阳市占5.0%、广元市占1.8%、广安市占3.9%;川东区域,遂宁市占2.9%、南充市占5.6%、达州市占7.0%、巴中市占1.8%(见图3-4)。

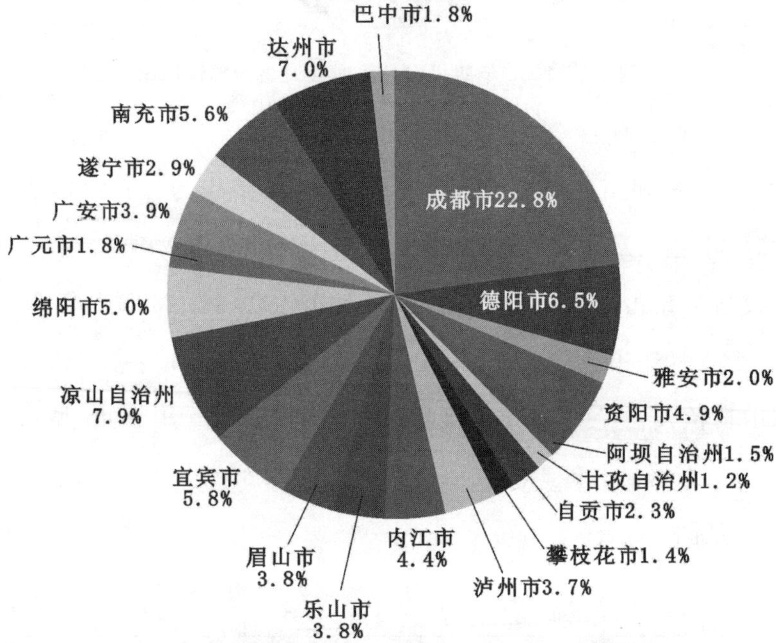

图3-4 2014年四川省各地州市县域生产总值比重

2.排名分析

(1)全省各地州市县域生产总值排名

2014年,全省各地州市县域生产总值排名依次为:成都市、凉山自治州、达州市、德阳市、宜宾市、南充市、绵阳市、资阳市、内江市、广安市、乐山市、眉山市、泸州市、遂宁市、自贡市、雅安市、广元市、巴中市、阿坝自治州、攀枝花市、甘孜自治州。其中,成都市生产总值高出排名第二位凉山自治州的187.7%,为甘孜自治州的18.3倍(见图3-5、图3-6)。

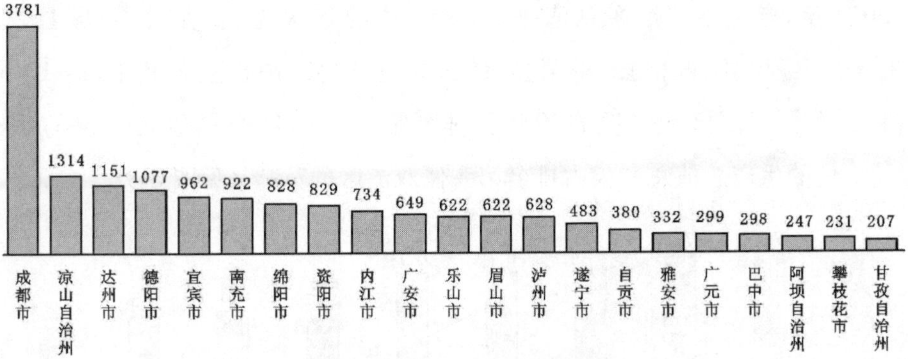

图 3-5　2014 年四川省各地州市县域生产总值排名(亿元)

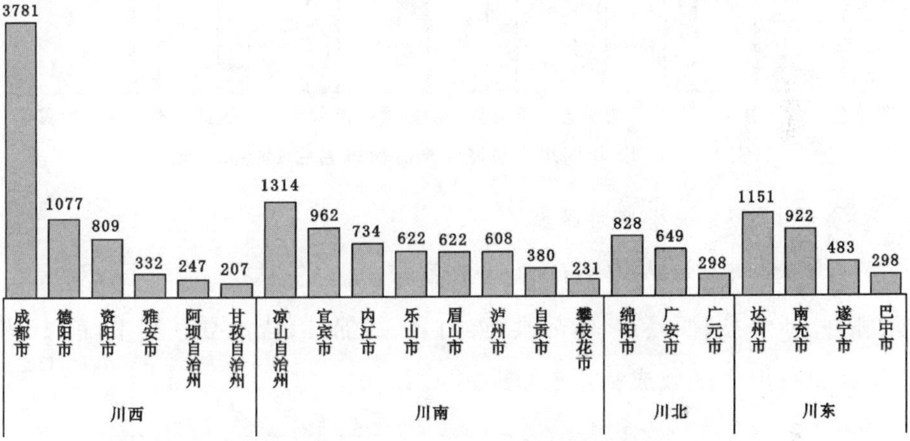

图 3-6　2014 年四川省各地州市县域生产总值在区域内排名(亿元)

(2)全省县域生产总值排名

2014 年,全省县域生产总值排名前 10 位的依次为:双流区、新都区、西昌市、郫县、简阳市、温江区、仁寿县、广汉市、彭州市、江油市。其中,前 10 位次的 6 位分布在川西区域成都市(见图 3-7)。

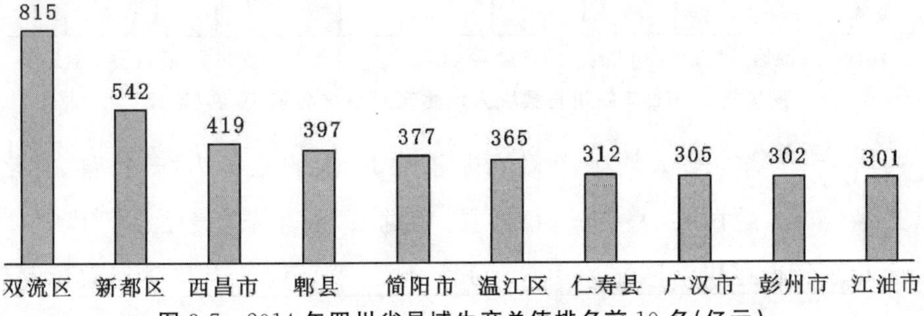

图 3-7　2014 年四川省县域生产总值排名前 10 名(亿元)

2014 年，全省县域生产总值排名后 10 位的依次为：新龙县、乡城县、石渠县、道孚县、壤塘县、德格县、得荣县、色达县、稻城县、炉霍县。其中，后 10 位次的 8 位分布在川西区域甘孜自治州。排名第一位的生产总值是末位的 156.7 倍，后 10 位的生产总值总和仅占排名第一位双流区的7.9%(见图 3-8)。

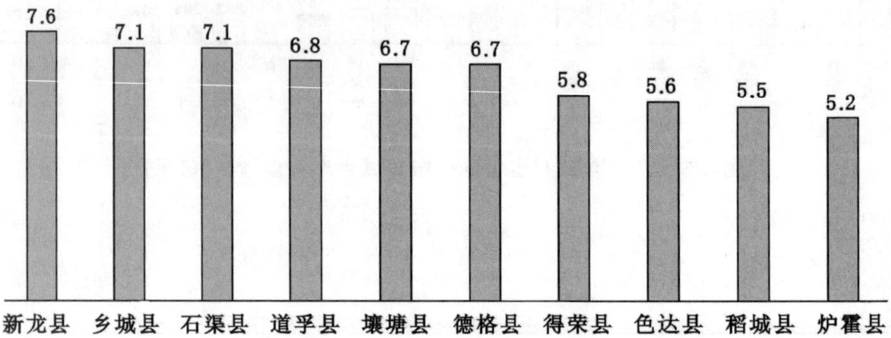

图 3-8　2014 年四川省县域生产总值排名后 10 名(亿元)

(3)全省县域人均生产总值排名

2014 年，全省县域人均生产总值排名前 10 位依次为：温江区、双流区、新都区、郫县、新津县、西昌市、米易县、汶川县、石棉县、盐边县。其中，前 10 位次的 5 位分布在川西区域成都市(见图 3-9)。

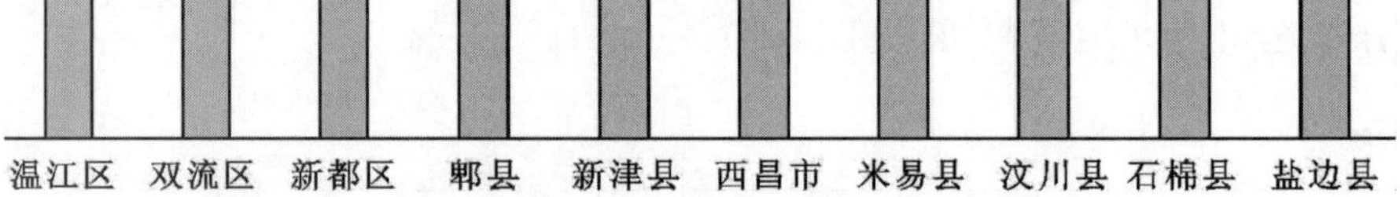

图 3-9　2014 年四川省县域人均生产总值排名前 10 名(万元)

2014 年，全省县域人均生产总值排名后 10 位的依次为：普格县、甘洛县、平昌县、炉霍县、越西县、喜德县、德格县、昭觉县、石渠县、美姑县。其中，后 10 位次的 6 位分布在川南区域凉山自治州。排名第一位的人均生产总值是末位的 13.2 倍(见图 3-10)。

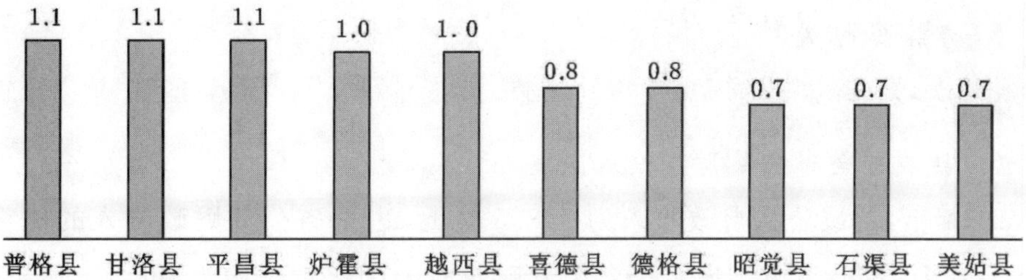

图 3-10 2014 年四川省县域人均生产总值排名后 10 名(万元)

(二)产业结构

1.全省三次产业增加值比重

2014 年,全省生产总值 28536.7 亿元,其中,第一产业增加值3531.1亿元,第二产业增加值 14519.4 亿元,第三产业增加值 10486.2 亿元,三次产业比重结构为 12.4∶50.9∶36.7(见图 3-11)。

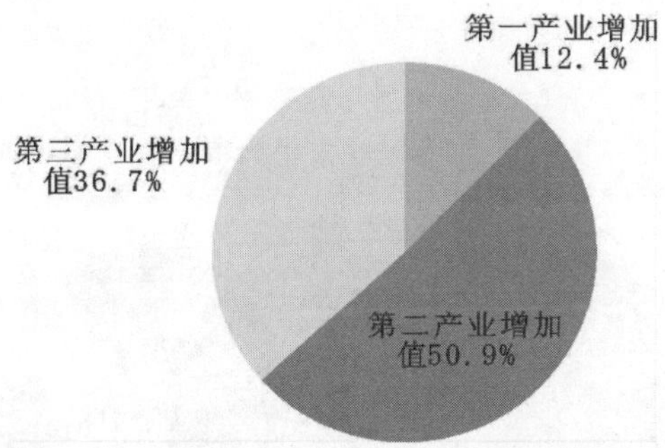

图 3-11 2014 年四川省三次产业增加值比重

2.县域三次产业增加值比重

2014 年,全省县域生产总值为 16555.1 亿元,其中:第一产业增加值 2817.6 万元,第二产业增加值 8826.1 万元,第三产业增加值 4911.4 万元,县域三次产业结构比重为 17.0∶53.3∶29.7(见图 3-12)。

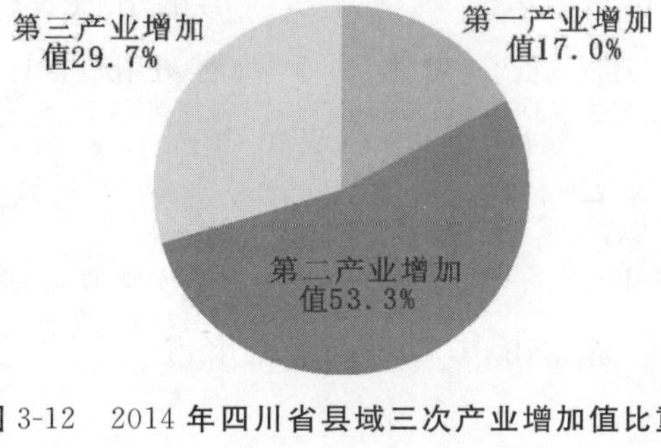

图 3-12 2014 年四川省县域三次产业增加值比重

(三)财政收入

1. 占比分析

(1)县域占全省公共财政收入比重

2014年,县域公共财政收入为948.5亿元,占全省公共财政收入的比重为31%。其中,各地州市县域占全省公共财政收入的比重结构为:川西区域,成都市占10.2%、德阳市占1.6%、资阳市占0.9%、雅安市占0.5%、阿坝自治州占0.5%、甘孜自治州占0.6%;川南区域,自贡市占0.4%、攀枝花市占0.6%、泸州市占1.3%、内江市占0.7%、乐山市占1.1%、眉山市占1.4%、宜宾市占1.7%、凉山自治州占3.2%;川北区域,绵阳市占1.3%、广安市占0.9%、广元市占0.4%;川东区域,遂宁市占0.5%、南充市占1.1%、达州市占1.6%、巴中市占0.5%(见图3-13)。

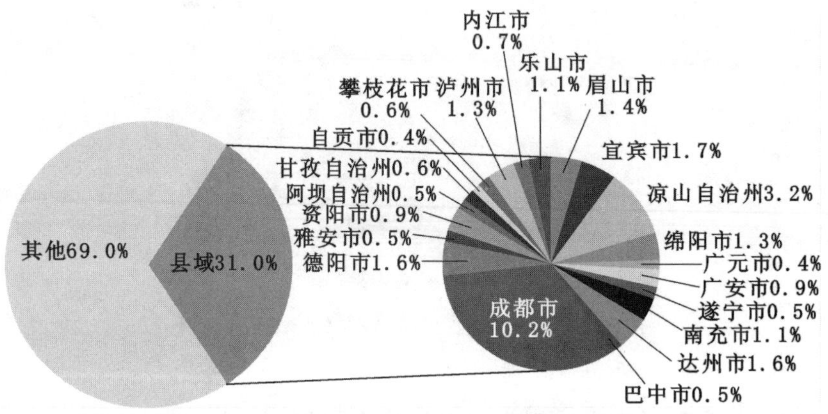

图3-13 2014年四川省县域占全省公共财政收入比重

(2)各地州市县域公共财政收入比重

2014年,各地州市县域公共财政收入的比重结构为:川西区域,成都市占32.8%、德阳市占5.0%、资阳市占3.5%、雅安市占1.5%、阿坝自治州占1.5%、甘孜自治州占2.0%;川南区域,自贡市占1.1%、攀枝花市占2.0%、泸州市占4.1%、内江市占2.3%、乐山市占3.5%、眉山市占4.6%、宜宾市占5.5%、凉山自治州占10.2%;川北区域,绵阳市占4.0%、广安市占2.8%、广元市占1.3%;川东区域,遂宁市占1.7%、南充市占3.6%、达州市占5.3%、巴中市占1.7%(见图3-14)。

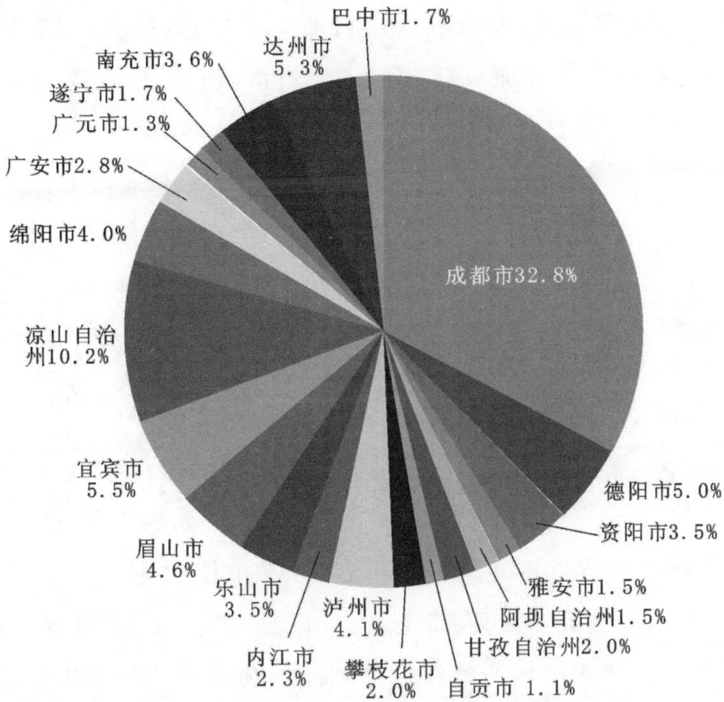

图 3-14 2014 年四川省各地州市县域公共财政收入比重

2.排名分析

(1)县域公共财政收入排名

2014 年,各地州市县域公共财政收入排名依次为:成都市、凉山自治州、宜宾市、达州市、德阳市、眉山市、泸州市、绵阳市、南充市、资阳市、乐山市、广安市、内江市、甘孜自治州、攀枝花市、巴中市、遂宁市、阿坝自治州、雅安市、广元市、自贡市。其中,成都市县域公共财政收入为自贡市的 28.3 倍(见图 3-15)。

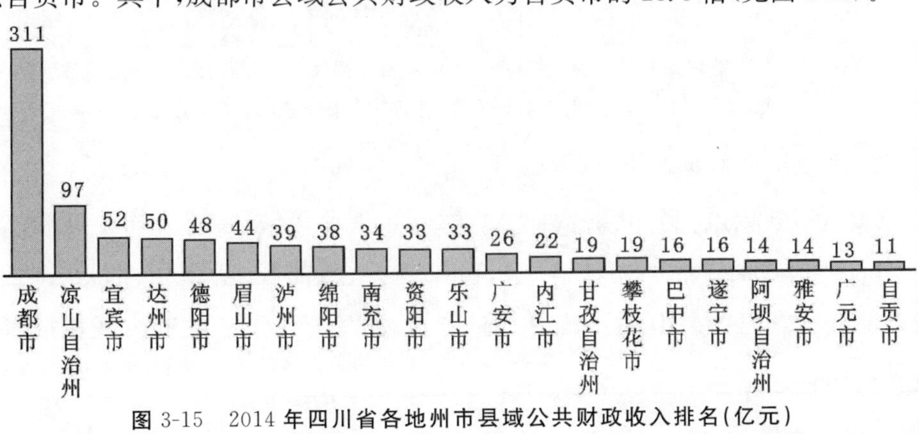

图 3-15 2014 年四川省各地州市县域公共财政收入排名(亿元)

2014 年,全省县域公共财政收入排名前 10 位的依次为:双流区、新都区、郫县、温江区、西昌市、都江堰市、仁寿县、彭州市、新津县、金堂县。其中前 10 位次的 8 位分布在川西区域的成都市(见图 3-16)。

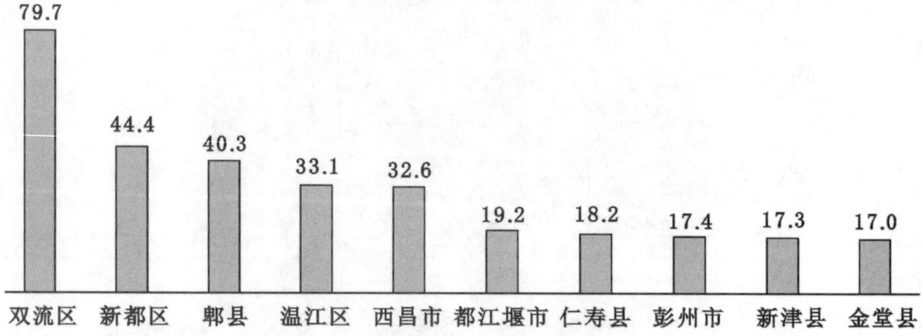

图 3-16　2014 年四川省县域公共财政收入排名前 10 名(亿元)

2014 年,全省县域公共财政收入排名后 10 位依次为:乡城县、色达县、若尔盖县、阿坝县、石渠县、炉霍县、得荣县、红原县、德格县、壤塘县。其中,后 10 位次的 5 位分布在川西区域的甘孜自治州。排名第一位的是末位的 468.8 倍(见图 3-17)。

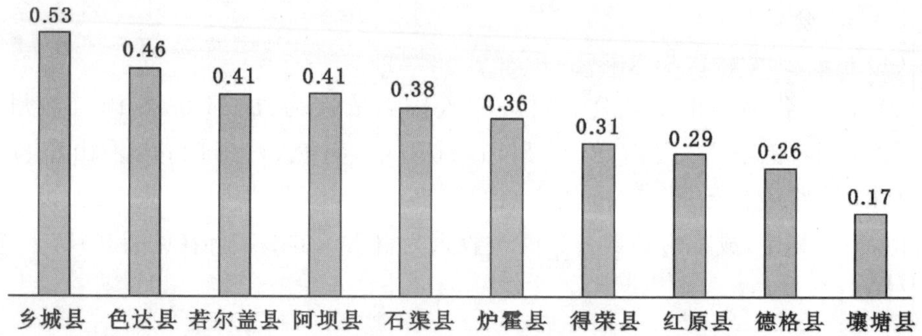

图 3-17　2014 年四川省县域公共财政收入排名后 10 名(亿元)

(2)县域人均公共财政收入排名

2014 年,县域人均公共财政收入为 1397.8 元,全省县域人均公共财政收入排名前 10 位的依次为:温江区、双流区、郫县、新都区、新津县、米易县、西昌市、康定市、汶川县、彭山区。其中,前 10 位次的 5 位分布在川西区域成都市(见图 3-18)。

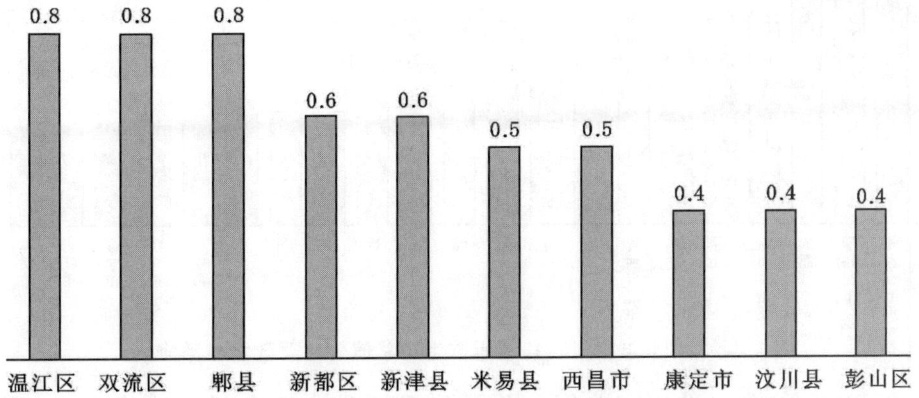

图 3-18 2014 年四川省县域人均财政收入排名前 10 名(万元)

2014 年末,全省县域人均公共财政收入排名后 10 位的依次为:仪陇县、盐亭县、蓬溪县、通江县、昭觉县、喜德县、壤塘县、美姑县、石渠县、德格县。其中,后 10 位次的 3 位分布在川南区域凉山自治州(见图 3-19)。

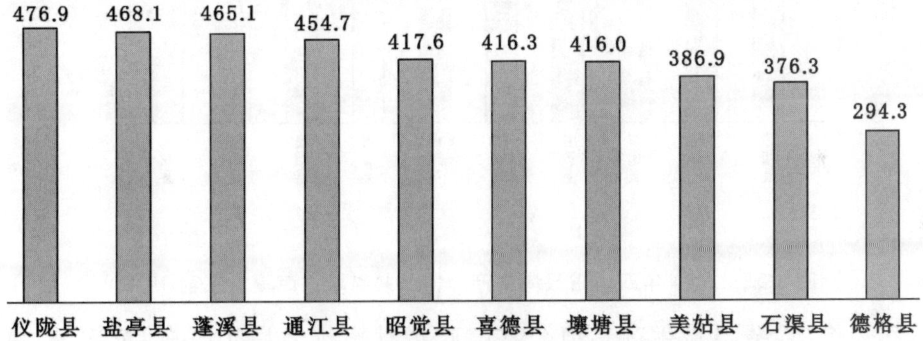

图 3-19 2014 年四川省县域人均财政收入排名后 10 名(元)

(3)县域生产总值公共财政贡献率排名

2014 年末,全省生产总值财政贡献率 10.7%,县域生产总值财政贡献率 5.7%,各地州市县域生产总值公共财政贡献率排名依次为:甘孜自治州、攀枝花市、成都市、凉山自治州、眉山市、泸州市、阿坝自治州、宜宾市、乐山市、巴中市、绵阳市、德阳市、达州市、雅安市、广元市、资阳市、广安市、南充市、遂宁市、内江市、自贡市(见图 3-20)。

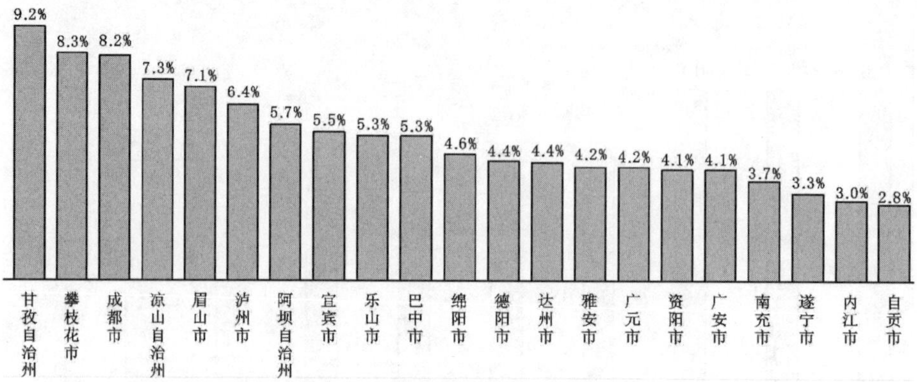

图 3-20　2014 年四川省各地州市生产总值公共财政贡献率排名

2014 年,全省县域生产总值公共财政贡献率排名前 10 位的依次为:雅江县、水里藏族自治县、屏山县、甘孜县、稻城县、白玉县、古蔺县、巴塘县、彭山区、九龙县。其中,前 10 位次的 4 位分布在川西区域的甘孜自治州(见图 3-21)。

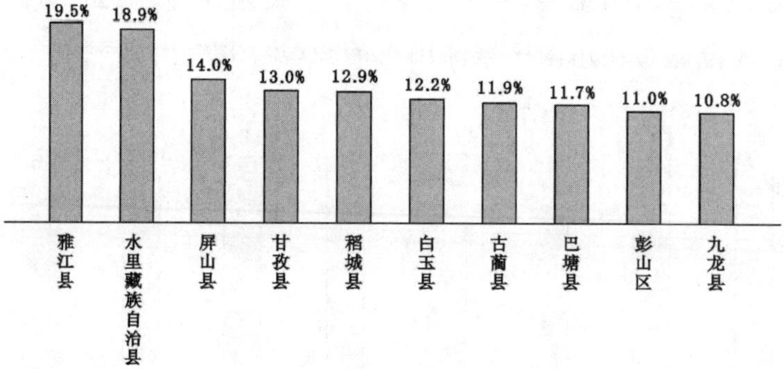

图 3-21　2014 年四川省县域生产总值公共财政贡献率排名前 10 名

2014 年,全省县域生产总值公共财政贡献率排名后 10 位的依次为:富顺县、梓潼县、万源市、荣县、芦山县、天泉县、威远县、中江县、名山区、壤塘县。其中,后 10 位次的 3 位分布在川西区域的雅安市(见图 3-22)。

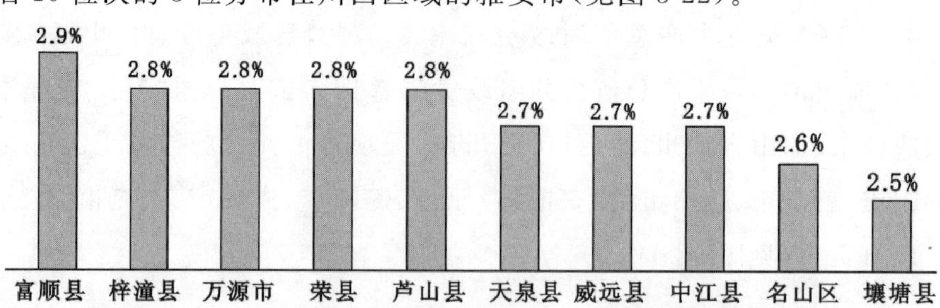

图 3-22　2014 年四川省县域生产总值公共财政贡献率排名后 10 名

(四)工业总产值

1. 占比分析

2014 年,县域规模以上工业总产值为 20120.1 亿元,各地州市县域规模以上工业总产值比重结构为:川西区域,成都市占 22.9%、德阳市占10.4%、雅安市占 1.8%、资阳市占 6.3%、阿坝自治州占 1.1%、甘孜自治州占 0.3%;川南区域,自贡市占 2.1%、内江市占 5.8%、泸州市占2.8%、攀枝花市占 1.5%、乐山市占 4.2%、眉山市占 4.0%、宜宾市占 5.5%、凉山自治州占6.3%;川北区域,绵阳市占 3.9%、广元市占 1.4%、广安市占 4.7%;川东区域,遂宁市占 3.6%、南充市占 5.4%、达州市占 4.4%、巴中市占 1.6%(见图 3-23)。

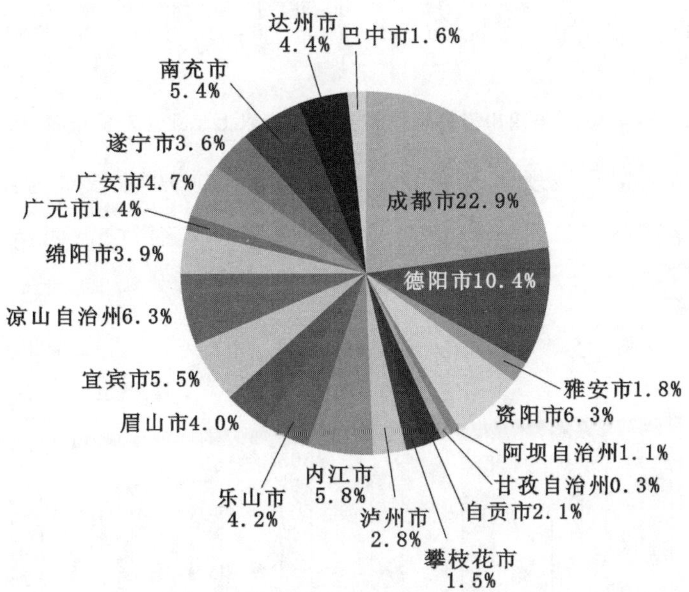

图 3-23　2014 年四川省各地州市县域规模以上工业总产值比重

2. 排名分析

2014 年,各地州市县域规模以上工业总产值排名依次为:成都市、德阳市、资阳市、凉山自治州、内江市、宜宾市、南充市、广安市、达州市、乐山市、眉山市、绵阳市、遂宁市、泸州市、自贡市、雅安市、巴中市、攀枝花市、广元市、阿坝自治州、甘孜自治州。排名第一位的成都市规模以上工业总产值是末位甘孜自治州的 79.6 倍(见图 3-24)。

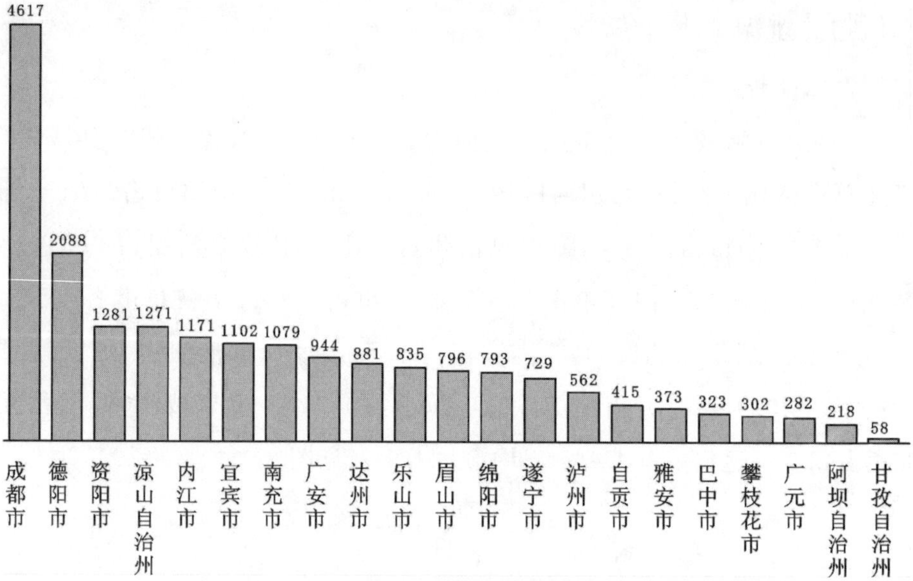

图 3-24　2014 年四川省各地州市县域规模以上工业总产值排名(亿元)

2014 年,全省县域规模以上工业总产值排名前 10 位依次为:双流区、广汉市、新都区、简阳市、郫县、彭州市、威远县、江油市、绵竹市、西昌市。其中,前 10 位次的 3 位分布在川西区域的成都市(见图 3-25)。

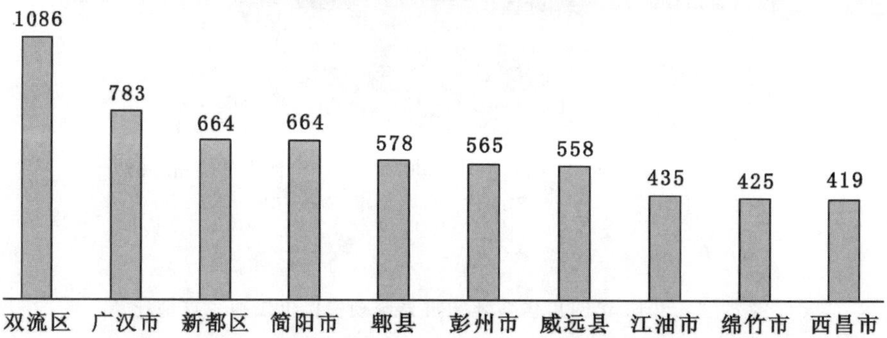

图 3-25　2014 年四川省县域规模以上工业总产值排名前 10 名(亿元)

2014 年,全省县域规模以上工业总产值排名后 10 位的依次为:白玉县、红原县、松潘县、若尔盖县、丹巴县、巴塘县、马尔康市、乡城县、金川县、炉霍县。其中,后 10 位次的 5 位分布在川西区域的甘孜自治州。排名第一位的规模以上工业总产值总值是末位的 3620.0 倍(见图 3-26)。

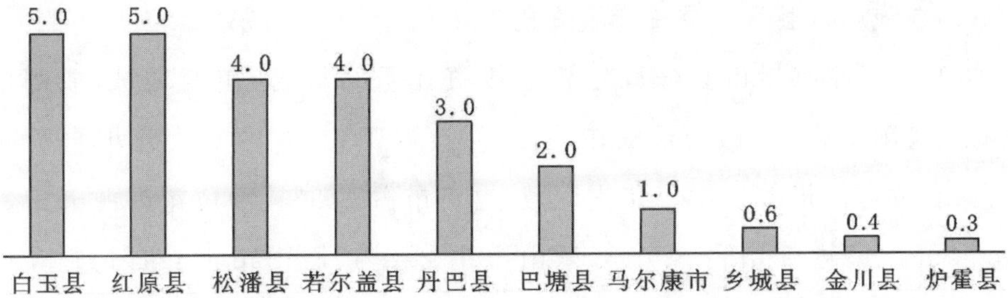

图 3-26　2014 年四川省县域规模以上工业总产值排名后 10 名(亿元)

(五)固定资产投资

1. 占比分析

(1)县域占全省固定资产投资比重

2014 年,县域固定资产投资为 14072.3 亿元,占全省固定资产投资的 59.8%,各地州市县域占全省固定资产投资比重结构为:川西区域,成都市占 14.5%、德阳市占2.6%、雅安市占 1.7%、资阳市占 2.6%、阿坝自治州占 1.5%、甘孜自治州占 1.7%;川南区域,自贡市占 0.8%、攀枝花市占0.8%、泸州市占 2.5%、内江市占1.7%、乐山市占 1.7%、眉山市占 2.6%、宜宾市占 3.8%、凉山自治州占 4.2%;川北区域,绵阳市占 2.2%、广元市占1.0%、广安市占 2.3%;川东区域,遂宁市占 1.8%、南充市占 3.1%、达州市占 4.4%、巴中市占 2.3%(见图 3-27)。

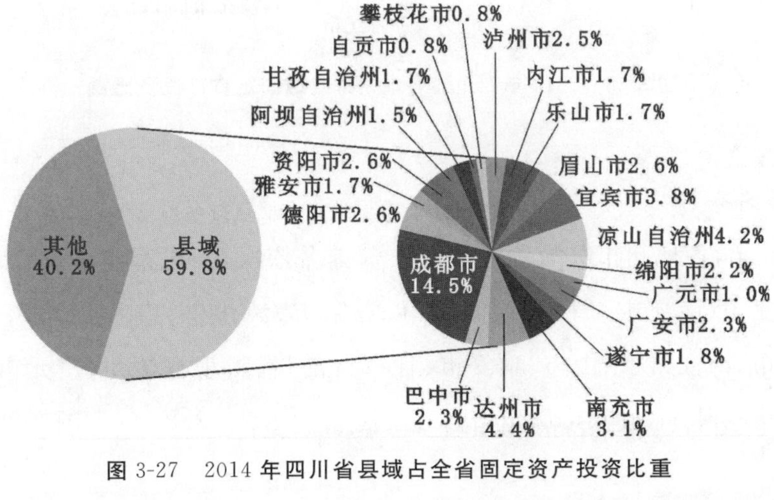

图 3-27　2014 年四川省县域占全省固定资产投资比重

(2)各地州市县域固定资产投资比重

2014年，各地州市县域固定资产投资比重结构为：川西区域，成都市占24.3%、德阳市占4.4%、雅安市占2.8%、资阳市占4.3%、阿坝自治州占2.5%、甘孜自治州占2.8%；川南区域，自贡市占1.3%、攀枝花市占1.3%、泸州市占4.2%、内江市占3.0%、乐山市占2.8%、眉山市占4.4%、宜宾市占6.4%、凉山自治州占7.0%；川北区域，绵阳市占3.6%、广元市占1.6%、广安市占3.9%；川东区域，遂宁市占3.0%、南充市占5.3%、达州市占7.3%、巴中市占3.8%(见图3-28)。

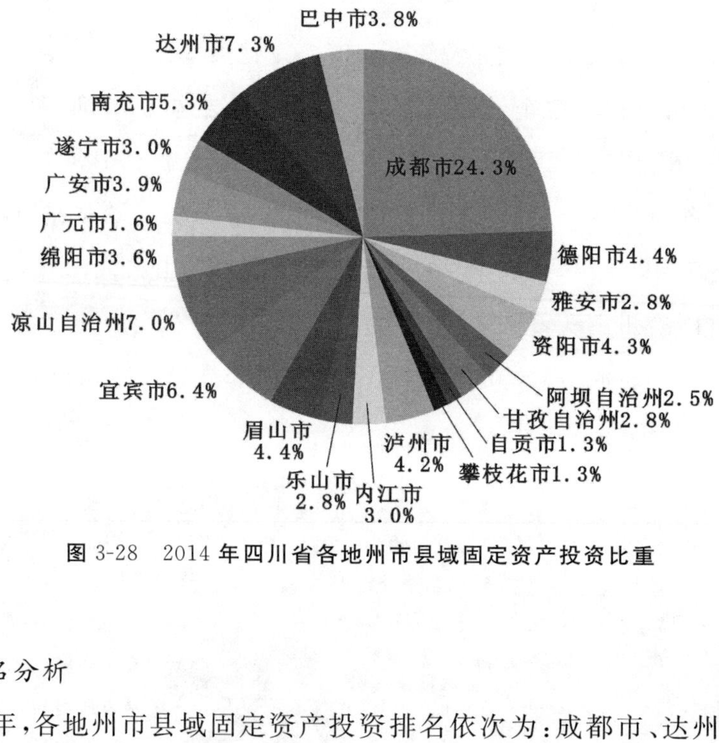

图3-28　2014年四川省各地州市县域固定资产投资比重

2.排名分析

2014年，各地州市县域固定资产投资排名依次为：成都市、达州市、凉山自治州、宜宾市、南充市、眉山市、德阳市、资阳市、泸州市、广安市、巴中市、绵阳市、遂宁市、内江市、乐山市、雅安市、甘孜自治州、阿坝自治州、广元市、攀枝花市、自贡市。其中，成都市固定资产投资为自贡市的18.8倍(见图3-29)。

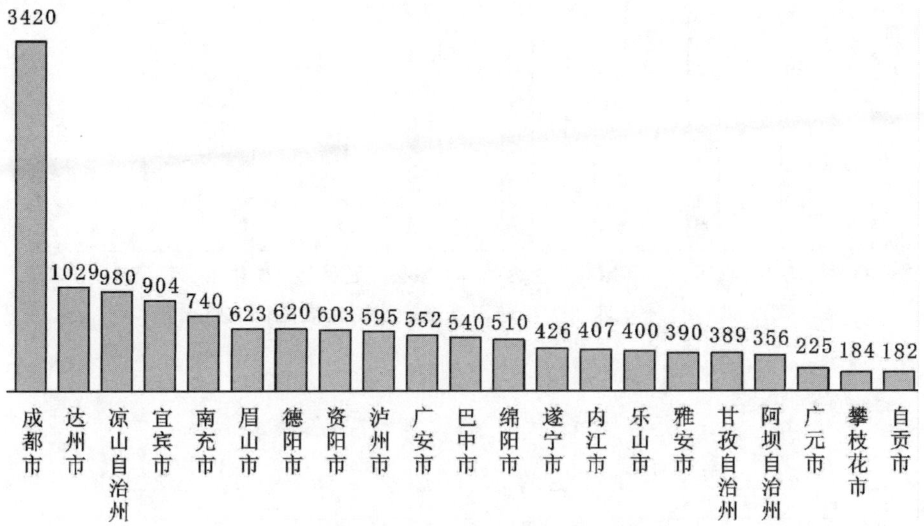

图 3-29　2014 年四川省各地州市县域固定资产投资排名(亿元)

2014 年,全省县域固定资产投资排名前 10 位的依次为:双流区、新都区、温江区、郫县、金堂县、西昌市、新津县、简阳市、仁寿县、南部县。其中,前 10 位次的 6 位分布在川西区域的成都市(见图 3-30)。

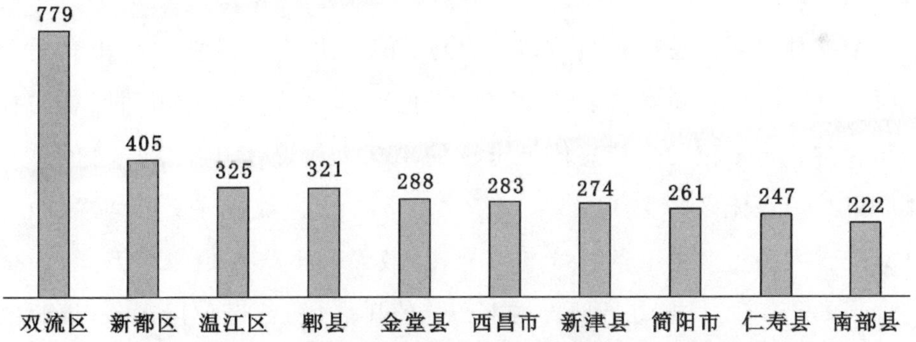

图 3-30　2014 年四川省县域固定资产投资排名前 10 名(亿元)

2014 年,全省县域固定资产投资排名后 10 位的依次为:得荣县、新龙县、白玉县、喜德县、色达县、乡城县、道孚县、德格县、石渠县、炉霍县。其中,后 10 位次的 9 位分布在川西区域的甘孜自治州。排名第一位的双流区固定资产投资是末位炉霍县的 147.0 倍(见图 3-31)。

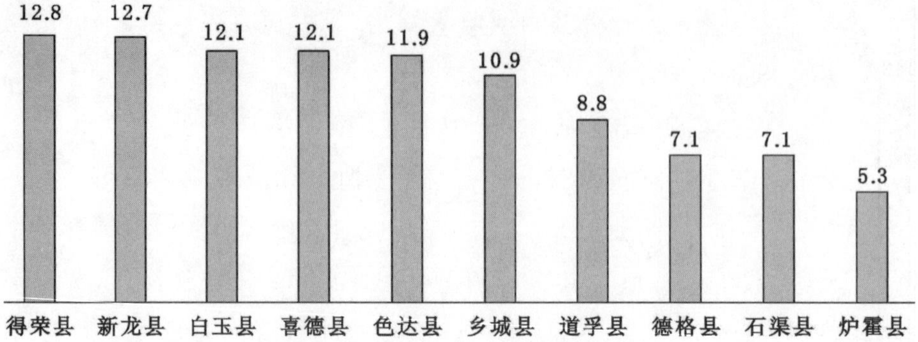

图 3-31　2014 年四川省县域固定资产投资排名后 10 名(亿元)

三、数据小结

1. 全省县域总产值占全省生产总值的 58.0%,其中:从区域来看,川西区域总产值占比最大,占全省总产值的 22.6%,占县域总值的 39.0%;从各地州市来看,成都市总产值占比最大,占全省总产值的 13.2%,占县域总产值的 22.8%,高出排名第二位的凉山自治州的 187.7%,为甘孜自治州的 18.3 倍。全省三次产业比重结构为 12.4∶50.9∶36.7,县域三次产业结构比重为 17.0∶53.3∶29.7。

2. 全省县域生产总值排名,双流区位居第一,川西区域的成都市囊括全省前 10 位次的 6 位;炉霍县排名最后,后 10 位次的 8 位分布在川西区域的甘孜自治州。排名第一位的生产总值是末位的 156.7 倍,后 10 位生产总值总和仅占排名第一位双流区的 7.9%。

3. 全省人均生产总值约为 3.5 万元,县域人均生产总值 2.4 万元,为全省平均水平的 68.0%。全省县域人均生产总值排名,温江区位居第一,川西区域成都市囊括全省前 10 位次的 5 位;美姑县排名末位,后 10 位次的 6 位分布在川南区域凉山自治州。排名第一位的人均生产总值是末位的 13.2 倍。

4. 县域占全省公共财政收入的比重为 31%,其中:成都市占比最大,占全省 10.2%,占县域 32.8%。全省人均公共财政收入为 3757.3 元,县域人均公共财政收入为 1397.8 元,县域为全省人均公共财政收入水平的 37.2%。

5. 全省县域公共财政收入排名,第一位为双流区,末位是壤塘县,第一位是末位的468.8倍。县域人均公共财政收入排名，第一位是温江区，末位是德格县，第一位是末位的28.2倍。

6.全省生产总值财政贡献率为10.7%，县域生产总值财政贡献率为5.7%，县域是全省平均水平的53.3%。全省各地州市县域生产总值公共财政贡献率排名，第一位是甘孜自治州，贡献率为9.2%，末位是内江市，贡献率为3.0%。全省县域生产总值公共财政贡献率排名，第一位是雅江县，贡献率为19.5%，末位是壤塘县，贡献率为2.5%，第一位的贡献率是最后一位的7.8倍。

7.全省县域规模以上工业产值为20120.1亿元，成都市占比最大，占县域工业总产值的22.9%，是末位甘孜自治州的79.6倍；从县域来看，全省县域规模以上工业总产值排名，双流区排名第一位，排名第一位规模以上工业总产值是末位的3620.0倍。

8.全省县域固定资产投资为14072.3亿元，占全省固定资产投资的59.8%，其中成都市占比最大，占全省14.5%，占县域的24.3%。全省县域固定资产投资排名，成都市囊括全省前10位次的6位，排名第一位的双流区总额是末位炉霍县的147.0倍。

附录：

四川省183个县级行政区划单位(50个市辖区、16个县级市、113个县、4个自治县)

四川省140个县域行政区划单位(7个市辖区,16个县级市,113个县,4个自治县)

地州市	县域	行政区域面积(平方公里)	户籍人口(万人)	地区生产总值(万元)	人均生产总值(元)	第一产业增加值(万元)	第二产业增加值(万元)	第三产业增加值(万元)	公共财政收入(万元)	人均财政收入(元)	生产总值公共财政贡献率	规模以上工业总产值(万元)	固定资产投资(万元)
成都市【10区9县(市)】不包含在内的区:靖江区、青羊区、金牛区、武侯区、成华区、龙泉驿区、青白江区	新都区	496	72	5421913	75304.3	237125	3323225	1861563	443544	6160.3	8.2%	6641505	4051665
	温江区	276	40	3645078	91127.0	163709	1892835	1588534	330639	8266.0	9.1%	3882482	3251457
	双流区	1302	101	8145244	80646.0	335269	4087590	3722385	796941	7890.5	9.8%	10858800	7792171
	金堂县	1156	89	2520914	28324.9	383180	1195301	942433	169966	1909.7	6.7%	1548087	2880110
	郫　县	438	54	3966603	73455.6	202046	2312651	1451906	403334	7469.1	10.2%	5776526	3213007
	大邑县	1248	51	1653442	32420.4	295223	709703	648516	114728	2249.6	6.9%	1948209	2006622
	浦江县	580	27	969361	35902.3	162423	484102	322836	48363	1791.2	5.0%	896073	1150807
	新津县	330	31	2083097	67196.7	150112	1217945	715040	172652	5569.4	8.3%	3377969	2743494
	都江堰市	1208	62	2515800	40577.4	224268	945458	1346074	191928	3095.6	7.6%	1575709	1233506
	彭州市	1421	81	3017443	37252.4	423767	1772979	820697	174297	2151.8	5.8%	5647613	1827321
	邛崃市	1377	66	1838464	27855.5	317019	848966	672479	128454	1946.3	7.0%	1722543	2107392
	崇州市	1090	67	2032290	30332.7	297965	1010408	723917	137255	2048.6	6.8%	2297906	1937451

续表

地州市	县域	行政区域面积（平方公里）	户籍人口（万人）	地区生产总值（万元）	人均生产总值（元）	第一产业增加值（万元）	第二产业增加值（万元）	第三产业增加值（万元）	公共财政收入（万元）	人均财政收入（元）	生产总值公共财政贡献率	规模以上工业总产值（万元）	固定资产投资（万元）
德阳市【1区5县(市)】不包含在内的区：旌阳区	中江县	2200	143	2689445	18807.3	763887	1174824	750734	72425	506.5	2.7%	2933008	1144634
	罗江县	448	25	815222	32608.9	179714	487857	147651	25829	1033.2	3.2%	1850308	791988
	广汉市	549	61	3050124	50002.0	296816	1944564	808744	144294	2365.5	4.7%	7834858	1556905
	什邡市	843	44	2201623	50036.9	237839	1379128	584656	138849	3155.7	6.3%	4010443	1253417
	绵竹市	1246	51	2014181	39493.7	249990	1282535	481656	95363	1869.9	4.7%	4253979	1455913
雅安市【2区6县(市)】不包含在内的：雨城区	名山区	614	28	553886	19960.2	156074	256980	145832	14500	517.9	2.6%	654639	619652
	荥经县	1770	15	561303	37420.2	58793	353360	149150	16397	1093.1	2.9%	617845	531200
	汉源县	2388	33	587458	17801.8	117404	315838	154216	39508	1197.2	6.7%	723491	541053
	石棉县	2678	12	644499	53708.3	49663	493246	101590	35651	2970.9	5.5%	788092	550924
	天泉县	2391	16	441828	27614.3	62241	275958	103629	12043	752.7	2.7%	315788	639337
	芦山县	1191	12	294394	24532.8	48754	179638	66002	8111	675.9	2.8%	335864	511524
	宝兴县	3114	6	234267	39044.5	30584	162028	41655	12457	2076.2	5.3%	297736	501632
资阳市【1区3县(市)】不包含在内的：雁江区	安岳县	2690	163	2638539	16188.0	822066	1150300	666273	105520	647.4	4.0%	3241675	1765205
	乐至县	1424	85	1675450	19711.2	395980	858875	420595	67818	797.9	4.0%	2936890	1655173
	简阳市	2213	149	3772216	25316.9	682580	2162798	926838	158588	1064.3	4.2%	6635212	2609432

续表

地州市	县域	行政区域面积（平方公里）	户籍人口（万人）	地区生产总值（万元）	人均生产总值（元）	第一产业增加值（万元）	第二产业增加值（万元）	第三产业增加值（万元）	公共财政收入（万元）	人均财政收入（元）	生产总值公共财政贡献率	规模以上工业总产值（万元）	固定资产投资（万元）
阿坝藏族羌族自治州【13县（市）】	马尔康市	6640	6	200253	33375.5	20264	31165	148824	12730	2121.7	6.4%	14142	316336
	汶川县	4083	10	549934	54993.4	28195	388085	133654	37220	3722.0	6.8%	894351	422373
	理县	4318	5	201043	40208.6	16465	147305	37273	11360	2272.0	5.7%	247360	326698
	茂县	4075	11	318240	28930.9	44785	216872	56583	13516	1228.7	4.2%	588865	372527
	松潘县	8339	8	160223	20027.9	29529	53569	77125	13898	1737.3	8.7%	41050	403343
	九寨沟县	5286	7	223411	31915.9	16440	73107	133864	20008	2858.3	9.0%	61558	302386
	金川县	5524	8	104428	13053.5	23678	40124	40626	5744	718.0	5.5%	4674	382936
	小金县	5565	8	119421	14927.6	24713	48345	46363	5401	675.1	4.5%	89972	190929
	黑水县	4154	6	195705	32617.5	18498	145707	31500	8191	1365.2	4.2%	156720	177519
	壤塘县	6694	4	67288	16822.0	22433	13071	31784	1664	416.0	2.5%		142323
	阿坝县	10116	8	88167	11020.9	32281	16903	38983	4100	512.5	4.7%		182849
	若尔盖县	10620	8	139128	17391.0	64492	26909	47727	4116	514.5	3.0%	37202	182772
	红原县	8398	5	100135	20027.0	33181	27725	39229	2932	586.4	2.9%	46074	152687

续表

地州市	县域	行政区域面积（平方公里）	户籍人口（万人）	地区生产总值（万元）	人均生产总值（元）	第一产业增加值（万元）	第二产业增加值（万元）	第三产业增加值（万元）	公共财政收入（万元）	人均财政收入（元）	生产总值公共财政贡献率	规模以上工业总产值（万元）	固定资产投资（万元）
甘孜藏族自治州【18县(市)】	康定市	11486	11	503027	45729.7	42332	233466	227229	41008	3728.0	8.2%	169510	1132636
	泸定县	2165	9	185033	20559.2	29821	93608	61604	15977	1775.2	8.6%	116409	305968
	丹巴县	4656	6	122056	20342.7	32503	47068	42485	9380	1563.3	7.7%	33050	144843
	九龙县	6766	7	224276	32039.4	25483	155039	43754	24217	3459.6	10.8%	174001	181809
	雅江县	7558	5	89187	17837.4	22983	34968	31236	17394	3478.8	19.5%		396135
	道孚县	7053	6	67558	11259.7	21247	10300	36011	5714	952.3	8.5%		87834
	炉霍县	4601	5	51628	10325.6	21508	8512	21608	3569	713.8	6.9%	3011	52605
	甘孜县	7303	7	77035	11005.0	39340	9442	28253	10043	1434.7	13.0%		142077
	新龙县	8570	5	75992	15198.4	31660	13410	30922	6199	1239.8	8.2%		126592
	德格县	11025	9	67218	7468.7	30355	11102	25761	2649	294.3	3.9%		71260
	白玉县	10386	5	98376	19675.2	30110	47468	20798	11992	2398.4	12.2%	50913	121327
	石渠县	24944	10	70688	7068.8	39422	4887	26379	3763	376.3	5.3%		71021
	色达县	9332	5	56049	11209.8	28071	6722	21256	4588	917.6	8.2%		118580
	理塘县	13677	7	89134	12733.4	33866	18592	36676	6915	987.9	7.8%		144730
	巴塘县	7852	5	105752	21150.4	26617	50587	28548	12385	2477.0	11.7%	24860	327984
	乡城县	5016	3	70808	23602.7	19602	23967	27239	5266	1755.3	7.4%	6205	109193
	稻城县	7323	3	55418	18472.7	17654	14299	23465	7171	2390.3	12.9%		229728
	得荣县	2916	3	57787	19262.3	17854	19540	20393	3118	1039.3	5.4%		127573

续表

地州市	县域	行政区域面积(平方公里)	户籍人口(万人)	地区生产总值(万元)	人均生产总值(元)	第一产业增加值(万元)	第二产业增加值(万元)	第三产业增加值(万元)	公共财政收入(万元)	人均财政收入(元)	生产总值公共财政贡献率	规模以上工业总产值(万元)	固定资产投资(万元)
自贡市【4区2县】不包含在内的：自流井区、贡井区、大安区、沿滩区	荣　县	1605	69	1734299	25134.8	388298	893526	452475	48666	705.3	2.8%	1846906	863484
	富顺县	1342	110	2068040	18800.4	370739	1107385	589916	59692	542.7	2.9%	2303073	951665
攀枝花市【3区2县】不包含在内的：东区、西区、仁和区	米易县	2153	22	1220766	55489.4	109693	823524	287549	119351	5425.0	9.8%	1406598	1028312
	盐边县	3269	21	1088915	51853.1	84123	824585	180207	70662	3364.9	6.5%	1610378	810907
泸州市【3区4县】不包含在内的：江阳区、纳溪区、龙马潭区	泸　县	1530	108	2370288	21947.1	428339	1398163	543786	100370	929.4	4.2%	2310678	2026052
	合江县	2414	90	1530161	17001.8	322283	688539	519339	80932	899.2	5.3%	960701	1750938
	叙永县	2974	73	923620	12652.3	194080	430733	298807	60138	823.8	6.5%	440157	801547
	古蔺县	3185	87	1253911	14412.8	193017	770564	290330	148692	1709.1	11.9%	1908845	1372047
内江市【2区3县】不包含在内的：市中区、东兴区	威远县	1289	74	2939962	39729.2	373055	2086000	480907	79797	1078.3	2.7%	5582373	1497513
	资中县	1735	130	2340865	18006.7	604333	1167305	569227	75409	580.1	3.2%	2638694	1283395
	隆昌县	794	79	2062373	26106.0	278719	1274600	509054	65100	824.1	3.2%	3484723	1284875

续表

地州市	县域	行政区域面积（平方公里）	户籍人口（万人）	地区生产总值（万元）	人均生产总值（元）	第一产业增加值（万元）	第二产业增加值（万元）	第三产业增加值（万元）	公共财政收入（万元）	人均财政收入（元）	生产总值公共财政贡献率	规模以上工业总产值（万元）	固定资产投资（万元）
乐山市 【4区7县(市)】 不包含在内的：市中区、沙湾区、五通桥区、金口河区	犍为县	1375	57	1223669	21467.9	215392	678388	329889	45463	797.6	3.7%	1956053	679741
	井研县	840	41	755512	18427.1	193767	370332	191413	27217	663.8	3.6%	1331864	328949
	夹江县	743	35	1172729	33506.5	172939	667149	332641	52886	1511.0	4.5%	1704005	918095
	沐川县	1405	26	501295	19280.6	114552	263869	122874	23256	894.5	4.6%	388464	366166
	峨边彝族自治县	2382	15	330221	22014.7	40518	191216	98487	20329	1355.3	6.2%	441737	180213
	马边彝族自治县	2293	22	298721	13578.2	69522	134370	94829	27828	1264.9	9.3%	196255	333879
	峨眉山市	1181	43	1942110	45165.3	158057	1134684	649369	133557	3106.0	6.9%	2333567	1192681
眉山市 【2区4县】 不包含在内的：东坡区	彭山区	465	34	1123251	33036.8	119609	687141	316501	123191	3623.3	11.0%	2803351	1756450
	仁寿县	2608	161	3124699	19408.1	652070	1669335	803294	182046	1130.7	5.8%	3442776	2467519
	洪雅县	1897	35	930926	26597.9	141885	559940	229101	73719	2106.3	7.9%	519408	925736
	丹棱县	450	16	447010	27938.1	93132	242297	111581	26199	1637.4	5.9%	404388	540966
	青神县	387	20	592293	29614.7	79520	328178	184595	36250	1812.5	6.1%	787465	541441
宜宾市 【2区8县】 不包含在内的：翠屏区	南溪区	704	44	1020285	23188.3	197770	576083	246432	70838	1610.0	6.9%	1431461	1022626
	宜宾县	2940	103	2010355	19518.0	386617	1093164	530574	82651	802.4	4.1%	2265152	2011433
	江安县	894	56	1150892	20551.6	215470	684410	251012	60651	1083.1	5.3%	2044018	1131727

续表

地州市	县域	行政区域面积（平方公里）	户籍人口（万人）	地区生产总值（万元）	人均生产总值（元）	第一产业增加值（万元）	第二产业增加值（万元）	第三产业增加值（万元）	公共财政收入（万元）	人均财政收入（元）	生产总值公共财政贡献率	规模以上工业总产值（万元）	固定资产投资（万元）
宜宾市【2区8县】不包含在内的：翠屏区	长宁县	1004	46	1031279	22419.1	214991	525076	291212	45783	995.3	4.4%	1090117	995235
	高县	1320	54	1070477	19823.6	190458	655734	224285	40052	741.7	3.7%	1494582	1032030
	珙县	1145	43	1151024	26768.0	157549	747905	245570	55815	1298.0	4.8%	1273599	948911
	筠连县	1256	44	1060879	24110.9	179376	679222	202281	59015	1341.3	5.6%	588347	682307
	兴文县	1380	48	747077	15564.1	170313	335568	241196	56468	1176.4	7.6%	545678	717872
	屏山县	1504	32	376953	11779.8	143040	134525	99388	52774	1649.2	14.0%	290519	497986
凉山彝族自治州【17县(市)】	西昌市	2657	65	4186854	64413.1	394651	2236909	1555294	325839	5012.9	7.8%	4194000	2833969
	水里藏族自治县	13222	14	261233	18659.5	50725	136159	74349	49447	3531.9	18.9%	126000	809066
	盐源县	8412	39	848947	21767.9	161093	536655	151199	87376	2240.4	10.3%	956000	420434
	德昌县	2230	21	578726	27558.4	152709	260050	165967	48434	2306.4	8.4%	596000	603096
	会理县	4537	47	2159907	45955.5	366904	1318326	474677	114351	2433.0	5.3%	2843000	771030
	会东县	3225	42	1205849	28710.7	359556	598318	247975	87993	2095.1	7.3%	1108000	793600
	宁南县	1672	19	491878	25888.3	132245	221391	138242	30890	1625.8	6.3%	663000	800679
	普格县	1905	20	218361	10918.1	73602	71282	73477	16028	801.4	7.3%	113000	150177
	布拖县	1685	19	237773	12514.4	63445	113411	55917	12640	665.3	5.3%	158000	165065

续表

地州市	县域	行政区域面积（平方公里）	户籍人口（万人）	地区生产总值（万元）	人均生产总值（元）	第一产业增加值（万元）	第二产业增加值（万元）	第三产业增加值（万元）	公共财政收入（万元）	人均财政收入（元）	生产总值公共财政贡献率	规模以上工业总产值（万元）	固定资产投资（万元）
凉山彝族自治州【17县(市)】	金阳县	1587	20	280648	14032.4	58774	161483	60391	14703	735.2	5.2%	104000	152210
	昭觉县	2702	32	233696	7303.0	91629	64011	78056	13364	417.6	5.7%	124000	193422
	喜德县	2202	23	191158	8324.3	60333	67393	63732	9576	416.3	5.0%	60000	120508
	冕宁县	4422	40	931420	23285.5	186393	517284	227743	63734	1593.4	6.8%	740000	500128
	越西县	2258	35	333805	9537.3	107455	120976	105374	16992	485.5	5.1%	277000	240583
	甘洛县	2153	23	249870	10863.9	56969	109539	83362	15577	677.3	6.2%	103000	135100
	美姑县	2515	27	187244	6935.0	77237	50376	59631	10445	386.9	5.6%	70000	160848
	雷波县	2840	26	545364	20975.5	100148	345292	99924	48082	1849.3	8.8%	470000	951595
绵阳市【2区7县】不包含在内的：涪城区、游仙区	三台县	2659	147	1920238	13062.8	665481	529207	725550	72015	489.9	3.8%	521835	748538
	盐亭县	1645	60	808545	13475.8	312983	233648	261914	28087	468.1	3.5%	82097	520724
	安县	1181	45	1024710	22771.3	252962	532268	239480	48122	1069.4	4.7%	1660451	899992
	梓潼县	1444	39	800518	20526.1	239927	358325	202266	22719	582.5	2.8%	873014	619875
	北川县羌族自治县	3083	24	374563	15606.8	91805	153160	129598	33674	1403.1	9.0%	211361	342011
	平武县	5946	18	340534	18918.6	72525	187030	80979	27625	1534.7	8.1%	234545	519532
	江油市	2720	89	3006171	33777.2	388665	1536366	1081140	150634	1692.5	5.0%	4351332	1452026

续表

地州市	县域	行政区域面积（平方公里）	户籍人口（万人）	地区生产总值（万元）	人均生产总值（元）	第一产业增加值（万元）	第二产业增加值（万元）	第三产业增加值（万元）	公共财政收入（万元）	人均财政收入（元）	生产总值公共财政贡献率	规模以上工业总产值（万元）	固定资产投资（万元）
广元市【3区4县】不包含在内的：利州区、昭华区、朝天区	旺苍县	2986	46	833127	18111.5	144073	463220	225834	35836	779.0	4.3%	1105115	566800
	青川县	3216	24	276097	11504.0	66866	114702	94529	13027	542.8	4.7%	263758	309945
	剑阁县	3202	68	832175	12237.9	227808	313857	290510	38505	566.3	4.6%	735307	574894
	苍溪县	2330	79	1046995	13253.1	263835	450953	332207	37935	480.2	3.6%	713636	801517
广安市【2区4县】不包含在内的：广安区、前锋区	岳池县	1479	119	1728227	14522.9	365214	799007	564006	75114	631.2	4.3%	1825856	1345613
	武胜县	956	85	1732694	20384.6	348089	890373	494232	74255	873.6	4.3%	2821855	1258423
	邻水县	1909	104	1806868	17373.7	350632	886708	569528	68414	657.8	3.8%	2174270	1621614
	华蓥市	464	36	1225590	34044.2	107874	808196	309520	44749	1243.0	3.7%	2615392	1289945
遂宁市【2区3县】不包含在内的：船山区、安居区	蓬溪县	1251	72	1065486	14798.4	296671	468535	300280	33486	465.1	3.1%	932703	1158750
	射洪县	1496	101	2600602	25748.5	323163	1687998	589441	80291	795.0	3.1%	3915000	1603525
	大英县	703	55	1166790	21214.4	206235	713515	247040	42902	780.0	3.7%	2439587	1494187
南充市【3区6县(市)】不包含在内的：顺庆区、高坪区、嘉陵区	南部县	2230	130	2555974	19661.3	493958	1488263	573753	74505	573.1	2.9%	2985122	2215567
	营山县	1635	96	1340235	13960.8	350008	663543	326684	48508	505.3	3.6%	1648282	650419
	蓬安县	1331	72	1227070	17042.6	332638	592067	302365	40980	569.2	3.3%	2233759	925088
	仪陇县	1773	112	1459536	13031.6	501284	599511	358741	53412	476.9	3.7%	1415820	1169894
	西充县	1107	65	949394	14606.1	277862	404040	267492	41932	645.1	4.4%	1261934	720082
	阆中市	1875	88	1682755	19122.2	401863	818221	462671	77938	885.7	4.6%	1245771	1714932

续表

地州市	县域	行政区域面积（平方公里）	户籍人口（万人）	地区生产总值（万元）	人均生产总值（元）	第一产业增加值（万元）	第二产业增加值（万元）	第三产业增加值（万元）	公共财政收入（万元）	人均财政收入（元）	生产总值公共财政贡献率	规模以上工业总产值（万元）	固定资产投资（万元）
达州市【2区5县(市)】不包含在内的：通川区	达川区	2245	121	2187456	18078.1	450914	1174550	561992	100133	827.5	4.6%	2085759	2107078
	宣汉县	4271	132	2505629	18982.0	528175	1389863	587591	140195	1062.1	5.6%	2080465	2038646
	开江县	1032	61	1020541	16730.2	282051	467027	271463	38610	633.0	3.8%	563749	911270
	大竹县	2079	112	2533390	22619.6	510084	1360709	662597	105903	945.6	4.2%	1914144	2111262
	渠　县	2018	142	2089354	14713.8	544685	956392	588277	82979	584.4	4.0%	1533700	2065548
	万源市	4053	60	1169883	19498.1	263386	628271	278226	33068	551.1	2.8%	629683	1051696
巴中市【2区3县(市)】不包含在内的：巴州区、恩阳区	通江县	4412	76	904105	11896.1	180881	387312	335912	34554	454.7	3.8%	571973	1463174
	南江县	3388	67	973597	14531.3	158513	552070	263014	63895	953.7	6.6%	953491	1994407
	平昌县	2225	102	1101266	10796.7	198356	583565	319345	59442	582.8	5.4%	1706629	1941346
合　计	140个	458153	6786	165551587	24396.0	28176433	88260793	49114361	9485394	1397.8	5.7%	201201504	140723093

第二章　云南篇

一、整体概况

(一) 全省概况

云南省简称“滇”,省会昆明市。位于中国西南的边陲,分别与3个国家接壤:西面是缅甸,南面是老挝,东南方是越南。境内:云南的东面是广西壮族自治区和贵州省,北面是四川省,西北面和西藏自治区相邻。全省面积为39.4万平方千米,2014年末全省常住人口4714.00万人。全省拥有8个市、8个少数民族自治州,129个县级行政区划单位(其中:14个市辖区、13个县级市、73个县、29个自治县)。全省行政区域主要分为:滇西北、滇中、滇东南3个区域,其中滇西北区域包含2个地级市(丽江市、保山市)和3个少数民族自治州(大理白族自治州(以下简称大理州)、怒江傈僳族自治州(以下简称怒江州)、迪庆藏族自治州(以下简称迪庆州)),滇中区域包含3个地级市(昆明市、曲靖市、玉溪市)和2个少数民族自治州(楚雄彝族自治州(以下简称楚雄州)、红河哈尼族彝族自治州(以下简称红河州)),滇东南区域包含3个地级市(昭通市、普洱市、临沧市)和3个少数民族自治州(文山壮族苗族自治州(以下简称文山州)、西双版纳傣族自治州(以下简称西双版纳州)、德宏傣族景颇族自治州(以下简称德宏州))。

2014年,全省生产总值12814.59亿元,人均生产总值2.7万元。其中,第一产业增加值1991.17亿元,第二产业增加值5281.82亿元,第三产业完成增加值5541.6亿元,三次产业比重结构为15.5∶41.2∶43.3。全部工业增加值

3898.97亿元，其中规模以上工业增加值3545.41亿元；全部财政收入3160亿元，其中公共财政预算收入1697.79亿元；全社会固定资产投资11073.86亿元；社会消费品零售总额4632.9亿元，其中城镇消费品零售额4009.0亿元，乡村消费品零售额623.8亿元。

（二）县域概况

全省129个县级行政区划单位，纳入县域体系的有117个县级行政区划单位（其中：2个市辖区、13个县级市、73个县、29个自治县），行政区域面积36.6万平方千米，户籍人口4024万人。县域生产总值为8474.0亿元，人均生产总值2.1万元，其中第一产业增加值1957.2亿元，第二产业增加值3655.4亿元，第三产业增加值为2861.4亿元，三次产业结构比重为23.1∶43.1∶33.8。县域公共财政收入为658.2亿元，县域固定资产投资为7550.4亿元。

二、经济分析

（一）生产总值

1.占比分析

（1）县域占全省生产总值比重

2014年，全省县域生产总值为8474.0亿元，占全省生产总值的66.1%，其中：滇中区域占全省生产总值的26.1%；滇西北区域占全省生产总值的21.2%；滇东南区域占全省生产总值的18.8%（见图3-32）。

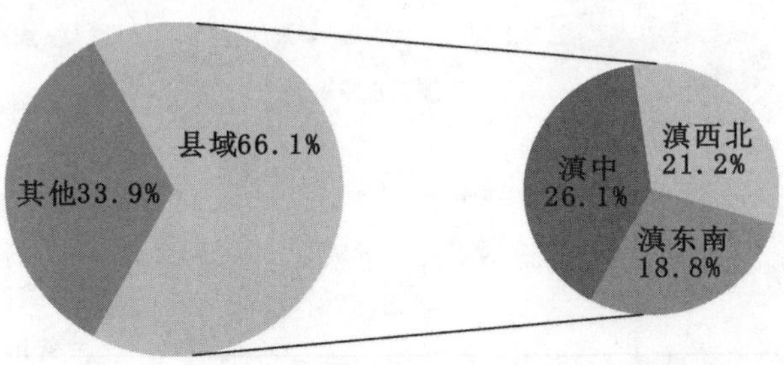

图3-32　2014年云南省县域占全省生产总值比重

（2）各区域县域生产总值比重

2014年，各区域县域生产总值比重结构为：滇中区域占县域总值的

39.4%;滇西北区域占县域总值的 32.1%;滇东南区域占县域总值的 28.5%(见图 3-33)。

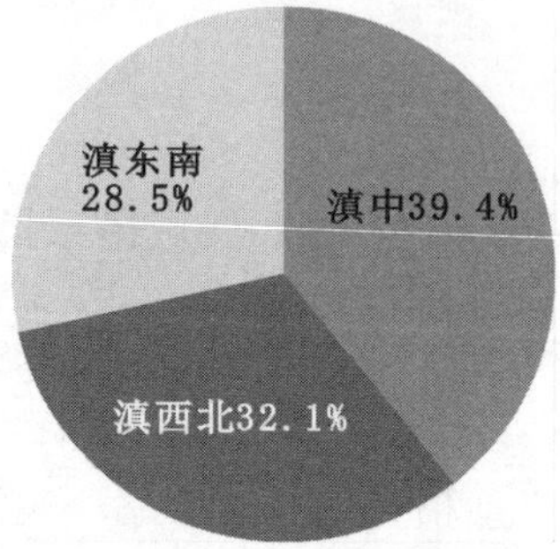

图 3-33 2014 年云南省各区域县域生产总值比重

(3)各地州市县域占全省生产总值比重

2014 年,各地州市县域占全省生产总值比重结构为:滇西北区域,大理州占 6.8%、丽江市占 1.3%、怒江州占 0.7%、迪庆州占 1.2%、保山市占 2.4%;滇中区域,昆明市占 7.7%、曲靖市占 8.6%、玉溪市占 4.2%、楚雄州占 5.6%、红河州占 8.8%;滇东南区域,昭通市占 3.5%、普洱市占 2.8%、临沧市占 3.1%、文山州占 4.8%、西双版纳州占 2.5%、德宏州占 2.1%(见图 3-34)。

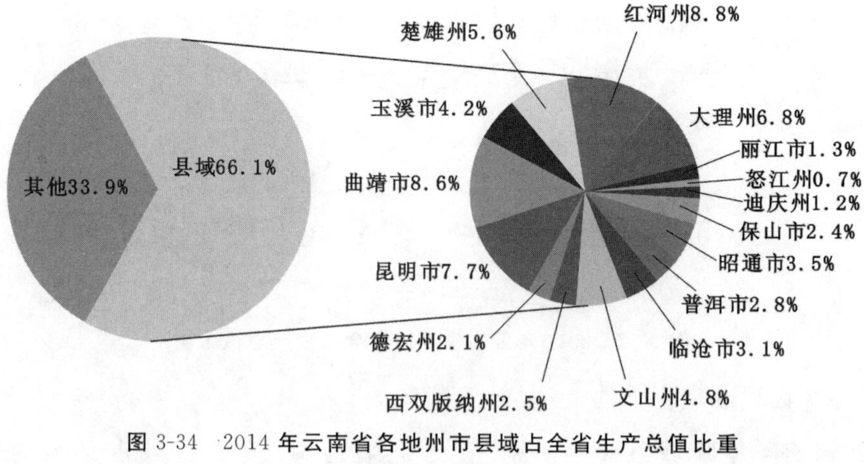

图 3-34 2014 年云南省各地州市县域占全省生产总值比重

(4)各地州市县域生产总值比重

2014年，各地州市县域生产总值比重结构为：滇西北区域，大理州占10.3%、丽江市占2.0%、怒江州占1.1%、迪庆州占1.7%、保山市占3.7%；滇中区域，昆明市占11.7%、曲靖市占13.0%、玉溪市占6.3%、楚雄州占8.4%、红河州占13.3%；滇东南区域，昭通市占5.3%、普洱市占4.3%，临沧市占4.8%，文山州占7.2%，西双版纳州占3.7%、德宏州占3.2%(见图3-35)。

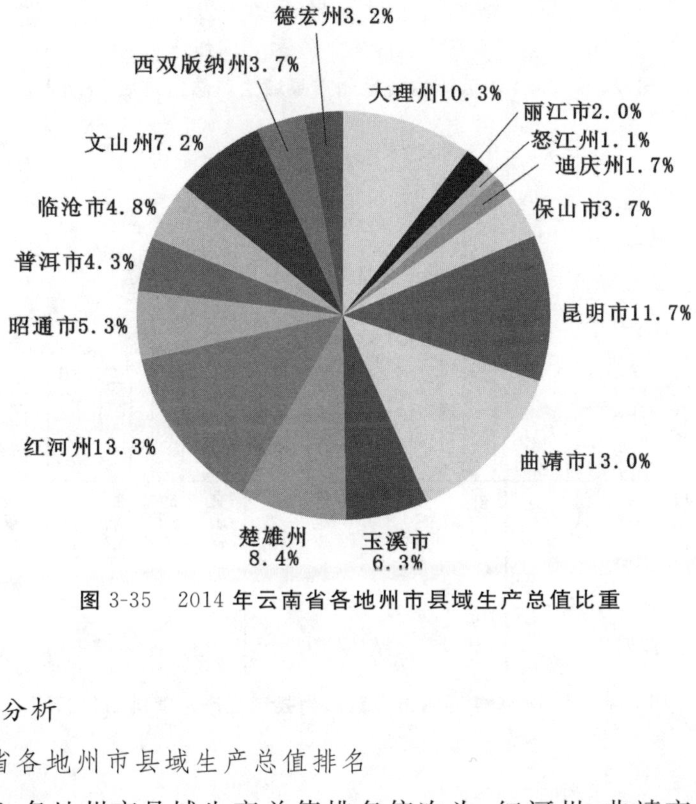

图3-35 2014年云南省各地州市县域生产总值比重

2.排名分析

(1)全省各地州市县域生产总值排名

2014年，各地州市县域生产总值排名依次为：红河州、曲靖市、昆明市、大理州、楚雄州、文山州、玉溪市、昭通市、普洱市、西双版纳州、保山市、德宏州、丽江市、迪庆州、怒江州。其中，红河州的生产总值为怒江州的12.3倍(见图3-36、图3-37)。

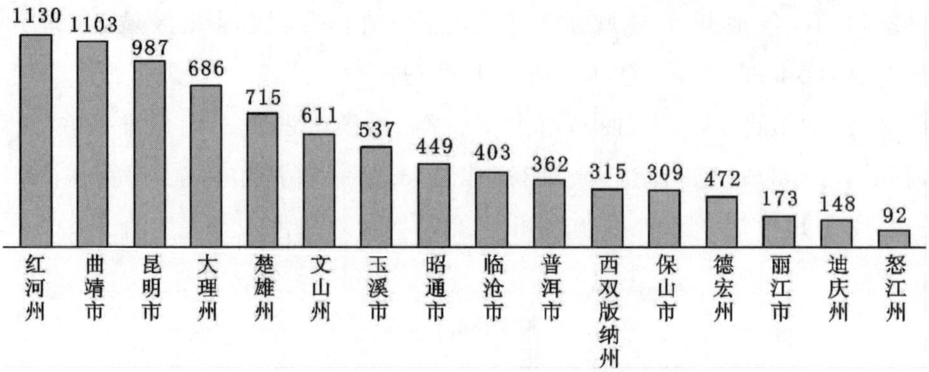

图 3-36　2014 年云南省各地州市县域生产总值排名(亿元)

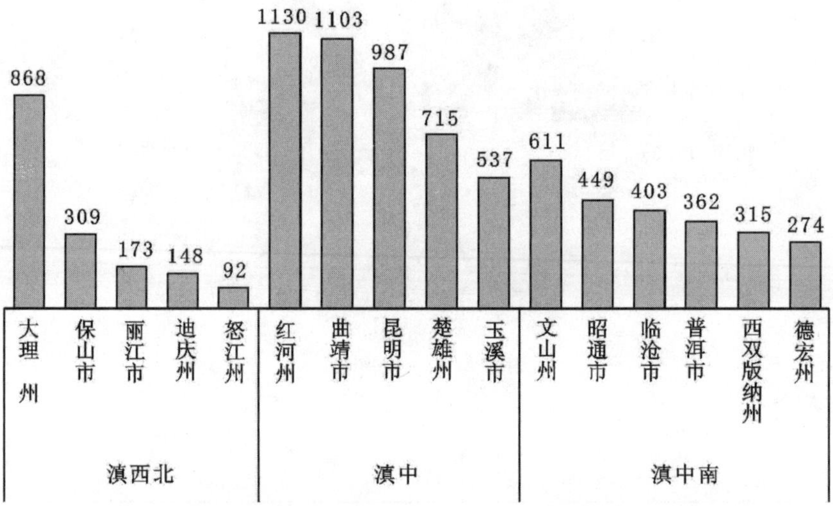

图 3-37　2014 年各地州市在区域内县域生产总值排名(亿元)

(2)全省县域生产总值排名

2014 年,全省县域生产总值排名前 10 位的依次为:大理市、楚雄市、弥勒市、安宁市、宣威市、个旧市、文山市、宜良县、景洪市、会泽县。其中,前 10 位次的 7 位集中分布在滇中区域(见图 3-38)。

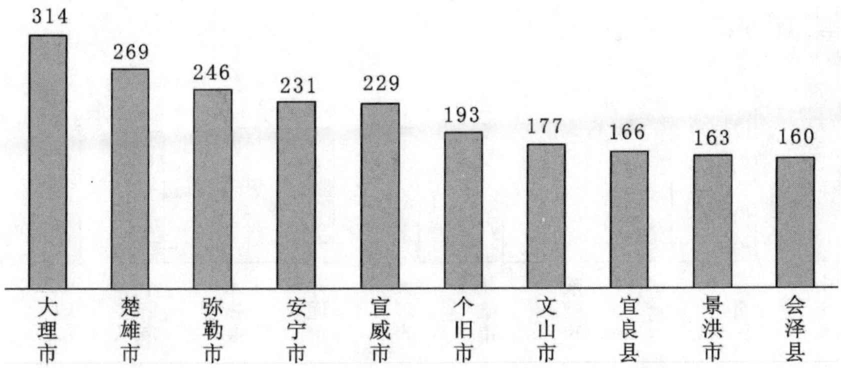

图 3-38 2014 年云南省县域生产总值排名前 10 名(亿元)

2014 年,全省县域生产总值排名后 10 位的依次为:永仁县、屏边苗族自治县(以下简称屏边县)、德钦县、孟连傣族拉祜族佤族自治县(以下简称孟连县)、绥江县、梁河县、漾濞彝族自治县(以下简称漾濞县)、福贡县、西盟佤族自治县(以下简称西盟县)、贡山独龙族怒族自治县(以下简称贡山县)。其中,后 10 位次的 4 位分布在滇西北区域、4 位分布在滇东南区域。排名第一位的生产总值是最后一位生产总值的 44.0 倍,后 10 位的生产总值总和仅占排名第一位的大理市的 53.0%(见图 3-39)。

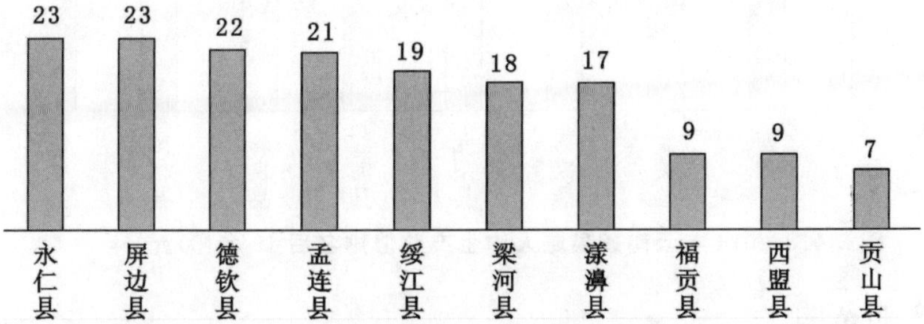

图 3-39 2014 年云南省县域生产总值排名后 10 名(亿元)

(3)全省县域人均生产总值排名

2014 年,全省县域人均生产总值排名前 10 位的依次为:安宁市、呈贡区、香格里拉县、瑞丽市、楚雄市、大理市、开远市、水富县、个旧市、弥勒市。其中,前 10 位次的 3 位分布在滇中区域的红河州(见图 3-40)。

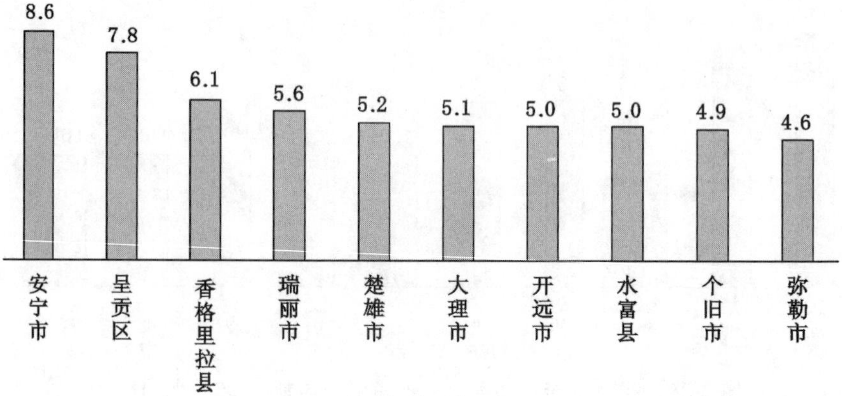

图 3-40 2014 年云南省县域人均生产总值排名前 10 名(万元)

2014 年,全省县域人均生产总值排名后 10 位的依次为:广南县、福贡县、西盟县、大关县、巧家县、元阳县、红河县、彝良县、威信县、镇雄县。其中,后 10 位次的 5 位分布在滇东南区域的昭通市。排名第一位的人均生产总值是最后一位的 17.2 倍(见图 3-41)。

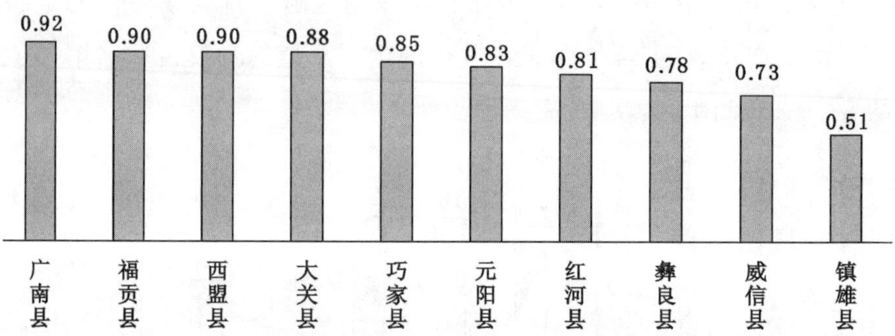

图 3-41 2014 年云南省县域人均生产总值排名后 10 名(万元)

(二)产业结构

1.全省三次产业增加值比重

2014 年,全省生产总值 12814.59 亿元,其中,第一产业增加值 1991.17 亿元,第二产业增加值 5281.82 亿元,第三产业增加值 5541.6 亿元,三次产业比重结构为 15.5:41.2:43.3(见图 3-42)。

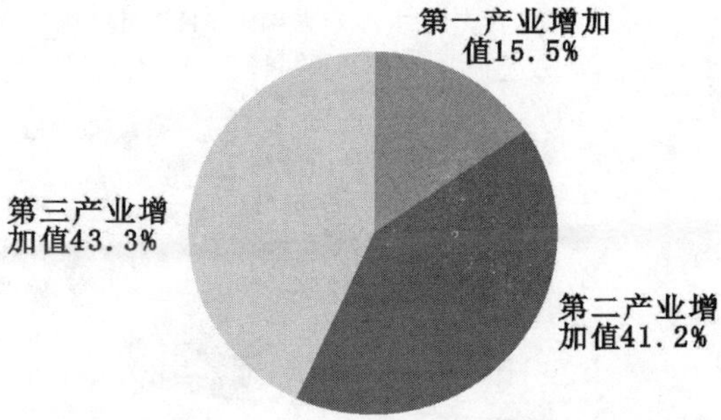

图 3-42　2014 年云南全省三次产业增加值比重

2.县域三次产业增加值比重

2014 年,全省县域生产总值为 8474.0 亿元,其中,第一产业增加值 1957.2 亿元,第二产业增加值 3655.4 亿元,第三产业增加值 2861.4 亿元,三次产业结构比重为 23.1∶43.1∶33.8(见图 3-43)。

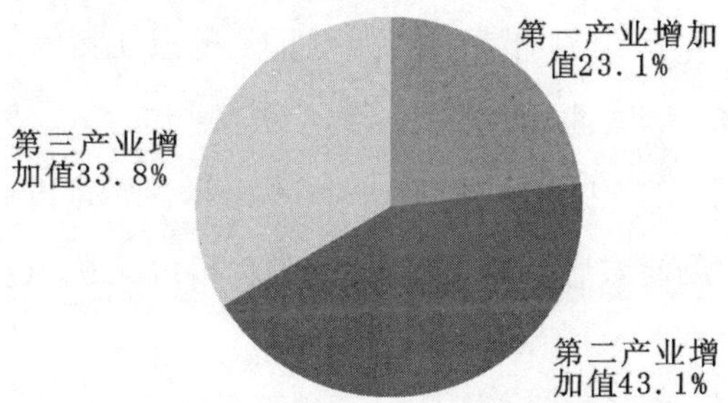

图 3-43　2014 年云南省县域三次产业增加值比重

(三)财政收入

1.占比分析

(1)县域占全省公共财政收入比重

2014 年,县域公共财政收入为 658.2 亿元,占全省公共财政收入的比重为 38.8%。其中,各地州市县域占全省公共财政收入的比重为:滇西北区域,大理州占 3.9%、丽江市占 1.1%、怒江州占 0.5%、迪庆州占 0.6%、保山市占 1.7%;滇中区域,昆明市占 6.1%、曲靖市占4.0%、玉溪市占 2.4%、楚雄州占 3.0%、红河州占5.6%;滇东南区域,昭通市占 1.6%、普洱市占 1.6%、临沧市占 1.5%、文山州占 2.6%、西双版纳州占 1.1%、德宏州占1.5%(见图 3-44)。

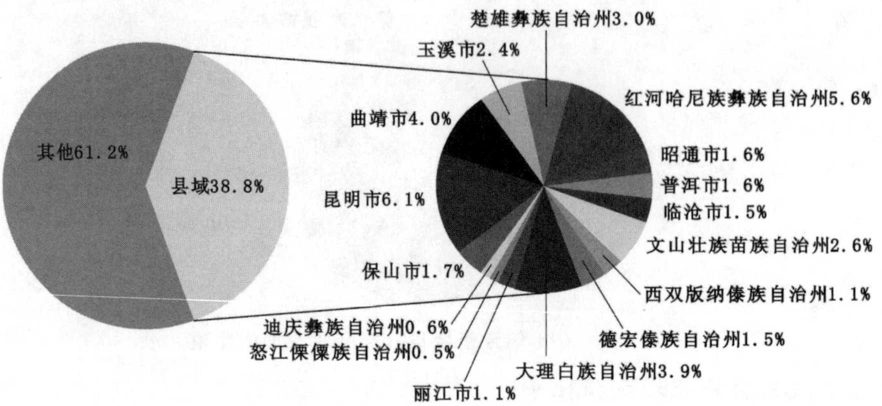

图 3-44 2014 年云南省县域占全省公共财政收入比重

(2)各地州市县域公共财政收入比重

2014 年,各地州市县域公共财政收入比重结构为:滇西北区域,大理州占 10.1%、丽江市占 2.7%、怒江州占 1.2%、迪庆州占 1.5%、保山市占 4.5%;滇中区域,昆明市占 15.7%、曲靖市占10.2%、玉溪市占 6.4%、楚雄州占 7.7%、红河州占 14.5%;滇东南区域,昭通市占 4.1%、普洱市占 4.1%、临沧市占 3.8%、文山州占 6.7%、西双版纳州占 2.9%、德宏州占 3.9%(见图 3-45)。

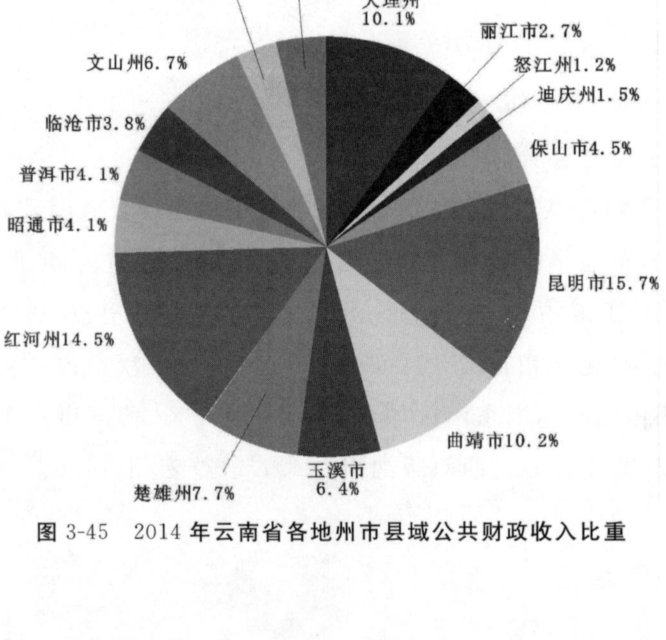

图 3-45 2014 年云南省各地州市县域公共财政收入比重

2. 排名分析

2014 年，各地州市县域公共财政收入排名依次为：昆明市、红河州、曲靖市、大理州、楚雄州、文山州、玉溪市、保山市、昭通市、普洱市、德宏州、临沧市、西双版纳州、丽江市、迪庆州、怒江州。其中，昆明市公共财政收入为怒江州的 13.08 倍(见图 3-46)。

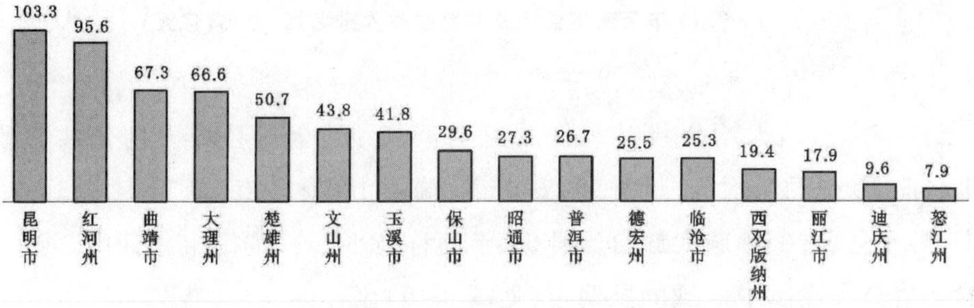

图 3-46　2014 年云南省各地州市县域公共财政收入排名(亿元)

2014 年，全省县域公共财政收入排名前 10 位的依次为：大理市、蒙自市、呈贡区、安宁市、楚雄市、文山市、腾冲市、宣威市、晋宁县、开远市。其中，前 10 位次的 3 位分布在滇中区域的昆明市(见图 3-47)。

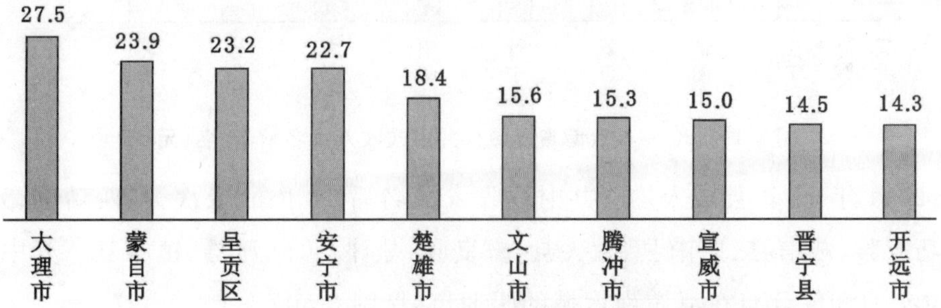

图 3-47　2014 年云南省县域公共财政收入排名前 10 名(亿元)

2014 年，全省县域公共财政收入排名后 10 位的依次为：江城哈尼族彝族自治县(以下简称江城县)、西畴县、孟连县、红河县、漾濞县、大关县、屏边县、福贡县、西盟县、贡山县。其中，后 10 位次的 3 位分布在滇东南区域的普洱市，排名第一位的公共财政收入是末位的 46.0 倍(见图 3-48)。

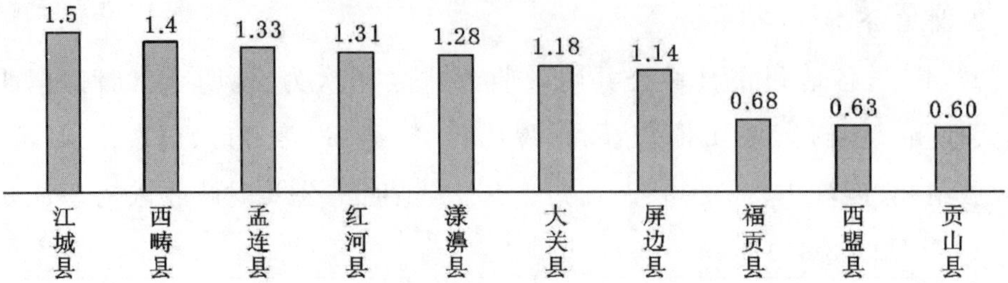

图 3-48　2014 年云南省县域公共财政收入排名后 10 名(亿元)

(2)县域人均公共财政收入排名

2014 年,县域人均公共财政收入为 1635.7 元,全省县域人均公共财政收入排名前 10 位的依次为:呈贡区、安宁市、瑞丽市、蒙自市、晋宁县、开远市、大理市、马龙县、新平彝族太族自治县(以下简称新平县)、楚雄市。其中,前 10 位次的 3 位分布在滇中区域的昆明市(见图 3-49)。

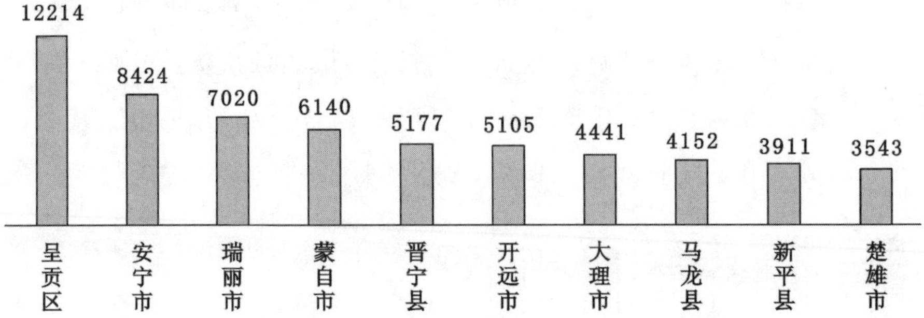

图 3-49　2014 年云南省县域公共财政收入排名前 10 名(元)

2014 年,全省县域人均公共财政收入排名后 10 位的依次为:西畴县、元阳县、巧家县、威信县、广南县、大关县、彝良县、盐津县、红河县、镇雄县。其中,后 10 位次的 6 位分布在滇东南区域的昭通市(见图 3-50)。

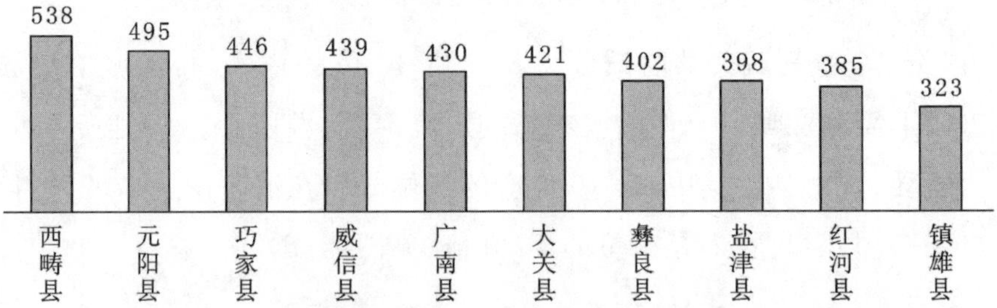

图 3-50　2014 年云南省县域公共财政收入排名后 10 名(元)

(3)县域生产总值公共财政贡献率排名

2014年,全省生产总值公共财政贡献率13.2%,县域生产总值财政贡献率7.8%,各地州市县域生产总值公共财政贡献率排名依次为:昆明市、丽江市、保山市、德宏州、怒江州、红河州、玉溪市、大理州、普洱市、文山州、楚雄州、迪庆州、临沧市、西双版纳州、曲靖市、昭通市(见图3-51)。

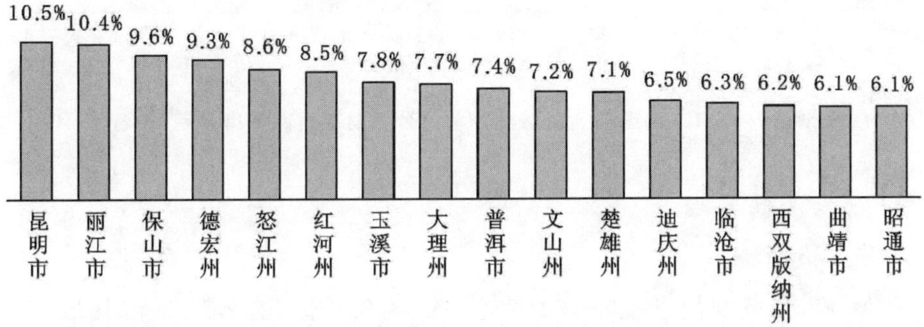

图3-51　2014年云南省地州市县域生产总值公共财政贡献率排名

2014年,全省县域生产总值财政收入贡献率排名前10位的依次为:马龙县、蒙自市、绥江县、呈贡区、华坪县、玉龙纳西族自治县(以下简称玉龙县)、晋宁县、剑川县、禄劝彝族苗族自治县(以下简称禄劝县)、瑞丽市。其中,前10位次的3位分布在滇中区域的昆明市(见图3-52)。

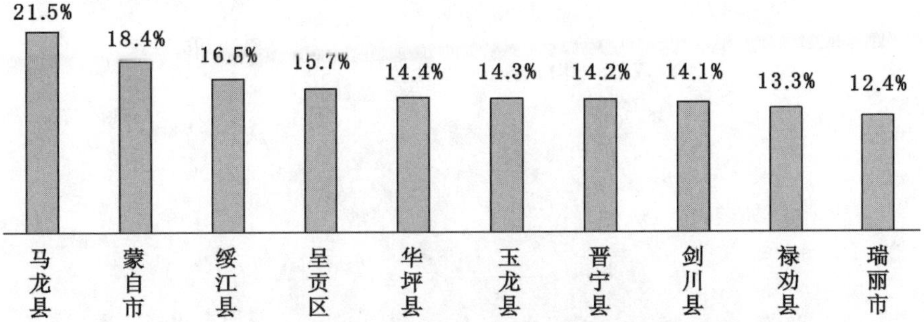

图3-52　2014年云南省县域生产总值公共财政贡献率排名前10名

2014年,全省县域生产总值公共财政收入贡献率排名后10位的依次为:大关县、凤庆县、广南县、罗平县、云县、宜良县、沾益县、水富县、宾川县、盐津县。其中,后10位次的3位分布在滇东南区域的昭通市(见图3-53)。

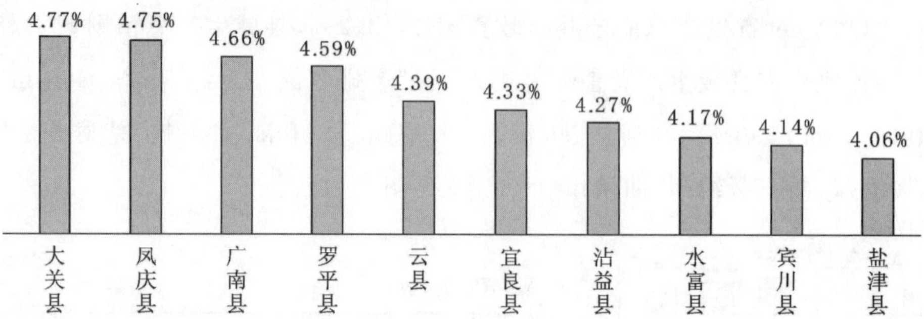

图 3-53 2014 年云南省县域生产总值公共财政贡献率排名后 10 名

(四)工业总产值

1. 占比分析

2014 年,县域规模以上工业总产值为 6869.9 亿元,各地州市县域规模以上工业总产值比重结构为:滇西北区域,大理州占 9.2%、丽江市占1.6%、怒江州占 0.5%、迪庆州占 0.7%、保山市占2.9%;滇中区域,昆明市占 20.9%、曲靖市占 14.4%、玉溪市占 6.9%、楚雄州占 7.9%、红河州占 15.5%;滇东南区域,昭通市占4.1%、普洱市占 2.0%、临沧市占 3.0%、文山州占6.8%、西双版纳州占 1.6%、德宏州占 2.0%(见图 3-54)。

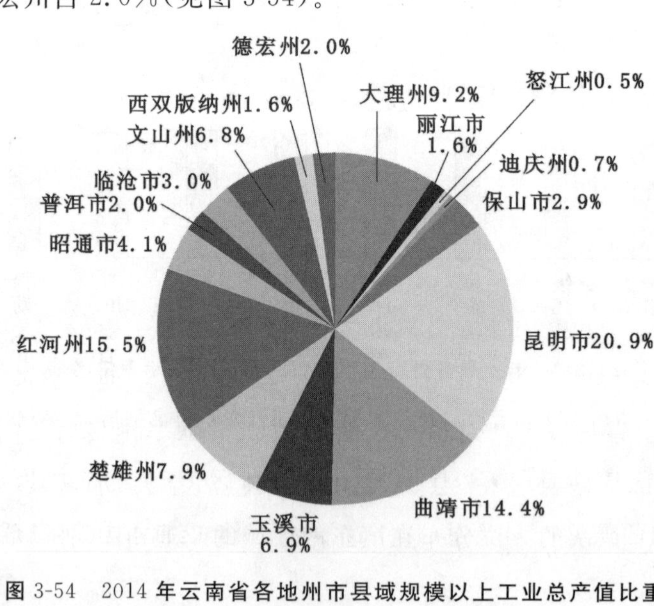

图 3-54 2014 年云南省各地州市县域规模以上工业总产值比重

2.排名分析

2014 年,各地州市县域规模以上工业总产值排名依次为:昆明市、红河州、曲靖市、大理州、楚雄州、玉溪市、文山州、昭通市、临沧市、保山市、普洱市、德宏州、西双版纳州、丽江市、迪庆州、怒江州。排名第一位的昆明市规模以上工业总产值是最后一位怒江州的 39.8 倍(见图 3-55)。

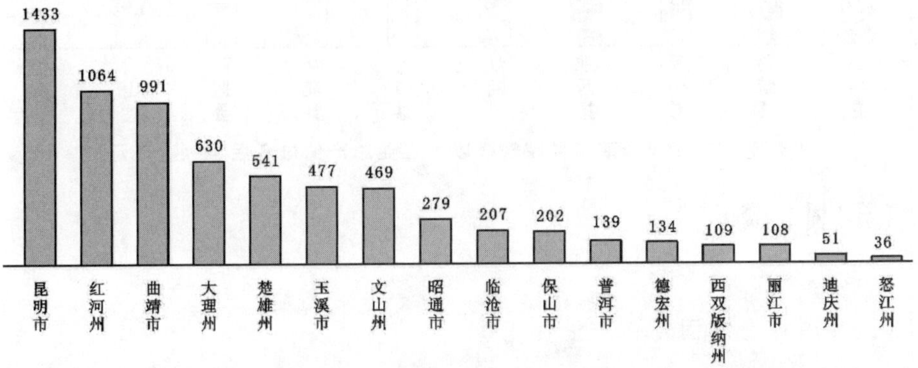

图 3-55 2014 年云南省各地州市县域规模以上工业总产值县域排名(亿元)

2014 年,全省县域规模以上工业总产值排名前 10 位的依次为:安宁市、呈贡区、大理市、个旧市、楚雄市、沾益县、弥勒市、蒙自市、文山市、新平县。其中,前 10 位次的 3 位分布在滇中区域的红河州(见图 3-56)。

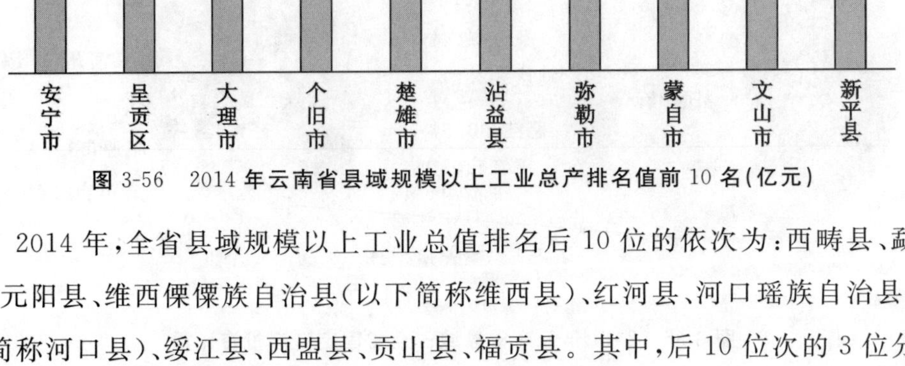

图 3-56 2014 年云南省县域规模以上工业总产排名值前 10 名(亿元)

2014 年,全省县域规模以上工业总值排名后 10 位的依次为:西畴县、勐腊县、元阳县、维西傈僳族自治县(以下简称维西县)、红河县、河口瑶族自治县(以下简称河口县)、绥江县、西盟县、贡山县、福贡县。其中,后 10 位次的 3 位分布在滇中区域的红河州。排名第一位的规模以上工业总产值是末位的 707.0 倍(见图 3-57)。

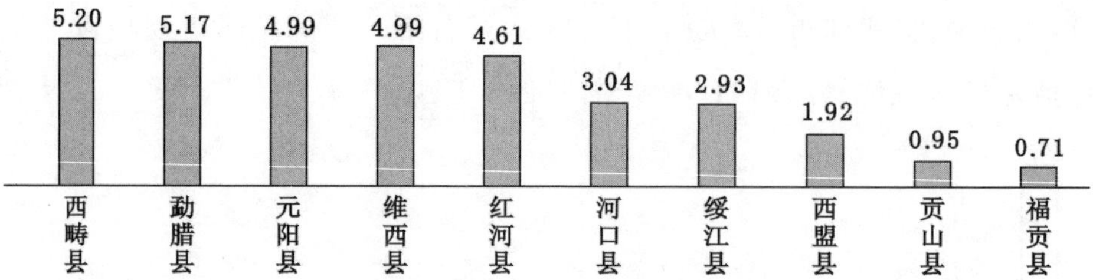

图 3-57 2014 年云南省县域规模以上工业总产值排名后 10 名(亿元)

(五)固定资产投资

1. 占比分析

(1)县域占全省固定资产投资比重

2014 年,县域固定资产投资为 7550.1 亿元,占全省固定资产投资的 68.0%,各地州市、县域占全省固定资产投资比重结构为:滇西北区域,大理州占5.3%、丽江市占 0.9%、怒江州占 0.9%、迪庆州占 2.2%、保山市占 2.4%;滇中区域,昆明市占 10.1%、曲靖市占 7.4%、玉溪市占 3.0%、楚雄州 5.5%、红河州占 11.1%;滇东南区域,昭通市占 3.6%、普洱市占 2.4%、临沧市占 4.1%、文山州占4.1%、西双版纳州占 2.7%、德宏州占 2.3%(见图 3-58)。

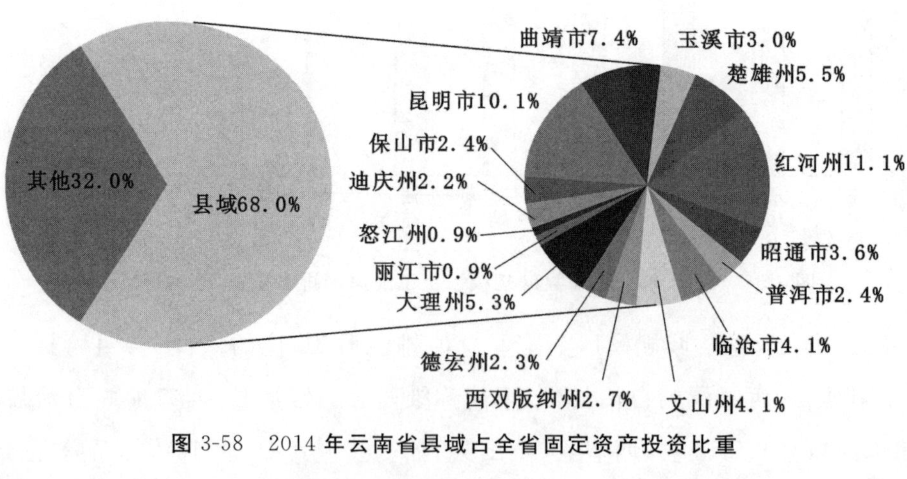

图 3-58 2014 年云南省县域占全省固定资产投资比重

(2)各地州市占县域固定资产投资比重

2014年,各地州市县域固定资产投资比重结构为:滇西北区域,大理州占7.7%、丽江市占2.1%、怒江州占1.2%、迪庆州占3.3%、保山市占3.5%;滇中区域,昆明市占14.8%、曲靖市占10.8%、玉溪市占4.4%、楚雄州占8.0%、红河州占16.3%;滇东南区域:昭通市占5.3%、普洱市占3.3%、临沧市占6.0%、文山州占6.0%、西双版纳州占3.9%、德宏州占3.4%(见图3-59)。

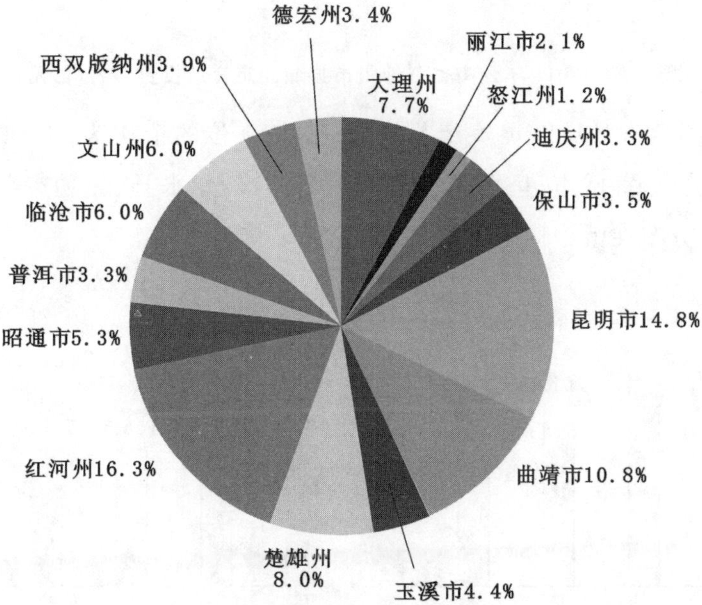

图3-59　2014年云南省各地州市县域固定资产投资比重

2.排名分析

2014年,各地州市固定资产投资排名依次为:红河州、昆明市、曲靖市、楚雄州、大理州、文山州、临沧市、昭通市、玉溪市、西双版纳州、普洱市、保山市、德宏州、迪庆州、丽江市、怒江州。其中,红河州固定资产投资为怒江州的13.1倍(见图3-60)。

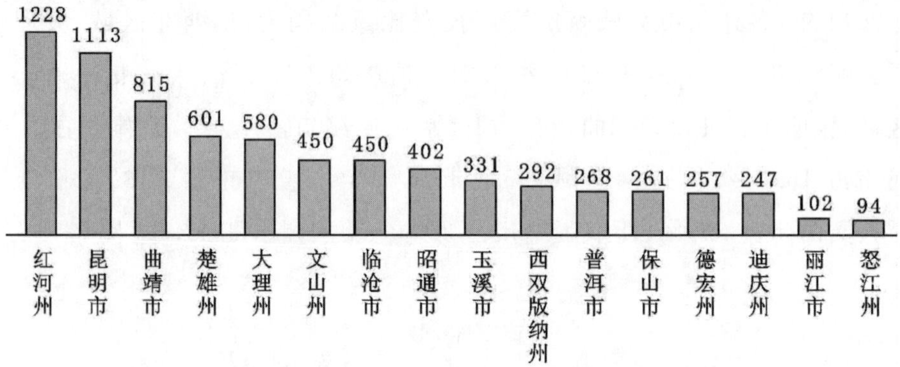

图 3-60 2014 年云南省各地州市县域固定资产投资排名(亿元)

2014 年,全省县域固定资产投资排名前 10 位的依次为:大理市、安宁市、楚雄市、景洪市、宣威市、呈贡区、蒙自市、个旧市、建水县、弥勒市。其中,前 10 位次的 4 位分布在滇中区域的红河州(见图 3-61)。

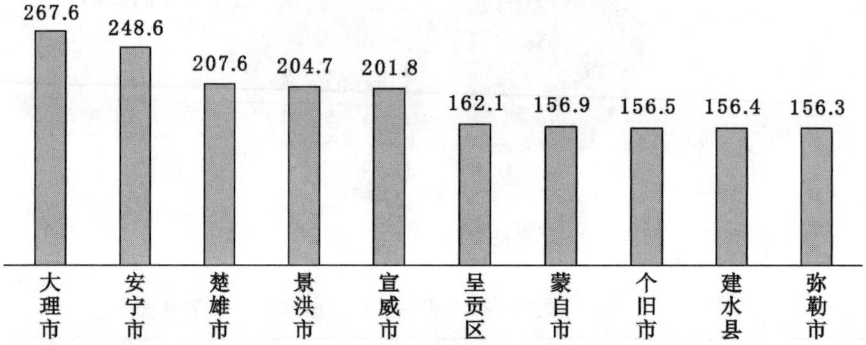

图 3-61 2014 年云南省县域固定资产投资排名前 10 名(亿元)

2014 年,全省县域固定资产投资排名后 10 位的依次为:永平县、南涧彝族自治县(以下简称南涧县)、孟连县、威信县、贡山县、水富县、漾濞县、西盟县、福贡县、梁河县。其中,后 10 位次的 3 位分布在滇西北区域的大理州。排名第一位的大理市固定资产投资是末位梁河县的 42.0 倍(见图3-62)。

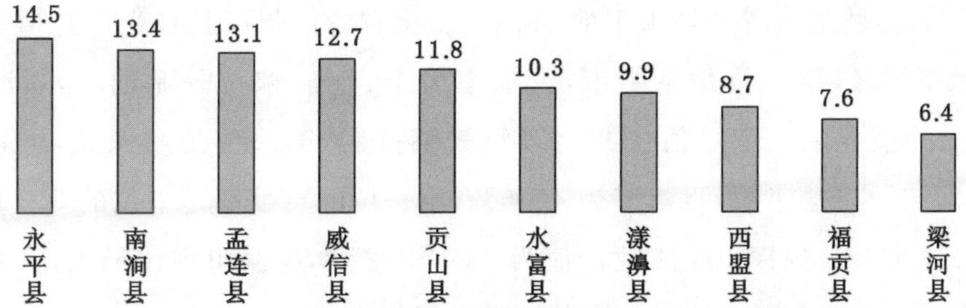

图 3-62　2014 年云南省县域固定资产投资排名后 10 名(亿元)

三、数据小结

1. 全省县域总产值占全省生产总值的 66.1%，其中：从区域来看，滇中区域总产值占比最大，占全省生产总值的 26.1%，占县域生产总值的 39.4%；从地州市来看，红河州总产值占比最大，占全省总产值的 8.8%，占县域总产值的 13.3%，为怒江州的 12.3 倍。全省三次产业结构比重结构为 15.5∶41.2∶43.3，县域三次产业结构比重为 23.1∶43.1∶33.8。

2. 全省县域生产总值排名，大理市位居第一，滇中区域囊括全省前 10 位的 7 位；贡山县排名末位，后 10 位次的 4 位分布在滇西北区域、4 位分布在滇东南区域。排名第一位的生产总值是末位的 44.0 倍，后 10 位的生产总值总和仅占排名第一位大理市的 53.0%。

3. 全省人均生产总值约为 2.7 万元，县域人均生产总值 2.1 万元，为全省平均水平的 78.0%。全省县域人均生产总值排名，安宁市位居第一，全省前 10 位次的 3 位分布在滇中区域的红河州。排名第一位的人均生产总值是末位的 17.2 倍。

4. 县域占全省公共财政收入的比重为 38.8%，其中，昆明市占比最大，占全省 6.1%，占县域 15.7%。全省人均公共财政收入为 3601.6 元，县域人均公共财政收入为 1635.7 元，县域为全省人均公共财政收入水平的 45.4%。

5. 全省县域公共财政收入排名，第一位为大理市，末位是贡山县，第一位的公共财政收入是末位的 46.0 倍。人均县域公共财政收入排名，第一位为呈贡区，末位是镇雄县，第一位的公共财政收入是末位的 37.8 倍。

6. 全省生产总值公共财政贡献率为 13.2%，县域生产总值公共财政贡献率7.8%,县域是全省平均水平的59.1%。全省各地州市县域生产总值公共财政贡献率排名,第一位是昆明市,贡献率为10.5%,末位是昭通市,贡献率为6.1%。全省县域生产总值公共财政贡献率排名,第一位是马龙县,贡献率为21.5%,末位是盐津县,贡献率为4.06%,第一位的贡献率是末位的5.3倍。

7.全省县域规模以上工业产值为6869.9亿元,昆明市占比最大,占县域规模以上工业总产值的20.9%,是末位怒江州的39.8倍;从县域来看,全省县域规模以上工业总产值排名,安宁市排名第一位,福贡县排名末位,排名第一位的规模以上工业总产值是排名末位的707.0倍。

8.全省县域固定资产投资为7550.1亿元,占全省固定资产投资的68.0%,其中,红河州占比最大,占全省11.1%,占县域16.4%。全省县域固定资产投资排名,红河州囊括全省前10位次的4位,排名第一位的大理市固定资产投资是末位梁河县的42.0倍。

附录：

云南省117个县域行政区划单位（2个市辖区、13个县级市、73个县、29个自治县）

地州市	县域	行政区域面积（平方公里）	户籍人口（万人）	地区生产总值（万元）	人均生产总值（元）	第一产业增加值（万元）	第二产业增加值（万元）	第三产业增加值（万元）	公共财政收入（万元）	人均财政收入（元）	生产总值公共财政贡献率	规模以上工业总产值（万元）	固定资产投资（万元）
昆明市【5区8县(市)】不包含在内的区：五华区、盘龙区、官渡区、西山区、东川区	呈贡区	461	19	1481094	77952.3	732982	732982	15130	232061	12213.7	15.7%	3278004	1621412
	晋宁县	1337	28	1024298	36582.1	190590	545708	288000	144958	5177.1	14.2%	1384810	1277191
	富民县	994	15	539579	35971.9	91531	283594	164454	47262	3150.8	8.8%	545512	482860
	宜良县	1914	43	1632508	38663.0	414289	501774	746445	72059	1675.8	4.3%	1152170	1021845
	石林彝族自治县	1719	25	647854	25914.2	180467	172643	294744	51252	2050.1	7.9%	329304	1148783
	崇明县	831	30	844103	28136.8	137572	464347	242184	96999	3233.3	11.5%	1354875	1060930
	禄劝彝族苗族自治县	4240	48	636401	13258.4	197376	208653	230372	84663	1763.8	13.3%	239996	1013844
	寻甸回族彝族自治县	3588	55	725981	13199.7	198724	249695	277562	76232	1386.0	10.5%	1022778	1021819
曲靖市【1区8县(市)】不包含在内的：麒麟区	安宁市	1301	27	2309359	85531.8	118444	1250103	940812	227439	8423.7	9.8%	5018187	2485719
	马龙县	1614	21	405319	19300.9	82272	206276	116771	87200	4152.4	21.5%	877658	494796
	陆良县	1989	68	1335497	19639.7	499497	411000	425000	63777	937.9	4.8%	647209	689871
	师宗县	2783	43	985069	22908.6	366128	405635	213306	52157	1213.0	5.3%	1151069	788320
	罗平县	3018	63	1459483	23166.4	378560	591479	489444	67033	1064.0	4.6%	748022	474460

续表

地州市	县域	行政区域面积（平方公里）	户籍人口（万人）	地区生产总值（万元）	人均生产总值（元）	第一产业增加值（万元）	第二产业增加值（万元）	第三产业增加值（万元）	公共财政收入（万元）	人均财政收入（元）	生产总值公共财政贡献率	规模以上工业总产值（万元）	固定资产投资（万元）
曲靖市【1区8县(市)】不包含在内的：麒麟区	富源县	3251	81	1345299	16608.6	314123	584459	446717	83099	1025.9	6.2%	1441495	1080784
	会泽县	5884	103	1602416	15557.4	360332	875558	366526	101003	980.6	6.3%	1066789	1125652
	沾益县	2730	43	1600627	37223.9	349092	830815	420720	68320	1588.8	4.3%	2388867	1473585
	宣威市	6053	153	2293201	14988.2	510105	974667	808429	150000	980.4	6.5%	1585600	2017986
玉溪市【2区7县(市)】不包含在内的：红塔区	江川区	850	28	612796	21885.6	144566	199008	269222	50155	1791.3	8.2%	375675	306429
	澄江县	756	17	628171	36951.2	97395	267150	263626	54054	3179.6	8.6%	328686	597641
	通海县	721	29	795428	27428.6	145395	319952	330071	44050	1519.0	5.5%	758390	278831
	华宁县	1313	21	608351	28969.1	163465	213990	230896	34649	1650.0	5.7%	230129	293019
	易门县	1571	17	611822	35989.5	101110	325906	184806	45761	2691.8	7.5%	649275	419054
	峨山彝族自治县	1972	16	550378	34398.6	93458	265044	191876	46012	2875.8	8.4%	469164	418484
	新平彝族太族自治县	4223	28	1005315	35904.1	160012	612501	232802	109507	3911.0	10.9%	1734862	628991
	元江哈尼族彝族傣族自治县	2858	21	553860	26374.3	171348	142539	239973	33971	1617.7	6.1%	226914	366102
楚雄彝族自治州【10县(市)】	楚雄市	4433	52	2690502	51740.4	224043	1498219	968240	184260	3543.5	6.8%	2480843	2075954
	双柏县	4045	15	261846	17456.4	93663	76981	91202	22765	1517.7	8.7%	195582	311372

续表

地州市	县域	行政区域面积（平方公里）	户籍人口（万人）	地区生产总值（万元）	人均生产总值（元）	第一产业增加值（万元）	第二产业增加值（万元）	第三产业增加值（万元）	公共财政收入（万元）	人均财政收入（元）	生产总值公共财政贡献率	规模以上工业总产值（万元）	固定资产投资（万元）
楚雄彝族自治州【10县（市）】	牟定县	1464	20	400043	20002.2	104100	149270	146673	26669	1333.5	6.7%	176265	445086
	南华县	2343	24	404745	16864.4	122943	136073	145729	38624	1609.3	9.5%	359543	427336
	姚安县	1803	21	379746	18083.1	126551	122434	130761	22262	1060.1	5.9%	99289	330402
	大姚县	4146	28	525440	18765.7	168318	192005	165117	39390	1406.8	7.5%	415894	529712
	永仁县	2189	11	228570	20779.1	77012	62338	89220	24177	2197.9	10.6%	97582	262393
	元谋县	2021	22	393278	17876.3	140154	114208	138916	22686	1031.2	5.8%	215608	301042
	武定县	3322	28	460563	16448.7	148194	163444	148925	49979	1785.0	10.9%	252284	520008
	禄丰县	3536	43	1400738	32575.3	268269	509521	622948	76617	1781.8	5.5%	1119879	810757
红河哈尼族彝族自治州【13县（市）】	个旧市	1587	39	1926494	49397.3	121749	1192491	612254	107303	2751.4	5.6%	3107114	1565112
	开远市	1950	28	1413060	50466.4	162805	617978	632277	142933	5104.8	10.1%	1029833	1561021
	蒙自市	2228	39	1298737	33300.9	211071	679274	408392	239455	6139.9	18.4%	1892461	1569101
	弥勒市	4004	54	2458891	45535.0	259459	1760850	438582	130890	2423.9	5.3%	2339270	1563120
	屏边苗族自治县	1906	16	226329	14145.6	57395	90348	78586	11387	711.7	5.0%	103933	385001
	建水县	3782	54	1177664	21808.6	269858	465457	442349	100549	1862.0	8.5%	994742	1564120
	石屏县	3037	31	517229	16684.8	209528	160567	147134	38316	1236.0	7.4%	215994	688010

续表

地州市	县域	行政区域面积(平方公里)	户籍人口(万人)	地区生产总值(万元)	人均生产总值(元)	第一产业增加值(万元)	第二产业增加值(万元)	第三产业增加值(万元)	公共财政收入(万元)	人均财政收入(元)	生产总值公共财政贡献率	规模以上工业总产值(万元)	固定资产投资(万元)
红河哈尼族彝族自治州【13县(市)】	泸西县	1674	43	695923	16184.3	170100	288266	237557	72376	1683.2	10.4%	528816	955518
	元阳县	2212	45	374363	8319.2	118085	111745	144533	22266	494.8	5.9%	49920	505013
	红河县	2029	34	274263	8066.6	103037	73381	97845	13076	384.6	4.8%	46062	513120
	金平苗族瑶族傣族自治县	3677	39	362977	9307.1	99809	169006	94162	39008	1000.2	10.7%	216901	504012
	绿春县	3097	24	232480	9686.7	70649	99782	62049	16334	680.6	7.0%	88443	503124
	河口瑶族自治县	1332	9	337522	37502.4	85346	90607	161569	22295	2477.2	6.6%	30400	404010
大理白族自治州【12县(市)】	大理市	1815	62	3135119	50566.4	211920	1562386	1360813	275326	4440.7	8.8%	3163817	2675741
	漾濞彝族自治县	1957	11	174277	15843.4	54065	76522	43690	12769	1160.8	7.3%	58859	98700
	祥云县	2425	48	1134720	23640.0	290611	591204	252905	71836	1496.6	6.3%	887673	500604
	宾川县	2627	36	885652	24601.4	366108	254819	264725	36642	1017.8	4.1%	262901	350822
	弥渡县	1523	33	448045	13577.1	122359	156024	169662	31507	954.8	7.0%	183813	255645
	南涧彝族自治县	1732	23	414556	18024.2	112002	149405	153149	25722	1118.3	6.2%	139700	133521
	巍山彝族回族自治县	2200	32	475492	14859.1	152383	169456	153653	33885	1058.9	7.1%	246372	204817

续表

地州市	县域	行政区域面积（平方公里）	户籍人口（万人）	地区生产总值（万元）	人均生产总值（元）	第一产业增加值（万元）	第二产业增加值（万元）	第三产业增加值（万元）	公共财政收入（万元）	人均财政收入（元）	生产总值公共财政贡献率	规模以上工业总产值（万元）	固定资产投资（万元）
大理白族自治州【12县(市)】	永平县	2884	19	323560	17029.5	119811	104740	99009	20336	1070.3	6.3%	52106	144952
	云龙县	4401	21	445986	21237.4	88239	239306	118441	44168	2103.2	9.9%	153406	562612
	洱源县	2614	30	484961	16165.4	164579	172982	147400	28703	956.8	5.9%	553706	356246
	剑川县	2250	19	246180	12956.8	52854	121830	71496	34800	1831.6	14.1%	156574	223667
	鹤庆县	2395	28	511214	18257.6	102793	306889	101532	49897	1782.0	9.8%	441066	295320
丽江市【1区4县(市)】不包含在内的：古城区	玉龙纳西族自治县	6393	22	474714	21577.9	98114	182714	193886	67969	3089.5	14.3%	245219	432584
	永胜县	5099	40	623916	15722.9	150623	326204	152089	41586	1039.7	6.6%	474068	429088
	华坪县	2266	16	319784	19986.5	57339	153791	108654	45972	2873.3	14.4%	218293	383201
	宁蒗彝族自治县	6206	28	307344	10976.6	72000	122135	113209	23892	853.3	7.8%	144292	371786
怒江傈僳族自治州【4县(市)】	泸水县	2938	18	352150	19563.9	58472	130112	163566	23790	1321.7	6.8%	172780	293861
	福贡县	2756	10	90195	9019.5	22993	27838	39364	6763	676.3	7.5%	7147	76467
	贡山独龙族怒族自治县	4506	4	71502	17875.5	19161	24576	27765	6008	1502.0	8.4%	9515	117721
	兰坪白族普米族自治县	4372	22	402115	18278.0	62707	209293	130115	42518	1932.6	10.6%	167760	450025

续表

地州市	县域	行政区域面积（平方公里）	户籍人口（万人）	地区生产总值（万元）	人均生产总值（元）	第一产业增加值（万元）	第二产业增加值（万元）	第三产业增加值（万元）	公共财政收入（万元）	人均财政收入（元）	生产总值公共财政贡献率	规模以上工业总产值（万元）	固定资产投资（万元）
迪庆藏族自治州【3县(市)】	香格里拉县	11419	15	909421	60628.1	39327	392154	477940	50462	3364.1	5.5%	377377	1247092
	德钦县	7291	6	215187	35864.5	14727	109236	91224	17988	2998.0	8.4%	78381	525722
	维西傈僳族自治县	4477	16	350823	21926.4	49825	124594	176404	27114	1694.6	7.7%	49897	697746
保山市【1区4县(市)】不包含在内的：隆阳区	施甸县	2009	34	441895	12996.9	145102	118271	178522	37420	1100.6	8.5%	195924	320551
	腾冲市	5845	67	1333655	19905.3	297887	484104	551664	153016	2283.8	11.5%	795278	1450101
	龙陵县	2884	30	551664	18388.8	182489	219950	149225	42132	1404.4	7.6%	488756	492072
	昌宁县	3888	35	759386	21696.7	289856	274001	195529	63370	1810.6	8.3%	538264	349836
昭通市【1区10县(市)】不包含在内的：昭阳区	鲁甸县	1484	45	443579	9857.3	104997	210459	128123	35186	781.9	7.9%	319205	520277
	巧家县	3245	60	507154	8452.6	193430	160458	153266	26749	445.8	5.3%	81643	463303
	盐津县	2092	39	382212	9800.3	85525	177363	118824	15532	398.3	4.1%	119350	352391
	大关县	1721	28	247501	8839.3	63763	104295	79443	11797	421.3	4.8%	93888	392451
	永善县	2778	47	645107	13725.7	125252	363532	156323	37818	804.6	5.9%	746015	439792
	绥江县	749	17	189526	11148.6	37094	70785	81647	31223	1836.6	16.5%	29252	278102
	镇雄县	3696	157	801123	5102.7	225885	303365	271873	50699	322.9	6.3%	331669	884914
	彝良县	2799	60	468792	7813.2	190273	170339	108180	24121	402.0	5.1%	191705	457009

续表

地州市	县域	行政区域面积（平方公里）	户籍人口（万人）	地区生产总值（万元）	人均生产总值（元）	第一产业增加值（万元）	第二产业增加值（万元）	第三产业增加值（万元）	公共财政收入（万元）	人均财政收入（元）	生产总值公共财政贡献率	规模以上工业总产值（万元）	固定资产投资（万元）
昭通市 【1区10县(市)】	威信县	1400	43	313834	7298.5	63747	125290	124797	18894	439.4	6.0%	138475	126734
	水富县	440	10	495114	49511.4	19525	375910	99679	20638	2063.8	4.2%	742191	102528
普洱市 【1区9县(市)】 不包含在内的：思茅区	宁洱哈尼族彝族自治县	3670	20	394112	19705.6	97470	150018	146624	30059	1503.0	7.6%	189844	378715
	墨江哈尼族自治县	5459	37	466611	12611.1	137477	179147	149987	36617	989.6	7.8%	182913	509824
	景东彝族自治县	4532	37	537776	14534.5	212378	172911	152487	40069	1082.9	7.5%	189452	273335
	景谷傣族彝族自治县	7777	32	796877	24902.4	280562	348524	167791	47616	1488.0	6.0%	430609	448534
	镇沅彝族哈尼族拉祜族自治县	4223	21	375069	17860.4	168650	92192	114227	31445	1497.4	8.4%	134422	249835
	江城哈尼族彝族自治县	3487	12	232737	19394.8	85168	91615	55954	14969	1247.4	6.4%	87720	237351
	孟连傣族拉祜族佤族自治县	1893	13	212663	16358.7	84335	48092	80236	13319	1024.5	6.3%	57785	131288
	澜沧拉祜族自治县	8807	50	518715	10374.3	159113	207313	152289	46258	925.2	8.9%	95079	360939
	西盟佤族自治县	1391	10	90004	9000.4	26505	19163	44336	6250	625.0	6.9%	19169	86962

续表

地州市	县域	行政区域面积（平方公里）	户籍人口（万人）	地区生产总值（万元）	人均生产总值（元）	第一产业增加值（万元）	第二产业增加值（万元）	第三产业增加值（万元）	公共财政收入（万元）	人均财政收入（元）	生产总值公共财政贡献率	规模以上工业总产值（万元）	固定资产投资（万元）
临沧市【1区7县(市)】不包含在内的：临翔区	凤庆县	3324	44	917546	20853.3	321859	390765	204922	43600	990.9	4.8%	541471	784364
	云　县	3659	44	917296	20847.6	264797	445150	207349	40238	914.5	4.4%	520540	843848
	永德县	3220	36	471751	13104.2	144850	190975	135926	50836	1412.1	10.8%	182782	735741
	镇康县	2529	18	361255	20069.7	81143	179893	100219	30048	1669.3	8.3%	201602	560362
	双江拉祜族佤族布朗族傣族自治县	2157	17	334111	19653.6	95944	142955	95212	31392	1846.6	9.4%	179549	396268
	耿马傣族佤族自治县	3728	29	698708	24093.4	263257	232983	202468	35395	1220.5	5.1%	243292	660985
	沧源佤族自治县	2446	17	327084	19240.2	85136	150337	91611	21776	1280.9	6.7%	202299	515021
文山壮族苗族自治州【8县(市)】	文山市	2977	48	1766105	36793.9	165211	887613	713281	156000	3250.0	8.8%	1876080	1407743
	砚山县	3822	51	990232	19416.3	208237	461043	320952	62016	1216.0	6.3%	931404	731191
	西畴县	1506	26	251599	9676.9	87567	42335	121697	14018	539.2	5.6%	52000	148262
	麻栗坡县	2334	29	461775	15923.3	105824	214932	141019	32828	1132.0	7.1%	310037	321408
	马关县	2676	38	628070	16528.2	160074	264937	203059	52506	1381.7	8.4%	500794	294298
	丘北县	4997	54	530943	9832.3	205181	140969	184793	41500	768.5	7.8%	223447	506107

续表

地州市	县域	行政区域面积（平方公里）	户籍人口（万人）	地区生产总值（万元）	人均生产总值（元）	第一产业增加值（万元）	第二产业增加值（万元）	第三产业增加值（万元）	公共财政收入（万元）	人均财政收入（元）	生产总值公共财政贡献率	规模以上工业总产值（万元）	固定资产投资（万元）
文山壮族苗族自治州【8县（市）】	广南县	7810	88	811449	9221.0	289859	228734	292856	37800	429.5	4.7%	416189	494716
	富宁县	5352	45	665990	14799.8	191310	245804	228876	41066	912.6	6.2%	375243	592871
西双版纳傣族自治州【3县（市）】	景洪市	6867	42	1632119	38860.0	337554	563643	730922	117307	2793.0	7.2%	582445	2047321
	勐海县	5368	33	818482	24802.5	200724	306187	311571	42071	1274.9	5.1%	457779	340569
	勐腊县	6861	24	701642	29235.1	287082	112466	302094	34788	1449.5	5.0%	51672	534782
德宏傣族景颇族自治州【5县（市）】	瑞丽市	1020	13	733204	56400.3	90999	148845	493360	91256	7019.7	12.4%	227706	1003980
	芒市	2987	38	779686	20518.1	202843	169852	406991	71146	1872.3	9.1%	410901	765445
	梁河县	1159	17	175061	10297.7	58652	39397	77012	14977	881.0	8.6%	64247	64044
	盈江县	4429	30	712116	23737.2	215873	281919	214324	55861	1862.0	7.8%	438139	570333
	龙川县	1931	19	340771	17935.3	137858	76439	126474	21348	1123.6	6.3%	203691	166329
合　　计	117个	365762	4024	84739626	21058.6	19572300	36553713	28613613	6581913	1635.7	7.8%	68698737	75503524

第三章 贵州篇

一、整体概况

(一)全省概况

贵州省,简称“黔”或“贵”,省会贵阳市。贵州地处西南腹地,境内地势西高东低,自中部向北、东、南三面倾斜,平均海拔在1100米左右,全省地貌可概括分为:高原、山地、丘陵和盆地4种基本类型,高原山地居多,素有“八山一水一分田”之说,是全国唯一没有平原支撑的省份,面积为17.6万平方千米。2014年末全省常住人口3508.04万人。全省拥有9个地州市(其中6个地级市,3个自治州),88个县级行政区划单位(其中:14个市辖区、7个县级市、55个县、11个自治县、1个特区)。全省行政区域划分为6个地级市和3个自治州,主要分为贵阳市、六盘水市、遵义市、安顺市、铜仁市、毕节市、黔西南布依族苗族自治州(以下简称黔西南州)、黔东南苗族侗族自治州(以下简称黔东南州)、黔南布依族苗族自治州(以下简称黔南州)。

2014年,全省生产总值为9251.01亿元,人均生产总值约为2.6万元。其中,第一产业增加值1275.5亿元,第二产业增加值3847.06亿元,第三产业增加值4128.5亿元,三次产业比重结构为13.8:41.6:44.6。全部工业增加值1.1万亿元,其中规模以上工业增加值3117.6亿元;全部财政收入2132.16亿元,其中公共财政预算收入1366.42亿元;全社会固定资产投资8778.4亿元;社会消费品零售总额2579.53亿元,其中城镇消费品零售额2113.15亿元,乡村消费品零售额466.38亿元。

(二)县域概况

全省88个县级行政区划单位，纳入县域体系的有78个县级行政区划单位(其中：4个市辖区，7个县级市，55个县，11个自治县，1个特区)，行政区域面积17.0万平方千米，户籍人口3871万人。县域生产总值为7270.2亿元，人均生产总值1.9万元。其中，第一产业增加值1231.8亿元，第二产业增加值3055.5亿元，第三产业增加值2982.9亿元，三次产业结构比重为17.0∶42.0∶41.0。县域公共财政收入为762.8亿元，县域固定资产投资为10103.4亿元。

二、经济分析

(一)生产总值

1. 占比分析

(1)县域占全省生产总值比重

2014年，县域生产总值为7270.2亿元，占全省生产总值比重的78.6%。各地州市县域占全省生产总值比重结构为：贵阳市占6.8%、六盘水市占7.9%、遵义市占15.2%、安顺市占3.6%、毕节市占14%、铜仁市占7.2%、黔西南州占7.4%、黔东南州占7.7%、黔南州占8.8%(见图3-63)。

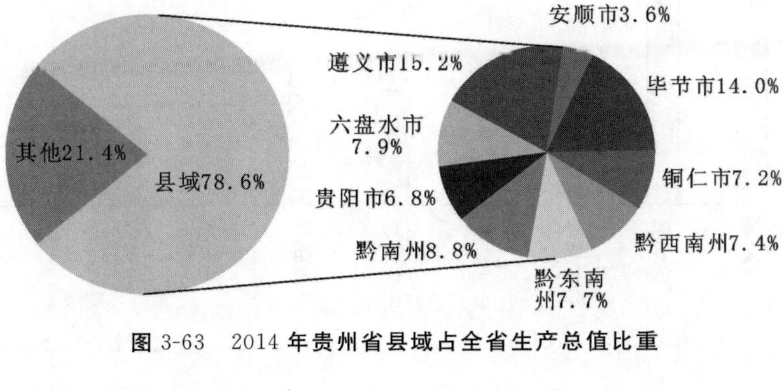

图3-63 2014年贵州省县域占全省生产总值比重

(2)各地州市县域生产总值比重

2014年，各地州市县域生产总值比重结构为：贵阳市占8.6%、六盘水市占10.1%、遵义市占19.4%、安顺市占4.5%、毕节市占17.8%、铜仁市占9.1%、黔西南州占9.5%、黔东南州占9.8%、黔南州占11.2%(见图3-64)。

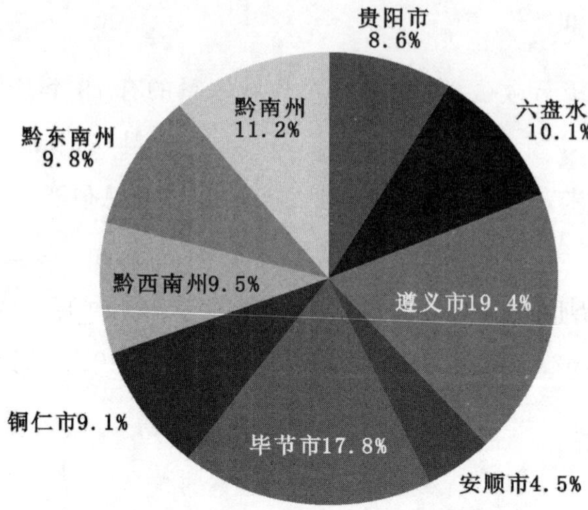

图 3-64　2014 年贵州省各地州市县域生产总值比重

2.排名分析

(1)全省各地州市县域生产总值排名

2014 年,各地州市县域生产总值排名依次为:遵义市、毕节市、黔南州、六盘水市、黔东南州、黔西南州、铜仁市、贵阳市、安顺市。其中,遵义市生产总值高出排名第二的毕节市 9.1%,为安顺市的 4.3 倍(见图 3-65)。

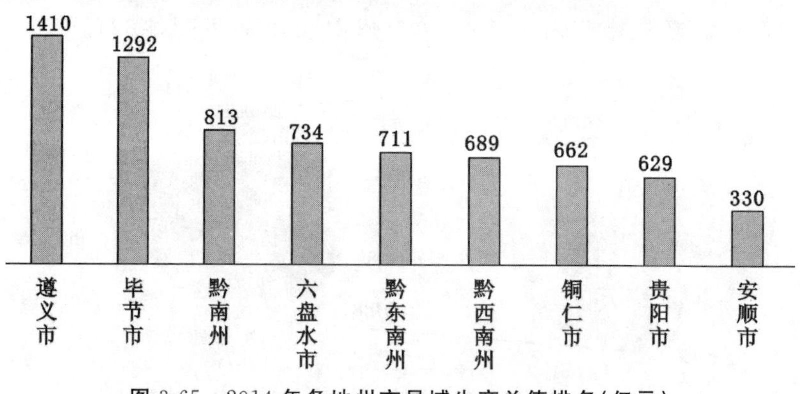

图 3-65　2014 年各地州市县域生产总值排名(亿元)

(2)全省县域生产总值排名

2014 年,全省县域生产总值排名前 10 位的次依次为:仁怀市、盘县、兴义市、遵义市、七星关区、清镇市、金沙县、水城县、凯里市、开阳县(见图 3-66)。

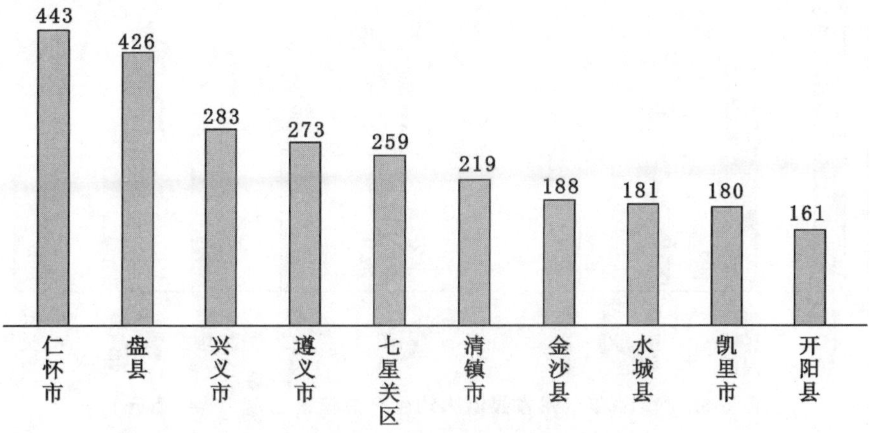

图 3-66 2014 年贵州省县域生产总值排名前 10 名(亿元)

2014 年,全省县域生产总值排名后 10 位的依次为:万山区、剑河县、三穗县、锦屏县、册亨县、施秉县、麻江县、台江县、丹寨县、雷山县。其中,后 10 位次的 7 位分布在黔东南州。排名第一位的生产总值是末位的 21.0 倍,后 10 位的生产总值总和仅占排名第一位的仁怀市的 60.0%(见图 3-67)。

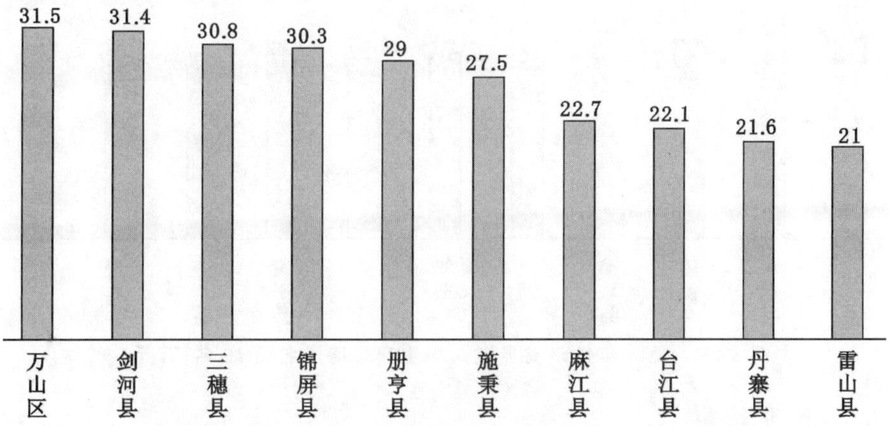

图 3-67 2014 年贵州省县域生产总值排名后 10 名(亿元)

(3)全省县域人均生产总值排名

2014 年,全省县域人均生产总值排名前 10 位的依次为:仁怀市、息烽县、清镇县、修文县、玉屏县、开阳县、碧江县、盘县、福泉市、兴义市。其中,前 10 位次的 4 位分布在贵阳市(见图 3-68)。

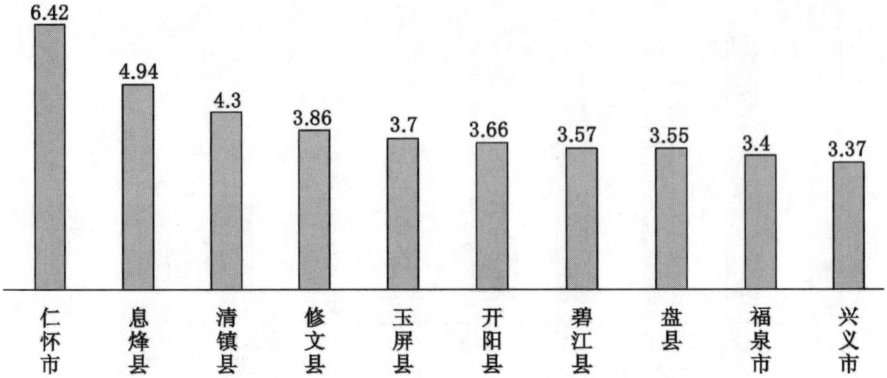

图 3-68　2014 年贵州省县域人均生产总值排名前 10 名(万元)

2014 年,全省县域人均生产总值排名后 10 位的依次为:三都水族自治县(以下简称三都县)、凤冈县、望谟县、赫章县、沿河土家族自治县(以下简称沿河县)、黎平县、威宁彝族回族苗族自治县(以下简称威宁县)、黄平县、务川仡佬族苗族自治县(以下简称务川县)、正安县。其中,后 10 位次的 3 位分布在遵义市。排名第一位的人均生产总值是末位的6.9 倍(见图 3-69)。

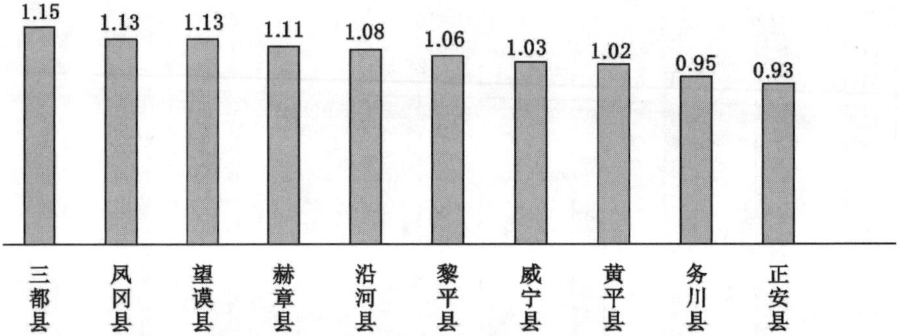

图 3-69　2014 年贵州省县域人均生产总值排名后 10 名(万元)

(二)产业结构

1.全省三次产业增加值比重

2014 年,全省生产总值 9251.01 亿元,其中,第一产业增加值1275.45亿元,第二产业增加值 3847.06 亿元,第三产业增加值 4128.50 亿元,三次产业比重结构为 13.8∶41.6∶44.6(见图 3-70)。

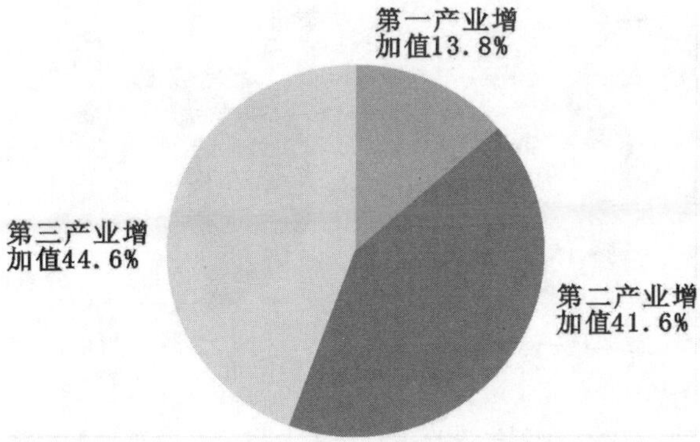

图 3-70　2014 年贵州省三次产业增加值比重

2. 县域三次产业增加值比重

2014 年，全省县域生产总值为 7270.2 亿元，其中，第一产业增加值 1231.8 万元，第二产业增加值 3055.5 万元，第三产业增加值 2982.9 万元，三次产业结构比重为 17.0∶42.0∶41.0（见图 3-71）。

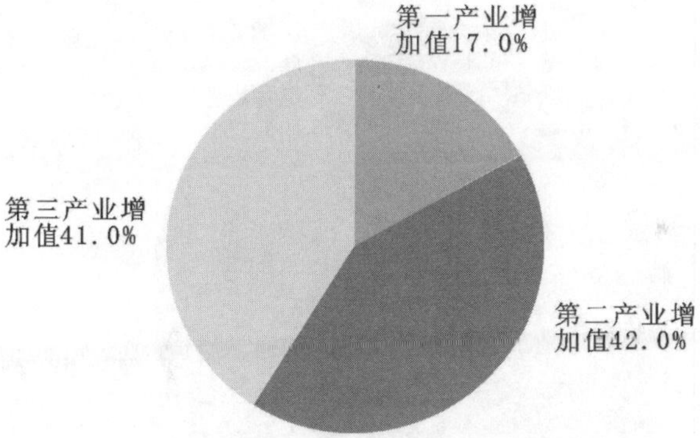

图 3-71　2014 年贵州省县域三次产业增加值比重

（三）财政收入

1. 占比分析

（1）县域占全省公共财政收入比重

2014 年，县域公共财政收入为 762.8 亿元，占全省公共财政收入的比重为 55.8%。其中，各地州市县域占全省公共财政收入的比重结构为：贵阳市占 2.6%、六盘水占 5.7%、遵义市占 7.0%、安顺市占 2.1%、毕节市占 12.2%、铜仁市占 3.6%、黔西南州占 9.9%、黔东南州占 7.3%、黔南州占 5.4%（见图 3-72）。

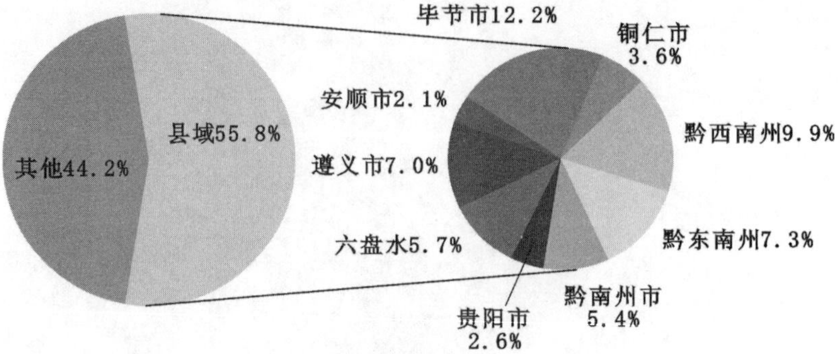

图 3-72　2014 年贵州省县域占全省公共财政收入比重

(2)各地州市县域公共财政收入比重

2014 年,各地州市县域公共财政收入的比重结构为:贵阳市占 4.7%、六盘水市占 10.2%、遵义市占 12.5%、安顺市占 3.7%、毕节市占 21.9%、铜仁市占 6.5%、黔西南州占 17.8%、黔东南州占 13.1%、黔南州占 9.6%(见图 3-73)。

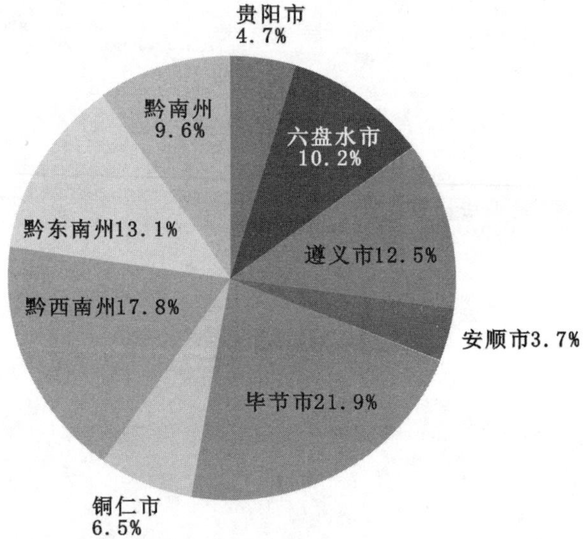

图 3-73　2014 年贵州省各地州市县域公共财政收入比重

2.排名分析

(1)县域公共财政收入排名

2014 年,各地州市县域公共财政收入排名依次为:毕节市、黔西南州、黔东南州、遵义市、六盘水市、黔南州、铜仁市、贵阳市、安顺市。其中,毕节市公共财政收入为安顺市的 5.96 倍(见图 3-74)。

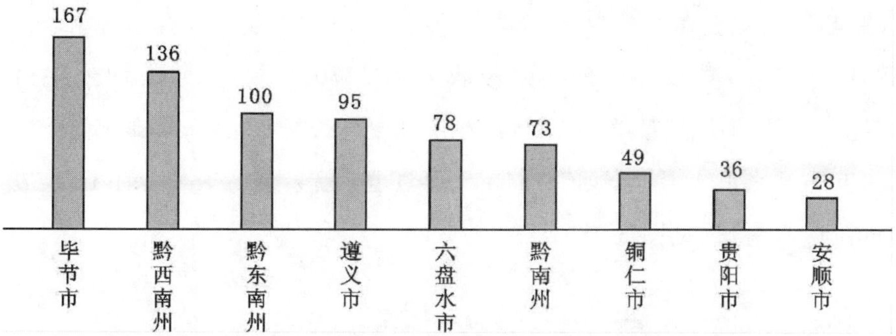

图 3-74 2014 年贵州省各地州市县域公共收入财政排名(亿元)

2014 年,全省县域公共财政收入排名前 10 位的依次为:兴义市、凯里市、金沙县、盘县、大方县、织金县、仁怀市、安龙县、七星关区、水城县。其中,前 10 位次的 4 位分布在毕节市(见图 3-75)。

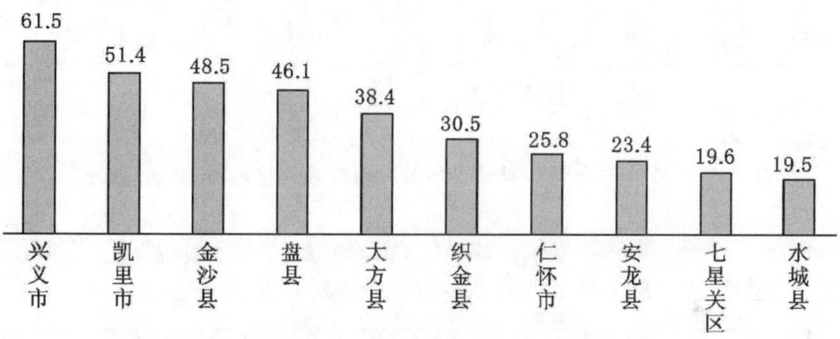

图 3-75 2014 年贵州省县域公共财政收入排名前 10 名(亿元)

2014 年,全省县域公共财政收入排名后 10 位的依次为:望谟县、锦屏县、罗甸县、雷山县、施秉县、万山区、台江县、麻江县、江口县、丹寨县。其中,后 10 位次的 6 位分布在黔东南州。排名第一位的公共财政收入是末位的 55.0 倍(见图 3-76)。

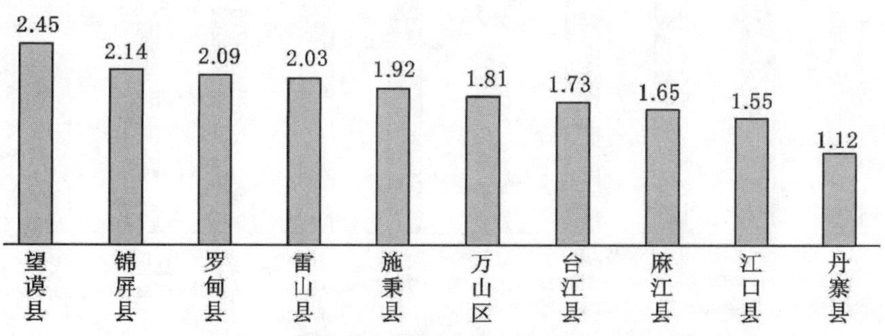

图 3-76 2014 年贵州省县域公共财政收入排名后 10 名(亿元)

(2)县域人均公共财政收入排名

2014年,全省县域人均公共财政收入为1970.7元,县域人均公共财政收入排名前10位的依次为:凯里市、兴义市、金沙县、安龙县、玉屏侗族自治县(以下简称玉屏县)、贞丰县、盘县、仁怀市、碧江县、福泉市。其中,前10位次的3位分布在黔西南州(见图3-77)。

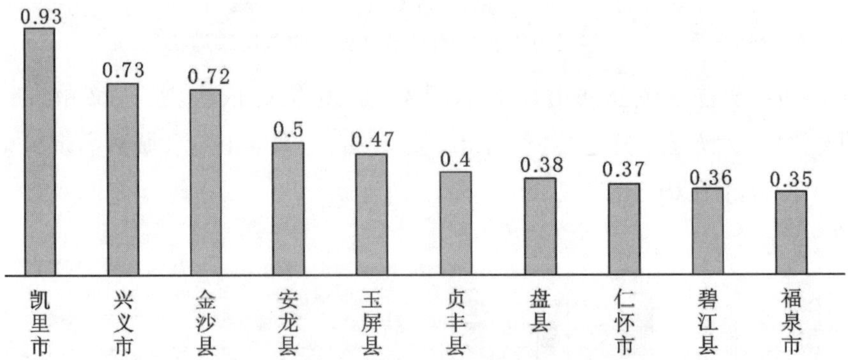

图3-77 2014年贵州省县域人均公共财政收入排名前10名(万元)

2014年,全省县域人均公共财政收入排名后10位的依次为:江口县、纳雍县、丹寨县、思南县、正安县、罗甸县、印江土家族苗族自治县(以下简称印江县)、沿河县、威宁县、赫章县。其中,后10位次的4位分别分布在铜仁市(见图3-78)。

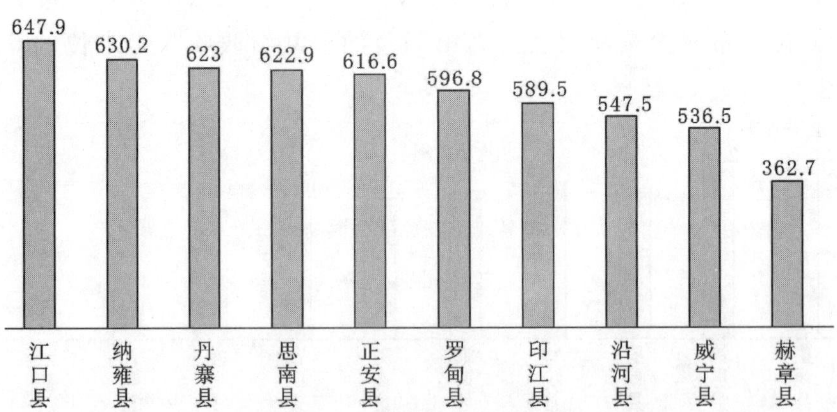

图3-78 2014年贵州省县域人均公共财政收入排名后10名(元)

(3)县域生产总值公共财政贡献率排名

2014 年,全省生产总值公共财政贡献率 14.8%,县域生产总值公共财政贡献率 10.5%,各地州市县域生产总值公共财政贡献率排名依次为:黔西南州、黔东南州、毕节市、六盘水市、黔南州、安顺市、铜仁市、遵义市、贵阳市(见图 3-79)。

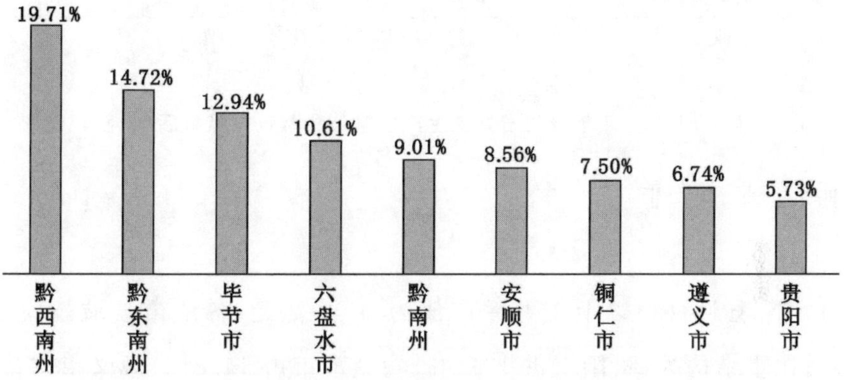

图 3-79 2014 年贵州省各地州市县域生产总值公共财政贡献率排名

2014 年,全省县域生产总值公共财政贡献率排名前 10 位的依次为:安龙县、凯里市、金沙县、大方县、织金县、贞丰县、兴义市、镇远县、晴隆县、惠水县。其中,前 10 位次的 4 位分布在黔西南州(见图 3-80)。

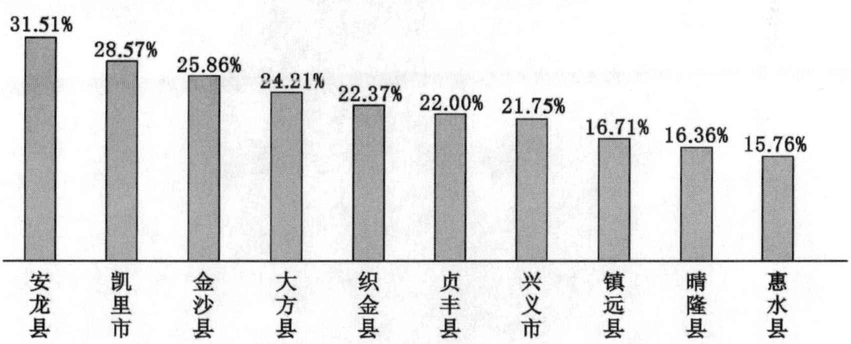

图 3-80 2014 年贵州省县域生产总值公共财政贡献率排名前 10 名

2014 年,全省县域生产总值公共财政贡献率排名后 10 位的依次为:息烽县、威宁县、丹寨县、沿河县、思南县、印江县、江口县、纳雍县、罗甸县、赫章县。其中,后 10 位次的 4 位分布在铜仁市(见图 3-81)。

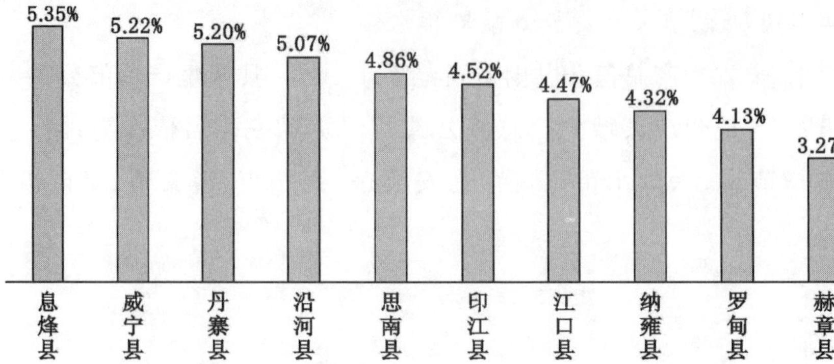

图 3-81　2014 年贵州省县域生产总值公共财政贡献率后 10 名

(四)工业总产值

1. 占比分析

2014 年,县域规模以上工业总产值为 7205 亿元,各地市县域规模以上工业总产值比重结构为:贵阳市占 13.4%、六盘水市占 14.3%、遵义市占18.4%、安顺市占 2.7%、毕节市占 11.9%、铜仁市占 8.3%、黔西南州占8.2%、黔东南州占 8.9%、黔南州占 13.9%(见图 3-82)。

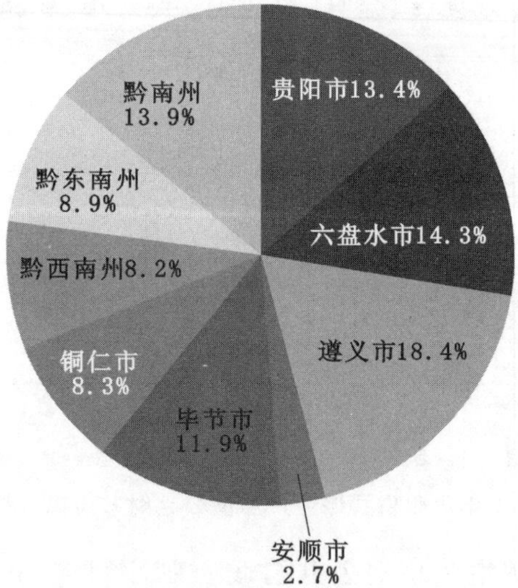

图 3-82　2014 年贵州省各地州市县域规模以上工业总产值比重

2. 排名分析

2014 年,各地州市县域规模以上工业总产值排名依次为:遵义市、六盘水市、黔南州、贵阳市、毕节市、黔东南州、铜仁市、黔西南州、安顺市。排名第一位的遵义市规模以上工业总产值是末位安顺市的 6.9 倍(见图 3-83)。

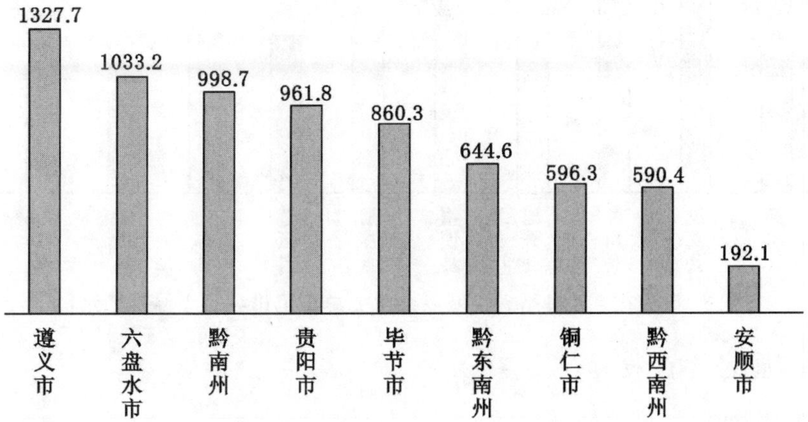

图 3-83　2014 年贵州省各地州市县域规模以上工业总产值排名(亿元)

2014 年,全省县域规模以上工业总产值排名前 10 位的依次为:盘县、仁怀市、水城县、遵义县、开阳县、息烽县、兴义市、修文县、七星关区、福泉市。其中,前 10 位次的 3 位分布在贵阳市(见图 3-84)。

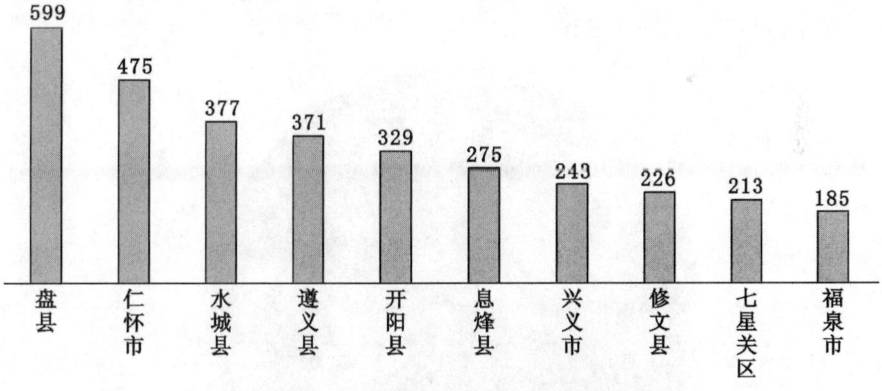

图 3-84　2014 年贵州省县域以上工业总产值前排名 10 名(亿元)

2014 年,全省县域规模以上工业总产值排名后 10 位的依次为:剑河县、道真仡佬族苗族自治县(以下简称道真县)、务川县、施秉县、望谟县、册亨县、紫云苗族布依族自治县(以下简称紫云县)、三都县、雷山县、麻江县。其中,后 10 位次的四位分布在黔东南州。排名第一位的规模以上工业总产值是最后一位的 77.7 倍(见图 3-85)。

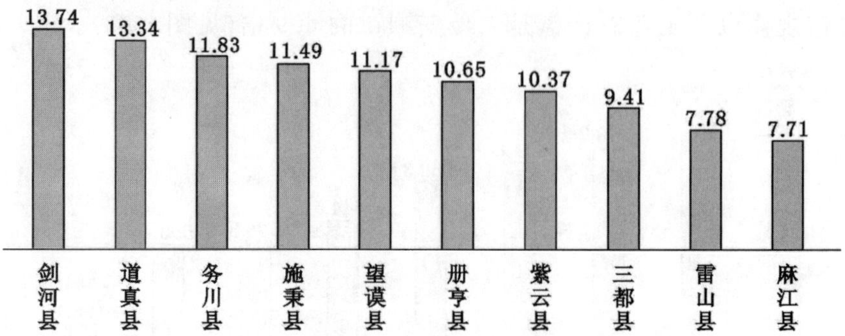

图 3-85　2014 年贵州省县域以上工业总产值排名后 10 名(亿元)

(五)固定资产投资

1. 占比分析

(1)各地州市县域固定资产投资比重

2014 年，县域固定资产投资为 10103.4 亿元。各地州市县域固定资产投资比重结构为：贵阳市占 8.0%、六盘水市占 12.8%、遵义市占 16.6%、安顺市占 4.3%、毕节市占 17.9%、铜仁市占 11.3%、黔西南州占 7.4%、黔东南州占 11.5%、黔南州占 10.2%(见图 3-86)。

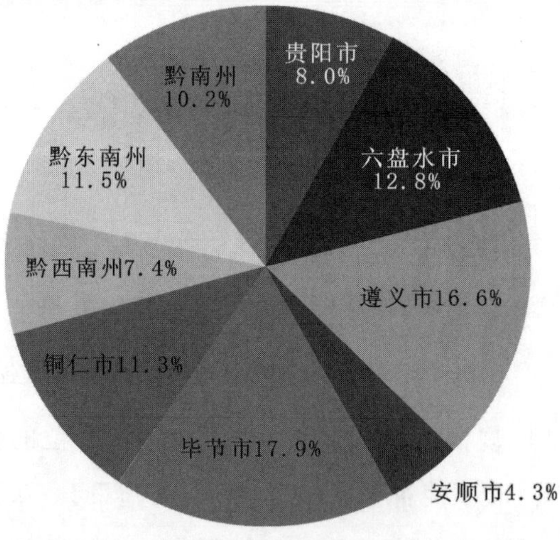

图 3-86　2014 年贵州省各地州市县域固定资产投资比重

2.排名分析

2014 年,各地州市县域固定资产投资排名依次为:毕节市、遵义市、六盘水市、黔东南州、铜仁市、黔南州、贵阳市、黔西南州、安顺市。其中,毕节市固定资产投资为安顺市的 4.1 倍(见图 3-87)。

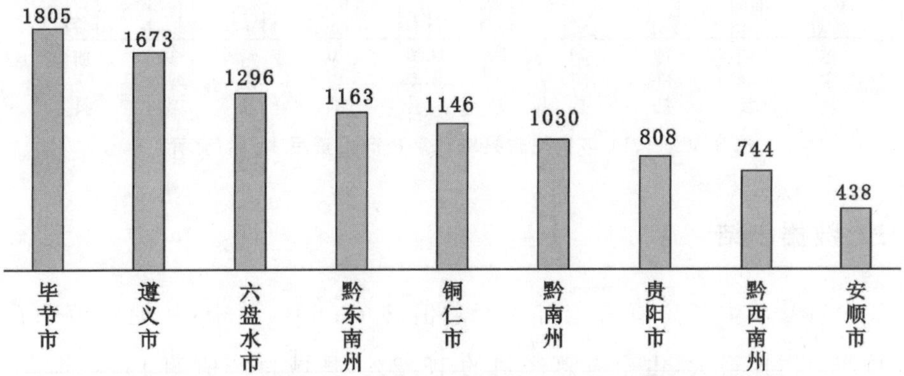

图 3-87 2014 年贵州省各地州市县域固定资产投资排名(亿元)

2014 年,全省县域固定资产投资排名前 10 位的依次为:盘县、凯里市、织金县、水城县、金沙县、仁怀市、七星关区、遵义县、兴义市、大方县。其中,前 10 位次的 4 位分布在毕节市(见图 3-88)。

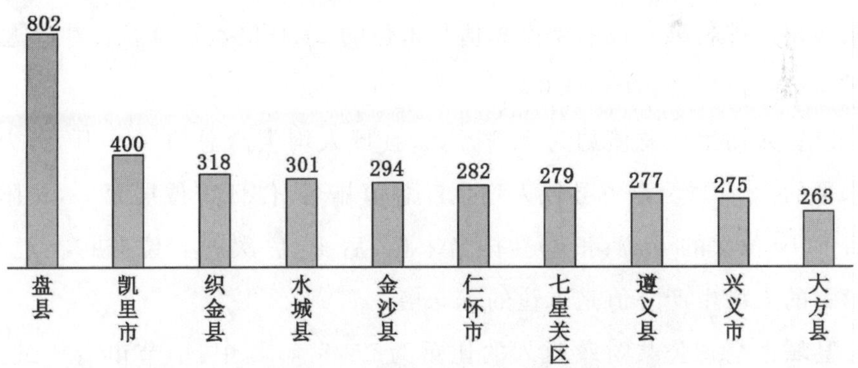

图 3-88 2014 年贵州省县域固定资产投资前 10 名(亿元)

2014 年,全省县域固定资产投资排名后 10 位次依次为:镇宁布依族苗族自治县(以下简称镇宁县)、锦屏县、黄平县、剑河县、岑巩县、望谟县、从江县、雷山县、麻江县、册亨县。其中,后 10 位次的 7 位分布在黔东南州。排名第一位的盘县固定资产投资是末位册亨县的 26.0 倍(见图 3-89)。

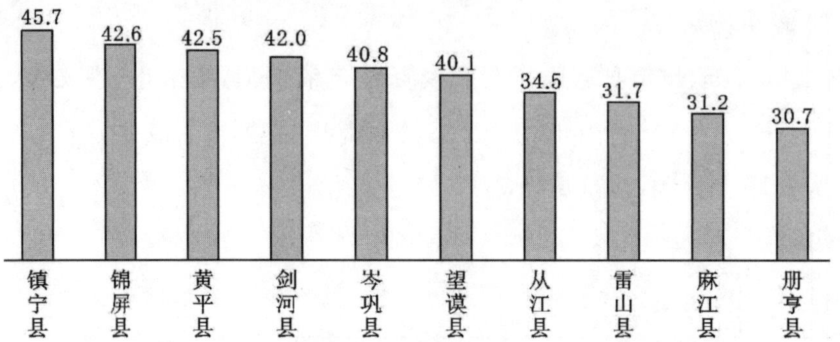

图 3-89　2014 年贵州省县域固定资产投资后 10 名(亿元)

三、数据小结

1. 全省县域生产总值占全省生产总值的 78.6%，其中：从地州市来看，遵义市总产值占比最大，占全省总产值的 15.2%，县域总产值的 19.4%，为安顺市的 4.3 倍。全省三次产业比重结构为 13.8∶41.6∶44.6，县域三次产业结构比重为 17∶42∶41。

2. 全省县域生产总值排名，仁怀市位居第一，贵阳市、六盘水市、遵义市、毕节市分别囊括全省前 10 位次的 2 位；雷山县排名末位，后 10 位次的 7 位分布在黔东南州。排名第一位的生产总值是末位的 21.0 倍，后 10 位的生产总值总和占排名第一位仁怀市的 60.0%。

3. 全省人均生产总值约为 2.6 万元，县域人均生产总值 1.9 万元，为全省平均水平的 73.1%。全省县域人均生产总值排名，仁怀市位居第一，贵阳市囊括全省前 10 位次的 4 位；正安县排名末位，后 10 位次的 3 位分布在遵义市。排名第一的人均生产总值是末位的 6.9 倍。

4. 县域占全省公共财政收入的比重为 55.8%，其中：毕节市占比最大，占全省 12.2%，占县域 21.9%。全省人均公共财政收入为 3895.1 元，县域人均公共财政收入为 1970.7 元，县域为全省人均公共财政收入水平的 50.6%。

5. 全省县域公共财政收入排名，第一位为兴义市，末位是丹寨县，第一位的公共财政收入是末位的 55.0 倍。人均县域公共财政收入排名，第一位为凯里市，末位是赫章县，第一位的公共财政收入是末位的 25.6 倍。

6.全省生产总值公共财政贡献率为14.8%，县域生产总值公共财政贡献率10.5%，县域是全省平均水平的70.9%。全省各地州市县域生产总值公共财政贡献率排名，第一位是黔西南州，贡献率为19.7%，末位是贵阳市，贡献率为5.7%。全省县域生产总值公共财政贡献率排名，第一位是安龙县，贡献率为31.5%，末位是赫章县，贡献率为3.3%，第一位的贡献率是末位的9.5倍。

7.全省县域规模以上工业产值为7205亿元，遵义市占比最大，占县域规模以上工业总产值的18.4%，是安顺市的6.9倍；从县域来看，全省县域规模以上工业总产值排名，盘县排名第一位，麻江县排名末位，排名第一位的规模以上工业总产值是末位的77.7倍。

8.全省县域固定资产投资为10103.4亿元，其中毕节市占比最大，占县域的17.9%。全省县域固定资产投资排名，毕节市囊括全省前10位次的4位，黔东南州占全省后10位次的7位，排名第一位的盘县固定资产投资是末位册亨县的26.0倍。

附录：

贵州全省88个县级行政区划单位(14个市辖区、7个县级市、55个县、11个自治县、1个特区)
贵州省78个县域行政区划单位(4个市辖区,7个县级市,55个县,11个自治县、1个特区)

地州市	县域	行政区域面积(平方公里)	户籍人口(万人)	地区生产总值(万元)	人均生产总值(元)	第一产业增加值(万元)	第二产业增加值(万元)	第三产业增加值(万元)	公共财政收入(万元)	生产总值公共财政贡献率	人均财政收入(元)	规模以上工业总产值(万元)	固定资产投资(万元)
贵阳市【6区4县(市)】不包含在内的区:南明区、云岩区、花溪区、乌当区、白云区、观山湖区	开阳县	2070	44	1608888	36565.6	228231	897088	483569.0	102200	6.35%	2322.7	3286461	2089703
	息烽县	1037	26	1284727	49412.6	124688	680622	479417	68771	5.35%	2645.0	2746428	2341929
	修文县	1076	31	1197824	38639.5	159650	548450	489724	70305	5.87%	2267.9	2264606	1633768
	清镇市	1387	51	2193868	43017.0	190105	1001904	1001859	118960	5.42%	2332.5	1320545	2016251
六盘水市【2区2县(市)】不包含在内的:钟山区	六枝特区	1797	71	1265706	17826.8	168412	510857	586437.0	122210	9.66%	1721.3	570755	1936690
	水城县	3608	89	1811110	20349.6	202793	1019505	588812	195076	10.77%	2191.9	3766982	3006396
	盘　县	4056	120	4263034	35525.3	318029	2813752	1131253	461446	10.82%	3845.4	5993907	8020006
遵义市【2区12县(市)】不包含在内的:红花岗区、汇川区	遵义县	4094	124	2733927	22047.8	485927	1349900	898100	165453	6.05%	1334.3	3713996	2770144
	桐梓县	3208	74	1119547	15129.0	261002	443240	415305	130311	11.64%	1761.0	799742	1929944
	绥阳县	2571	56	823823	14711.1	254323	285400	284100	49164	5.97%	877.9	841319	1394988
	正安县	2595	65	607631	9348.2	199149	138920	269562	40078	6.60%	616.6	208736	707501
	道真仡佬族苗族自治县	2161	35	404432	11555.2	144522	74910	185000	31700	7.84%	905.7	134407	644242

续表

地州市	县域	行政区域面积（平方公里）	户籍人口（万人）	地区生产总值（万元）	人均生产总值（元）	第一产业增加值（万元）	第二产业增加值（万元）	第三产业增加值（万元）	公共财政收入（万元）	生产总值公共财政贡献率	人均财政收入（元）	规模以上工业总产值（万元）	固定资产投资（万元）
遵义市【2区12县(市)】不包含在内的：红花岗区、汇川区	务川仡佬族苗族自治县	2777	46	437434	9509.4	157377	85690	194367	35800	8.18%	778.3	118300	825895
	凤冈县	1885	44	499150	11344.3	170300	119690	209160	28814	5.77%	654.9	293078	641992
	湄潭县	1845	50	665728	13314.6	184778	187150	293800	48938	7.35%	978.8	540800	1040700
	余庆县	1622	30	549160	18305.3	137507	177260	234393	34225	6.23%	1140.8	385702	797858
	习水县	3128	75	1125510	15006.8	206387	517943	401180	78017	6.93%	1040.2	876175	1789752
	赤水市	1852	31	701344	22624.0	108074	328570	264700	49049	6.99%	1582.2	619046	1361920
	仁怀市	1788	69	4428700	64184.1	194900	3062000	1171800	258089	5.83%	3740.4	4745500	2823890
安顺市【1区5县(市)】不包含在内：西秀区	平坝县	999	36	878322	24397.8	107071	498047	273204	80368	9.15%	2232.4	714999	1558582
	普定县	1092	48	721592	15033.2	119166	311556	290870	60366	8.37%	1257.6	747024	1127817
	镇宁布依族苗族自治县	1717	39	641381	16445.7	100558	194361	346462	48500	7.56%	1243.6	201956	456564
	关岭布依族苗族自治县	1468	39	609044	15616.5	124453	162145	322446	47034	7.72%	1206.0	153252	647537
	紫云苗族布依族自治县	2284	38	452762	11914.8	134118	88556	230088	46507	10.27%	1223.9	103675	587261

续表

地州市	县域	行政区域面积（平方公里）	户籍人口（万人）	地区生产总值（万元）	人均生产总值（元）	第一产业增加值（万元）	第二产业增加值（万元）	第三产业增加值（万元）	公共财政收入（万元）	生产总值公共财政贡献率	人均财政收入（元）	规模以上工业总产值（万元）	固定资产投资（万元）
毕节市【1区7县(市)】	七星关区	3411	157	2588975	16490.3	478735	973688	1136552	196118	7.58%	1249.2	2126608	2791000
	大方县	3500	114	1587365	13924.3	275456	673766	638143	384266	24.21%	3370.8	1312774	2634974
	黔西县	2554	97	1586375	16354.4	239871	680230	666274	127432	8.03%	1313.7	783632	2001335
	金沙县	2528	67	1875309	27989.7	239425	1050137	585747	484955	25.86%	7238.1	1431916	2940000
	织金县	2868	114	1363535	11960.8	270607	542168	550760	305087	22.37%	2676.2	666171	3182116
	纳雍县	2452	102	1486885	14577.3	219829	792471	474585	64279	4.32%	630.2	1159918	2126000
	威宁彝族回族苗族自治县	6299	148	1520300	10272.3	474600	431200	614500	79400	5.22%	536.5	661914	1202021
	赫章县	3243	82	910718	11106.3	278930	213058	418730	29743	3.27%	362.7	460286	1169000
铜仁市【2区8县(市)】	碧江县	1012	31	1108122	35745.9	91032	429396	587694	110893	10.01%	3577.2	879273	2107371
	万山区	840	16	314963	19685.2	67464	139133	108366	18087	5.74%	1130.4	538653	576652
	江口县	1869	24	347791	14491.3	97310	98377	152104	15549	4.47%	647.9	182080	904138
	玉屏侗族自治县	517	15	554381	36958.7	57146	312093	185142	71057	12.82%	4737.1	1716102	1132659
	石阡县	2173	42	500888	11925.9	170577	72066	258245	28880	5.77%	687.6	157348	646053
	思南县	2231	68	871042	12809.4	219373	211556	440113	42357	4.86%	622.9	669653	1738049

续表

地州市	县域	行政区域面积（平方公里）	户籍人口（万人）	地区生产总值（万元）	人均生产总值（元）	第一产业增加值（万元）	第二产业增加值（万元）	第三产业增加值（万元）	公共财政收入（万元）	生产总值公共财政贡献率	人均财政收入（元）	规模以上工业总产值（万元）	固定资产投资（万元）
铜仁市【2区8县(市)】	印江土家族苗族自治县	1961	45	586305	13029.0	185381	128082	272842	26527	4.52%	589.5	333730	956469
	德江县	2172	54	723547	13399.0	200415	149051	374081	42410	5.86%	785.4	407299	857220
	沿河土家族自治县	2469	67	723188	10793.9	195512	135291	392385	36681	5.07%	547.5	272236	1245007
	松桃苗族自治县	2859	71	894286	12595.6	226574	296542	371170	101697	11.37%	1432.4	806421	1299038
黔西南布依族苗族自治州【8县(市)】	兴义市	2908	84	2828324	33670.5	288028	1066740	1473556	615238	21.75%	7324.3	2429900	2753153
	兴仁市	1785	54	944300	17487.0	169258	348840	426202	131423	13.92%	2433.8	722896	1223457
	普安县	1429	34	510520	15015.3	92686	232693	185141	71520	14.01%	2103.5	539703	591309
	晴隆县	1310	34	444484	13073.1	83838	163524	197122	72696	16.36%	2138.1	378500	638274
	贞丰县	1511	42	765400	18223.8	130700	393200	241500	168364	22.00%	4008.7	977800	805221
	望谟县	3005	32	361600	11300.0	123258	47900	190442	24533	6.78%	766.7	111748	400887
	册亨县	2598	24	289634	12068.1	95805	36393	157436	39625	13.68%	1651.0	106497	307075
	安龙县	2232	47	742920	15806.8	174133	248764	320023	234142	31.52%	4981.7	637001	719882

续表

地州市	县域	行政区域面积（平方公里）	户籍人口（万人）	地区生产总值（万元）	人均生产总值（元）	第一产业增加值（万元）	第二产业增加值（万元）	第三产业增加值（万元）	公共财政收入（万元）	生产总值公共财政贡献率	人均财政收入（元）	规模以上工业总产值（万元）	固定资产投资（万元）
黔东南苗族侗族自治州【16县(市)】	凯里市	1571	55	1799603	32720.1	103137	588809	1107657	514200	28.57%	9349.1	1787008	4000000
	黄平县	1668	38	386351	10167.1	109704	47254	229393	29282	7.58%	770.6	192273	425100
	施秉县	1532	17	274615	16153.8	59068	72441	143106	19209	6.99%	1129.9	114932	468155
	三穗县	1036	22	308087	14004.0	53663	90873	163551	27788	9.02%	1263.1	226473	693822
	镇远县	1878	27	544246	20157.3	100332	248747	195167	90961	16.71%	3368.9	665738	536656
	岑巩县	1487	23	319578	13894.7	62556	105778	151244	31646	9.90%	1375.9	644162	407624
	天柱县	2201	41	591776	14433.6	110042	230547	251187	48765	8.24%	1189.4	511899	758921
	锦屏县	1597	23	303364	13189.7	47044	106948	149372	21386	7.05%	929.8	405486	426264
	剑河县	2176	26	314093	12080.5	75055	57396	181642	29584	9.42%	1137.8	137445	420050
	台江县	1108	16	221227	13826.7	43586	50174	127467	17297	7.82%	1081.1	268910	507062
	黎平县	4441	54	572485	10601.6	116028	166122	290335	37730	6.59%	698.7	420051	871014
	榕江县	3296	36	415681	11546.7	118240	116507	180934	49967	12.02%	1388.0	332003	642461
	从江县	3244	35	411393	11754.1	108477	123548	179368	35374	8.60%	1010.7	198791	344817
	雷山县	1204	16	209758	13109.9	46772	47147	115839	20333	9.69%	1270.8	77780	317251
	麻江县	957	18	226900	12605.6	47133	64375	115392	16514	7.28%	917.4	77081	312153
	丹寨县	938	18	215807	11989.3	49162	61976	104669	11214	5.20%	623.0	385552	499101

续表

地州市	县域	行政区域面积（平方公里）	户籍人口（万人）	地区生产总值（万元）	人均生产总值（元）	第一产业增加值（万元）	第二产业增加值（万元）	第三产业增加值（万元）	公共财政收入（万元）	生产总值公共财政贡献率	人均财政收入（元）	规模以上工业总产值（万元）	固定资产投资（万元）
黔南布依族苗族自治州【12县（市）】	都匀市	2285	48	1517032	31604.8	120130	546002	850900	135084	8.90%	2814.3	800057	1278163
	福泉市	1692	33	1120400	33951.5	116464	512368	491568	115200	10.28%	3490.9	1849500	1183367
	荔波县	2432	18	414906	23050.3	81721	121470	211715	27093	6.53%	1505.2	337554	550482
	贵定县	1631	29	624164	21522.9	92128	277845	254191	49694	7.96%	1713.6	814608	686533
	瓮安县	1974	47	868544	18479.7	171598	327682	369264	98362	11.32%	2092.8	1165200	1183367
	独山县	2445	36	550147	15281.9	136465	178056	235626	33337	6.06%	926.0	969700	760000
	平塘县	2825	32	404123	12628.8	116627	81095	206401	29051	7.19%	907.8	211140	650000
	罗甸县	3013	35	506050	14458.6	122662	177722	205666	20888	4.13%	596.8	321823	652333
	长顺县	1543	26	413681	15910.8	102244	104540	206897	29450	7.12%	1132.7	1032540	560067
	龙里县	1521	23	640257	27837.3	80295	403219	156743	67069	10.48%	2916.0	1266185	1085933
	惠水县	2470	45	634570	14103.8	169588	215966	249116	100042	15.76%	2223.2	1124959	975600
	三都水族自治县	2400	38	437412	11510.8	130544	66403	240465	27603	6.31%	726.4	94098	738362
合　　计	78个	170418	3871	72702151	18781.2	12317928	30554885	29829338	7628463		1970.7	72050398	101034348

第四章　西藏篇

一、整体概况

(一)全区概况

西藏自治区简称“藏”,通称西藏。西藏位于中国西南边陲,首府拉萨,是中国5个少数民族自治区之一。北邻新疆,东接四川,东北紧靠青海,东南连接云南;周边与缅甸、印度、不丹、尼泊尔、克什米尔等国家及地区接壤。陆地国界线4000多千米,是中国西南边陲的重要门户。面积为122.84万平方千米。2014年末全区常住人口317.55万人。全区拥有7个地区市,74个县级行政区划单位(其中:2个市辖区、72个县)。全区行政地域分布主要分为藏南、藏东、藏北、藏西4个区域,其中藏南区域包含4个地区市[拉萨市、日喀则市、林芝市(南)(林芝县、工布江达县、米林县、郎县)]和山南地区,藏东区域包含2个地级市[昌都市、林芝市(东)(察隅县、墨脱县、波密县)],藏北区域为那曲地区,藏西为阿里地区。

2014年,全区生产总值920.83亿元,人均生产总值约为3.0万元。其中,第一产业增加值91.57亿元,第二产业增加值336.84亿元,第三产业增加值492.42亿元,三次产业比重结构为9.94∶36.58∶53.48。全部工业增加值66.16亿元,其中规模以上工业增加值48.87亿元;全部财政收入164.75亿元,其中公共财政预算收入124.27亿元;全社会固定资产投资1119.73亿元;社会消费品零售总额364.51亿元,其中城镇消费品零售额303.01亿元,乡村消费品零售额61.50亿元。

(二)县域概况

全区 74 个县级行政区划单位,纳入县域体系的有 73 个县级行政区划单位(其中:1 个市辖区,72 个县),户籍人口 287 万人。县域生产总值为 633.12 亿元,人均生产总值 2.21 万元。其中,第一产业增加值 92.56 亿元,第二产业增加值 259.83 亿元,第三产业增加值 280.72 亿元,三次产业结构比重为 14.62∶41.04∶44.34。县域公共财政收入为 41.25 亿元,县域固定资产投资为 702.36 亿元。

二、经济分析

(一)生产总值

1.占比分析

(1)县域占全区生产总值比重

2014 年,县域生产总值为 633.12 亿元,占全区生产总值的 68.76%,其中,藏南区域占全区生产总值的 44.83%,藏东区域占全区生产总值的15.41%,藏北区域占全区生产总值的 6.58%,藏西区域占全区生产总值的1.94%(见图 3-90)。

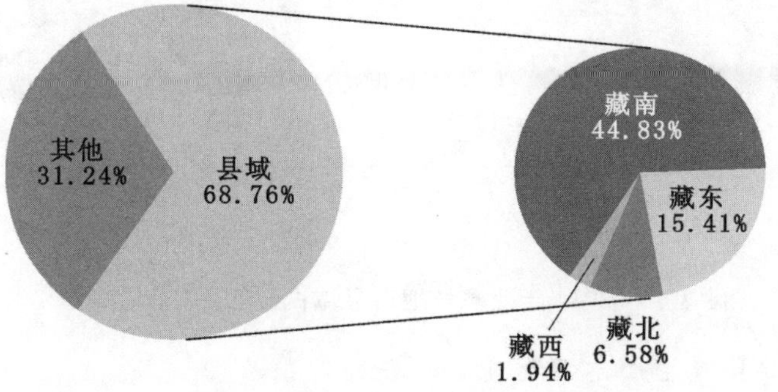

图 3-90　2014 年西藏县域占全区生产总值比重

(2)各区域县域生产总值比重

2014 年,各区域县域生产总值比重结构为:藏南区域占县域生产总值的 65.20%,藏东区域占县域生产总值的 22.41%,藏北区域占县域生产总值的 9.57%,藏西区域占县域生产总值的 2.82%(见图 3-91)。

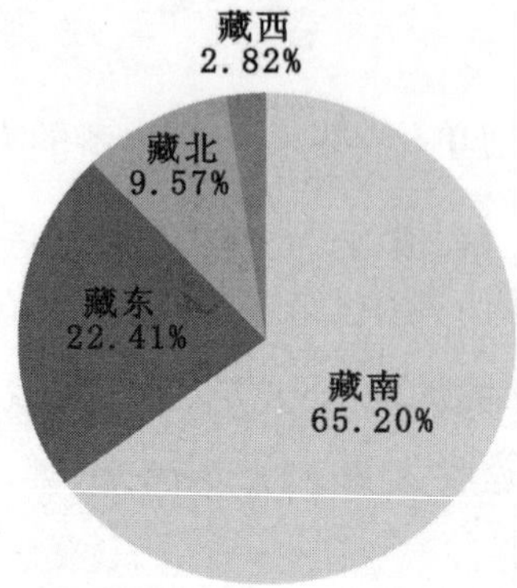

图 3-91　2014 年西藏各区域县域生产总值比重

(3)各地市县域占全区生产总值比重

2014 年,各地市县域占全区生产总值比重结构为:藏南区域,拉萨市占 10.88%、日喀则市占 15.74%、林芝市(南)占 7.57%、山南地区占 10.64%;藏东区域,昌都市占 12.89%、林芝市(东)占 2.52%;藏北区域,那曲地区占 6.58%;藏西区域:阿里地区占 1.94%(见图 3-92)。

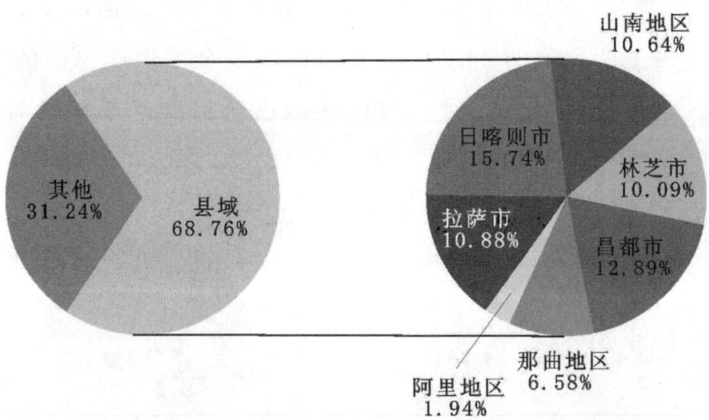

图 3-92　2014 年西藏各地市县域占全区生产总值比重

(4)各地市县域生产总值比重

2014 年,各地市县域生产总值比重结构为:藏南区域,拉萨市占15.83%、日喀则市占 22.88%、林芝市(南)占 11.00%、山南地区占 15.48%;藏东区域,昌都市占 18.74%、林芝市(东)占 3.67%;藏北区域,那曲地区占9.57%; 藏西区域,阿里地区占 2.83%(见图 3-93)。

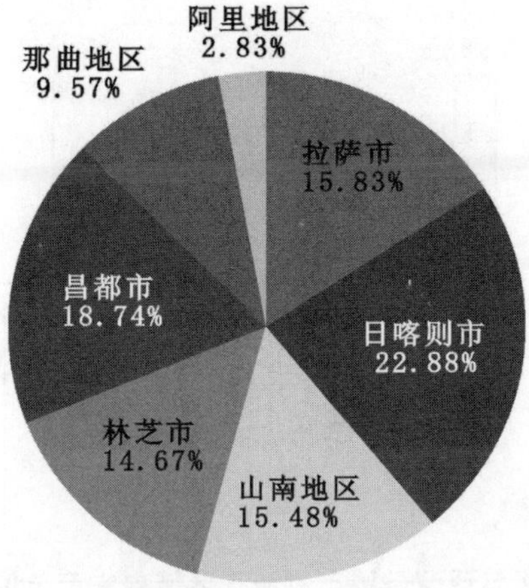

图 3-93 2014 年西藏各地市县域生产总值比重

2.排名分析

(1)全区各地市县域生产总值排名

2014 年，各地市县域生产总值排名依次为：日喀则市、昌都市、拉萨市、山南地区、林芝市、那曲地区、阿里地区。其中，日喀则市生产总值高出排名第二的昌都市 22%，为阿里地区的 8.1 倍(见图 3-94、图 3-95)。

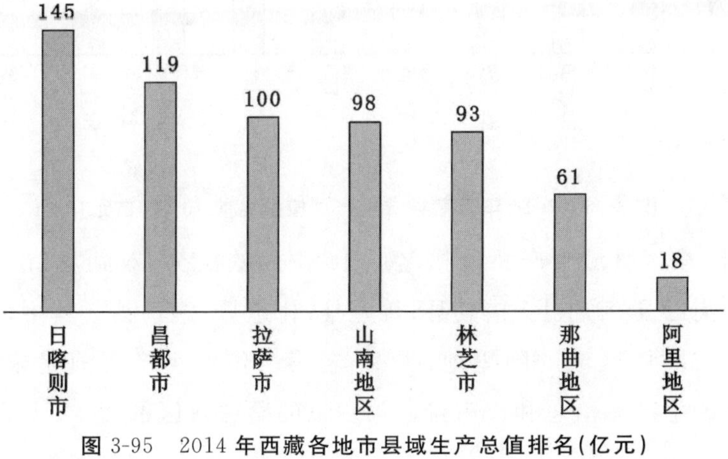

图 3-95 2014 年西藏各地市县域生产总值排名(亿元)

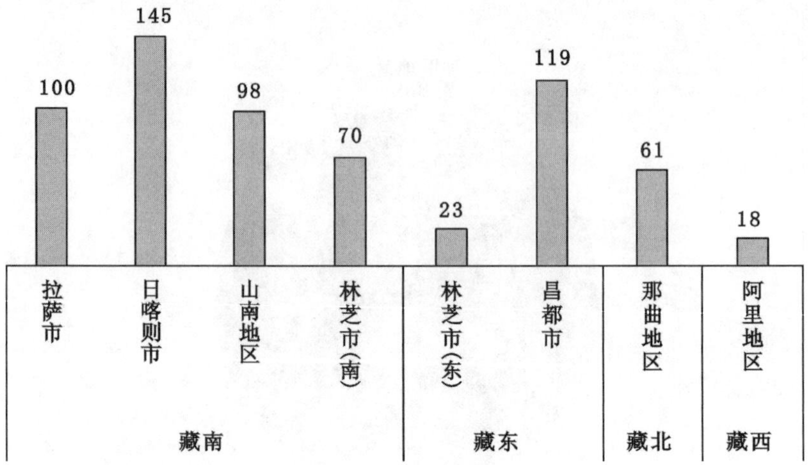

图 3-95　2014 年西藏各地市县域在区域内生产总值排名(亿元)

(2)全区县域生产总值排名

2014 年,全区县域生产总值排名前 10 位的依次为:桑珠孜区、林芝县、昌都县、乃东县、堆龙德庆县、墨竹工卡县、江孜县、江达县、林周县、波密县。其中,前 10 位次的 7 位分布在藏南区域,其中拉萨市分布 3 位(见图 3-96)。

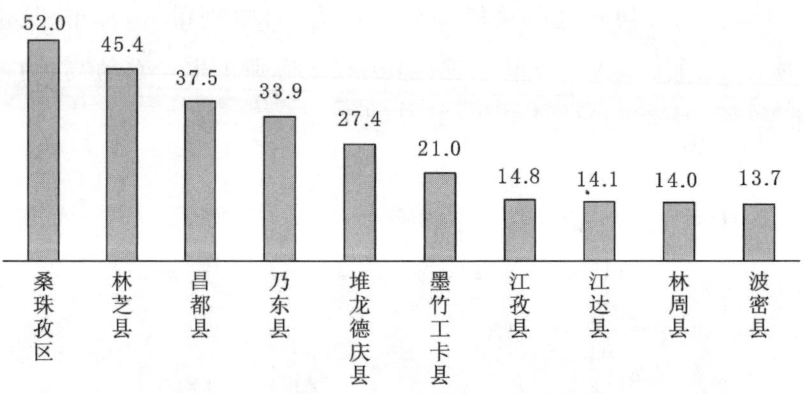

图 3-96　2014 年西藏县域生产总值排名前 10 名(亿元)

2014 年,全区县域生产总值排名后 10 位的依次为:双湖县、定结县、措美县、日土县、岗巴县、噶尔县、措勤县、普兰县、札达县、康马县。其中,后 10 位次的 5 位分布在藏西区域的阿里地区。排名第一位的生产总值是末位的 27.0 倍,后 10 位的生产总值总和仅占排名第一位的桑珠孜区的 44%(见图 3-97)。

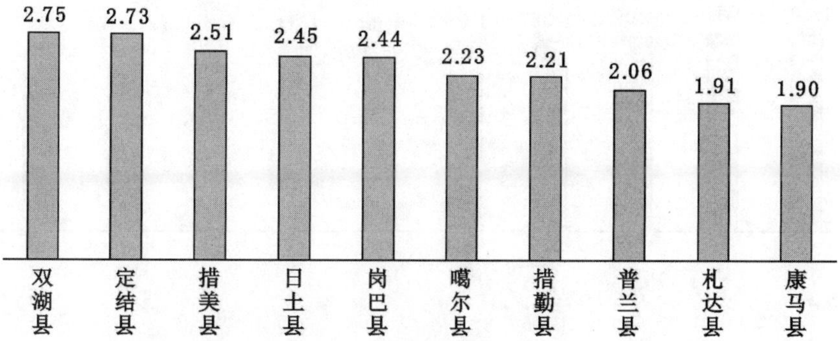

图 3-97 2014 年西藏县域生产总值排名后 10 名(亿元)

(3)全区县域人均生产总值排名

2014 年,全区县域人均生产总值排名前 10 位的依次为:林芝县、乃东县、堆龙德庆县、加查县、米林县、桑日县、昌都县、波密县、亚东县、桑珠孜区。其中,前 10 位次的 8 位分布在藏南区域,山南地区占 3 位(见图 3-98)。

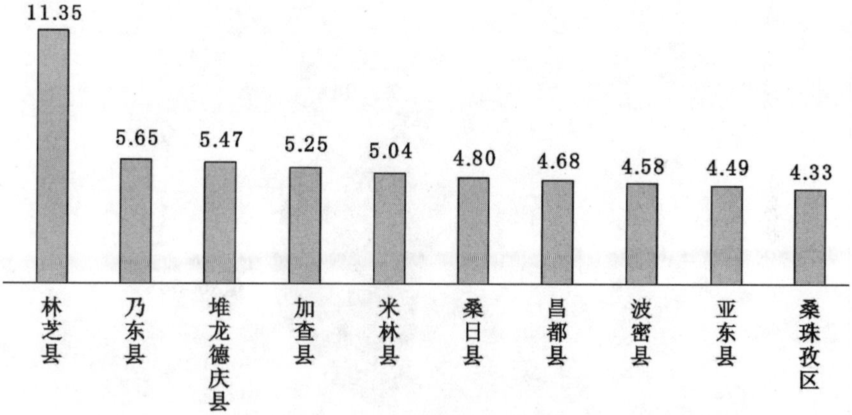

图 3-98 2014 年西藏县域人均生产总值排名前 10 名(亿元)

2014 年,全区县域人均生产总值排名后 10 位的依次为:措勤县、萨迦县、浪卡子县、聂荣县、嘉黎县、索县、八宿县、康马县、比如县、南木临县。其中,后 10 位次的 3 位分布在藏南区域的日喀则市,4 位分布在藏北区域的那曲地区(见图 3-99)。

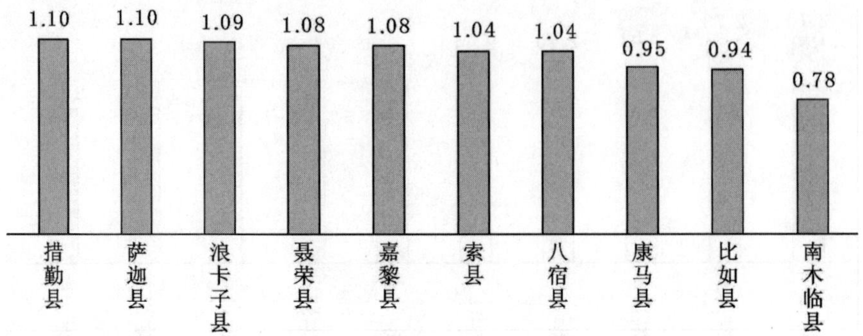

图 3-99　2014 年西藏县域人均生产总值排名后 10 名(亿元)

(二)产业结构

1. 全区三次产业增加值比重

2014 年，全区生产总值 920.83 亿元，其中，第一产业增加值91.57亿元，第二产业增加值 336.84 亿元，第三产业增加值 492.42 亿元，三次产业比重结构为 9.94∶36.58∶53.48(见图 3-100)。

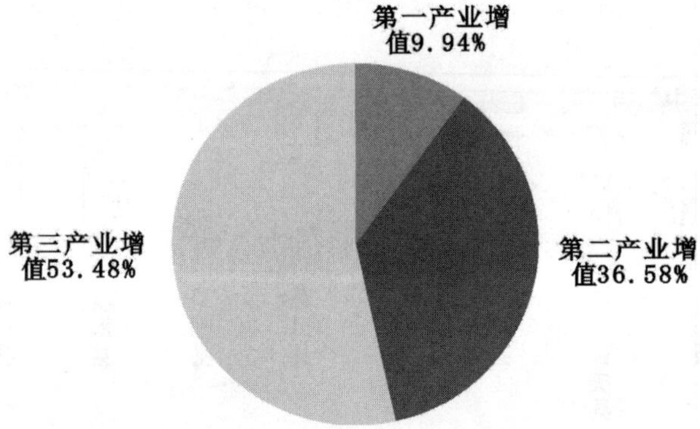

图 3-100　2014 年西藏全区三次产业增加值比重

2. 县域三次产业增加值比重

2014 年，全区县域生产总值为 633.12 亿元，其中，第一产业增加值92.56亿元，第二产业增加值 259.83 亿元，第三产业增加值 280.72 亿元，三次产业比重结构为 14.62∶41.04∶44.34(见图 3-101)。

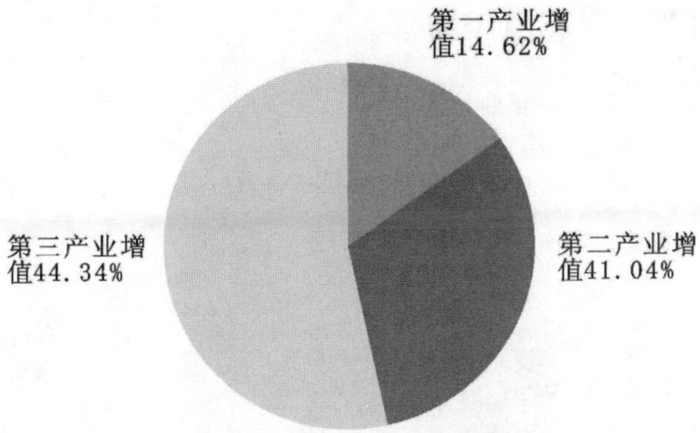

图 3-101　2014 年西藏县域三次产业增加值比重

(三)财政收入

1. 占比分析

(1)县域占全区公共财政收入比重

2014 年,县域公共财政收入为 41.25 亿元,占全区公共财政收入的比重为 33.2%。其中,各地市县域占全区公共财政收入的比重结构为:藏南区域,拉萨市占 14.0%、日喀则市占 4.4%、山南地区占 4.4%、林芝市(南)占 2.4%;藏东区域,昌都市占 4.0%、林芝市(东)占 1.3%;藏北区域,那曲地区占 1.5%;藏西区域,阿里地区占 1.2%(见图 3-102)。

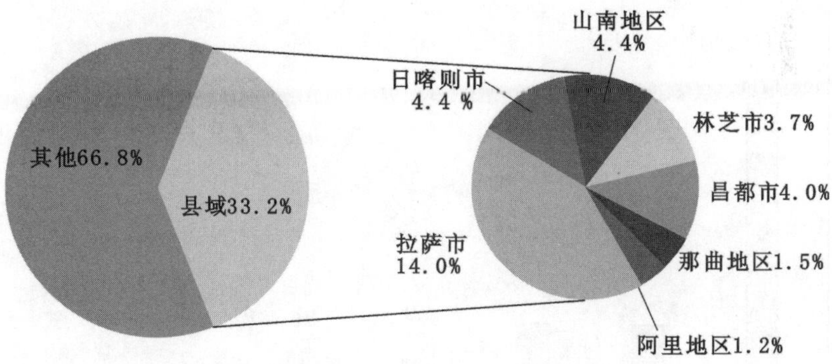

图 3-102　2014 年西藏县域占全区公共财政收入比重

(2)各地市县域公共财政收入比重

2014 年,各地市县域公共财政收入的比重结构为:藏南区域,拉萨市占 42.2%、日喀则市占 13.2%、山南地区占 13.2%、林芝市(南)占 7.0%;藏东区域,昌都市占 12.0%、林芝市(东)占 4.2%;藏北区域,那曲地区占 4.5%;藏西区域,阿里地区占3.7%(见图3-103)。

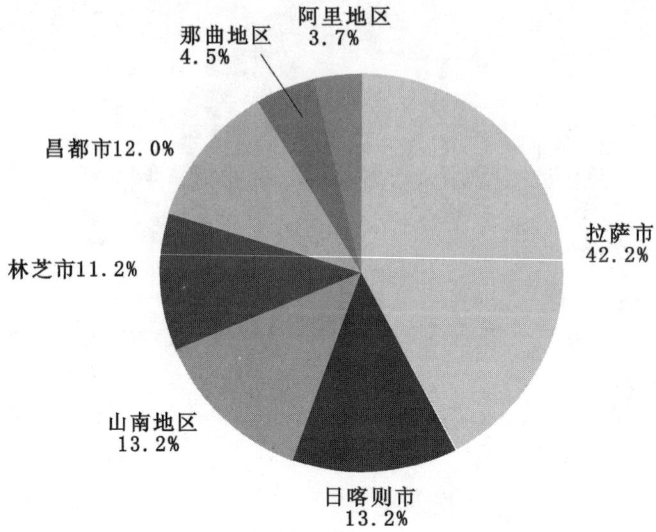

图3-103　2014年西藏各地市县域公共财政收入比重

2.排名分析

(1)县域公共财政收入排名

2014年,各地市县域公共财政收入排名依次为:拉萨市、日喀则市、山南地区、昌都市、林芝市、那曲地区、阿里地区。其中,拉萨市公共财政收入为阿里地区的10.88倍(见图3-104)。

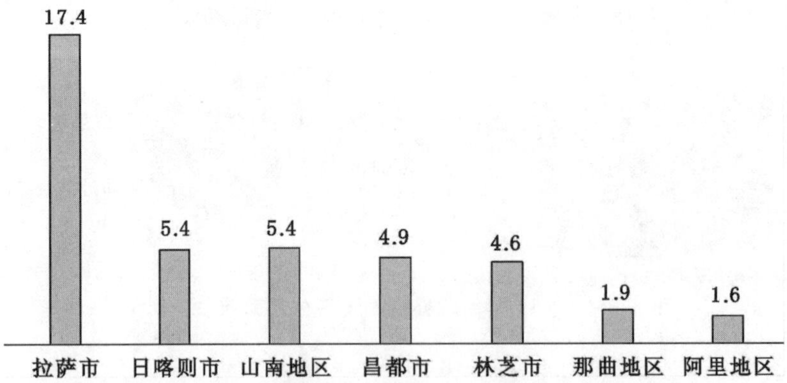

图3-104　2014年西藏各地市县域公共财政收入排名(亿元)

2014年,全区县域公共财政收入排名前10位的依次为:堆龙德庆县、墨竹工卡县、达孜县、当雄县、林芝县、曲水县、昌都县、谢通门县、桑珠孜区、林周县。

其中,前 10 位次的 9 位分布在藏南区域,拉萨市分布 6 位(见图 3-105)。

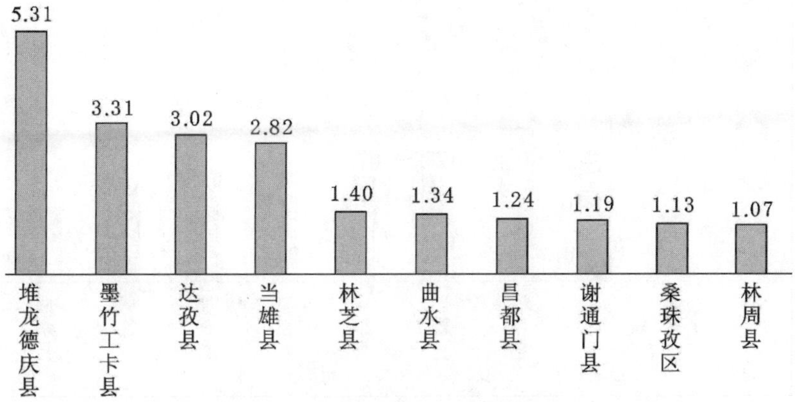

图 3-105 2014 年西藏县域公共财政收入排名前 10 名(亿元)

2014 年,全区县域公共财政收入排名后 10 位的依次为:班戈县、措美县、尼玛县、比如县、措勤县、岗巴县、康马县、萨嘎县、聂荣县、定结县。其中,后 10 位次的 5 位分布在藏南地区,日喀则市分布 4 位,4 位分布在藏北区域的那曲地区。排名第一位是末位的 66.38 倍(见图 3-106)。

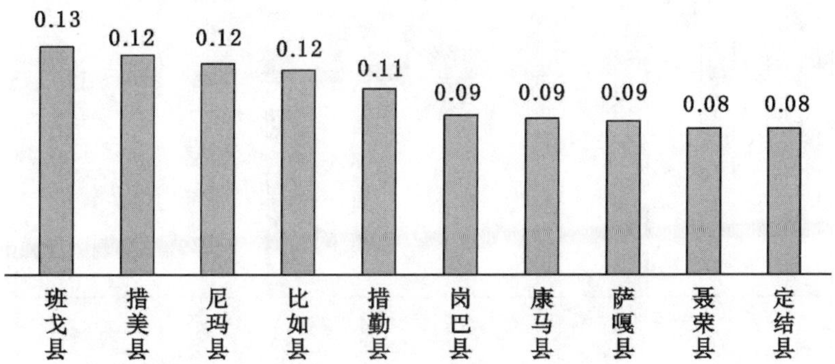

图 3-106 2014 年西藏县域公共财政收入排名后 10 名(亿元)

(2)县域人均公共财政收入排名

2014 年,县域人均公共财政收入为 1437.3 元,全区县域人均公共财政收入排名前 10 位的依次为:堆龙德庆县、达孜县、墨脱县、墨竹工卡县、当雄县、亚东县、桑日县、加查县、林芝县、曲水县。其中,前 10 位次的 5 位分布在藏南区域的拉萨市(见图 3-107)。

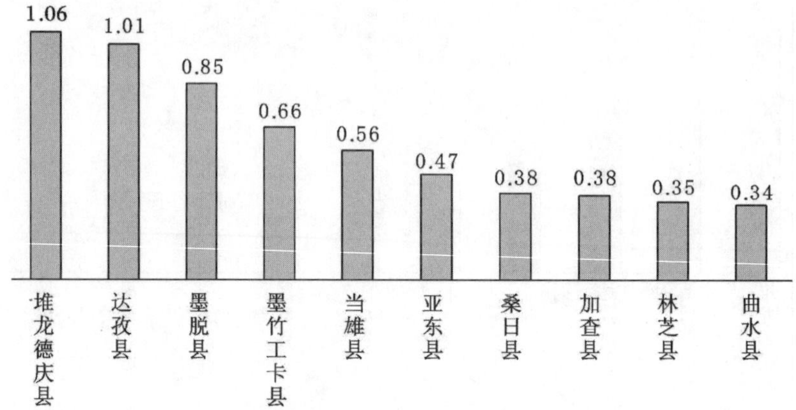

图 3-107　2014 年西藏县域人均公共财政收入排名前 10 名(万元)

2014 年,全区县域人均公共财政收入排名后 10 位的依次为:江孜县、昂仁县、班戈县、索县、巴青县、白朗县、拉孜县、聂荣县、比如县、南木临县。其中,后 10 位次的 5 位分布在藏北区域的那曲地区(图 3-108)。

图 3-108　2014 年西藏县域人均公共财政收入排名后 10 名(元)

(3)县域生产总值公共财政贡献率排名

2014 年,全区生产总值财政贡献率 13.50%,县域生产总值财政贡献率 6.52%,各地市县域生产总值公共财政贡献率排名依次为:拉萨市、阿里地区、山南地区、林芝市、昌都市、日喀则市、那曲地区(见图 3-109)。

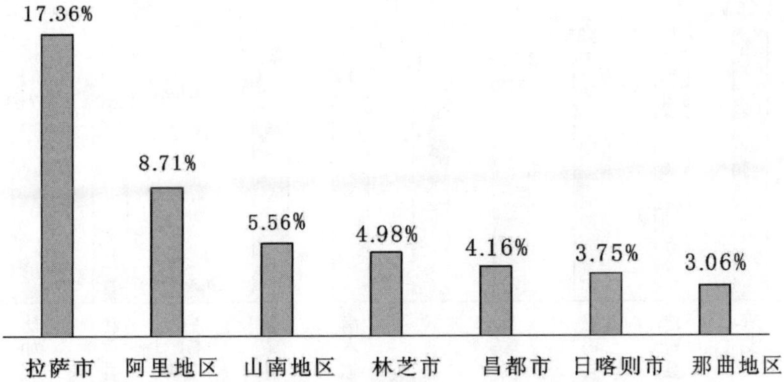

图 3-109 2014 **年西藏各地市县域生产总值公共财政贡献率排名**

2014 年,全区县域生产总值公共财政贡献率排名前 10 位的依次为:达孜县、当雄县、噶尔县、墨脱县、堆龙德庆县、谢通门县、墨竹工卡县、曲水县、普兰县、亚东县。其中,前 10 位次的 5 位分布在藏南区域的拉萨市(见图 3-110)。

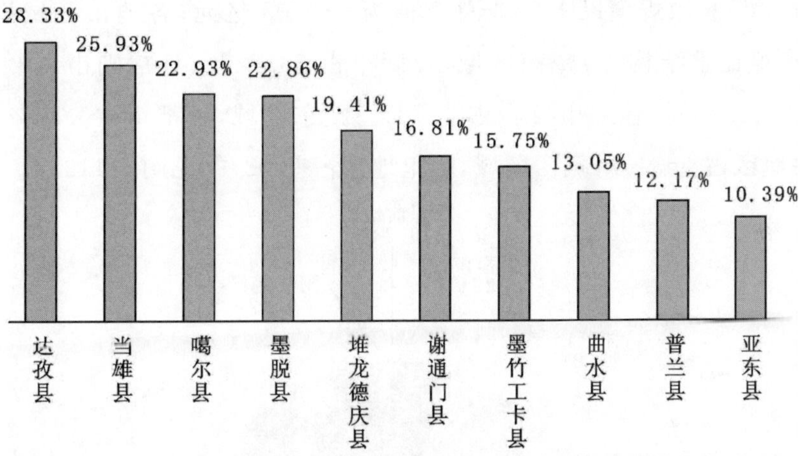

图 3-110 2014 **年西藏县域生产总值公共财政贡献率排名前** 10 **名**

2014 年,全区县域生产总值公共财政贡献率排名后 10 位的依次为:班戈县、巴青县、尼玛县、桑珠孜区、拉孜县、南木临县、聂荣县、白朗县、江孜县、比如县。其中,后 10 位次的 5 位分布在藏南区域的日喀则市,5 位分布在藏北区域的那曲地区(见图 3-111)。

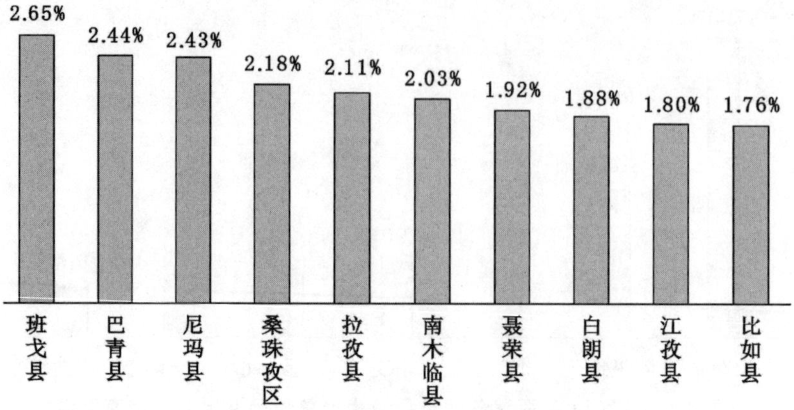

图 3-111　2014 年西藏县域生产总值公共财政贡献率排名后 10 名

(四)工业总产值

1. 占比分析

2014 年,县域规模以上工业总产值为 136.03 亿元,各地市县域规模以上工业总产值比重结构为:藏南区域,拉萨市占 38.77%、日喀则市占3.37%、山南地区占 52.43%、林芝市(南)占 4.78%;藏东区域,昌都市占0.29%;藏北区域,那曲地区占 0.34%;藏西区域,阿里地区占 0.02%(见图 3-112)。

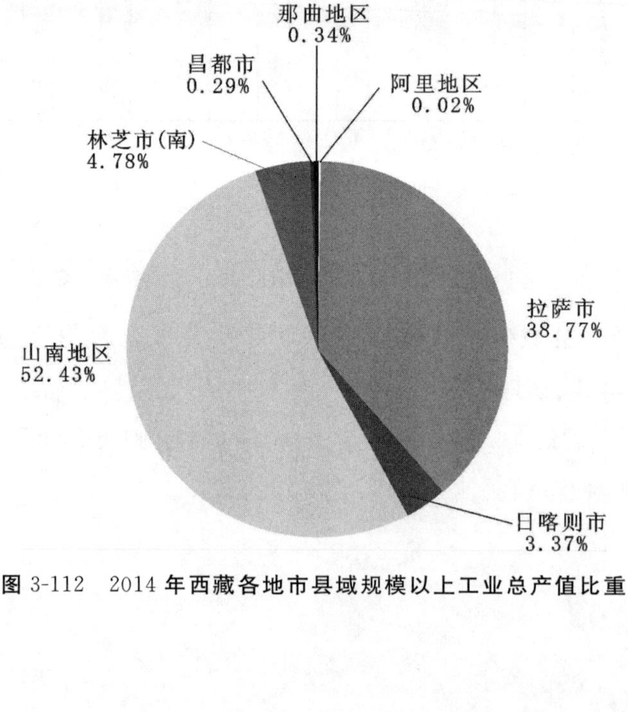

图 3-112　2014 年西藏各地市县域规模以上工业总产值比重

2. 排名分析

2014 年，各地市县域规模以上工业总产值排名依次为：山南地区、拉萨市、林芝市、日喀则市、那曲地区、昌都市、阿里地区（见图 3-113）。

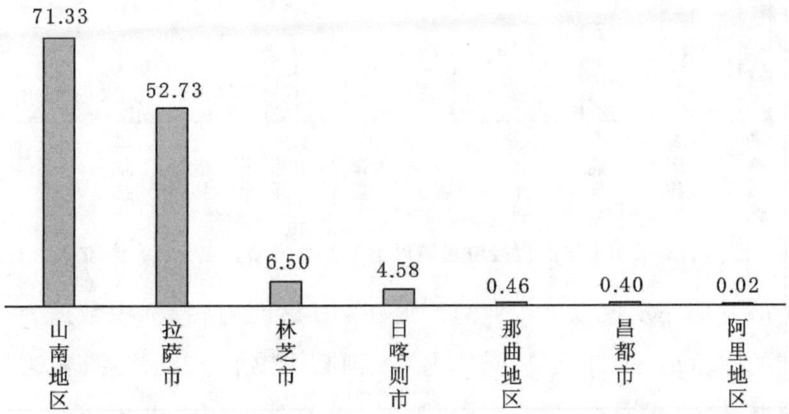

图 3-113　2014 年西藏各地市规模以上工业总产值排名（亿元）

2014 年，全区县域规模以上工业总产值排名前 10 位依次为：隆子县、墨竹工卡县、堆龙德庆县、林芝县、达孜县、曲水县、谢通门县、当雄县、曲松县、林周县。其中，前 10 位次的 6 位分布在藏南区域的拉萨市（见图 3-114）。

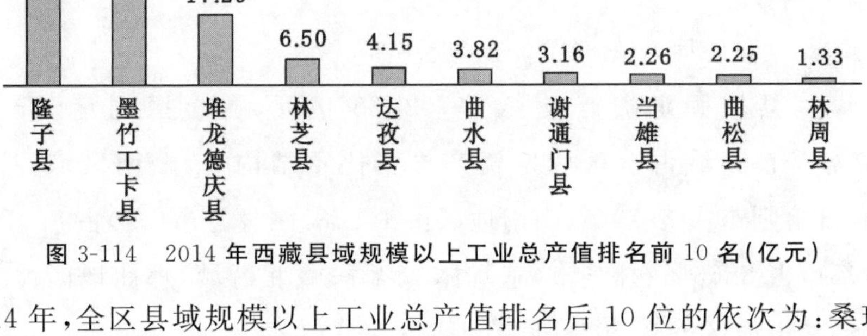

图 3-114　2014 年西藏县域规模以上工业总产值排名前 10 名（亿元）

2014 年，全区县域规模以上工业总产值排名后 10 位的依次为：桑珠孜区、嘉黎县、白朗县、聂拉木县、尼木县、丁青县、昌都县、八宿县、噶尔县、江达县。其中，后 10 位次的 4 位分布在藏东区域的昌都市（见图 3-115）。

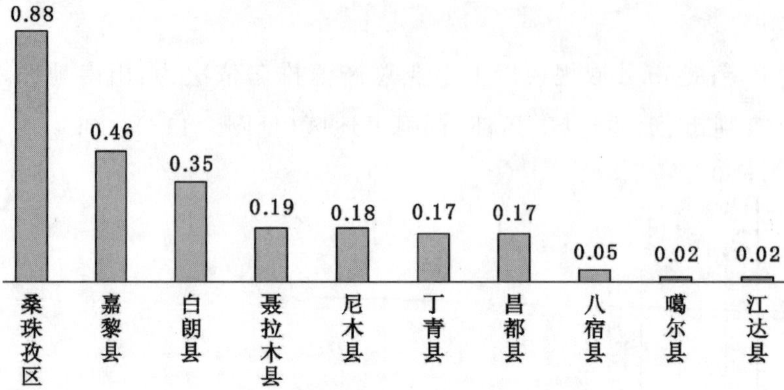

图 3-115　2014 年西藏县域规模以上工业总产值排名后 10 名(亿元)

由于部分地区规模以上工业总产值在 2014 年经济指标中数据为零,如下:藏西区域的阿里地区(日土县、革吉县、改则县、措勤县、普兰县、札达县),藏北区域的那曲地区(双湖县、尼玛县、巴青县、班戈县、索县、申扎县、安多县、聂荣县、比如县、那曲县),藏东区域的昌都市(边坝县、洛隆县、芒康县、左贡县、察雅县、类乌齐县、贡觉县)和林芝市(东)(察隅县、波密县、墨脱县),藏南区域的林芝市(南)(朗县、米林县、工布江达县)、山南地区(浪卡子县、错那县、加查县、洛扎县、措美县、琼结县、桑日县、贡嘎县、扎囊县、乃东县)、日喀则市(岗巴县、萨嘎县、吉隆县、亚东县、仲巴县、定结县、康马县、仁布县、昂仁县、拉孜县、萨迦县、定日县、江孜县、南木临县)。这些地区暂不参与本次数据分析。

(五)固定资产投资

1. 占比分析

(1)县域占全区固定资产投资比重

2014 年,县域固定资产投资为 702.36 亿元,占全区固定资产投资的 62.73%,各地市县域占全区固定资产投资比重结构为:藏南区域,拉萨市占 16.18%、日喀则市占 8.79%、山南地区占 10.88%、林芝市(南)占 8.07%;藏东区域,昌都市占 8.66%、林芝市(东)占 3.14%;藏北区域,那曲地区占 3.41%;藏西区域,阿里地区占 3.60%(见图 3-116)。

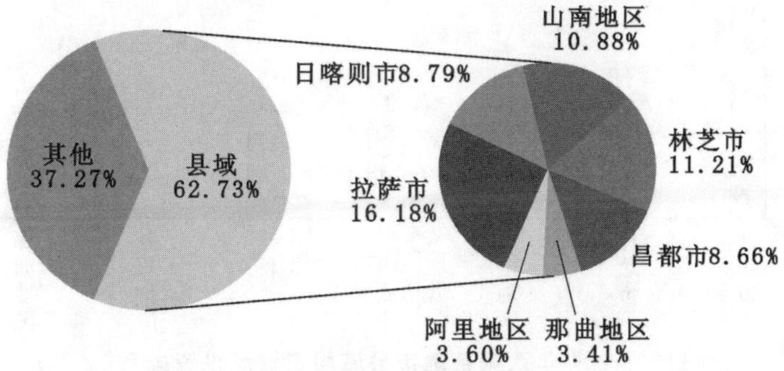

图 3-116 2014 年西藏县域占全区固定资产投资比重

(2)各地市县域固定资产投资比重

2014 年年末,各地市县域固定资产投资比重结构为:藏南区域,拉萨市占25.80%、日喀则市占 14.02%、山南地区占 17.35%、林芝市(南)占12.86%;藏东区域,昌都市占 13.80%、林芝市(东)占 5%;藏北区域,那曲地区占5.43%;藏西区域,阿里地区占 5.74%(见图 3-117)。

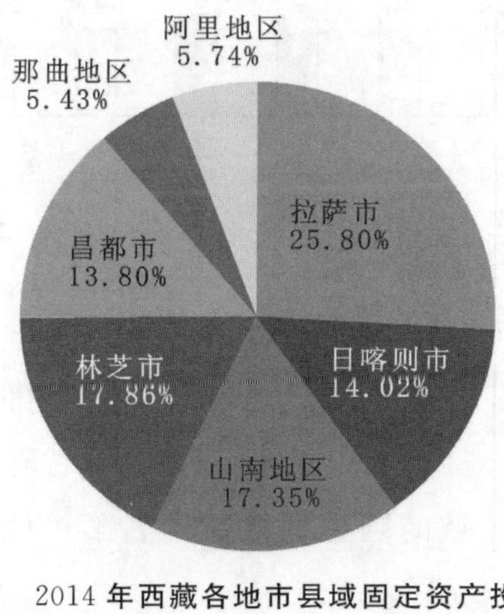

图 3-117 2014 年西藏各地市县域固定资产投资比重

2. 排名分析

2014 年,各地市县域固定资产投资排名依次为:拉萨市、林芝市、山南地区、日喀则市、昌都市、阿里地区、那曲地区。其中,拉萨市固定资产投资为那曲地区的 4.8 倍(见图 3-118)。

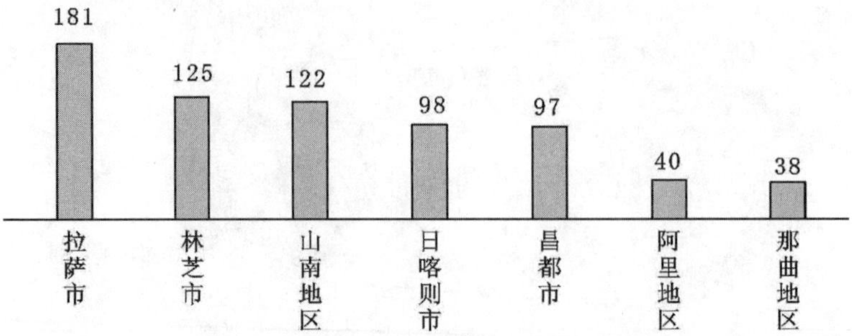

图 3-118　2014 年西藏各地市县域固定资产投资排名(亿元)

2014 年,全区县域固定资产投资排名前 10 位的依次为:林芝县、墨竹工卡县、堆龙德庆县、昌都县、加查县、噶尔县、桑珠孜区、曲水县、当雄县、达孜县。其中,前 10 位次的 5 位分布在藏南区域的拉萨市(见图 3-119)。

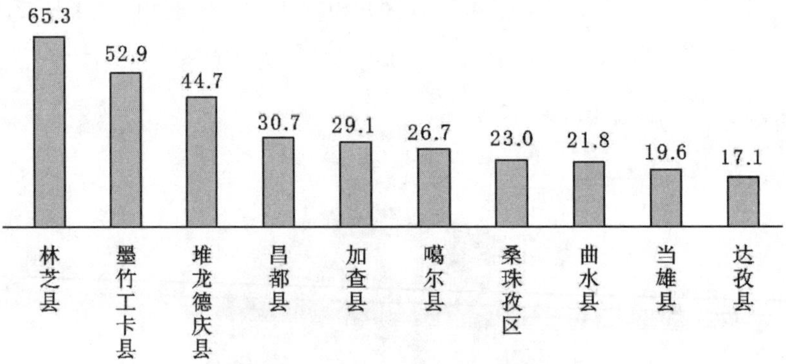

图 3-119　2014 年西藏县域固定资产投资排名前 10 名(亿元)

2014 年,全区县域固定资产投资排名后 10 位的依次为:普兰县、措勤县、札达县、岗巴县、巴青县、双湖县、定结县、改则县、尼玛县、革吉县。其中,后 10 位次的 5 位分布在藏西区域的阿里地区。排名第一位的林芝县固定资产投资是末位革吉县的 72.0 倍(见图 3-120)。

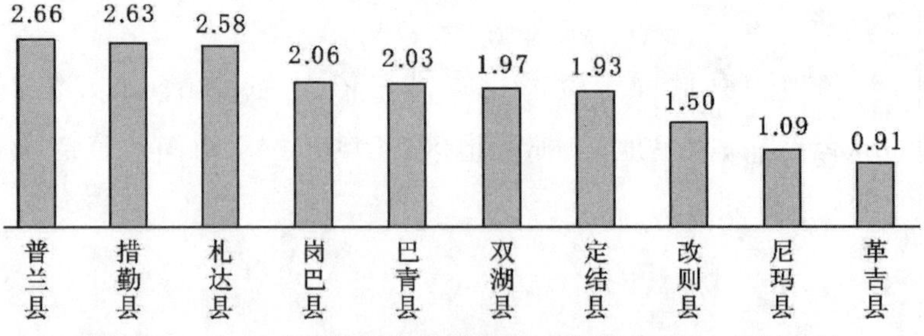

图 3-120　2014 年西藏县域固定资产投资排名后 10 名(亿元)

三、数据小结

1. 全区县域总产值占全区生产总值的68.76%，其中：从区域来看，藏南区域总产值占比最大，占全区总产值的44.83%，占县域总值的65.20%；从地市来看，日喀则市总产值占比最大，占全区总产值的15.74%，占县域总产值的22.88%，高出排名第二的昌都市22%，为阿里地区的8.06倍。全区三次产业比重结构为9.94∶36.58∶53.48，县域三次产业结构比重为14.62∶41.04∶44.34。

2. 全区县域生产总值排名，桑珠孜区位居第一，藏南区域的拉萨市囊括全区前10位次的3位；康马县居末位，后10位次中的5位分布在藏西区域的阿里地区。排名第一位的生产总值是末位的27.0倍，后10位的生产总值总和仅占排名第一位桑珠地区的44.0%。

3. 全区人均生产总值约为3万元，县域人均生产总值2.21万元，为全区平均水平的73.67%。全区县域人均生产总值排名，林芝县位居第一，藏南区域的山南地区囊括全区前10位次的3位；南木临县排名末位，后10位次的8位分布在藏南、藏北区域，其中，藏南区域的日喀则市3位，藏北区域的那曲地区4位。排名第一位的人均生产总值是末位的14.55倍。

4. 县域占全区公共财政收入的比重为33.2%，其中：拉萨市占比最大，占全区14.0%，占县域42.2%。全区人均公共财政收入为3913.40元，县域人均公共财政收入为1437.3元，县域为全区人均公共财政收入水平的36.7%。

5. 全区县域公共财政收入排名，第一位是堆龙德庆县，末位是定结县，第一位的财政收入是末位的66.38倍。人均县域公共财政收入排名，第一位为堆龙德庆县，末位是南木临县，第一位的财政收入是末位的67.0倍。

6. 全区生产总值公共财政贡献率为13.50%，县域生产总值公共财政贡献率为6.52%，县域是全区平均水平的48.2%。全区各地市县域生产总值公共财政贡献率排名，第一位为拉萨市，贡献率为17.36%，末位是那曲地区，贡献率为3.06%。全区县域生产总值公共财政贡献率排名，第一位为达孜县，贡献率为28.33%，末位是比如县，贡献率为1.76%，第一位的贡献率是末位的16.10倍。

7. 全区县域规模以上工业产值为136.03亿元，山南地区占比最大，占县域规模以上工业总产值的52.43%。从地市来看,各地市县域规模以上工业总产值排名,山南地区排第一位,排名第一位是末位的3567.0倍;从县域来看,全区县域规模以上工业总产值排名,江达县排名末位,排名第一位的规模以上工业总产值是末位的3454.0倍。

8.全区县域固定资产投资为702.36亿元,占全区固定资产投资的62.73%,其中拉萨市占比最大,占全区的16.18%,占县域的25.80%。全区县域固定资产投资排名,拉萨市囊括全区前10位次的5位,排名第一位的林芝县固定资产投资是末位革吉县的72.0倍。

附录：

西藏自治区74个县域行政区划单位(2个市辖区,72个县)

地市	县域	行政区域面积(平方公里)	户籍人口(万人)	地区生产总值(万元)	人均生产总值(元)	第一产业增加值(万元)	第二产业增加值(万元)	第三产业增加值(万元)	公共财政收入(万元)	人均财政收入(元)	生产总值公共财政贡献率	规模以上工业总产值(万元)	固定资产投资(万元)
拉萨市【1区7县】不包含在内的区:城关区	堆龙德庆县	2704	5	273595	54719.0	15224	206246	52125	53096	10619.2	19.14%	172883	447400
	林周县	4464	6	140400	23400.0	21900	40500	78000	10717	1786.2	7.6%	13332	159900
	当雄县	10234	5	108800	21760.0	22300	49100	37400	28207	5641.4	25.9%	22632	195812
	尼木县	3276	3	59600	19866.7	9000	26700	23900	5180	1726.7	8.7%	1826	91300
	曲水县	1624	4	102910	25727.5	13610	78400	10900	13432	3358.0	13.1%	38178	217762
	达孜县	1373	3	106691	35563.7	13397	54200	39094	30226	10075.3	28.3%	41489	170800
	墨竹工卡县	5492	5	210115	42023.0	23515	165500	21100	33100	6620.0	15.8%	237000	529000
日喀则市【1区17县】	桑珠孜区	3875	12	519847	43320.6	44092	206369	269386	11345	945.4	2.2%	8806	229700
	南木临县	8848	9	70148	7794.2	30818	14668	24662	1424	158.2	2.0%		41600
	江孜县	3800	7	148491	21213.0	29378	22747	96366	2674	382.0	1.8%		55207
	定日县	13961	5	62582	12516.4	17270	22765	22547	4020	804.0	6.4%		59833
	萨迦县	8126	5	54875	10975.0	16364	20646	17865	2501	500.2	4.6%		63127
	拉孜县	4405	6	69971	11661.8	21000	19340	29631	1473	245.5	2.1%		65077
	昂仁县	27600	5	56375	11275.0	16039	16419	23917	1678	335.6	3.0		45300

续表

地市	县域	行政区域面积（平方公里）	户籍人口（万人）	地区生产总值（万元）	人均生产总值（元）	第一产业增加值（万元）	第二产业增加值（万元）	第三产业增加值（万元）	公共财政收入（万元）	人均财政收入（元）	生产总值公共财政贡献率	规模以上工业总产值（万元）	固定资产投资（万元）
日喀则市【1区17县】	谢通门县	14043	5	70937	14187.4	16581	30106	24250	11923	2384.6	16.8%	31621	32774
	白朗县	2759	5	69954	13990.8	20969	20685	28300	1312	262.4	1.9%	3500	47200
	仁布县	2124	3	36973	12324.3	7794	15668	13511	1322	440.7	3.6%		38184
	康马县	7453	2	18951	9475.5	7862	3979	7110	882	441.0	4.7%		35442
	定结县	7566	2	27276	13638.0	5860	7220	14196	824	412.0	3.0%		19319
	仲巴县	45900	2	48449	24224.5	16484	10799	21166	2628	1314.0	5.4%		36121
	亚东县	4240	1	44858	44858.0	5040	16634	23184	4662	4662.0	10.4%		78492
	吉隆县	9300	2	40137	20068.5	5521	19693	14923	2305	1152.5	5.7%		53419
	聂拉木县	7903	2	55119	27559.5	7896	11648	35575	1670	835.0	3.0%	1902	32800
	萨嘎县	12500	2	29344	14672.0	5405	9538	14401	860	430.0	2.9%		30048
	岗巴县	4198	1	24406	24406.0	3237	8329	12840	893	893.0	3.7%		20618
山南地区【12县】	乃东县	2211	6	338993	56498.8	8223	94838	235932	9664	1610.7	2.9%		128709
	扎囊县	1960	4	56084	14021.0	5842	29126	21116	2432	608.0	4.3%		93778
	贡嘎县	2284	5	91392	18278.4	5988	45003	40401	7680	1536.0	8.4%		147604
	桑日县	2635	2	95918	47959.0	3716	81498	10704	7600	3800.0	7.9%		128850

续表

地市	县域	行政区域面积（平方公里）	户籍人口（万人）	地区生产总值（万元）	人均生产总值（元）	第一产业增加值（万元）	第二产业增加值（万元）	第三产业增加值（万元）	公共财政收入（万元）	人均财政收入（元）	生产总值公共财政贡献率	规模以上工业总产值（万元）	固定资产投资（万元）
山南地区【12县】	琼结县	1030	2	31527	15763.5	2320	15609	13598	1663	831.5	5.3%		51349
	曲松县	1967	2	44436	22218.0	2905	28078	13453	3680	1840.0	8.3%	22540	54096
	措美县	4530	2	25132	12566.0	2349	12742	10041	1235	617.5	4.9%		43191
	洛扎县	5570	2	36706	18353.0	4042	20119	12545	1795	897.5	4.9%		69996
	加查县	4430	2	105025	52512.5	5811	83509	15705	7524	3762.0	7.2%		291096
	隆子县	10566	4	73886	18471.5	4978	55807	13101	7223	1805.8	9.8%	690745	80335
	错那县	34979	2	37438	18719.0	2019	18612	16807	1794	897.0	4.8%		63332
	浪卡子县	8500	4	43656	10914.0	3977	19860	19819	2167	541.8	5.0%		66407
林芝市【7县】	林芝县	10238	4	453909	113477.3	11909	170500	271500	13950	3487.5	3.1%	65036	652895
	工布江达县	12960	3	96900	32300.0	15900	30400	50600	7157	2385.7	7.4%		86630
	米林县	9504	2	100800	50400.0	10429	36000	54371	6002	3001.0	6.0%		107876
	朗县	4200	2	44920	22460.0	7937	12400	24583	1887	943.5	4.2%		56416
	墨脱县	31395	1	37014	37014.0	2998	20500	13516	8463	8463.0	22.9%		105403
	波密县	16760	3	137300	45766.7	18094	46500	72706	5844	1948.0	4.3%		157727
	察隅县	31659	3	57944	19314.7	10611	23100	24233	2958	986.0	5.1%		87673

续表

地市	县域	行政区域面积（平方公里）	户籍人口（万人）	地区生产总值（万元）	人均生产总值（元）	第一产业增加值（万元）	第二产业增加值（万元）	第三产业增加值（万元）	公共财政收入（万元）	人均财政收入（元）	生产总值公共财政贡献率	规模以上工业总产值（万元）	固定资产投资（万元）
昌都市【11县】	昌都县	10794	8	374500	46812.5	21900	161700	190900	12400	1550.0	3.3%	1665	307484
	江达县	13164	8	141217	17652.1	36538	85623	19056	6378	797.3	4.5%	189	85353
	贡觉县	6323	4	49232	12308.0	9492	13131	26609	2838	709.5	5.8%		35667
	类乌齐县	6147	5	63902	12780.4	17211	20841	25850	3021	604.2	4.7%		71700
	丁青县	12955	8	108867	13608.4	31467	24500	52900	5449	681.1	5.0%	1700	75751
	察雅县	8413	6	77140	12856.7	14392	40827	21921	2561	426.8	3.3%		50000
	八宿县	12564	5	51854	10370.8	11635	13795	26424	3386	677.2	6.5%	459	44100
	左贡县	11837	5	68197	13639.4	16482	17239	34476	2461	492.2	3.6%		59632
	芒康县	11635	9	136314	15146.0	24637	60289	51388	5804	644.9	4.3%		157585
	洛隆县	8048	5	67863	13572.6	16870	29878	21115	2932	586.4	4.3%		48926
	边坝县	8979	4	47570	11892.5	14621	15788	17161	2106	526.5	4.4%		33000
那曲地区【11县】	那曲县	16195	8	122063	15257.9	25617	26051	70395	3570	446.3	2.9%		33122
	嘉黎县	13056	4	43169	10792.3	8493	10626	24050	2419	604.8	5.6%	4600	47455
	比如县	11440	7	65549	9364.1	19293	14282	31974	1156	165.1	1.8%		51101
	聂荣县	9017	4	43255	10813.8	8172	14451	20632	829	207.3	1.9%		48499

续表

地市	县域	行政区域面积（平方公里）	户籍人口（万人）	地区生产总值（万元）	人均生产总值（元）	第一产业增加值（万元）	第二产业增加值（万元）	第三产业增加值（万元）	公共财政收入（万元）	人均财政收入（元）	生产总值公共财政贡献率	规模以上工业总产值（万元）	固定资产投资（万元）
那曲地区【11县】	安多县	100000	4	59907	14976.8	10889	13226	35792	2120	530.0	3.5%		30700
	申扎县	25546	2	35948	17974.0	6096	7080	22772	1366	683.0	3.8%		36327
	索县	5970	5	52246	10449.2	10583	12279	29384	1449	289.8	2.8%		45360
	班戈县	2838	4	48544	12136.0	13595	12188	22761	1287	321.8	2.7%		38100
	巴青县	25000	5	58780	11756.0	13909	10533	34338	1436	287.2	2.4%		20284
	尼玛县	72499	3	49083	16361.0	10631	7750	30702	1193	397.7	2.4%		10884
	双湖县	116637	1	27486	27486.0	6696	4527	16263	1720	1720.0	6.3%		19709
阿里地区【7县】	普兰县	13194	1	20570	20570.0	3733	5202	11635	2504	2504.0	12.2%		26642
	札达县	24602	1	19107	19107.0	2375	5745	10987	1289	1289.0	6.7%		25832
	噶尔县	17670	2	22313	11156.5	4401	7190	10722	5117	2558.5	22.9%	244	267033
	日土县	76994	1	24507	24507.0	6453	4494	13560	2206	2206.0	9.0%		33400
	革吉县	46104	2	28455	14227.5	8612	7069	12774	1855	927.5	6.5%		9102
	改则县	135616	2	41693	20846.5	17484	5859	18350	1539	769.5	3.7%		14986
	措勤县	22894	2	22094	11047.0	6766	4080	11248	1052	526.0	4.8%		26309
合　　计	73个	1261277	287	6331209	22060.0	925647	2598343	2807219	412515	1437.3	6.5%	1360347	7023641

第五章　重庆篇

一、整体概况

(一)全市概况

重庆市简称“渝”,1997 年成为我国第 4 个直辖市。重庆位于中国西南部、长江上游地区,辖区总面积 8.2 万平方千米。2014 年末全市常住人口 2991.4 万人。重庆市辖 38 个行政区县(自治县),拥有 21 个市辖区、13 个县、4 个自治县。重庆市综合考虑人口、资源、环境、经济、社会、文化等因素,划分为都市功能核心区、都市功能拓展区、城市发展新区、渝东北生态涵养发展区、渝东南生态保护发展区 5 个功能区域。

2014 年,全市生产总值 14265.4 亿元,按常住人口计算人均生产总值达到 4.8 万元。其中,第一产业增加值 1061.0 亿元,第二产业增加值6531.9亿元,第三产业增加值 6672.5 亿元,三次产业比重结构为 7.4∶45.8∶46.8。全市工业总产值达 21520.4 亿元,其中,规模以上工业总产值 18722.5 亿元;全年一般公共预算收入 1921.9 亿元;全社会固定资产投资13223.8亿元;社会消费品零售总额 5096.2 亿元,其中,城镇消费品零售额 4838.2 亿元,乡村消费品零售额258.0亿元。

(二)县域概况

全市 38 个县级行政区划单位,纳入县域体系的有 26 个县级行政区划单位(其中:9 个市辖区,13 个县,4 个自治县),行政区域面积 6.8 万平方千米,户籍人口 2384 万人。纳入县域体系的县级行政区划单位分别分布在三大功能区:城市发展新区(綦江区、大足区、长寿区、江津区、合川区、永川区、南川区、璧山区、铜梁区、潼南县、荣昌县)、渝东北生态涵养发展区(梁平县、城口县、丰都县、垫江县、忠县、开县、云阳县、奉节县、巫山县、巫溪县)、渝东南生态保护发展区(武隆县、石柱土家族自治县(以下简称石柱县)、秀山土家族苗族自治县(以下简称秀山县)、酉阳土家族苗族自治县(以下简称酉阳县)、彭水苗族土家族自治县(以下简称彭水县)。

县域生产总值为6155.8亿元,人均生产总值2.6万元。其中:第一产业增加值838.0亿元,第二产业增加值3360.1亿元,第三产业增加值1957.7亿元,三次产业结构比重为13.6:54.6:31.8。县域公共财政收入为504.9亿元,规模以上工业总产值7398.5亿元,县域固定资产投资为7208.4亿元。

二、经济分析

(一)生产总值

1.占比分析

(1)各功能区县域占全市生产总值比重

2014年,县域生产总值为6155.8亿元,占全市生产总值比重的43.1%,其中三大功能区结构为:城市发展新区占全市生产总值的27.6%;渝东北生态涵养发展区占全市生产总值的11.4%;渝东南生态保护发展区占全市生产总值的4.1%(见图3-121)。

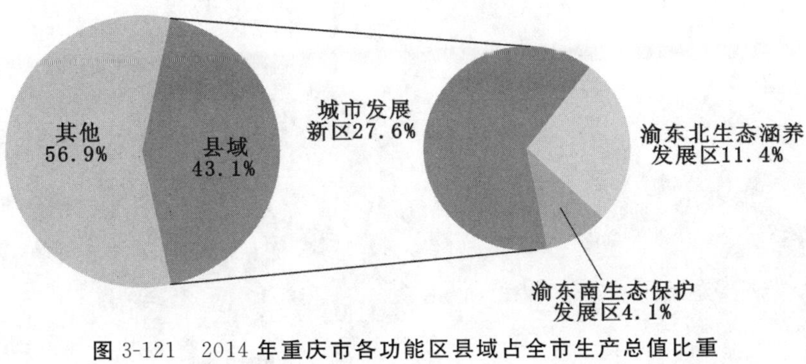

图3-121　2014年重庆市各功能区县域占全市生产总值比重

(2)各功能区县域生产总值比重

2014年,各功能区县域生产总值比重结构为:城市发展新区占64.0%,渝东北生态涵养发展区占26.5%,渝东南生态保护发展区占9.5%(见图3-122)。

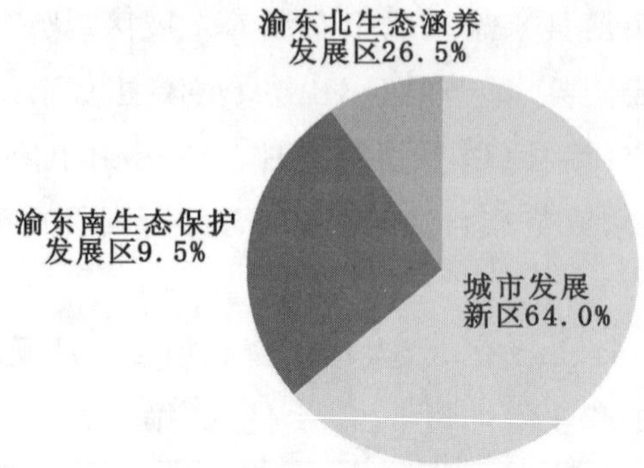

图 3-122　2014 年重庆市各功能区县域地区生产总值比重

(3)县域占全市生产总值比重

2014 年，县域占全市生产总值比重结构为：城市发展新区，綦江区占 2.5%、大足区占 2.3%、长寿区占 2.9%、江津区占 3.9%、合川区占 3.1%、永川区占 3.6%、南川区占 1.2%、璧山区占 2.3%、铜梁区占 2.0%、潼南县占 1.6%、荣昌县占 2.1%；渝东北生态涵养发展区，梁平县占 1.5%、城口县占 0.3%、丰都县占 0.9%、垫江县占 1.6%、忠县占 1.5%、开县占 2.1%、云阳县占 1.2%、奉节县占 1.3%、巫山县占 0.6%、巫溪县占 0.5%；渝东南生态保护发展区，武隆县占 0.8%、石柱县占 0.8%、秀山县占 0.9%、酉阳县占 0.8%、彭水县占 0.8%(见图 3-123)。

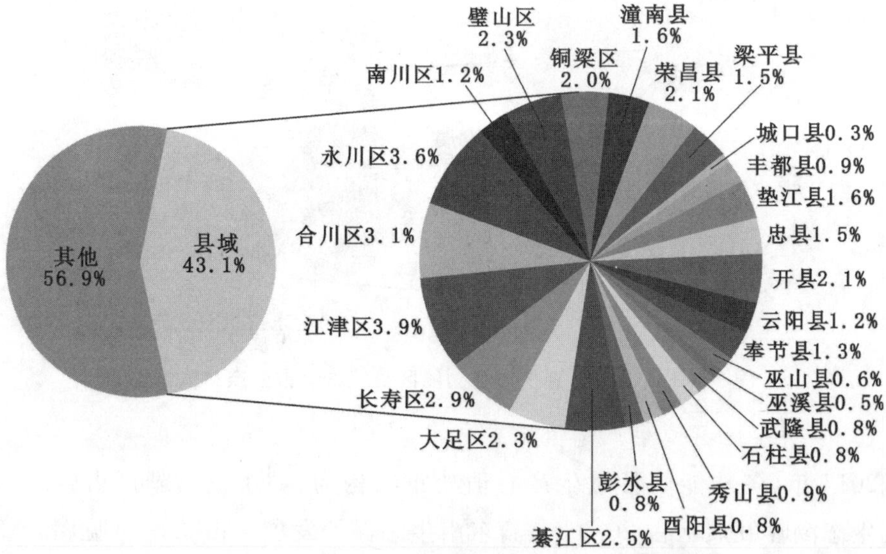

图 3-123　2014 年重庆市县域占全市生产总值比重

(4)各区县县域生产总值比重

2014年，各区县县域生产总值比重结构为：城市发展新区，綦江区占5.8%、大足区占5.4%、长寿区占6.8%、江津区占9.0%、合川区占7.2%、永川区占8.3%、南川区占2.8%、璧山区占5.4%、铜梁区占4.6%、潼南县占3.8%、荣昌县占4.9%；渝东北生态涵养发展区，梁平县占3.5%、城口县占0.8%、丰都县占2.2%、垫江县占3.6%、忠县占3.4%、开县占4.9%、云阳县占2.8%、奉节县占2.9%、巫山县占1.3%、巫溪县占1.1%；渝东南生态保护发展区，武隆县占1.9%、石柱县占1.9%、秀山县占2.1%、酉阳县占1.8%、彭水县占1.8%（见图3-124）。

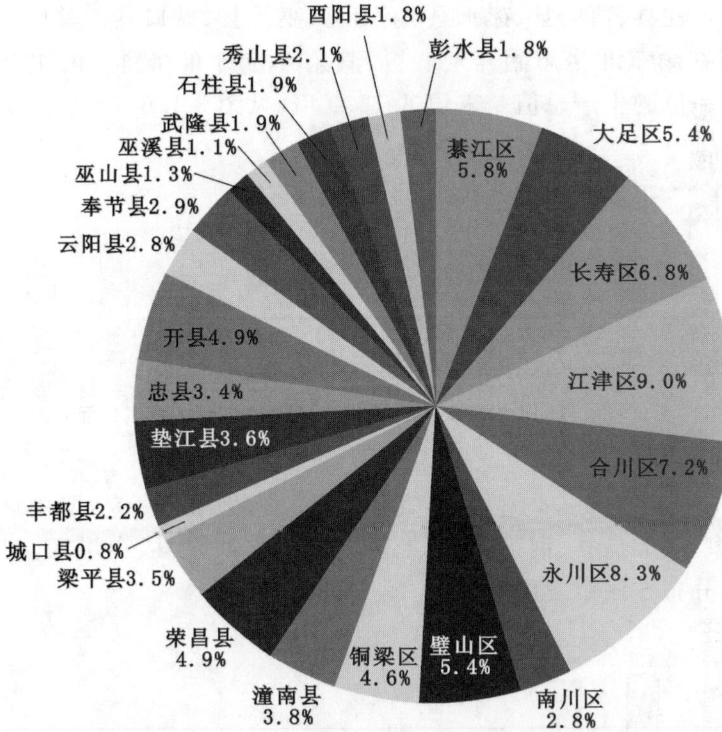

图3-124　2014年重庆市各区县县域生产总值比重

2. 排名分析

(1)全市县域生产总值排名

2014年，全市县域生产总值排名前10位的依次为：江津区、永川区、合川区、长寿区、綦江区、璧山区、大足区、荣昌县、开县、铜梁区。其中，前10位次的9位分布在城市发展新区（见图3-125）。

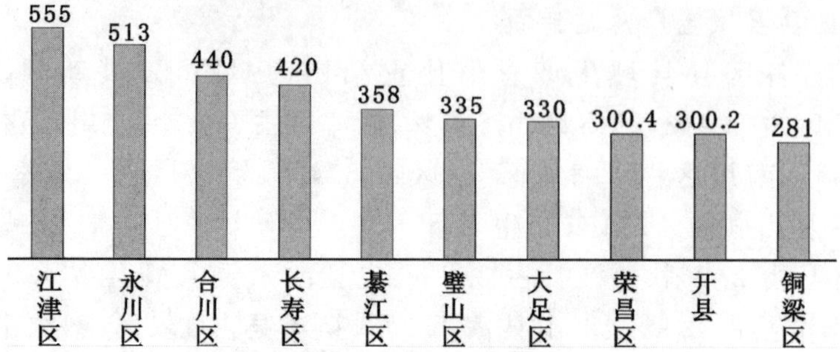

图 3-125　2014 年重庆市县域生产总值排名前 10 名(亿元)

2014 年,全市县域生产总值排名后 10 位的依次为:云阳县、丰都县、秀山县、武隆县、石柱县、酉阳县、彭水县、巫山县、巫溪县、城口县。其中,后 10 位次的 5 位分布在渝东北生态涵养发展区,其余 5 位分布在渝东南生态保护发展区。排名第一位的生产总值是末位的 12.0 倍(见图 3-126)。

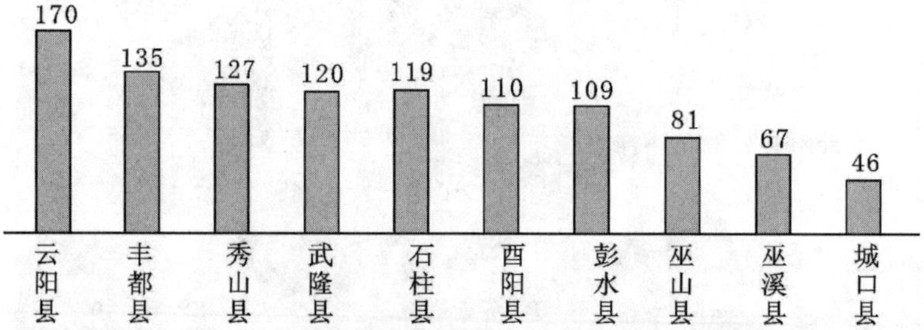

图 3-126　2014 年重庆市县域生产总值排名后 10 名(亿元)

(2)全市县域人均生产总值排名

2014 年,全市县域人均生产总值排名前 10 位的依次为:璧山区、长寿区、永川区、江津区、荣昌县、铜梁区、大足区、綦江区、武隆县、合川区。其中,前 10 位次的 9 位分布在城市发展新区(见图 3-127)。

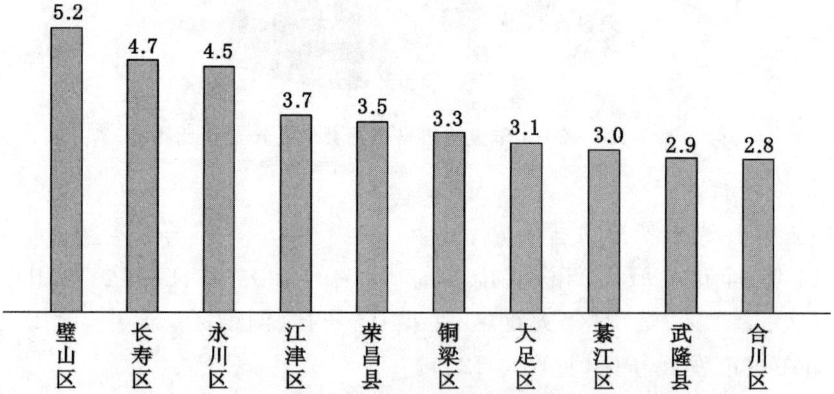

图 3-127　2014 年重庆市县域人均生产值排名前 10 名(万元)

2014年，全市县域人均生产总值排名后10位的依次为：秀山县、城口县、开县、奉节县、丰都县、彭水县、酉阳县、云阳县、巫山县、巫溪县。其中，后10位次的7位分布在渝东北生态涵养发展区，其余3位分布在渝东南生态保护发展区。排名第一位的人均生产总值是末位的4.3倍(见图3-128)。

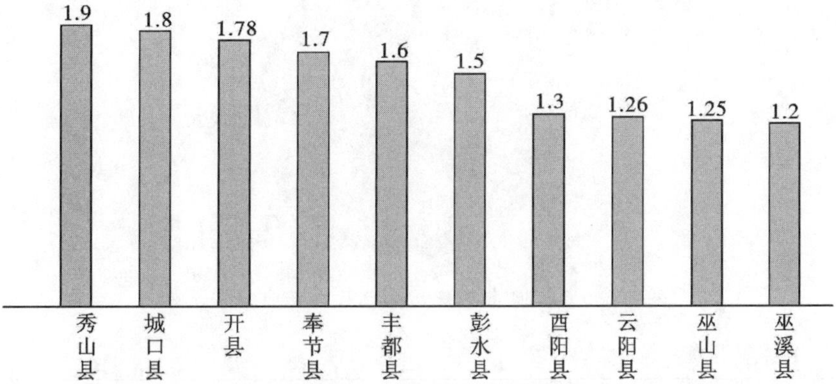

图3-128　2014年重庆市县域人均生产值排名后10名(万元)

(二)产业结构

1.全市三次产业增加值比重

2014年，全市生产总值14265.4亿元，其中，第一产业增加值1061.0亿元，第二产业增加值6531.9亿元，第三产业增加值6672.5亿元，三次产业比重结构为7.4∶45.8∶46.8(见图3-129)。

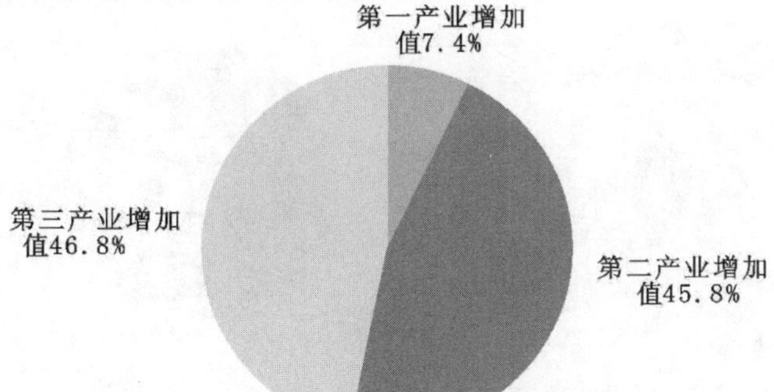

图3-129　2014年重庆市三次产业结构比重

2.县域三次产业增加值比重

2014年，全市县域生产总值为6155.8亿元，其中，第一产业增加值838.0亿元，第二产业增加值 3360.1 亿元,第三产业增加值 1957.7 亿元,三次产业结构比重为 13.6∶54.6∶31.8(见图 3-130)。

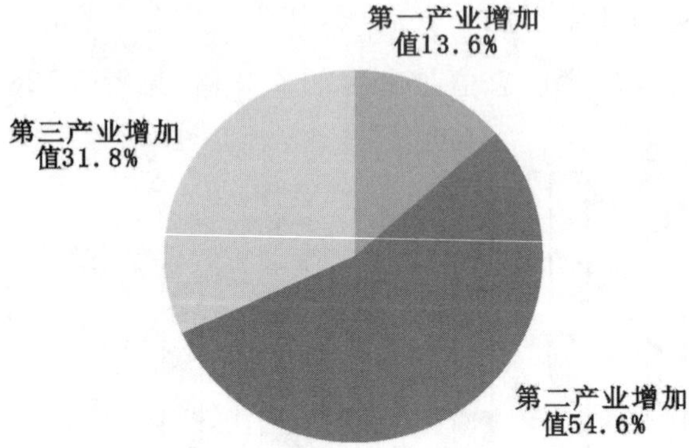

图 3-130　2014 年重庆市县域三次产业结构比重

(三)财政收入

1. 占比分析

(1)县域占全市公共财政收入比重

2014 年,县域公共财政收入为 504.9 亿元,占全市公共财政收入的比重为 26.2%。其中,三大功能区县域占全市公共财政收入的比重结构为:城市发展新区 17.5%、渝东北生态涵养发展区 5.8%、渝东南生态保护发展区 3.0%(见图 3-131)。

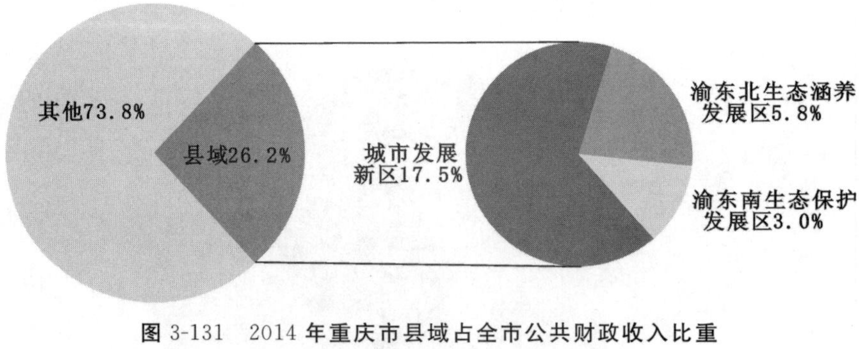

图 3-131　2014 年重庆市县域占全市公共财政收入比重

(2)各功能区县域公共财政收入比重

2014 年,三大功能区县域公共财政收入比重结构为:城市发展新区占 66.7%,渝东北生态涵养发展区占 21.9% ,渝东南生态保护发展区占11.4%

（见图 3-132）。

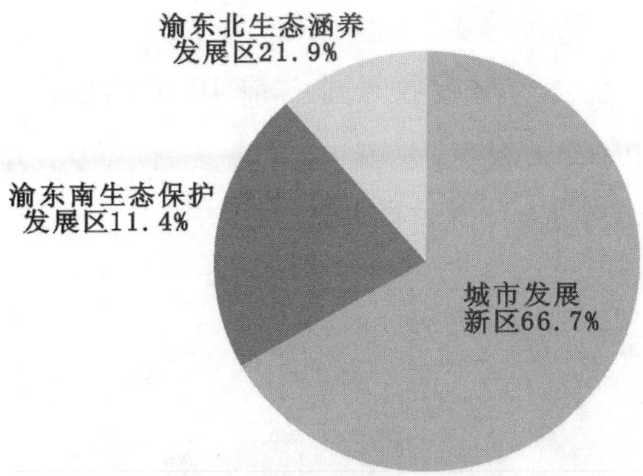

图 3-132　2014 年重庆市三大功能区占县域公共财政收入比重

(3)各区县县域公共财政收入比重

2014 年，各区县县域公共财政收入比重结构为：城市发展新区，綦江区占 6.7%、大足区占 6.2%、长寿区占 6.2%、江津区占 9.4%、合川区占6.6%、永川区占 7.7%、南川区占 3.6%、璧山区占 8.4%、铜梁区占 4.1%、潼南县占 3.4%、荣昌县占 4.4%；渝东北生态涵养发展区，梁平县占 3.0%、城口县占 0.5%、丰都县占 2.5%、垫江县占 2.4%、忠县占 2.4%、开县占 3.7%、云阳县占 2.1%、奉节县占 2.5%、巫山县占 1.6%、巫溪县占 1.2%；渝东南生态保护发展区，武隆县占 2.3%、石柱县占 2.2%、秀山县占 2.8%、酉阳县占2.1%、彭水县占 2.0%（见图 3-133）。

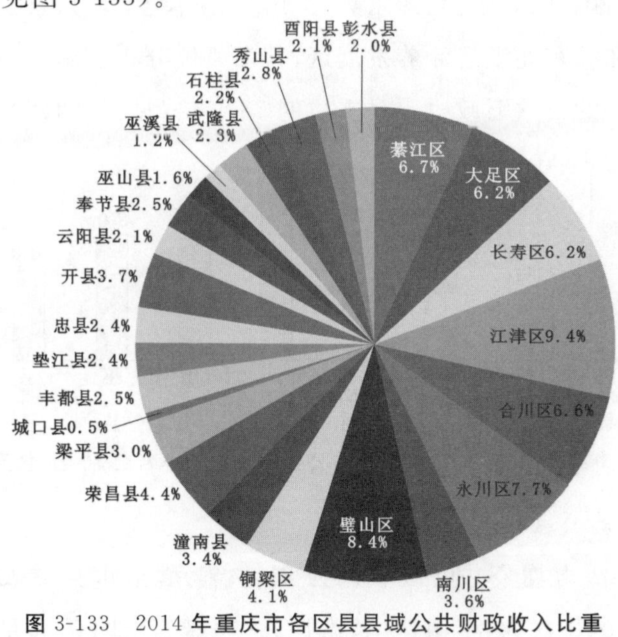

图 3-133　2014 年重庆市各区县县域公共财政收入比重

2. 排名分析

(1)县域公共财政收入排名

2014 年,全市县域公共财政收入排名前 10 位的依次为:江津区、璧山区、永川区、綦江区、合川区、大足区、长寿区、荣昌县、铜梁区、开县。其中,前 10 位次的 9 位分布在城市发展新区(见图 3-134)。

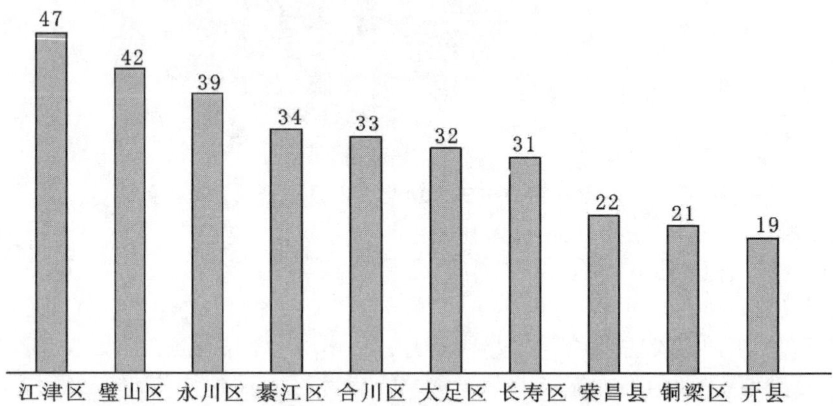

图 3-134 2014 年重庆市县域公共财政收入排名前 10 名(亿元)

2014 年,全市县域公共财政收入排名后 10 位的依次为:忠县、垫江县、武隆县、石柱县、酉阳县、云阳县、彭水县、巫山县、巫溪县、城口县。其中,后 10 位次的 6 位分布在渝东北生态涵养发展区,其余 4 位分布在渝东南生态保护发展区。排名第一位的公共财政收入是末位的 18.0 倍(见图 3-135)。

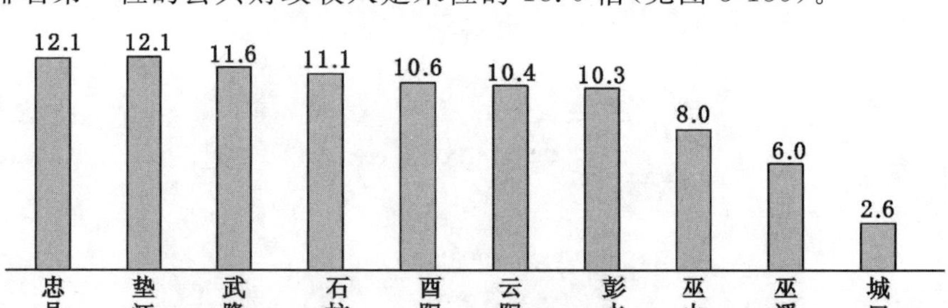

图 3-135 2014 年重庆市县域公共财政收入排名后 10 名(亿元)

(2)县域人均公共财政收入排名

2014 年,县域人均公共财政收入为 2117.7 元,全市县域人均公共财政收入排名前 10 位的依次为:璧山区、长寿区、永川区、江津区、大足区、綦江区、武隆县、南川区、荣昌县、铜梁区。其中，前 10 位次的 9 位分布在城市发展新区（见图 3-136）。

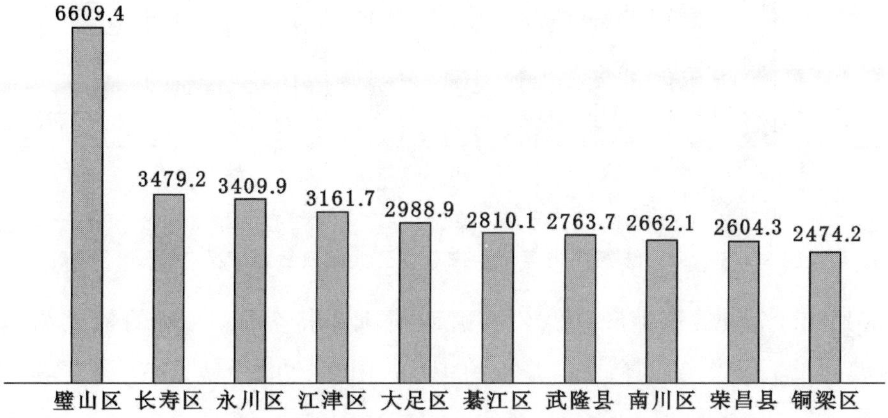

图 3-136　2014 年重庆市县域人均公共财政收入排名前 10 名（元）

2014 年，全市县域人均公共财政收入排名后 10 位的依次为：彭水县、垫江县、巫山县、酉阳县、忠县、奉节县、开县、巫溪县、城口县、云阳县。其中，后 10 位次的 8 位分布在渝东北生态涵养发展区，其余两位分布在渝东南生态保护发展区（见图 3-137）。

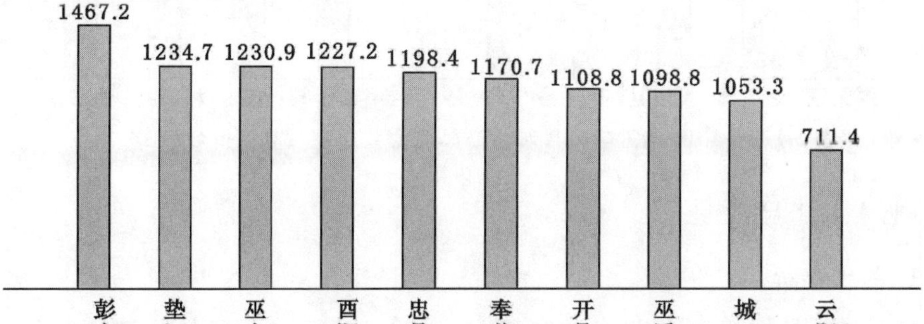

图 3-137　2014 年重庆市县域人均公共财政收入排名后 10 名（元）

（3）县域生产总值公共财政贡献率排名

2014 年，全市县域生产总值公共财政贡献率排名前 10 位的依次为：璧山区、秀山县、南川区、巫山县、武隆县、酉阳县、大足区、綦江区、丰都县、彭水县（见图 3-138）。

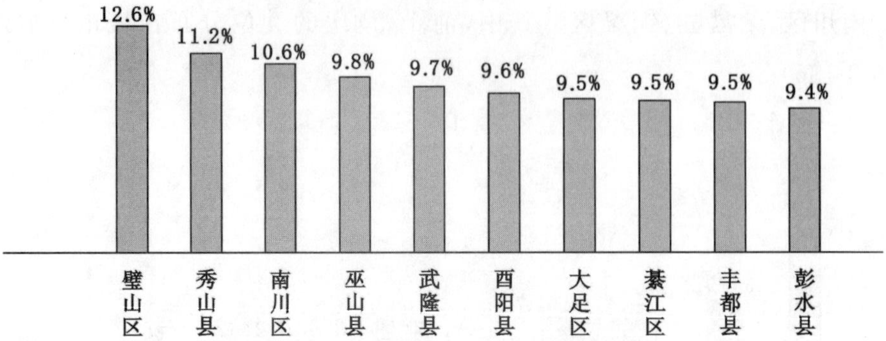

图 3-138　2014 年重庆市县域生产总值公共财政贡献率排名前 10 名

2014 年,全市县域生产总值公共财政贡献率排名后 10 位的依次为:铜梁区、荣昌县、潼南县、梁平县、奉节县、开县、云阳县、忠县、城口县、垫江县(见图 3-139)。

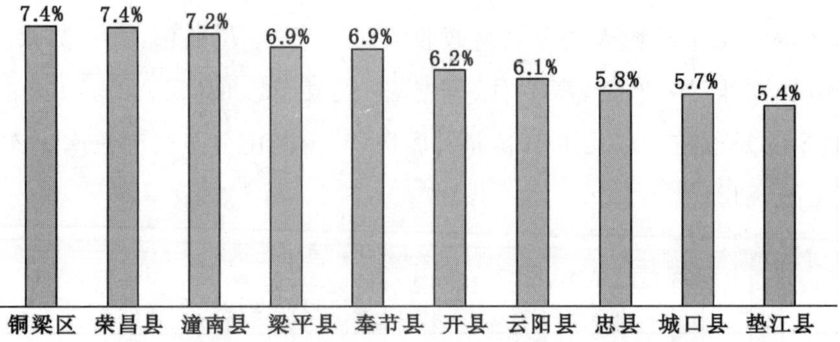

图 3-139　2014 年重庆市县域生产总值公共财政贡献率排名后 10 名

(四)工业总产值

1. 占比分析

2014 年,县域规模以上工业产值为 7398.5 亿元,各区县县域规模以上工业总产值比重结构为:城市发展新区,綦江区占 6.6%、大足区占 5.9%、长寿区占 9.2%、江津区占 15.0%、合川区占 7.5%、永川区占 11.1%、南川区占 1.7%、璧山区占 10.6%、铜梁区占5.0%、潼南县占 3.1%、荣昌县占 8.0%;渝东北生态涵养发展区,梁平县占2.0%、城口县占 0.3%、丰都县占 1.1%、垫江县占 2.1%、忠县占 1.0%、开县占 3.1%、云阳县占 1.4%、奉节县占 0.3%、巫山县占 0.1%、巫溪县占 0.3%;渝东南生态保护发展区,武隆县占 0.7%、石柱县占 1.3%、秀山县占 0.9%、酉阳县占 1.0%、彭水县占 0.7%(见图 3-140)。

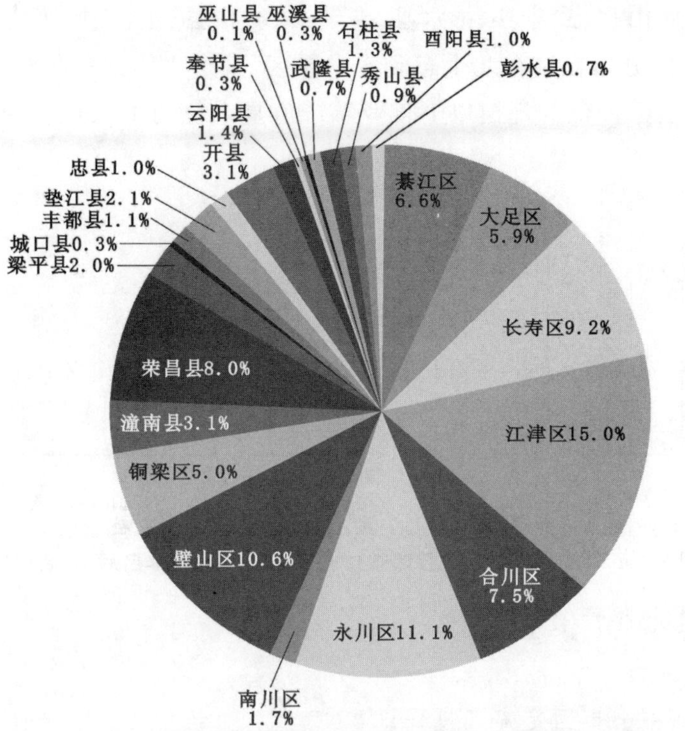

图 3-140　2014 年重庆市各区县县域规模以上工业总产值比重

2. 排名分析

2014 年,全市县域规模以上工业总产值排名前 10 位的依次为:江津区、永川区、璧山区、长寿区、荣昌县、合川区、綦江区、大足区、铜梁区、潼南县。其中,前 10 位全部分布在城市发展新区(见图 3-141)。

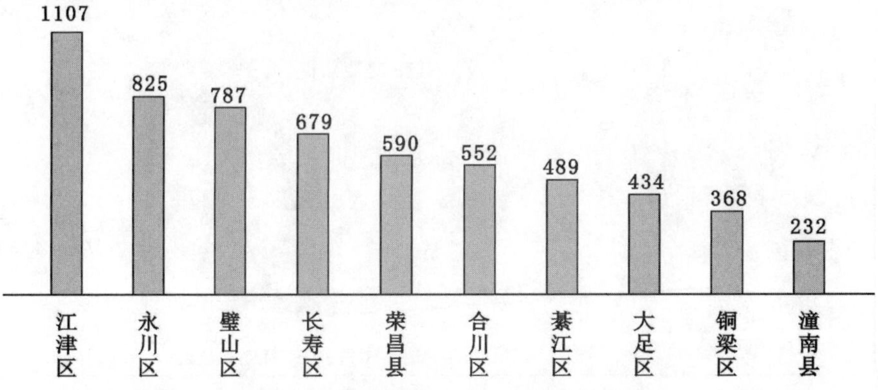

图 3-141　2014 年重庆市县域规模以上工业总产值排名前 10 名(亿元)

2014 年,全市县域规模以上工业总产值排名后 10 位的依次为:丰都县、酉阳县、忠县、秀山县、武隆县、彭水县、奉节县、城口县、巫溪县、巫山县。其中,后 10 位次的 6 位分布在渝东北生态涵养发展区,其余 4 位分布在渝东南生态保护发展区。排名第一位的规模以上工业总产值是末位的 100.6 倍(见图 3-142)。

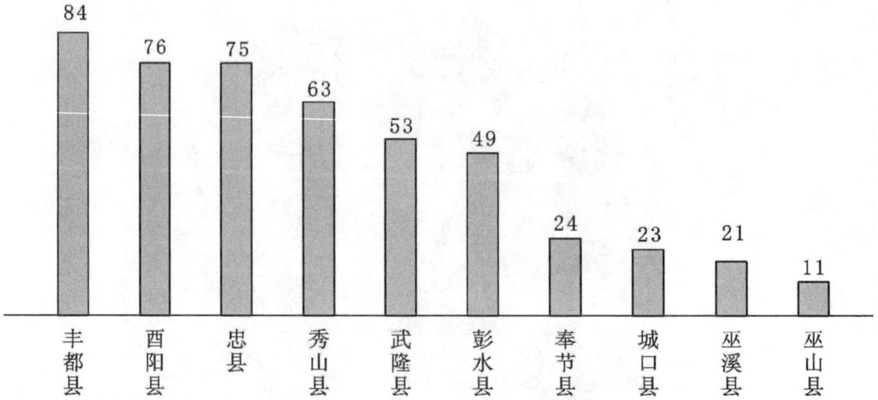

图 3-142　2014 年重庆市县域规模以上工业总产值排名后 10 名(亿元)

(五)固定资产投资

1. 占比分析

(1)县域占全市固定资产投资比重

2014 年,县域固定资产投资为 7208.4 亿元,占全市固定资产投资的 54.5%,三大功能区县域占全市固定资产投资比重结构为:城市发展新区占 34.9%,渝东北生态涵养发展区占 14.3%,渝东南生态保护发展区占 5.3%(见图 3-143)。

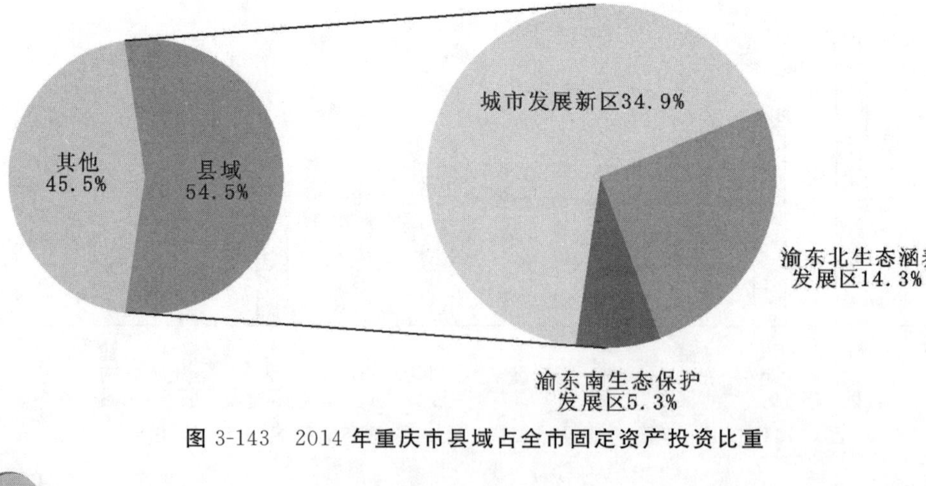

图 3-143　2014 年重庆市县域占全市固定资产投资比重

(2)各功能区县域固定资产投资比重

2014年,各功能区县域固定资产投资比重结构为:城市发展新区占64.1%,渝东北生态涵养发展区占26.3%,渝东南生态保护发展区占9.6%(见图3-144)。

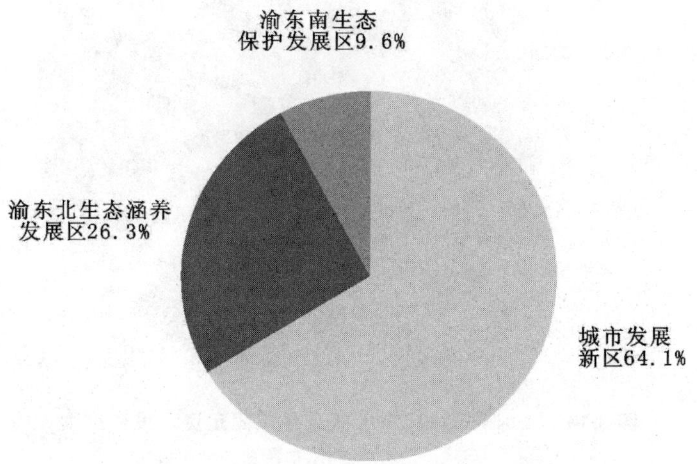

图3-144　2014年重庆市三大功能区县域固定资产投资比重

(3)各区县县域固定资产投资比重

2014年,各区县县域固定资产投资比重结构为:城市发展新区,綦江区占5.9%、大足区占5.8%、长寿区占5.7%、江津区占8.0%、合川区占6.1%、永川区占8.0%、南川区占2.0%、璧山区占7.6%、铜梁区占6.1%、潼南县占3.7%、荣昌县占5.2%;渝东北生态涵养发展区,梁平县占3.1%、城口县占0.9%、丰都县占2.6%、垫江县占3.4%、忠县占3.0%、开县占4.3%、云阳县占2.8%、奉节县占2.9%、巫山县占1.4%、巫溪县占1.9%;渝东南生态保护发展区,武隆县占2.0%、石柱县占2.0%、秀山县占2.0%、酉阳县占1.8%、彭水县占1.8%(见图3-145)。

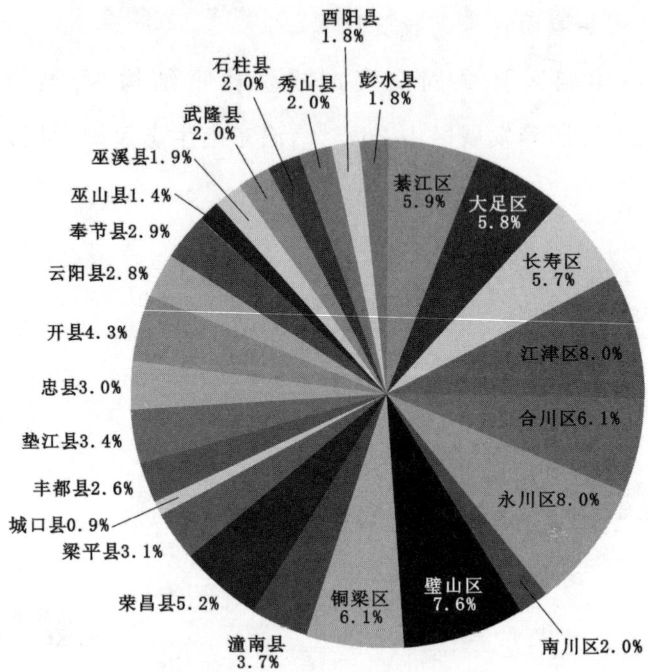

图 3-145 2014 年重庆市各区县县域固定资产投资比重

2. 排名分析

2014 年，全市县域固定资产投资排名前 10 位的依次为：永川区、江津区、璧山区、铜梁区、合川区、綦江区、大足区、长寿区、荣昌县、开县。其中，前 10 位次的 9 位分布在城市发展新区（见图 3-146）。

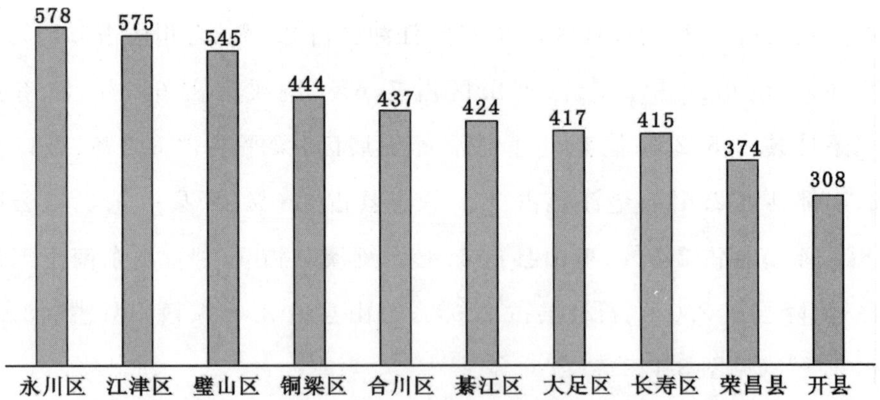

图 3-146 2014 年重庆市县域固定资产投资排名前 10 名(亿元)

2014年，全市县域固定资产投资排名后10位的依次为：丰都县、秀山县、武隆县、南川区、石柱县、巫溪县、酉阳县、彭水县、巫山县、城口县。其中，后10位次的5位分布在渝东南生态保护发展区。排名第一位的永川区固定资产投资是最后一位城口县的8.5倍（见图3-147）。

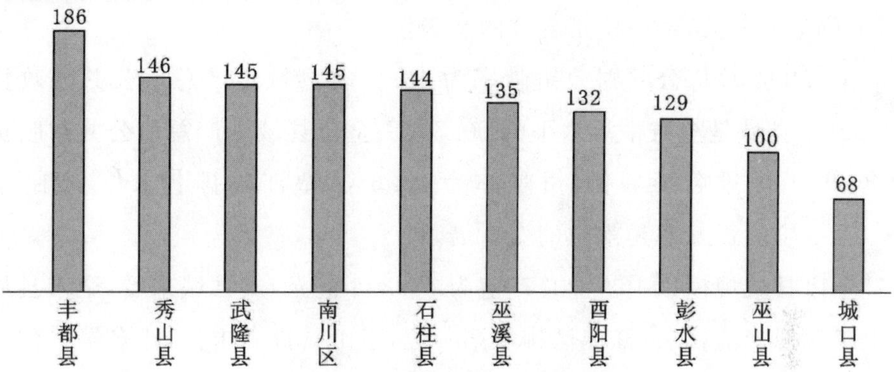

图3-147　2014年重庆市县域固定资产投资排名后10名（亿元）

三、数据小结

1.全市县域总产值占全市生产总产值的43.1%，其中，从三大功能区结构来看，城市发展新区占比最大，占全市生产总值的27.6%，占县域总产值的64.0%；全市三次产业比重为7.4∶45.8∶46.8，县域三次产业结构比重为13.6∶54.6∶31.8。

2.全市县域生产总值排名，江津区位居第一，前10位次的9位分布在城市发展新区；城口县排名末位，后10位次的5位分布在渝东北生态涵养发展区，其余5位分布在渝东南生态保护发展区。排名第一位的生产总值是末位的12.0倍。

3.全市人均生产总值约为4.8万元，县域人均生产总值2.6万元，为全市平均水平的54.2%。全市县域人均生产总值排名，璧山区排名第一位，前10位次的9位分布在城市发展新区；巫溪县排名末位，后10位次的7位分布在渝东北生态涵养发展区，其余3位分布在渝东南生态保护发展区。排名第一位的人均生产总值是末位的4.3倍。

4.县域占全市公共财政收入的比重为26.2%，全市人均公共财政收入为

6424.7 元,县域人均公共财政收入为 2117.7 元,县域为全市人均公共财政收入水平的 33.0%。

5.全市县域公共财政收入排名,第一位为江津区,末位为城口县,排名第一位的公共财政收入是末位的 18.1 倍;人均县域公共财政收入排名,第一位为壁山区,末位是云阳县,第一位是末位的 9.3 倍。

6.全市生产总值公共财政贡献率为 13.5%,县域生产总值公共财政贡献率为 8.2%,县域是全省平均水平的 60.7%。全市县域生产总值公共财政贡献率排名,壁山区排名第一位,贡献率为 12.6%,垫江县排名末位,贡献率为 5.4%,第一位的贡献率是末位的 2.3 倍。

7.全市县域规模以上工业总产值为 7398.5 亿元,从县域来看,全市县域规模以上工业总产值排名,江津区排名第一位,巫山县排名末位,排名第一位的规模以上工业总产值是末位的 100.6 倍。

8.全市县域固定资产投资为 7208.4 亿元,占全省固定资产投资的 54.5%,全市县域固定资产投资排名,城市发展新区囊括全市前 10 位次的 9 倍,排名第一位的永川区固定资产投资是末位城口县的 8.5 倍。

附录：

重庆市 38 县级行政区划单位（21 个市辖区、13 个县、4 个自治县）
重庆市 26 县域行政区划单位（9 个市辖区，13 个县，4 个自治县）

功能区	县域	行政区域面积（平方公里）	户籍人口（万人）	地区生产总值（万元）	人均生产总值（元）	第一产业增加值（万元）	第二产业增加值（万元）	第三产业增加值（万元）	公共财政收入（万元）	人均财政收入（元）	生产总值公共财政贡献率	规模以上工业总产值（万元）	固定资产投资（万元）
城市发展新区	綦江区	2748	121	3579891	29585.9	466238	1877659	1235994	340021	9.5%	2810.1	4890624	4235400
	大足区	1436	105	3298433	31413.6	364297	1992091	942045	313839	9.5%	2988.9	4337071	4167763
	长寿区	1424	90	4204068	46711.9	350982	2508441	1344645	313126	7.4%	3479.2	6790754	4150005
	江津区	3219	150	5545593	36977.3	694952	3498608	1353033	474255	8.6%	3161.7	11070201	5750370
	合川区	2343	155	4404576	28416.6	596896	2237928	1569752	332359	7.5%	2144.3	5518746	4371028
	永川区	1610	114	5125385	44959.5	445784	2937592	1742009	388726	7.6%	3409.9	8251000	5779944
	南川区	2602	69	1731935	25100.5	351947	628667	751321	183683	10.6%	2662.1	1247048	1451046
	璧山区	927	64	3345173	52268.3	187762	2372755	784656	1257034	37.6%	19641.2	7871159	5454053
	铜梁区	1340	84	2810500	33458.3	329536	1746400	734564	207829	7.4%	2474.2	3679551	4437209
	潼南县	1583	96	2341631	24392.0	433294	1221111	687226	169035	7.2%	1760.8	2316348	2649678
	荣昌县	1077	85	3004235	35343.9	403498	1903978	696759	221366	7.4%	2604.3	5901654	3741798

续表

功能区	县域	行政区域面积（平方公里）	户籍人口（万人）	地区生产总值（万元）	人均生产总值（元）	第一产业增加值（万元）	第二产业增加值（万元）	第三产业增加值（万元）	公共财政收入（万元）	人均财政收入（元）	生产总值公共财政贡献率	规模以上工业总产值（万元）	固定资产投资（万元）
渝东北态涵养发展区	梁平县	1890	93	2178288	23422.5	329525	1173598	675165	150706	6.9%	1620.5	1508814	2220111
	城口县	3289	25	460039	18401.6	66617	266188	127234	26332	5.7%	1053.3	233708	679711
	丰都县	2904	83	1353717	16309.8	259090	639444	455183	128093	9.5%	1543.3	839583	1861076
	垫江县	1518	98	2240941	22866.7	323139	1272890	644912	121001	5.4%	1234.7	1575254	2438905
	忠　县	2187	101	2078381	20578.0	308364	1082255	687762	121038	5.8%	1198.4	752989	2190506
	开　县	3963	169	3001665	17761.3	483214	1539661	978790	187381	6.2%	1108.8	2259579	3075173
	云阳县	3649	135	1701867	12606.4	367380	736344	598143	104140	6.1%	771.4	1045556	2011716
	奉节县	4087	107	1814112	16954.3	330408	711194	772510	125267	6.9%	1170.7	236290	2107585
	巫山县	2957	65	812686	12502.9	177326	261460	373900	80008	9.8%	1230.9	109405	1000617
	巫溪县	4030	55	667202	12130.9	136600	258638	271964	60436	9.1%	1098.8	210285	1345341
渝东南生态保护发展区	武隆县	2901	42	1199849	28567.8	170790	481029	548030	116077	9.7%	2763.7	531868	1454595
	石柱土家族自治县	3014	55	1199517	21809.4	210935	600266	388316	111033	9.3%	2018.8	930998	1444132
	秀山土家族苗族自治县	2453	67	1265021	18880.9	170845	656908	437268	141527	11.2%	2112.3	634456	1461379
	酉阳土家族苗族自治县	5173	86	1104184	12839.3	218244	515492	370448	105540	9.6%	1227.2	753703	1316531
	彭水苗族土家族自治县	3903	70	1087992	15542.7	202287	480430	405275	102702	9.4%	1467.2	488500	1288837
合　计	26个	68227	2384	61557881	25821.3	8379950	33601027	19576904	5882554	9.6%	2467.5	73985144	72084509

第四编

其他省份

第一章　内蒙古篇

一、整体概况

（一）全区概况

内蒙古自治区简称“蒙”，首府呼和浩特，位于中华人民共和国北部边疆，横跨东北、华北、西北，接邻8省区，是中国邻省最多的省级行政区之一，是中国5个少数民族自治区之一，面积118.3万平方千米。2014年年末全区常住人口为2504.8万人，全区拥有9个地级市（呼和浩特市、包头市、呼伦贝尔市、通辽市、赤峰市、乌兰察布市、鄂尔多斯市、巴彦淖尔、乌海市）3个盟（兴安盟、锡林郭勒盟、阿拉善盟）合计12个地级行政区划单位，103个县级行政区划单位（其中：23个市辖区、11个县级市、17个县、49个旗、3个自治旗）。全区行政地域主要分为蒙西、蒙东2个区域，其中蒙西区域包括7个盟市（呼和浩特市、乌兰察布市、鄂尔多斯市、巴彦淖尔市、乌海市、包头市、阿拉善盟），蒙东区域包括5个盟市（呼伦贝尔市、兴安盟、通辽市、赤峰市、锡林郭勒盟）。

2014年，全区实现生产总值17769.5亿元，人均生产总值约为7.1万元，其中，第一产业增加值1627.2亿元，第二产业增加值9219.8亿元，第三产业增加值6922.6亿元，全区三次产业比例为9.1∶51.9∶39.0。全部工业增加值8004.4亿元，公共财政预算收入1843.2亿元；全社会固定资产投资12074.2亿元；社会消费品零售总额5619.9亿元，其中城镇消费品零售额4955亿元，乡村消费品零售额664.9亿元。

（二）县域概况

自治区103个县级行政区划单位，纳入县域体系的有84个县级行政区划单位（其中：4个市辖区、11个县级市、17个县、49个旗、3个自治旗），行政区域面积118.0万平方千米，户籍人口1929万人。县域生产总值为13263.5亿元，人均生产总值约 6.9 万元。其中,第一产业增加值 1501.9 亿元,第二产业增加值 7402.1 亿元,第三产业增加值 4359.3 亿元,三次产业结构比重为 11.3:55.8:32.9。县域公共财政收入为 879.0 亿元,县域固定资产投资为 10892.63 亿元。

二、经济分析

(一)生产总值占比分析

1. 占比分析

(1)县域占全区生产总值比重

2014 年,县域生产总值为 13263.5 亿元,占全区生产总值的 74.9%,其中,蒙东占全区生产总值的 30.2%,蒙西占全区生产总值的 44.7%(见图4-1)。

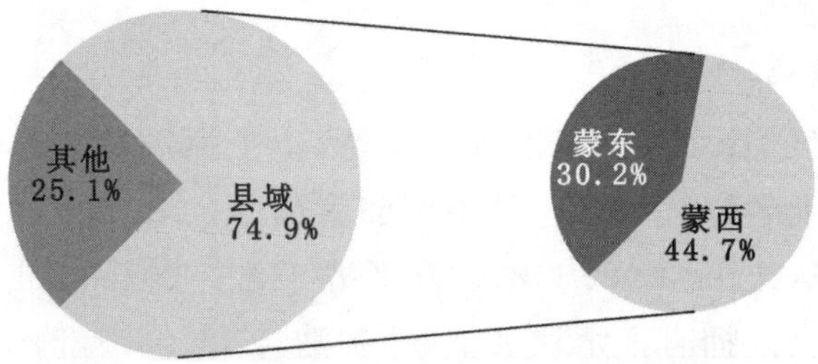

图 4-1　2014 年内蒙古县域占全区生产总值比重

(2)各区域县域生产总值比重

2014 年,各区域县域生产总值比重结构为:蒙东占县域总值的40.3%,蒙西占县域生产总值的 59.7%(见图 4-2)。

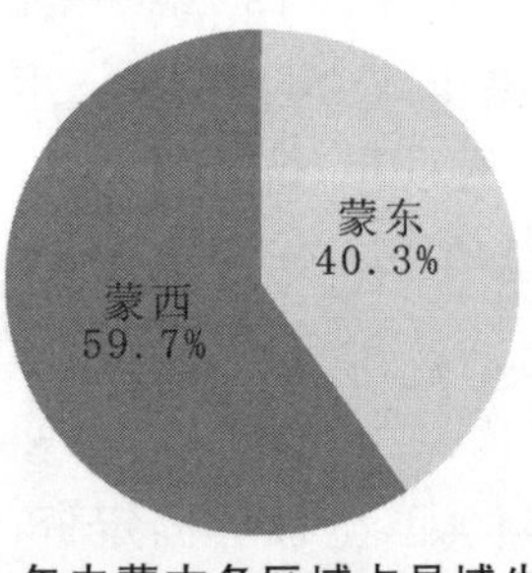

图 4-2　2014 年内蒙古各区域占县域生产总值比重

(3)各盟市县域占全区生产总值比重

2014 年,各盟市县域占全区生产总值比重结构为:蒙东区域,赤峰市占 5.8%、通辽市占 7.3%、兴安盟占 2.6%、呼伦贝尔市占 9.1%、锡林郭勒盟占 5.4%;蒙西区域,呼和浩特市占 4.4%、乌兰察布市占 4.9%、包头市占 3.7%、鄂尔多斯市占 24.2%、巴彦淖尔市占 4.9%、阿拉善盟占 2.6%(见图 4-3)。

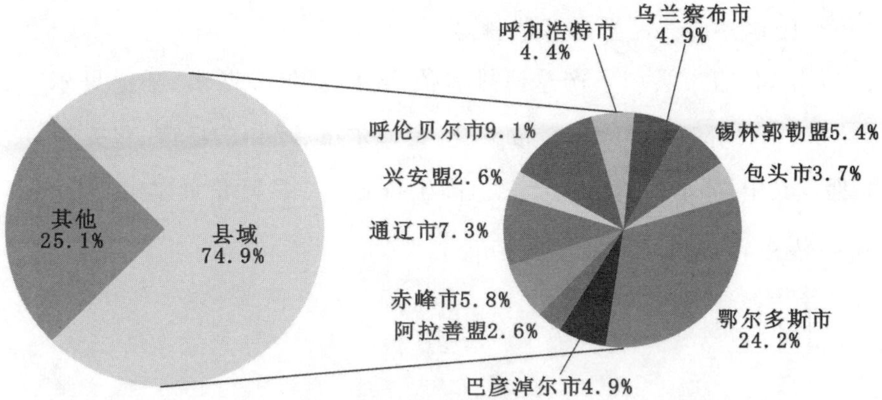

图 4-3 2014 年内蒙古各盟市县域占全区生产总值比重

(4)各盟市县域生产总值比重

2014 年,各盟市县域生产总值比重结构为:蒙东区域,赤峰市占7.7%、通辽市占 9.7%、兴安盟占 3.5%、呼伦贝尔市占 12.1%、锡林郭勒盟占7.3%;蒙西区域,呼和浩特市占 5.9%、乌兰察布市占 6.6%、包头市占4.9%、鄂尔多斯市占 32.3%、巴彦淖尔市占 6.6%、阿拉善盟占 3.4%(见图 4-4)。

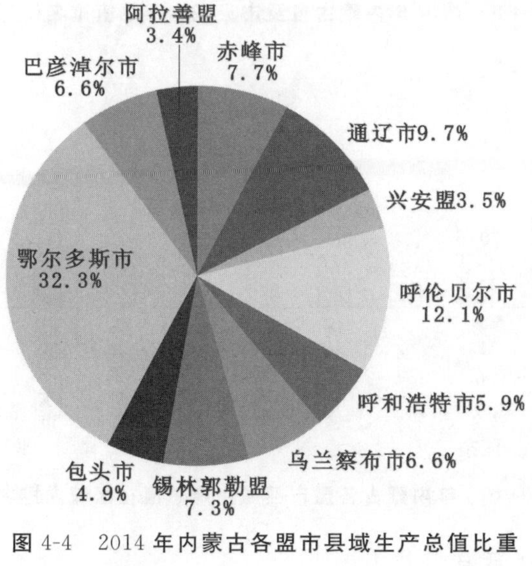

图 4-4 2014 年内蒙古各盟市县域生产总值比重

2. 排名分析

(1)全区各盟市县域生产总值排名

2014 年,各盟市县域生产总值排名依次为:鄂尔多斯市、呼伦贝尔市、通辽市、赤峰市、锡林郭勒盟、乌兰察布市、巴彦淖尔市、呼和浩特市、包头市、兴安盟、阿拉善盟。其中,鄂尔多斯市生产总值高出排名第二位呼伦贝尔市 166.0%,为阿拉善盟的 9.3 倍(见图 4-5、图 4-6)。

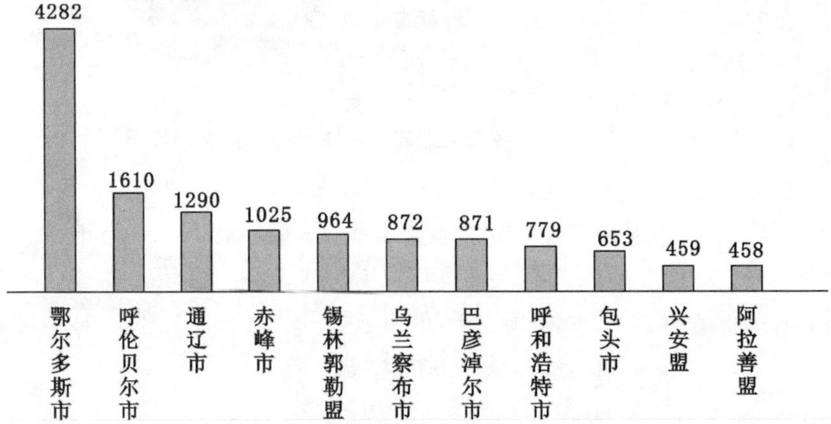

图 4-5　2014 年内蒙古各盟市县域生产总值排名(亿元)

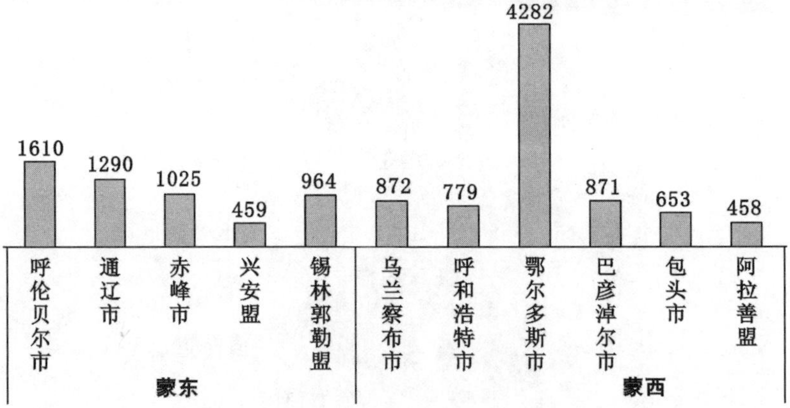

图 4-6　2014 年内蒙古各盟市县域生产总值在区域内排名(亿元)

(2)全区县域生产总值排名

2014 年,全区县域生产总值排名前 10 位的依次为:准格尔旗、东胜区、伊金霍洛旗、达拉特旗、鄂托克旗、乌审旗、阿拉善左旗、土默特右旗、霍林郭勒市、海拉尔区。其中,前 10 位次的 8 位分布在蒙西区域(见图 4-7)。

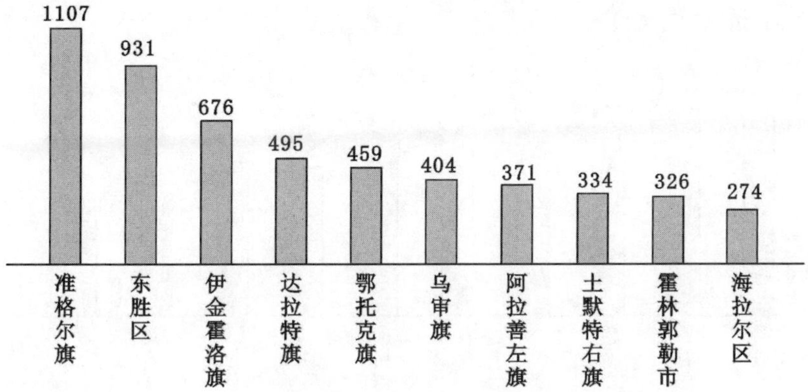

图 4-7 2014 年内蒙古县域生产总值排名前 10 名(亿元)

2014 年,全区县域生产总值排名后 10 位的依次为:察哈尔右翼中旗、化德县、太仆寺旗、苏尼特左旗、额尔古纳市、根河市、阿拉善右旗、新巴尔虎左旗、正镶白旗、阿尔山市。其中后 10 位次的 8 位分布在蒙东区域。排名第一位的生产总值是末位的 73.8 倍,后 10 位的生产总值总和仅占排名第一位准格尔旗的 34.7%(见图 4-8)。

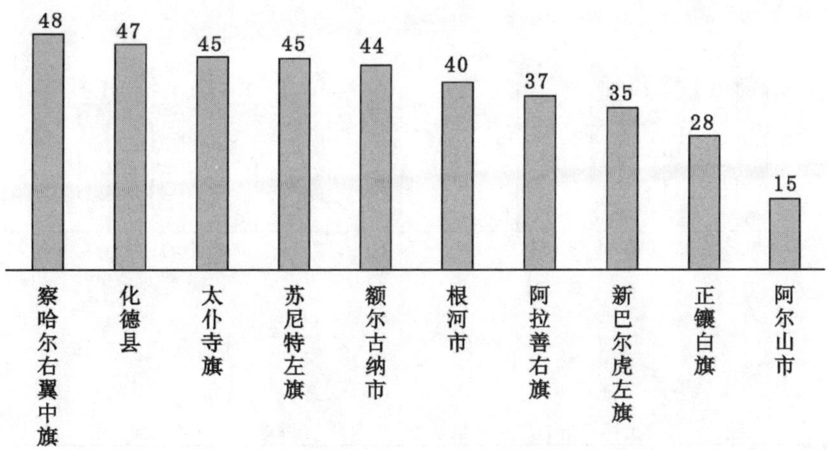

图 4-8 2014 年内蒙古县域生产总值排名后 10 名(亿元)

(3)全区县域人均生产总值排名

2014 年,全区县域人均生产总值排名前 10 位的依次为:鄂托克旗、霍林郭勒市、伊金霍洛旗、乌审旗、东胜区、准格尔旗、二连浩特市、阿拉善左旗、额济纳旗、新巴尔虎右旗。其中,前10位次的8位分布在蒙西区域,8位次的4位分布在鄂尔多斯市(见图4-9)。

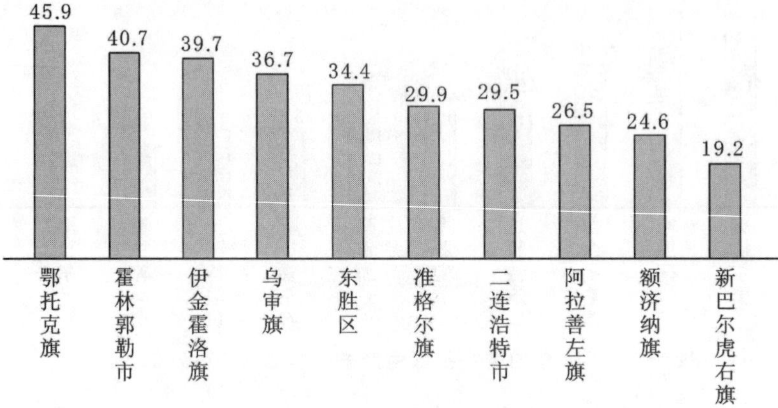

图4-9　2014年内蒙古县域人均生产总值排名前10名(万元)

2014年,全区县域人均生产总值排名后10位的依次为:鄂伦春自治旗、四子王旗、科尔沁右翼中旗、太仆寺旗、突泉县、扎赉特旗、察哈尔右翼中旗、喀喇沁旗、商都县、兴和县。排名第一位的人均生产总值是末位的24.2倍(见图4-10)。

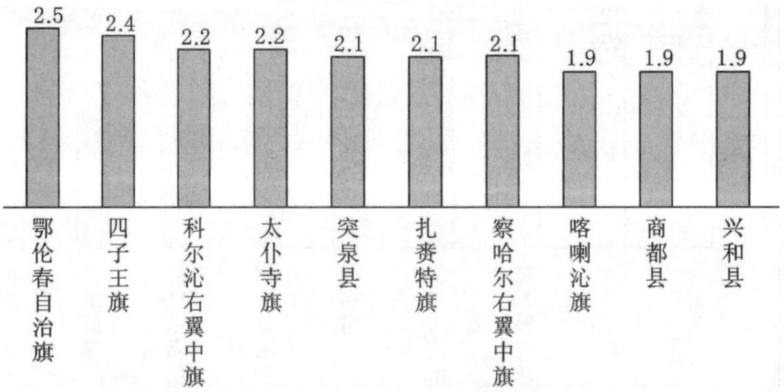

图4-10　2014年内蒙古县域人均生产总值排名后10名(万元)

(二)产业结构

1.全区三次产业增加值比重

2014年,全区生产总值17769.5亿元,人均生产总值71044元,其中,第一产业增加值1627.2亿元,第二产业增加值9219.8亿元,第三产业增加值

6922.6亿元，全区三次产业比重结构为9.1∶51.9∶39.0（见图4-11）。

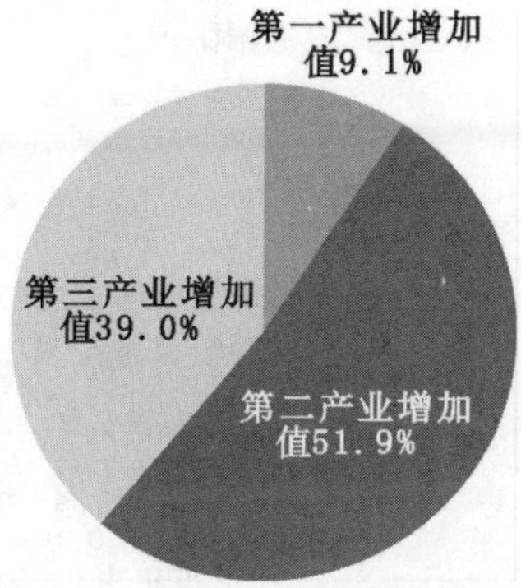

图4-11　2014年内蒙古全区三次产业增加值比重

2.县域三次产业增加值比重

2014年，自治区县域生产总值为13263.4亿元，其中，第一产业增加值1501.99亿元，第二产业增加值7402.16亿元，第三产业增加值4359.33亿元，三次产业比重结构为11.3∶55.8∶32.9（见图4-12）。

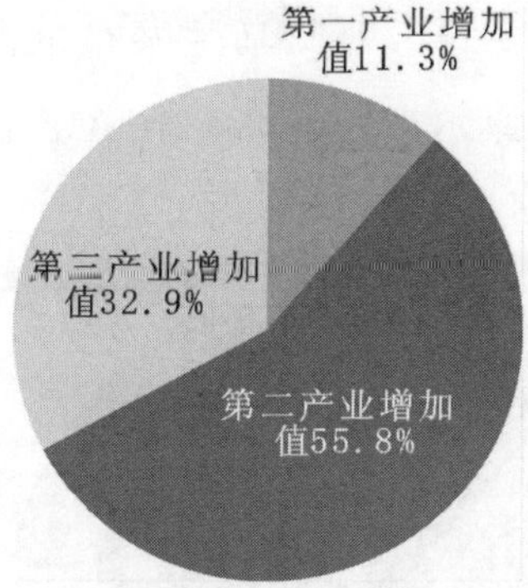

图4-12　2014年内蒙古县域三次产业增加值比重

（三）财政收入

1.占比分析

（1）县域占全区公共财政收入比重

2014年，县域公共财政收入为879.0亿元，占全区公共财政收入的比重为47.8%。其中，各盟市县域占全区公共财政收入的比重结构为：蒙东区域，赤峰市占 2.5%、通辽市占 3.4%、兴安盟占 0.8%、呼伦贝尔市占 3.9%、锡林郭勒盟占 4.5%;蒙西区域,呼和浩特市占 2.7%、乌兰察布市占 2.7%、包头市占 2.0%、鄂尔多斯市占 19.9%、巴彦淖尔市占 3.0%、阿拉善盟占2.4%(见图 4-13)。

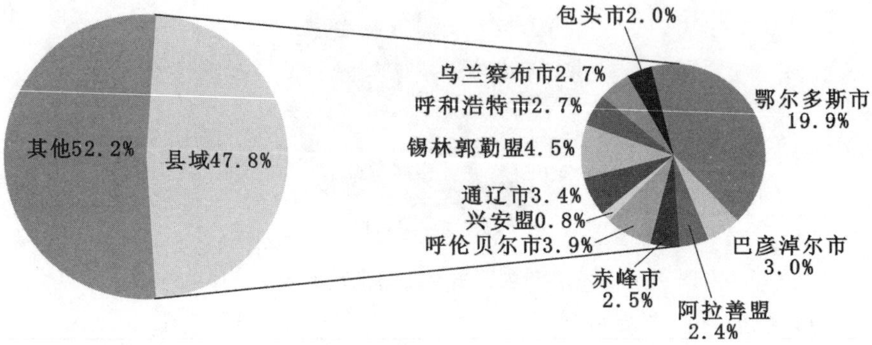

图 4-13　2014 年内蒙古县域占全区公共财政收入比重

(2)各盟市县域公共财政收入比重

2014 年,各盟市县域公共财政收入的比重结构为:蒙东区域,赤峰市占 5.2%、通辽市占 7.1%、兴安盟 1.7%、呼伦贝尔市占 8.1%、锡林郭勒盟占 9.4%;蒙西区域,呼和浩特市占 5.7%、乌兰察布市占 5.7%、包头市占 4.2%、鄂尔多斯市占 41.6%、巴彦淖尔市占 6.2%、阿拉善盟占 5.1%(见图 4-14)。

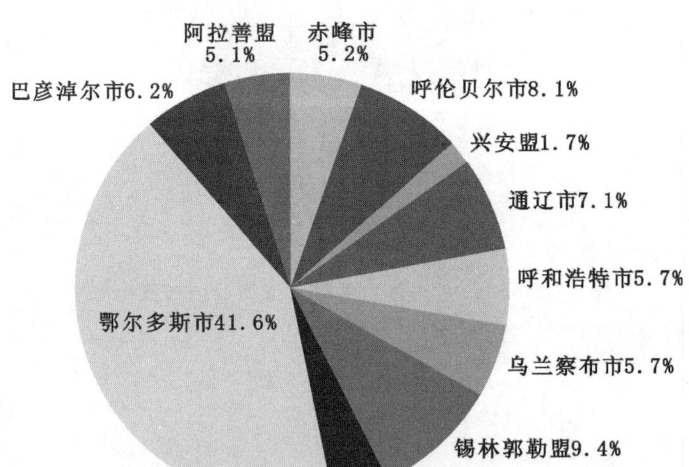

图 4-14　2014 年内蒙古各盟市县域公共财政收入比重

2. 排名分析

(1)县域公共财政收入排名

2014 年,各地市县域公共财政收入排名依次为:鄂尔多斯市、包头市、锡林郭勒盟、呼和浩特市、通辽市、呼伦贝尔市、乌兰察布市、赤峰市、阿拉善盟、兴安盟。其中,鄂尔多斯市的公共财政收入是兴安盟的 24.4 倍(见图 4-15)。

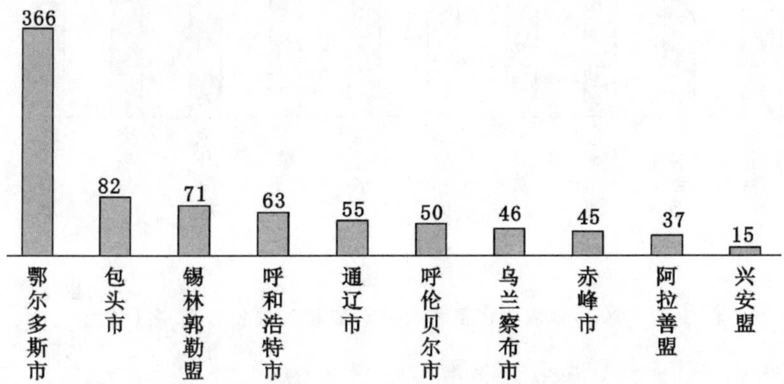

图 4-15　图　2014 年内蒙古各盟市县域公共财政收入排名(亿元)

2014 年,全区县域公共财政收入排名前 10 位的依次为:东胜区、准格尔旗、伊金霍洛旗、乌审旗、阿拉善左旗、鄂托克旗、霍林郭勒市、锡林浩特市、集宁区、托克托县。其中,前 10 位次的 7 位分布在蒙西区域(见图 4-16)。

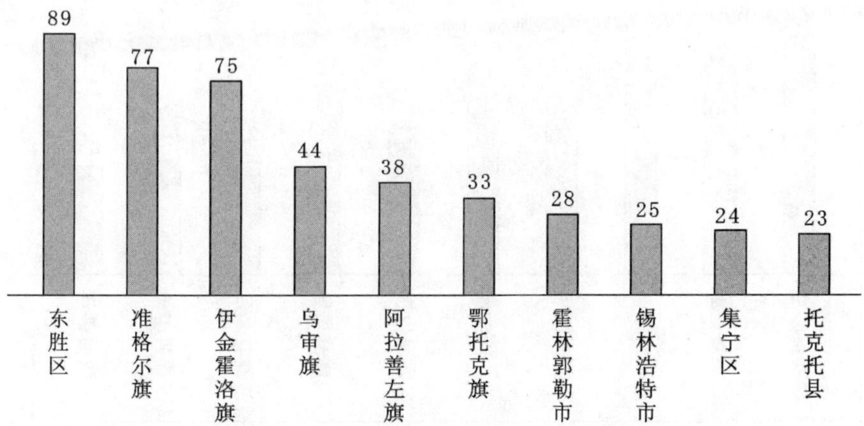

图 4-16　2014 年内蒙古县域公共财政收入排名前 10 名(亿元)

2014 年,全区县域公共财政收入排名后 10 位的依次为:鄂伦春自治旗、阿拉善右旗、扎赉特旗、商都县、新巴尔虎左旗、察哈尔右翼中旗、正镶白旗、太仆寺旗、突泉县、阿尔山市。其中,后10位次的5位分布在蒙东区域。排名第一位的公共财政收入是最后一位的99.0倍(图4-17)。

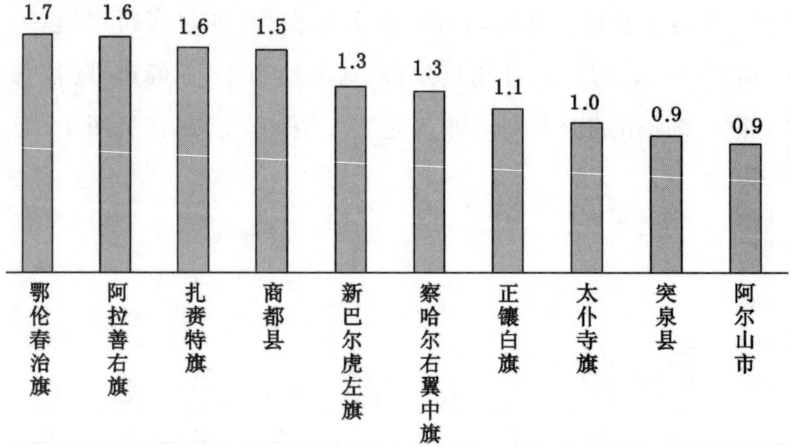

图4-17 2014年内蒙古县域公共财政收入排名后10名(亿元)

(2)县域人均公共财政收入排名

2014年,县域人均公共财政收入为4556.7元,全区县域人均公共财政收入排名前10位的依次为:伊金霍洛旗、乌审旗、霍林郭勒市、鄂托克旗、东胜区、阿拉善左旗、额济纳旗、西乌珠穆沁旗、东乌珠穆沁旗、准格尔旗。其中,前10位次的7位分布于蒙西区域,鄂尔多斯市占5位(见图4-18)。

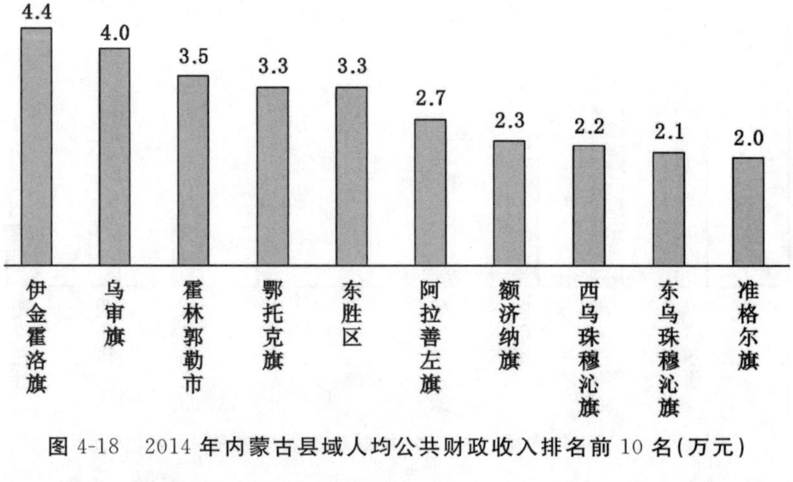

图4-18 2014年内蒙古县域人均公共财政收入排名前10名(万元)

2014年,全区县域人均公共财政收入排名后10位的依次为:翁牛特旗、四子王旗、科尔沁右翼前旗、科尔沁右翼中旗、鄂伦春自治旗、察哈尔右翼中旗、太仆寺旗、商都县、扎赉特旗、突泉县。其中，后10位次基本分布在蒙东区域，且4位分布在兴安盟(见图4-19)。

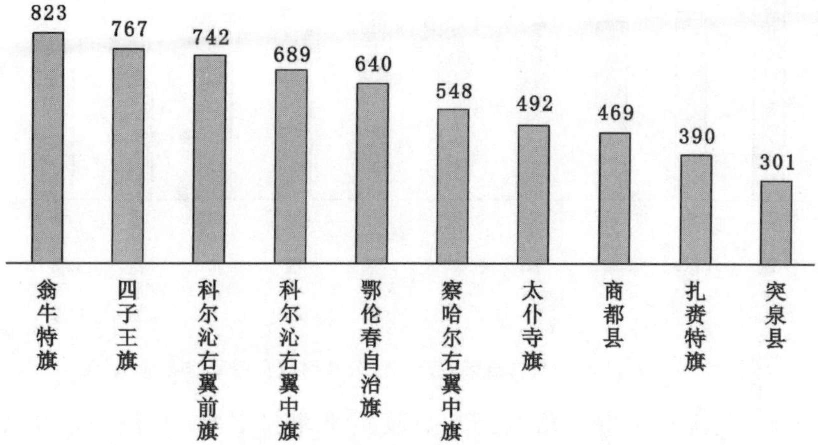

图4-19　2014年内蒙古县域人均公共财政收入排名后10名(元)

(3)县域生产总值公共财政贡献率排名

2014年，全区生产总值公共财政贡献率为10.4%，县域生产总值公共财政贡献率为6.6%，各盟市县域生产总值公共财政贡献率排名依次为：阿拉善盟、鄂尔多斯市、锡林郭勒盟、呼和浩特市、巴彦淖尔市、乌兰察布市、包头市、通辽市、赤峰市、呼伦贝尔市、兴安盟(见图4-20)。

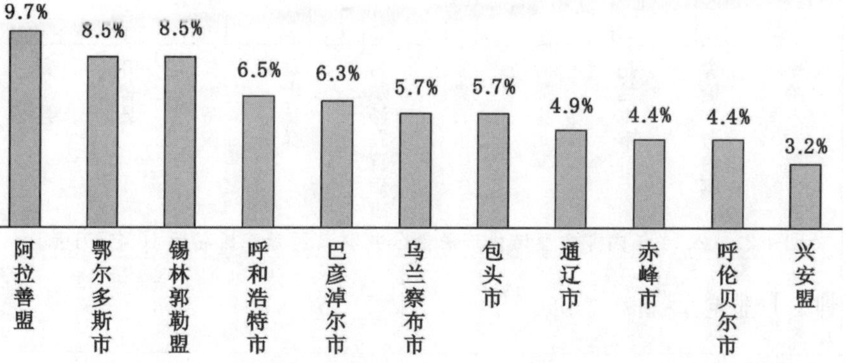

图4-20　2014年内蒙古各盟市县域生产总值公共财政贡献率排名

2014年，全区县域生产总值公共财政贡献率排名前10位的依次为：西乌珠穆沁旗、集宁区、杭锦旗、东乌珠穆沁旗、锡林浩特市、鄂托克前旗、伊金霍洛旗、乌审旗、乌拉特后旗、阿拉善左旗。其中,前 10 位次的 7 位分布在蒙西区域,且前 10 位次的 4 位分布在鄂尔多斯市(见图 4-21)。

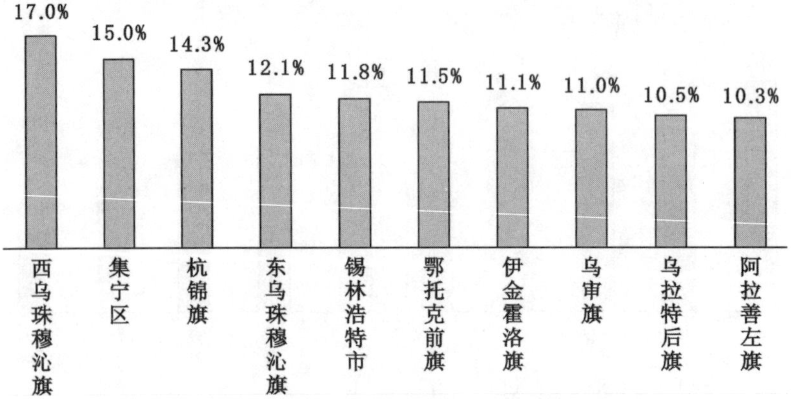

图 4-21 2014 年内蒙古县域生产总值公共财政贡献率排名前 10 名

2014 年,全区县域生产总值公共财政贡献率排名后 10 位的依次为:察哈尔右翼中旗、鄂伦春自治旗、扎兰屯市、商都县、牙克石市、科尔沁左翼后旗、太仆寺旗、扎赉特旗、开鲁县、突泉县。其中,后 10 位的 7 位分布于蒙东区域,呼伦贝尔市和兴安盟各 3 位(见图 4-22)。

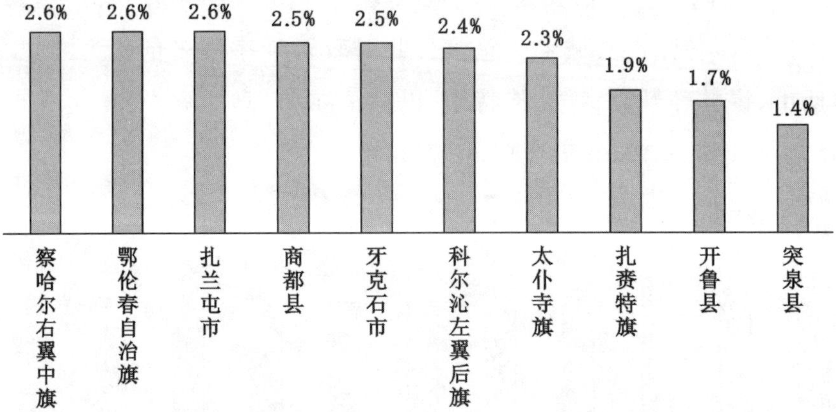

图 4-22 2014 年内蒙古县域生产总值公共财政贡献率排名后 10 名(万元)

(四)工业总产值

1. 占比分析

2014 年,县域规模以上工业总产值为 14565.7 亿元,各盟市县域规模以上工业总产值比重结构为:蒙东区域,赤峰市占 8.6%、通辽市占11.0%、兴安盟占 2.4%、呼伦贝尔市占 8.8%、锡林郭勒盟占 6.8%;蒙西区域,呼和浩特市占

6.7%、乌兰察布市占9.9%、包头市占4.7%、鄂尔多斯市占30.5%、巴彦淖尔市占6.5%、阿拉善盟占4.1%(见图4-23)。

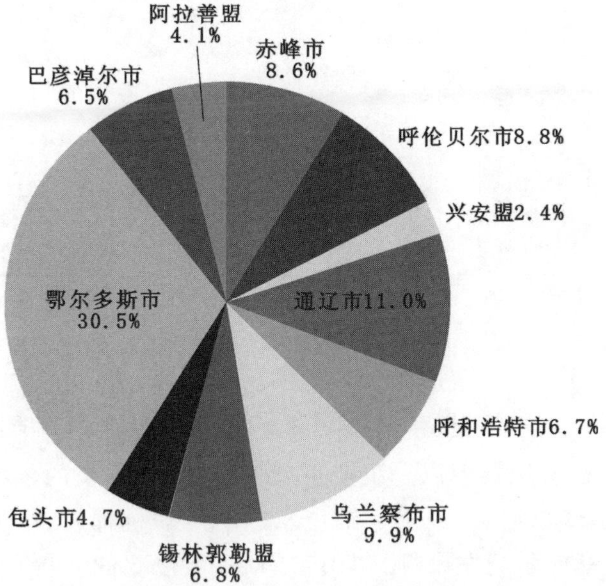

图4-23　2014年内蒙古各盟市县域规模以上工业总产值比重

2.排名分析

2014年,各盟市县域规模以上工业总产值排名依次为:鄂尔多斯市、通辽市、乌兰察布市、呼伦贝尔市、赤峰市、锡林郭勒盟、呼和浩特市、巴彦淖尔市、包头市、阿拉善盟、兴安盟。排名第一位的鄂尔多斯市工业总产值是末位兴安盟的12.6倍(见图4-24)。

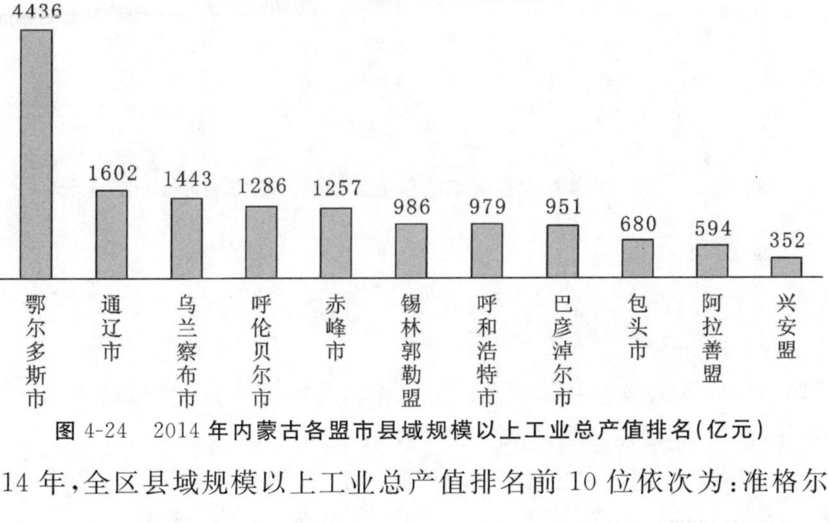

图4-24　2014年内蒙古各盟市县域规模以上工业总产值排名(亿元)

2014年,全区县域规模以上工业总产值排名前10位依次为:准格尔旗、伊金霍洛旗、乌审旗、达拉特旗、鄂托克旗、东胜区、阿拉善左旗、兴和县、霍林郭勒市、托克托县。其中，前 10 位次中有 8 位分布在蒙西区域，鄂尔多斯市占 6 位(见图 4-25)。

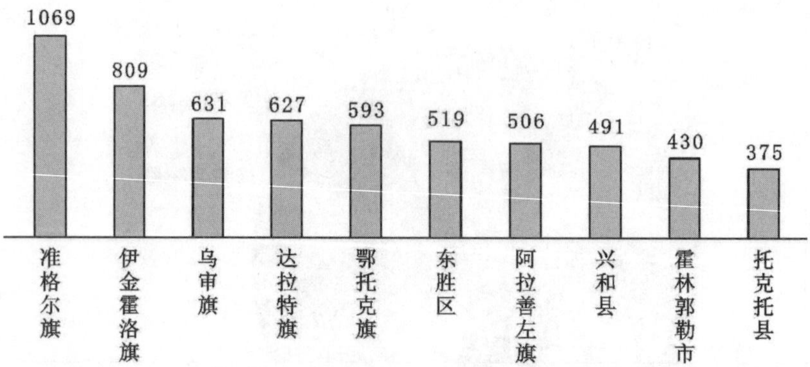

图 4-25　2014 年内蒙古县域规模以上工业总产值排名前 10 名(亿元)

2014 年，全区县域规模以上工业总产值排名后 10 位的依次为：清水河县、莫力达瓦达斡尔族自治旗、额尔古纳市、太仆寺旗、杭锦旗、根河市、正镶白旗、鄂伦春自治旗、新巴尔虎左旗、阿尔山市。后 10 位次的 8 位分布在蒙东区域，其中，呼伦贝尔市占 5 位，排名第一位规模以上工业总产值是后 10 位总和的 5.8倍(见图 4-26)。

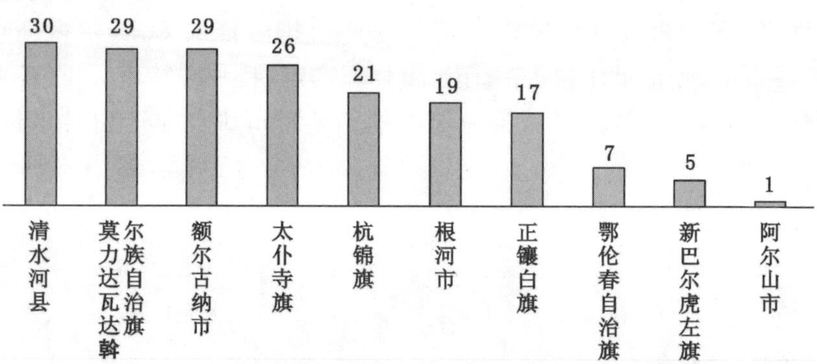

图 4-26　2014 年内蒙古县域规模以上工业总产值排名后 10 名(亿元)

(五)固定资产投资

1. 占比分析

(1)县域占全区固定资产投资比重

2014 年，全区县域固定资产投资为 10892.6 亿元，占全区固定资产投资的 90.2%，各盟市县域占全区固定资产投资比重结构为：蒙东区域，赤峰市占 6.6%、通辽市占 8.1%、兴安盟占 5.1%、呼伦贝尔市占 10.2%、锡林郭勒盟占

6.2%；蒙西区域，呼和浩特市占 3.4%、乌兰察布市占 5.7%，包头市占6.3%、鄂尔多斯市占 27.7%、巴彦淖尔市占 7.8%、阿拉善盟占 3.1%（见图4-27）。

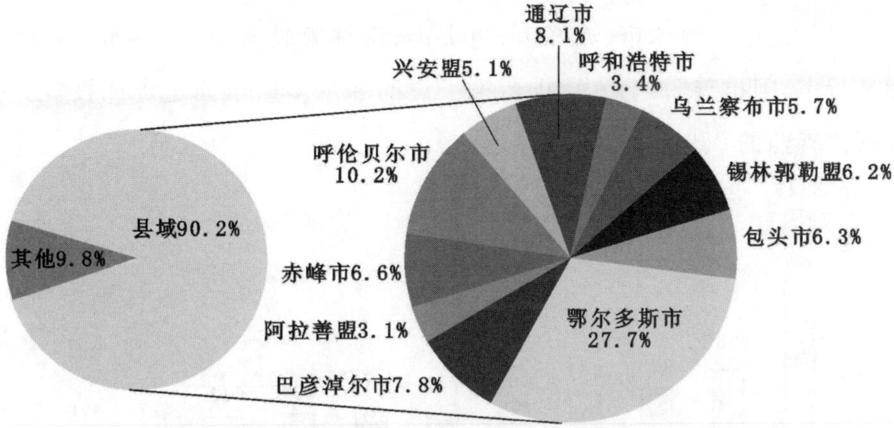

图 4-27　2014 年内蒙古县域占全区固定资产投资比重

(2)各盟市县域固定资产投资比重

2014 年，全区县域固定资产为 10892.6 亿元，各盟市县域固定资产投资比重结构为；蒙东区域，赤峰市占 7.4%、通辽市占 8.9%、兴安盟占 5.6%、呼伦贝尔市占 11.3%、锡林郭勒盟占 6.9%；蒙西区域，呼和浩特市占 3.8%、乌兰察布市占 6.3%、包头市占 7.0%、鄂尔多斯市占 30.7%、巴彦淖尔市占 8.6%、阿拉善盟占 3.5%（见图 4-28）。

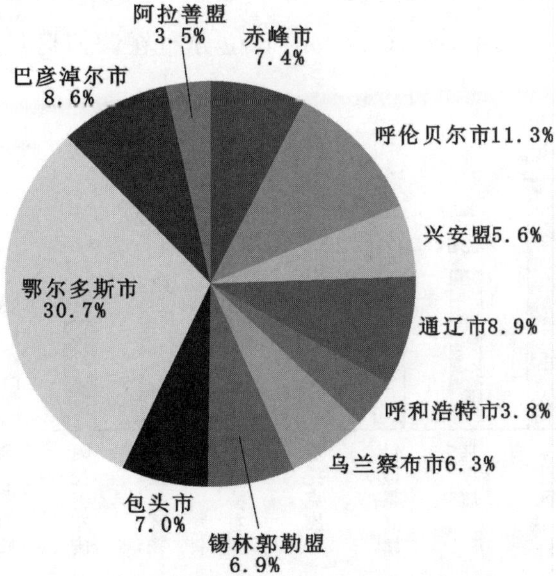

图 4-28　2014 年内蒙古各盟市县域固定资产投资比重

2. 排名分析

2014 年,全区各盟市县域固定资产投资排名依次为:鄂尔多斯市、呼伦贝尔市、通辽市、巴彦淖尔市、赤峰市、包头市、锡林郭勒盟、乌兰察布市、兴安盟、呼和浩特市、阿拉善盟。其中,排名第一位的鄂尔多斯市固定资产投资为排名末位阿拉善盟的 8.9 倍(见图 4-29)。

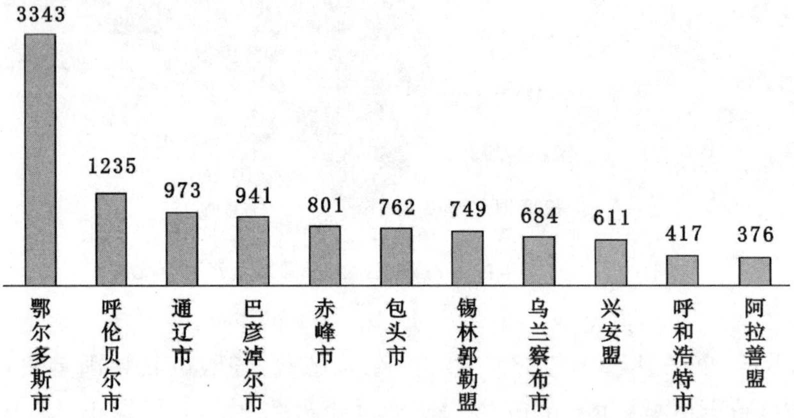

图 4-29　2014 年内蒙古各盟市县域固定资产投资排名(亿元)

2014 年,全区县域固定资产投资排名前 10 位的依次为:准格尔旗、东胜区、乌审旗、伊金霍洛旗、鄂托克旗、土默特右旗、海拉尔区、阿拉善左旗、霍林郭勒市、鄂托克前旗。其中,前 10 位次的 8 位分布在蒙西区域,鄂尔多斯市占 6 位(见图 4-30)。

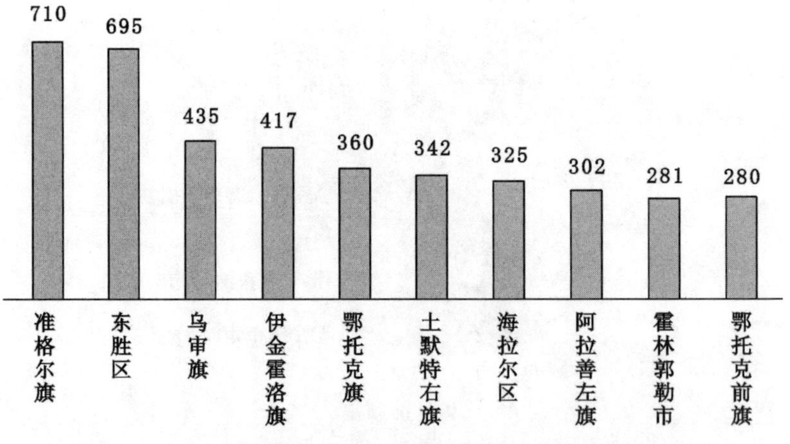

图 4-30　2014 年内蒙古县域固定资产投资排名前 10 名(亿元)

2014 年，全区县域固定资产投资排名后 10 位的依次为：凉城县、鄂伦春自治旗、苏尼特右旗、阿拉善右旗、正镶白旗、新巴尔虎左旗、根河市、二连浩特市、陈巴尔虎旗、镶黄旗。其中，后 10 位次的 8 位分布于蒙东区域。排名第一位的准格尔旗固定资产投资是最后一位镶黄旗的 41.8 倍(见图 4-31)。

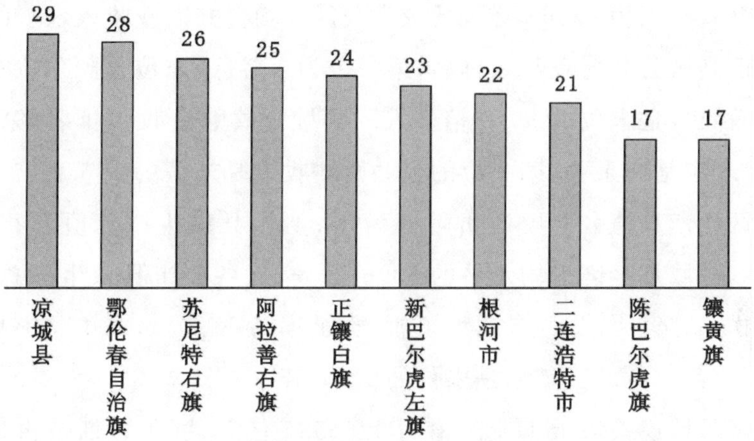

图 4-31 2014 年内蒙古县域固定资产投资排名后 10 名(亿元)

三、数据小结

1. 全区县域总产值占全区生产总值的 74.9%，其中：蒙东占全区生产总值的 30.2%，蒙西占全区生产总值的 44.7%。从盟市来看，鄂尔多斯市总产值占比最大，占全区总产值的 24.2%，占县域总产值的 32.8%，为阿拉善盟的 9.3 倍。全区三次产业比重结构为 9.1∶51.9∶39.0，县域三次产业结构比重为 11.3∶55.8∶32.9。

2. 全区县域生产总值排名，准格尔旗位居第一，蒙西区域囊括全区前 10 位次的 8 位，其中鄂尔多斯市占 6 位；阿尔山市位居末位，后 10 位次的 8 位分布在蒙东区域。排名第一位的生产总值是末位的 73.8 倍，后 10 位生产总值总和仅占排名第一位的准格尔旗的 34.7%。

3. 全区人均生产总值约为 7.1 万元，县域人均生产总值 6.9 万元，为全区平均水平的 96.9%。全区县域人均生产总值排名，鄂托克旗位居第一，蒙西区域囊括全区前 10 位次的 8 位，鄂尔多斯市占其中 4 位；兴和县排名末位，后 10

位次的6位分布于蒙东区域,4位分布于蒙西区域。排名第一位的人均生产总值是末位的24.2倍。

4.县域占全区公共财政收入的比重为47.8%,其中:鄂尔多斯市占比最大,占全区19.9%,占县域41.6%。全区人均公共财政收入为7358.7元,县域人均公共财政收入为4556.7元,县域为全区人均公共财政收入水平的61.9%。

5.全区县域公共财政收入排名,第一位为东胜区,末位是阿尔山市,第一位的公共财政收入是末位的99.0倍。人均县域公共财政收入排名,第一位为伊金霍洛旗,末位是突泉县,第一位的公共财政收入是末位的146.0倍。

6.全区生产总值公共财政贡献率为10.4%,县域生产总值公共财政贡献率为6.6%,县域是全区平均水平的63.5%。全区各盟市县域生产总值公共财政贡献率排名,第一位为西乌珠穆沁旗,贡献率为17.0%,末位是突泉县,贡献率为1.41%,第一位的贡献率是末位的12.1倍。

7.全区县域规模以上工业产值为14565.7亿元,鄂尔多斯市占比最大,占县域规模以上工业总产值的30.5%,是末位兴安盟的12.6倍;从县域来看,全区县域规模以上工业总产值排名,准格尔旗排名第一位,阿尔山市排名末位,其中,排名第一位的规模以上工业总产值是后10位总和的5.8倍。

8.全区县域固定资产投资为10892.6亿元,占全区固定资产投资的90.2%,其中鄂尔多斯市占比最大,占全区27.7%,占县域的30.7%。全区县域固定资产投资排名,鄂尔多斯市囊括全区前10位次的6位,排名第一位的准格尔旗固定资产投资是末位镶黄旗的41.8倍。

附录：

内蒙古自治区全区103个县级行政区划单位

（23个市辖区、11个县级市、17个县、0个自治县、49个旗、3个自治旗）

内蒙古自治区84个县域行政区划单位

（4个市辖区、11个县级市、17个县、0个自治县、49个旗、3个自治旗）

地盟市	县域	行政区域面积（平方公里）	户籍人口（万人）	地区生产总值（万元）	人均生产总值（元）	第一产业增加值（万元）	第二产业增加值（万元）	第三产业增加值（万元）	公共财政收入（万元）	人均财政收入（元）	生产总值公共财政贡献率	规模以上工业总产值（万元）	固定资产投资（万元）
赤峰市 【3区、7旗、2县（市）】 不包含：红山区、元宝山区、松山区	阿鲁科尔沁旗	14555	30	1012728	33757.6	181437	468262	363029	32500	1083.3	3.2%	1003782	425982
	巴林左旗	6459	36	1188409	33011.4	215708	631584	341117	46538	1292.7	3.9%	1886520	1574521
	巴林右旗	9837	19	720589	37925.7	111257	409137	200195	38748	2039.4	5.4%	1149502	539471
	林西县	3933	24	708893	29537.2	122001	336191	250701	33500	1395.8	4.7%	1080590	602824
	克什克腾旗	20673	25	1399455	55978.2	175999	925412	298044	72000	2880.0	5.1%	2043335	952893
	翁牛特旗	11882	48	1387946	28915.5	406260	638393	343293	39490	822.7	2.8%	2081939	884950
	喀喇沁旗	3050	35	672466	19213.3	127794	289418	255254	44018	1257.7	6.5%	702219	960362
	宁城县	4305	62	1590307	25650.1	346238	693112	550957	61887	998.2	3.9%	1792103	815611
	敖汉旗	8294	61	1565296	25660.6	404226	700442	460628	86393	1416.3	5.5%	831420	1249649

续表

地盟市	县域	行政区域面积（平方公里）	户籍人口（万人）	地区生产总值（万元）	人均生产总值（元）	第一产业增加值（万元）	第二产业增加值（万元）	第三产业增加值（万元）	公共财政收入（万元）	人均财政收入（元）	生产总值公共财政贡献率	规模以上工业总产值(万元)	固定资产投资（万元）
呼伦贝尔市【2区、7旗、5县(市)】不包含:扎赉诺尔区	海拉尔区	1440	28	2744229	98008.2	86867	1358742	1298620	136556	4877.0	5.0%	1667591	3254547
	阿荣旗	12063	33	1571789	47630.0	504894	708819	358076	51885	1572.3	3.3%	1200178	1481326
	莫力达瓦达斡尔族自治旗	10356	33	1036428	31406.9	494913	245802	295713	28231	855.5	2.7%	289856	348722
	鄂伦春自治旗	59880	26	642464	24710.2	243787	83078	315599	16633	639.7	2.6%	65000	280772
	鄂温克族自治旗	19111	14	1090309	77879.2	83250	754643	252416	81065	5790.4	7.4%	1053835	707131
	陈巴尔虎旗	18634	6	888974	148162.3	100856	605295	182823	55397	9232.8	6.2%	909954	176000
	新巴尔虎左旗	21634	5	346570	69314.0	70490	174864	101216	12984	2596.8	3.7%	48089	230003
	新巴尔虎右旗	24839	4	769304	192326.0	45879	608366	115059	48034	12008.5	6.2%	899620	371036
	满洲里市	732	17	2124403	124964.9	37936	572004	1514463	139291	8193.6	6.6%	1464564	1500223
	牙克石市	27803	35	2271352	64895.8	395862	1129930	745560	56194	1605.5	2.5%	2581686	1760000
	扎兰屯市	16800	42	1780117	42383.7	446798	925865	407454	45727	1088.7	2.6%	2201328	1660215
	额尔古纳市	28958	8	442736	55342.0	153529	127829	161378	22862	2857.8	5.2%	287335	360364
	根河市	20010	15	397559	26503.9	107085	109137	181337	16833	1122.2	4.2%	190215	220960

续表

地盟市	县域	行政区域面积（平方公里）	户籍人口（万人）	地区生产总值（万元）	人均生产总值（元）	第一产业增加值（万元）	第二产业增加值（万元）	第三产业增加值（万元）	公共财政收入（万元）	人均财政收入（元）	生产总值公共财政贡献率	规模以上工业总产值（万元）	固定资产投资（万元）
兴安盟【3 县（市）、3 旗】	乌兰浩特市	2240	32	1475701	46115.7	95940	693645	686116	71723	2241.3	4.9%	1272706	1383837
	阿尔山市	7398	5	151419	30283.8	25900	37384	88135	8975	1795.0	5.9%	14568	526269
	科尔沁右翼前旗	16791	34	888182	26123.0	339913	300680	247589	25219	741.7	2.8%	668736	1305248
	科尔沁右翼中旗	12790	26	575523	22135.5	178823	205602	191098	17924	689.4	3.1%	406766	1030454
	扎赉特旗	11116	40	840115	21002.9	355091	255417	229607	15613	390.3	1.9%	604810	901576
	突泉县	4797	31	663594	21406.3	228931	286307	148356	9344	301.4	1.4%	554734	963019
通辽市【1 区、5 旗、2 县(市)】不包含：科尔沁区	科尔沁左翼中旗	9573	53	1633700	30824.5	397600	735200	500900	47060	887.9	2.9%	1819966	1400353
	科尔沁左翼后旗	11500	41	1661339	40520.5	340583	780448	540308	40142	979.1	2.4%	2002800	1414798
	开鲁县	4488	40	2254537	56363.4	517850	1212427	524260	38412	960.3	1.7%	3071367	1670313
	库伦旗	4714	18	687988	38221.6	178023	340283	169682	30231	1679.5	4.4%	810794	817030
	奈曼旗	8130	45	1547400	34386.7	281292	862400	403708	50845	1129.9	3.3%	1514063	837243
	扎鲁特旗	17193	30	1858940	61964.7	327019	1164165	367756	136788	4559.6	7.4%	2500457	780565
	霍林郭勒市	585	8	3258031	407253.9	32124	1768048	1457859	282295	35286.9	8.7%	4298606	2810569

续表

地盟市	县域	行政区域面积（平方公里）	户籍人口（万人）	地区生产总值（万元）	人均生产总值（元）	第一产业增加值（万元）	第二产业增加值（万元）	第三产业增加值（万元）	公共财政收入（万元）	人均财政收入（元）	生产总值公共财政贡献率	规模以上工业总产值（万元）	固定资产投资（万元）
呼和浩特市【4区、4县(市)、1旗】不包含：新城区、回民区、玉泉区、赛罕区	土默特左旗	2765	37	2584923	69862.8	385855	1232747	966321	113316	3062.6	4.4%	3397028	1165934
	托克托县	1313	21	2364208	112581.3	209908	1693085	461215	238018	11334.2	10.1%	3753826	900019
	和林格尔县	3401	20	1409812	70490.6	221053	674402	514357	98425	4921.3	7.0%	1859800	1150271
	清水河县	2818	14	644247	46017.6	73111	288330	282806	27918	1994.1	4.3%	300855	390712
	武川县	4886	18	782477	43470.9	99654	432936	249887	24513	1361.8	3.1%	476276	562000
乌兰察布市【1区、6县(市)、4旗】	集宁区	407	32	1623769	50742.8	43411	790265	790093	244294	7634.2	15.0%	1225800	1838972
	卓资县	3109	21	614272	29251.0	91622	311183	211467	25126	1196.5	4.1%	820574	336674
	化德县	2527	17	470234	27660.8	78246	272879	119109	17369	1021.7	3.7%	623189	338000
	商都县	4291	33	625167	18944.5	136764	294974	193429	15491	469.4	2.5%	682976	530664
	兴和县	3519	32	602079	18815.0	115856	272706	213517	31174	974.2	5.2%	4914291	721827
	凉城县	3451	24	735273	30636.4	179145	344980	211148	33200	1383.3	4.5%	505909	293075
	察哈尔右翼前旗	2440	22	897955	40816.1	141849	532489	223617	31882	1449.2	3.6%	1098810	532593
	察哈尔右翼中旗	4200	23	478600	20808.7	132916	192581	153103	12608	548.2	2.6%	426190	374380
	察哈尔右翼后旗	3787	23	753608	32765.6	106608	488000	159000	26008	1130.8	3.5%	1569996	738000
	四子王旗	24016	22	535806	24354.8	155495	194670	185641	16870	766.8	3.1%	589000	329776
	丰镇市	2704	33	1382038	41879.9	168865	818640	394533	44882	1360.1	3.2%	1972513	807016

续表

地盟市	县域	行政区域面积（平方公里）	户籍人口（万人）	地区生产总值（万元）	人均生产总值（元）	第一产业增加值（万元）	第二产业增加值（万元）	第三产业增加值（万元）	公共财政收入（万元）	人均财政收入（元）	生产总值公共财政贡献率	规模以上工业总产值（万元）	固定资产投资（万元）
锡林郭勒盟【3县(市)、9旗】	二连浩特市	4015	3	883962	294654.0	6005	328776	549181	43780	14593.3	5.0%	728761	212616
	锡林浩特市	14780	18	2075007	115278.2	137801	1201722	735484	245310	13628.3	11.8%	1788766	1742566
	阿巴嘎旗	27495	5	610151	122030.2	73405	448502	88244	18410	3682.0	3.0%	683320	350331
	苏尼特左旗	34240	3	447288	149096.0	55952	304518	86818	20205	6735.0	4.5%	399921	358229
	苏尼特右旗	22455	7	542597	77513.9	48847	363987	129763	27206	3886.6	5.0%	661612	261200
	东乌珠穆沁旗	52321	8	1408020	176002.5	197006	1006835	204179	170218	21277.3	12.1%	1774600	1559068
	西乌珠穆沁旗	22459	8	1038045	129755.6	143567	753546	140932	176426	22053.3	17.0%	1042615	1278934
	太仆寺旗	3426	21	454050	21621.4	123145	183979	146926	10338	492.3	2.3%	257146	349837
	镶黄旗	5137	3	483028	161009.3	32105	369564	81359	21664	7221.3	4.5%	665993	173242
	正镶白旗	6253	7	278959	39851.3	46361	143767	88831	11432	1633.1	4.1%	171600	242078
	正蓝旗	10206	8	671071	83883.9	64301	473570	133200	47204	5900.5	7.0%	747744	545033
	多伦县	3864	11	744541	67694.6	86108	521738	136795	30209	2746.3	4.1%	938643	420063

续表

地盟市	县域	行政区域面积（平方公里）	户籍人口（万人）	地区生产总值（万元）	人均生产总值（元）	第一产业增加值（万元）	第二产业增加值（万元）	第三产业增加值（万元）	公共财政收入（万元）	人均财政收入（元）	生产总值公共财政贡献率	规模以上工业总产值（万元）	固定资产投资（万元）
包头市【6区、1县(市)、2旗】不包含：东河区、昆都仑区、青山区、石拐区、白云鄂博矿区、九原区	土默特右旗	2368	37	3343125	90354.7	403025	1942000	998100	193150	5220.3	5.8%	2989564	3422389
	固阳县	5025	21	1161100	55290.5	140600	805500	215000	34117	1624.6	2.9%	1220000	1570000
	达尔罕茂明安联合旗	17482	11	2023900	183990.9	152200	1428500	443200	144147	13104.3	7.1%	2587197	2623737
鄂尔多斯市【1区、7旗】	东胜区	2526	27	9305330	344641.9	14489	3396100	5894741	891720	33026.7	9.6%	5189700	6950000
	达拉特旗	8241	36	4950200	137505.6	327417	3022000	1600783	209804	5827.9	4.2%	6273246	2603400
	准格尔旗	7551	37	11067094	299110.6	93594	6930200	4043300	767109	20732.7	6.9%	10688843	7100300
	鄂托克前旗	12221	8	1273490	159186.3	113190	803200	357100	146998	18374.8	11.5%	1665822	2801254
	鄂托克旗	20367	10	4594056	459405.6	76056	3619200	898800	330475	33047.5	7.2%	5933030	3600724
	杭锦旗	18814	14	842300	60164.3	179300	316500	346500	120201	8585.8	14.3%	208335	1853092
	乌审旗	11674	11	4035200	366836.4	127300	3127800	780100	443302	40300.2	11.0%	6310900	4351756
	伊金霍洛旗	5487	17	6755200	397364.7	70200	4083800	2601200	750075	44122.1	11.1%	8086239	4173551

续表

地盟市	县域	行政区域面积（平方公里）	户籍人口（万人）	地区生产总值（万元）	人均生产总值（元）	第一产业增加值（万元）	第二产业增加值（万元）	第三产业增加值（万元）	公共财政收入（万元）	人均财政收入（元）	生产总值公共财政贡献率	规模以上工业总产值（万元）	固定资产投资（万元）
巴彦淖尔市【1区、2县(市)、4旗】	临河区	2354	53	2733344	51572.5	438453	1401400	893491	188285	3552.5	6.9%	3019521	2322142
	五原县	2493	28	1076385	38442.3	289996	463800	322589	35707	1275.3	3.3%	821757	1177608
	磴口县	4167	12	599609	49967.4	94401	402800	102408	22010	1834.2	3.7%	532067	415558
	乌拉特前旗	7476	34	1358503	39956.0	322759	656202	379542	88490	2602.6	6.5%	1037228	1376494
	乌拉特中旗	23096	14	980600	70042.9	165919	712100	102581	84333	6023.8	8.6%	1575089	1656150
	乌拉特后旗	24925	6	660700	110116.7	36900	526800	97000	69386	11564.3	10.5%	1199460	1261987
	杭锦后旗	1752	31	1305800	42122.6	337560	637900	330340	60451	1950.0	4.6%	1320134	1202433
阿拉善盟【3旗】	阿拉善左旗	80412	14	3714830	265345.0	79230	3116811	518789	382333	27309.5	10.3%	5057600	3017313
	阿拉善右旗	74485	3	372043	124014.3	23400	270730	77913	16408	5469.3	4.4%	447500	252157
	额济纳旗	114606	2	491896	245948.0	16800	284532	190564	46509	23254.5	9.5%	444762	492396
合计	84	1180370	1929	132634784	68758.3	15019905	74021577	43593302	8789843	4556.7	6.6%	145656782	108926387

第二章 广西篇

一、整体概况

(一)全区概况

广西壮族自治区,通称广西,简称“桂”,首府南宁,是中国唯一沿海的自治区。广西地处中国西南地区,与广东、湖南、贵州、云南,并与海南隔海相望,南濒北部湾、面向东南亚,西南与越南毗邻,大陆海岸线长约1595千米,面积为23.63万平方千米,是西南地区最便捷的出海通道,在中国与东南亚的经济交往中占有重要地位。2014年末全区常住人口4754万人。全区拥有14个地级市,110个县级行政区划单位(其中:37个市辖区、8个县级市、53个县、12个自治县)。全区行政地域分布主要分为14个地级市,分别为南宁市、柳州市、桂林市、梧州市、北海市、防城港市、钦州市、贵港市、玉林市、百色市、贺州市、河池市、来宾市、崇左市。

2014年,全区生产总值15672.97亿元,人均生产总值约为3.3万。其中,第一产业增加值2412.21亿元,第二产业增加值7335.6亿元,第三产业增加值5925.16亿元,三次产业比重结构为15.4∶46.8∶37.8。全部工业增加值6065.3亿元;全部财政收入2162.4亿元,其中公共财政预算收入1422.05亿元;全社会固定资产投资13843.21亿元;社会消费品零售总额5716.6亿元,其中城镇消费品零售额5033.11亿元,乡村消费品零售额683.49亿元。

(二)县域概况

全区110个县级行政区划单位,纳入县域体系的有81个县级行政区划单位(其中:8个市辖区,8个县级市,53个县,12个自治县),行政区域面积21.6万平方千米,户籍人口4381万人。县域生产总值为8317.2亿元,人均生产总值1.9万元。其中:第一产业增加值2002.6亿元,第二产业增加值3884.1亿元,第三产业增加值2430.4亿元,三次产业结构比重为24.1∶46.7∶29.2。县域公共财政收入为472.3亿元,县域固定资产投资为7608.5亿元。

二、经济分析

(一)生产总值

1. 占比分析

(1)县域占全区生产总值比重

2014年,县域生产总值为8317.2亿元,占全区生产总值的53.1%。各地市县域占全区生产总值比重结构为:南宁市占5.6%、柳州市占3.6%、桂林市占8.4%、梧州市占3.2%、北海市占1.2%、防城港市占1.0%、钦州市占2.0%、贵港市占2.9%、玉林市占5.9%、百色市占5.6%、贺州市占2.7%、河池市占3.4%、来宾市占3.5%、崇左市占4.1%(见图4-32)。

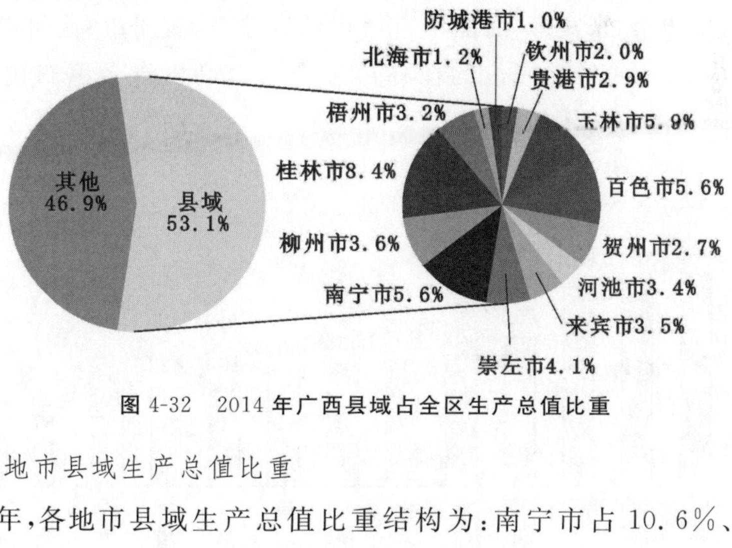

图4-32　2014年广西县域占全区生产总值比重

(2)各地市县域生产总值比重

2014年,各地市县域生产总值比重结构为:南宁市占10.6%、柳州市占6.8%、桂林市占15.8%、梧州市占6.0%、北海市占2.3%、防城港市占1.8%、钦州市占3.7%、贵港市占5.4%、玉林市占11.1%、百色市占10.6%、贺州市占

5.1%、河池市占6.4%、来宾市占6.6%、崇左市占7.8%(见图4-33)。

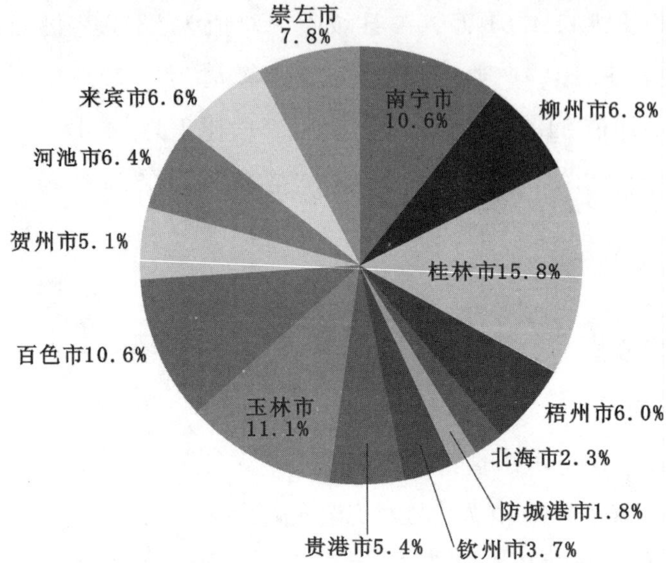

图4-33　2014年广西各地市县域生产总值比重

2.排名分析

(1)全区各地市县域生产总值排名

2014年,各地市县域生产总值排名依次为:桂林市、玉林市、百色市、南宁市、崇左市、柳州市、来宾市、河池市、梧州市、贵港市、贺州市、钦州市、北海市、防城港市。其中,排名第一位的桂林市生产总值高出排名第二位玉林市的41.6%,为防城港市的8.9倍(见图4-34)。

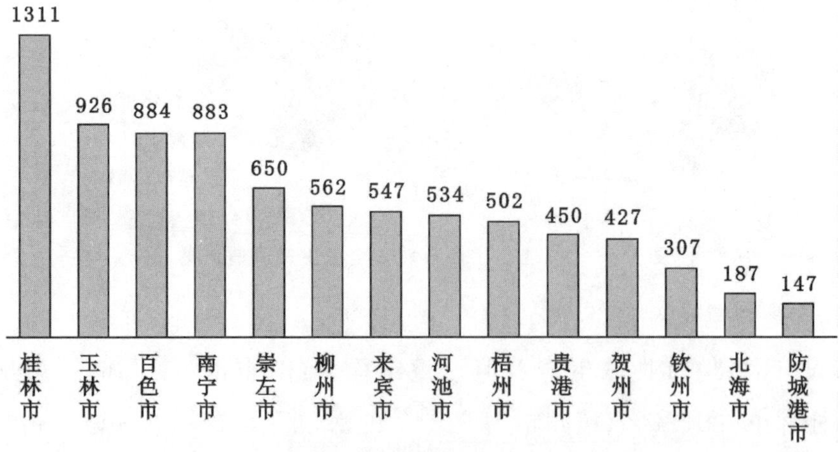

图4-34　2014年广西各地市县域生产总值排名(亿元)

(2)全区县域生产总值排名

2014 年,全区县域生产总值排名前 10 位的依次为:武鸣区、桂平县、北流市、兴宾区、横县、八步区、岑溪市、临桂区、博白县、陆川县。其中,前 10 位次的 3 位分布在玉林市(见图 4-35)。

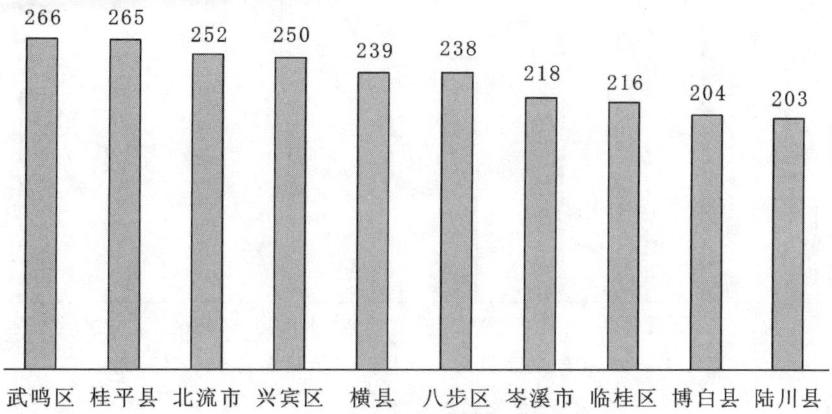

图 4-35　2014 年广西县域生产总值排名前 10 名(亿元)

2014 年,全区县域生产总值排名后 10 位的依次为:苍梧县、田林县、巴马瑶族自治县(以下简称巴马县)、金秀瑶族自治县(以下简称金秀县)、凌云县、东兰县、那坡县、西林县、乐业县、凤山县。其中,后 10 位次的 5 位分布在百色市。排名第一位的生产总值是末位的 16.1 倍,后 10 位的生产总值总和仅占排名第一位武鸣区的 88%(见图 4-36)。

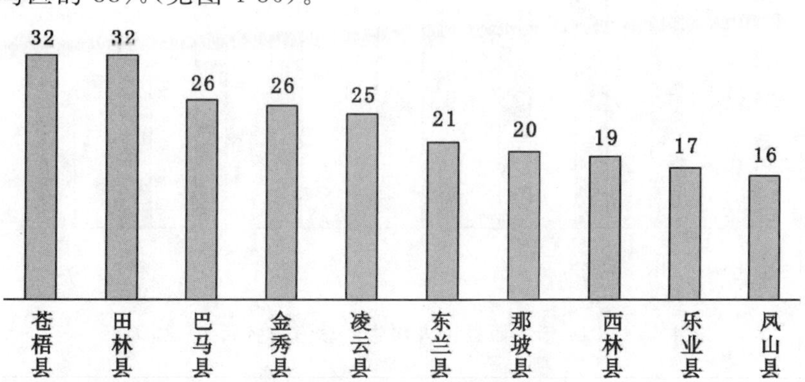

图 4-36　2014 年广西县域生产总值排名后 10 名(亿元)

(3)全区县域人均生产总值排名

2014 年,全区县域人均生产总值排名前 10 位的依次为:东兴市、右江区、凭祥县、临桂区、兴安县、武鸣区、永福县、江州区、灵川县、荔浦县。其中，后10位次的5位分布在桂林市(见图4-37)。

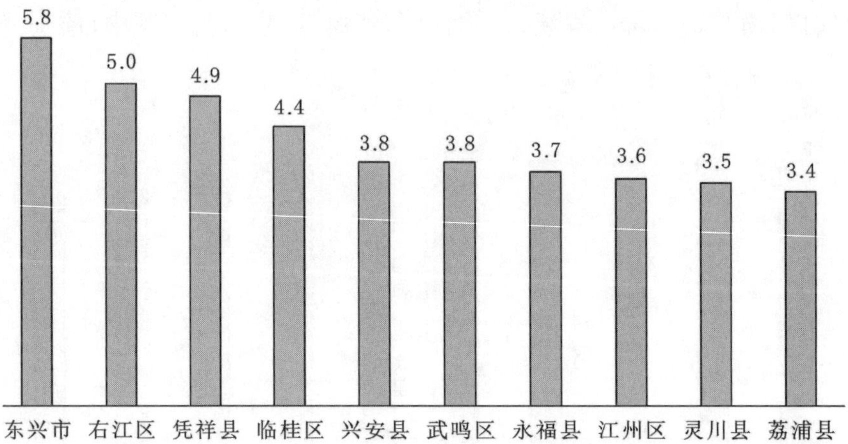

图4-37　2014年广西县域人均生产总值排名前10名(万元)

2014年，全区县域人均生产总值排名后10位的依次为：大化瑶族自治县(以下简称大化县)、三江瑶族自治县(以下简称三江县)、巴马县、那坡县、上林县、马山县、苍梧县、凤山县、东兰县、都安瑶族自治县(以下简称都安县)。其中，后10位次的5位分布在河池市。排名第一位的人均生产总值是末位的11.4倍(见图4-38)。

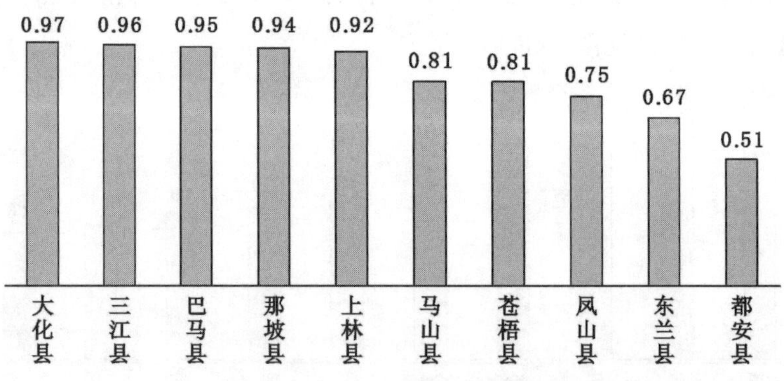

图4-38　2014年广西县域人均生产总值排名后10名(万元)

(二)产业结构

1.全区三次产业增加值比重

2014年，全区生产总值实现15672.97亿元，其中，第一产业增加值2412.21

亿元，第二产业增加值 7335.6 亿元，第三产业增加值 5925.16 亿元，三次产业比重结构为 15.4∶46.8∶37.8（见图 4-39）。

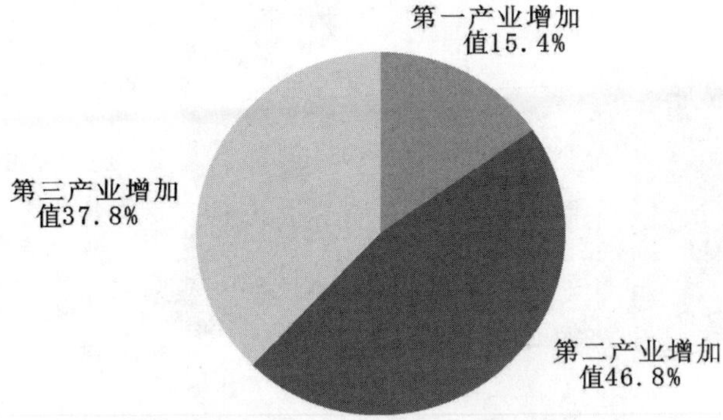

图 4-39　2014 年广西三次产业增加值比重

2. 县域三次产业增加值比重

2014 年，全区县域生产总值为 8317.2 亿元，其中，第一产业增加值 2002.6 万元，第二产业增加值 3884.1 万元，第三产业增加值 2430.4 万元，三次产业结构比重为 24.1∶46.7∶29.2（见图 4-40）。

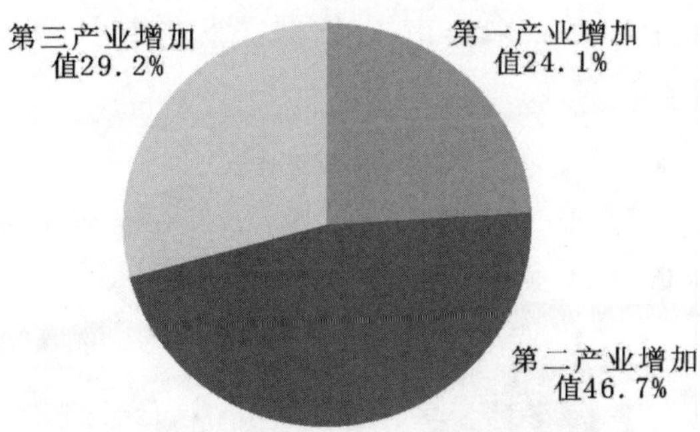

图 4-40　2014 年广西县域三次产业增加值比重

（三）财政收入

1. 占比分析

（1）县域占全区公共财政收入比重

2014 年，县域公共财政收入为 472.3 亿元，占全区公共财政收入的比重为 33％。其中，各地市县域占全区公共财政收入的比重结构为：南宁市占 3.6％、柳州市占 1.8％、桂林市占 5.3％、梧州市占 2.6％、北海市占 0.4％、防城港市占 1.3％、钦州市占 0.9％、贵港市占 1.1％、玉林市占 3.3％、百色市占 4.3％、贺州市占

1.3%、河池市占 2.1%、来宾市占 1.4%、崇左市占 3.6%(见图 4－41)。

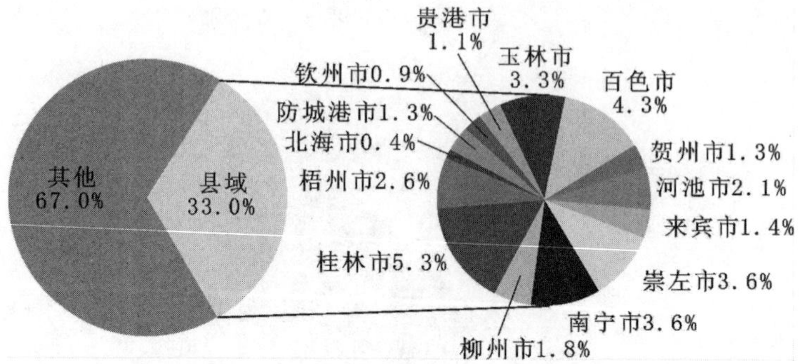

图 4-41　2014 年广西县域占全区公共财政收入比重

(2)各地市县域公共财政收入比重

2014 年，各地市县域公共财政收入的比重结构为：南宁市占10.8%、柳州市占 5.5%、桂林市占 15.9%、梧州市占 7.9%、北海市占 1.3%、防城港市占 3.9%、钦州市占 2.9%、贵港市占 3.2%、玉林市占 10.1%、百色市占12.9%、贺州市占 3.9%、河池市占 6.3%、来宾市占 4.4%、崇左市占 11.0%(见图 4-42)。

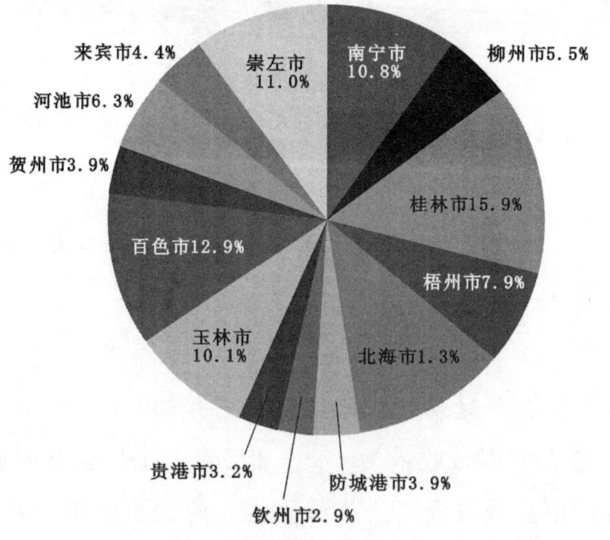

图 4-42　2014 年广西各地市县域公共财政收入比重

2.排名分析

(1)县域公共财政收入排名

2014年,各地市县域公共财政收入排名依次为:桂林市、百色市、崇左市、南宁市、玉林市、梧州市、河池市、柳州市、来宾市、贺州市、防城港市、贵港市、钦州市、北海市。其中,桂林市公共财政收入为北海市的12.5倍(见图4-43)。

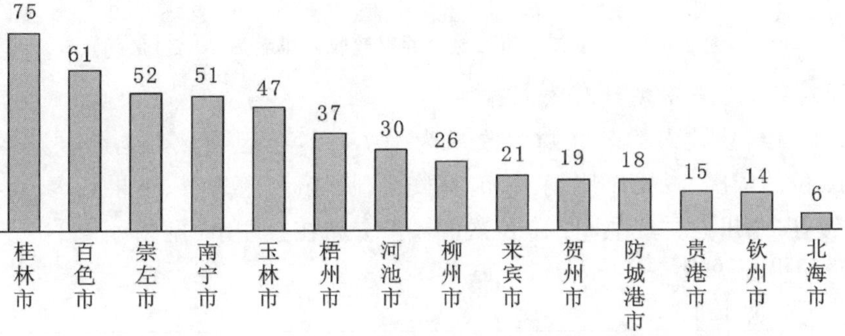

图4-43　2014年广西各地市县域公共财政收入排名(亿元)

2014年,全区县域公共财政收入排名前10位的依次为:岑溪市、临桂区、宾阳县、平果县、兴安县、北流市、藤县、横县、武鸣区、八步区。其中,前10位次的3位分布在南宁市(见图4-44)。

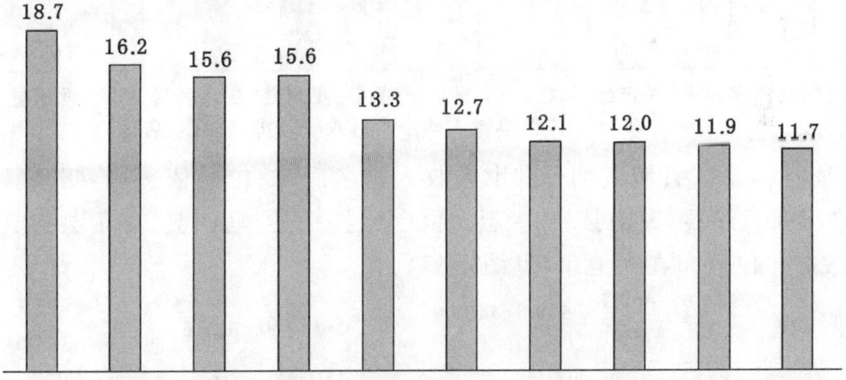

图4-44　2014年广西县域公共财政收入前排名前10名(亿元)

2014年,全区县域公共财政收入排名后10位的依次为:三江县、罗城仫佬族自治县(以下简称罗城县)、田林县、环江毛南族自治县(以下简称环江县)、东兰县、凌云县、天峨县、乐业县、西林县、凤山县。其中,后10位次的5位分布在河池市。排名第一位的公共财政收入是末位的23.0倍(见图4-45)。

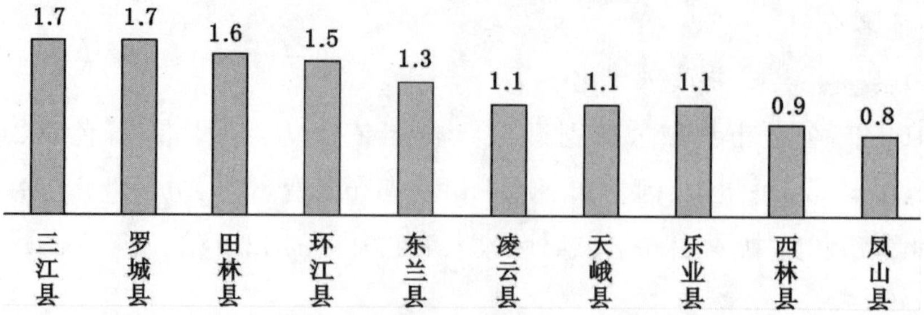

图 4-45　2014 年广西县域公共财政收入排名后 10 名(亿元)

(2)县域人均公共财政收入排名

2014 年,县域人均公共财政收入为 1078 元,全区县域人均公共财政收入排名前 10 位的依次为:凭祥县、东兴市、兴安县、临桂区、上思县、平果县、灵川县、江州区、扶绥县、龙州县。其中,前 10 位次的 4 位分布在崇左市(见图 4-46)。

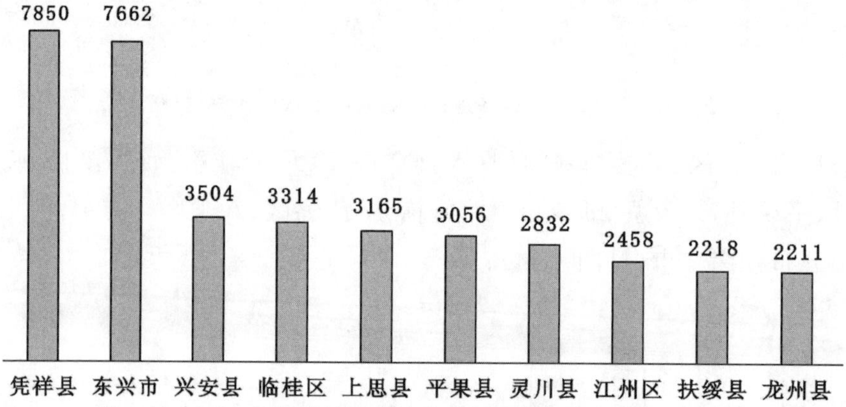

图 4-46　2014 年广西县域人均公共财政收入排名前 10 名(元)

2014 年,全区县域人均公共财政收入排名后 10 位的依次为:昭平县、全州县、罗城县、三江县、灵山县、东兰县、环江县、桂平县、马山县、凤山县。其中,后 10 位次的 4 位分布在河池市(见图 4-47)。

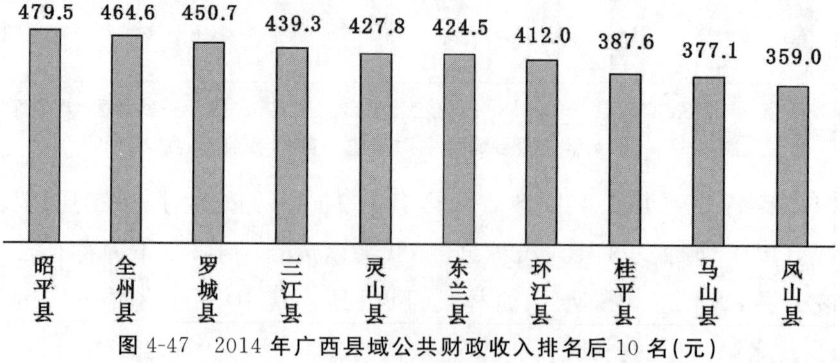

图 4-47　2014 年广西县域公共财政收入排名后 10 名(元)

(3)县域生产总值公共财政贡献率排名

2014 年,全区生产总值公共财政贡献率为 9.1%,县域生产总值公共财政贡献率为5.7%,各地市县域生产总值公共财政贡献率排名依次为:防城港市、崇左市、梧州市、百色市、南宁市、桂林市、河池市、玉林市、柳州市、钦州市、贺州市、来宾市、贵港市、北海市(见图 4-48)。

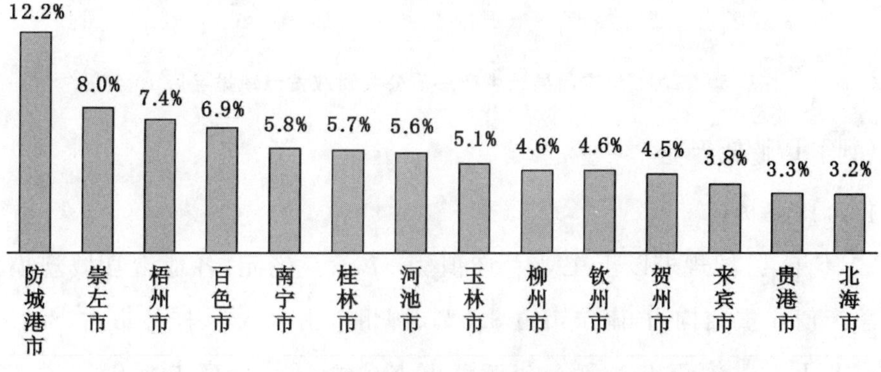

图 4-48 2014 年广西各地市县域生产总值公共财政贡献率排名

2014 年,全区县域生产总值公共财政贡献率排名前 10 位的依次为:凭祥县、苍梧县、东兴市、平果县、上思县、都安县、那坡县、兴安县、隆安县、宾阳县(见图 4-49)。

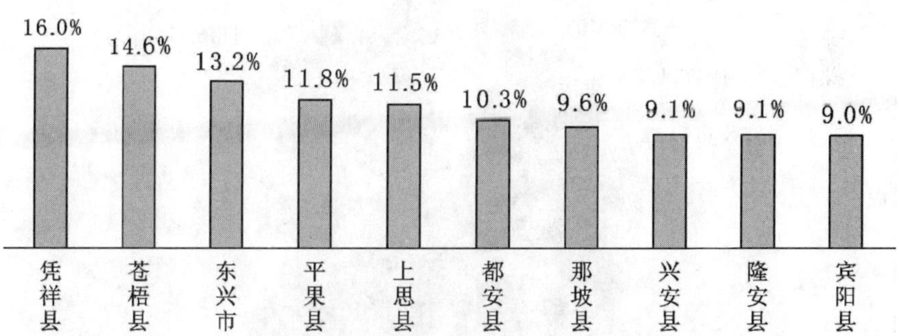

图 4-49 2014 年广西县域生产总值公共财政贡献率排名前 10 名

2014 年,全区县域生产总值公共财政贡献率排名后 10 位的依次为:平乐县、右江区、钟山县、邕宁区、桂平县、灌阳县、全州县、金城江区、天峨县、兴宾区。其中,后 10 位次的 3 位分布在桂林市(见图 4-50)。

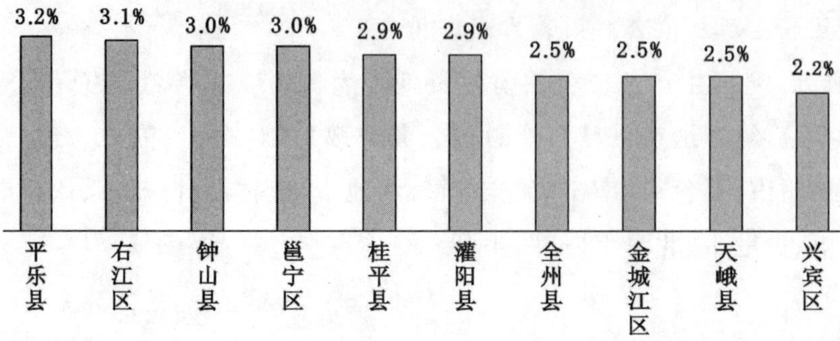

图 4-50　2014 年广西县域生产总值公共财政贡献率排名后 10 名

(四)工业总产值

1. 占比分析

2014 年,县域规模以上工业总产值为 8734.5 亿元,各地市县域规模以上工业总产值比重结构为:南宁市占 8.2%、柳州市占 6.5%、桂林市占18.4%、梧州市占 9.1%、北海市占 1.5%、防城港市占 2.4%、钦州市占 4.0%、贵港市占 5.3%、玉林市占 12.7%、百色市占 10.5%、贺州市占 4.4%、河池市占 4.3%、来宾市占 6.0%、崇左市占 6.7%(见图 4-51)。

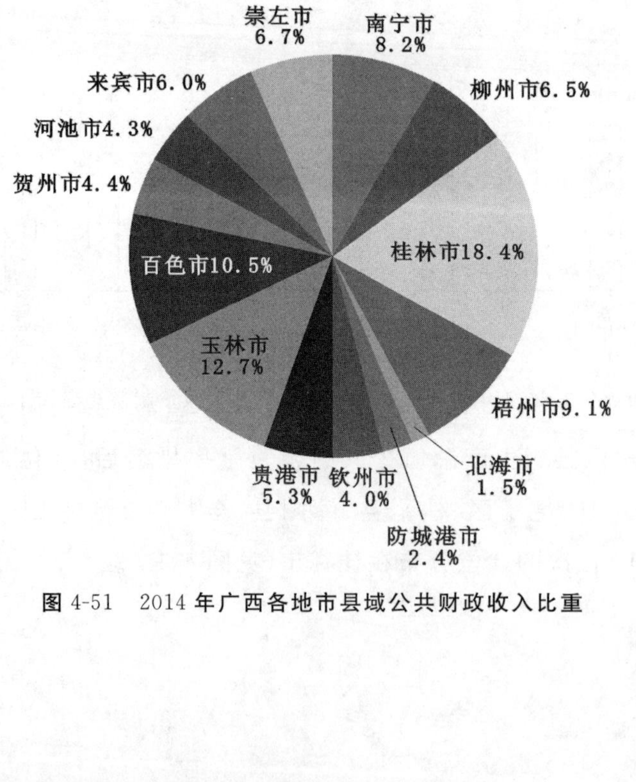

图 4-51　2014 年广西各地市县域公共财政收入比重

2.排名分析

2014 年,各地市县域规模以上工业总产值排名依次为:桂林市、玉林市、百色市、梧州市、南宁市、崇左市、柳州市、来宾市、贵港市、贺州市、河池市、钦州市、防城港市、北海市。排名第一位的桂林市工业总产值是末位北海市的 12.4 倍(见图 4-52)。

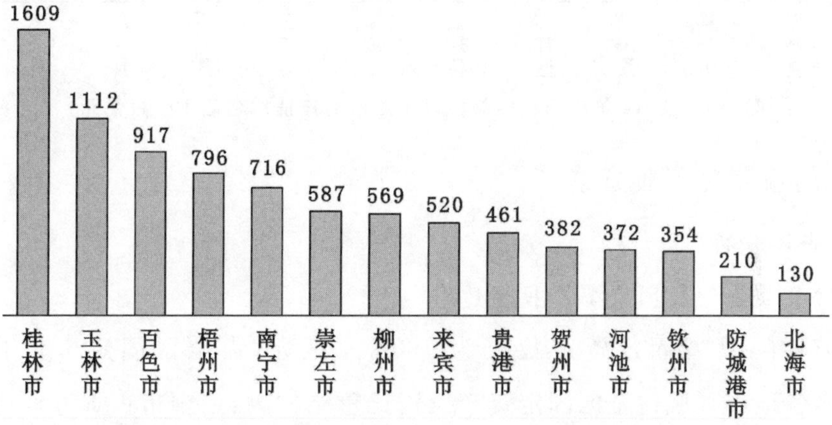

图 4-52 2014 年广西各地市县域规模以上工业总产值排名(亿元)

2014 年,全区县域规模以上工业总产值排名前 10 位的依次为:岑溪市、临桂区、陆川县、北流市、桂平县、藤县、横县、柳江县、兴宾区、靖西市。其中,前 10 位次的 4 位分别分布在梧州市、玉林市(见图 4-53)。

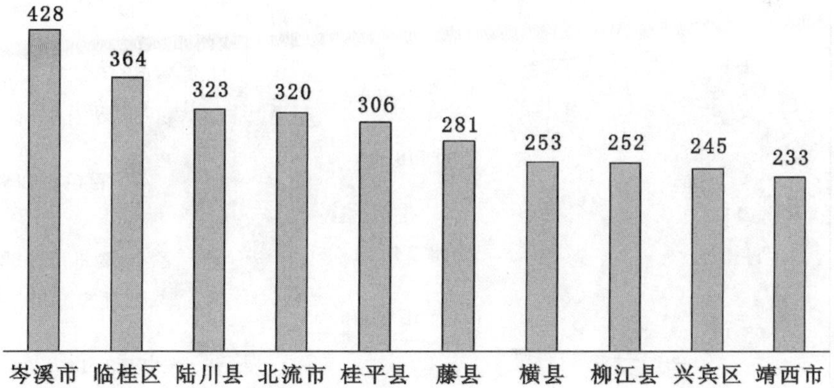

图 4-53 2014 年广西省县域规模以上工业总产值排名前 10 名(亿元)

2014 年,全区县域规模以上工业总产值排名后 10 位的依次为:巴马县、都安县、凤山县、右江区、金秀县、那坡县、三江县、西林县、东兰县、乐业县。其中,后10位次的8位分别分布在百色市、河池市。排名第一位的规模以上工业总产值是末位的428.0倍(见图4-54)。

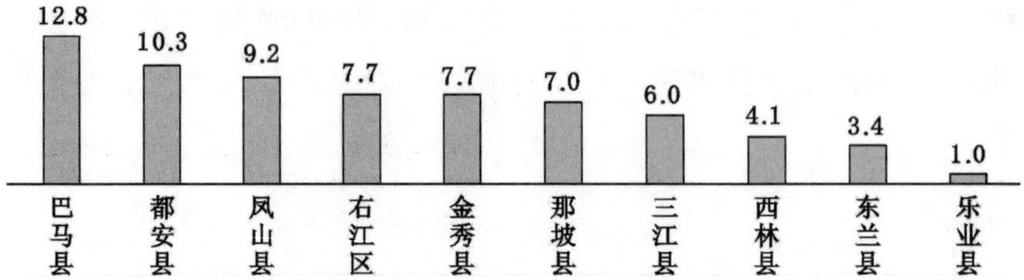

图4-54　2014年广西县域规模以上工业总产值排名后10名(亿元)

(五)固定资产投资

1. 占比分析

(1)县域占全区固定资产投资比重

2014年,县域固定资产投资为7608.5亿元,占全区固定资产投资的55.0%,各地市县域占全区固定资产投资比重结构为:南宁市占6.6%、柳州市占4.6%、桂林市占8.9%、梧州市占3.5%、北海市占1.2%、防城港市占1.1%、钦州市占1.7%、贵港市占2.0%、玉林市占5.5%、百色市占6.5%、贺州市占3.8%、河池市占2.5%、来宾市占3.1%、崇左市占4.0%(见图4-55)。

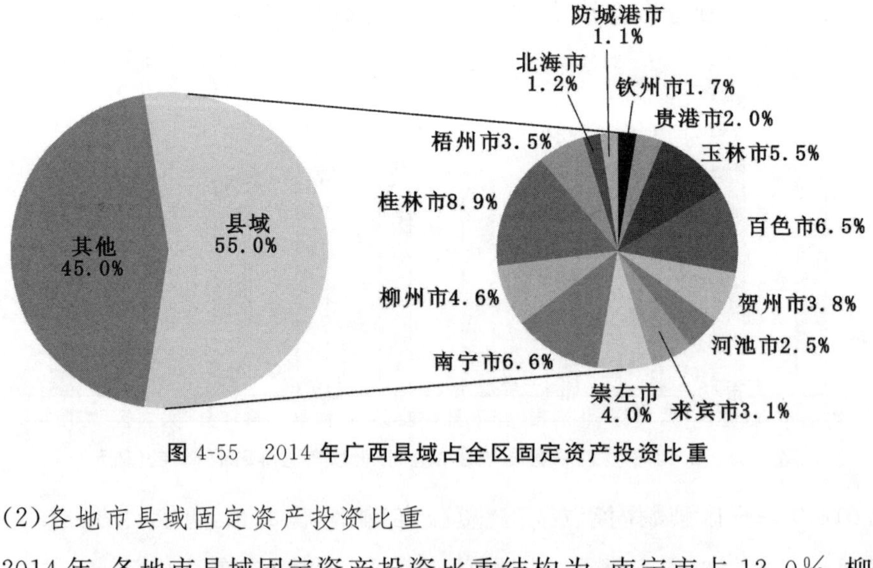

图4-55　2014年广西县域占全区固定资产投资比重

(2)各地市县域固定资产投资比重

2014年,各地市县域固定资产投资比重结构为:南宁市占12.0%、柳州市占 8.4%、桂林市占 16.2%、梧州市占 6.3%、北海市占 2.1%、防城港市占 2.0%、钦州市占 3.0%、贵港市占 3.7%、玉林市占 10.0%、百色市占11.8%、贺州市占 7.0%、河池市占 4.5%、来宾市占 5.8%、崇左市占 7.2%(见图 4-56)。

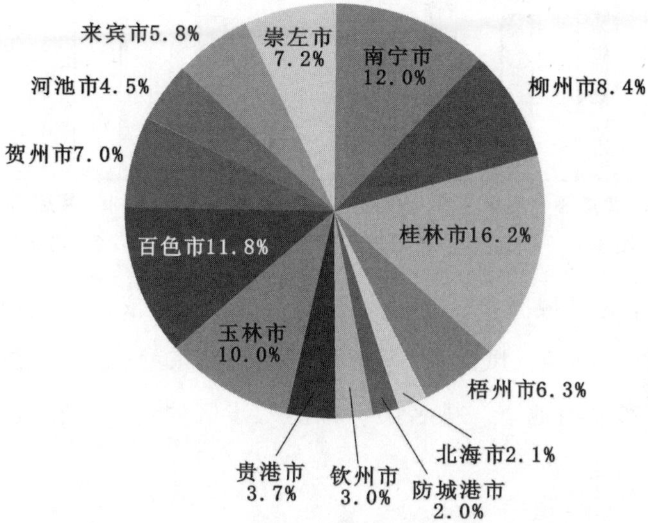

图 4-56 2014 年广西各地市占县域固定资产投资比重

2. 排名分析

2014 年,各地市县域固定资产投资排名依次为:桂林市、南宁市、百色市、玉林市、柳州市、崇左市、贺州市、梧州市、来宾市、河池市、贵港市、钦州市、北海市、防城港市。其中,桂林市固定资产投资为防城港市的 8.0 倍(见图 4-57)。

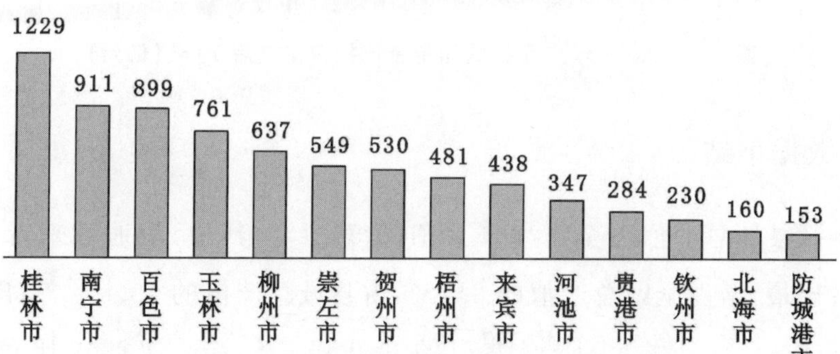

图 4-57 2014 年广西各地市固定资产投资排名(亿元)

2014 年,全区县域固定资产投资排名前 10 位的依次为:八步区、武鸣区、兴宾区、岑溪市、临桂区、横县、宾阳县、北流市、藤县、博白县。其中,前 10 位次的3位分布在南宁市(见图4-58)。

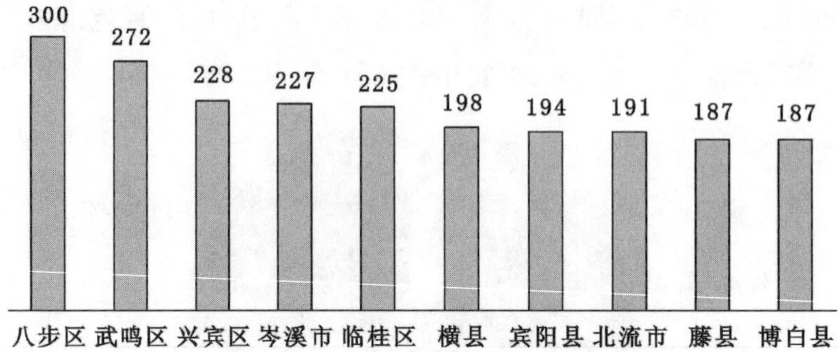

图4-58　2014年广西县域固定资产投资排名前10名(亿元)

2014年,全区县域固定资产投资排名后10位的依次为:合山市、西林县、巴马县、田林县、那坡县、凤山县、苍梧县、天峨县、东兰县、金秀县。其中,后10位次的4位分布在河池市。排名第一位的八步区固定资产投资是末位金秀县的17.0倍(见图4-59)。

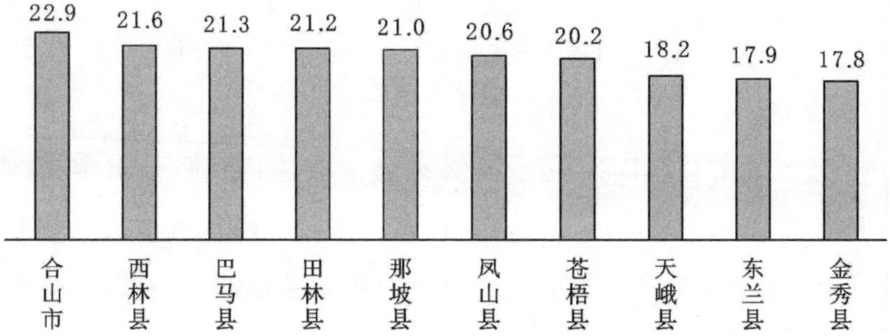

图4-59　2014年广西县域固定资产投资排名后10名(亿元)

三、数据小结

1. 全区县域总产值占全省生产总值的53.1%,其中,从地市来看,桂林市总产值占比最大,占全区总产值的8.4%,占县域总产值的15.8%,高出排名第二位的玉林市41.6%,为防城港市的8.9倍。全省三次产业比重结构为15.4∶46.8∶37.8,县域三次产业结构比重为24.1∶46.7∶29.2。

2. 全区县域生产总值排名,桂林市位居第一,玉林市囊括全区前10位次的3位;凤山县排名末位,后10位次的5位分布在百色市。排名第一位的生产总值是末位的 16.1 倍，后 10 位的生产总值总和仅占排名第一位桂林市的 88.0%。

3. 全区人均生产总值约为 3.3 万元，县域人均生产总值 1.9 万元，为全区平均水平的 57.6%。全区县域人均生产总值排名，东兴市位居第一，桂林市囊括全区前 10 位次的 5 位；都安县排名末位，后 10 位次的 5 位分布在河池市。排名第一位的人均生产总值是末位的 11.4 倍。

4. 县域占全区公共财政收入的比重为 33%，其中，桂林市占比最大，占全区 5.3%，占县域 15.9%。全区人均公共财政收入为 2991.3 元，县域人均公共财政收入为 1078 元，县域为全区人均公共财政收入水平的 36.0%。

5. 全区县域公共财政收入排名，第一位为岑溪市，末位是凤山县，第一位的公共财政收入是末位的 23.0 倍。人均县域公共财政收入排名，第一位为凭祥县，末位是凤山县，第一位的公共财政收入是末位的 21.9 倍。

6. 全区生产总值公共财政贡献率为 9.1%，县域生产总值公共财政贡献率为 5.7%，县域是全区平均水平的 62.6%。全区各地市县域生产总值公共财政贡献率排名，第一位为防城港市，贡献率为 12.2%，末位是北海市，贡献率为 3.2%。全区县域生产总值公共财政贡献率排名，第一位为凭祥县，贡献率为 16.0%，末位是兴宾区，贡献率为 2.2%，第一位的贡献率是末位的 7.3 倍。

7. 全区县域规模以上工业产值为 8734.5 亿元，桂林市占比最大，占县域规模以上工业总产值的 18.4%，是末位北海市的 12.4 倍；从县域来看，全区县域规模以上工业总产值排名，岑溪县排名第一位，乐业县排名末位，排名第一位的规模以上工业总产值是末位的 428.0 倍。

8. 全区县域固定资产投资为 7608.5 亿元，占全区固定资产投资的 55.0%，其中，桂林市占比最大，占全区的 8.9%，占县域的 16.2%。全区县域固定资产投资排名，南宁市囊括全区前 10 位次的 3 位，排名第一位的八步区固定资产投资是末位金秀县的 17.0 倍。

附录:

广西壮族自治区 110 个县级行政区划单位(37 个市辖区、8 个县级市、53 个县、12 个自治县)

广西壮族自治区 81 个县域行政区划单位(8 个市辖区,8 个县级市,53 个县、12 个自治县)

地市	县域	行政区域面积(平方公里)	户籍人口(万人)	地区生产总值(万元)	人均生产总值(元)	第一产业增加值(万元)	第二产业增加值(万元)	第三产业增加值(万元)	公共财政收入(万元)	人均财政收入(元)	生产总值公共财政贡献率	规模以上工业总产值(万元)	固定资产投资(万元)
南宁市 【7 区 5 县(市)】 不包含在内:兴宁区、青秀区、江南区、西乡塘区、良庆区	邕宁区	1254	35	586162	16747.5	232686	144267	209209	17685	505.3	3.0%	167296	922523
	武鸣区	3389	70	2660717	38010.2	689756	1374467	596494	119017	1700.2	4.5%	2238731	2719802
	隆安县	2306	42	564437	13439.0	227009	179017	158411	51260	1220.5	9.1%	543557	536560
	马山县	2345	56	454056	8108.1	153176	124657	176223	21115	377.1	4.7%	134455	480319
	上林县	1871	49	450836	9200.7	184126	100927	165783	24358	497.1	5.4%	260605	525626
	宾阳县	2298	106	1731012	16330.3	416592	651189	663231	156000	1471.7	9.0%	1290048	1941329
	横　县	3448	125	2386498	19092.0	640580	1077301	668617	119663	957.3	5.0%	2528764	1982018
柳州市 【4 区 6 县(市)】 不包含在内:城中区、鱼峰区、柳南区、柳北区	柳江县	2537	56	1878711	33548.4	351498	951703	575510	74184	1324.7	3.9%	2518426	1842791
	柳城县	2114	41	1029491	25109.5	357460	396946	275085	42771	1043.2	4.2%	803523	876180
	鹿寨县	2975	41	1147187	27980.2	279416	552939	314832	49420	1205.4	4.3%	1380907	1433124
	融安县	2900	33	527044	15971.0	151990	198157	176897	39588	1199.6	7.5%	427794	749195
	融水苗族自治县	4638	51	660707	12955.0	151326	318663	190718	35540	696.9	5.4%	503109	755063
	三江侗族自治县	2417	39	373132	9567.5	160070	94391	118671	17133	439.3	4.6%	60406	717439

续表

地市	县域	行政区域面积（平方公里）	户籍人口（万人）	地区生产总值（万元）	人均生产总值（元）	第一产业增加值（万元）	第二产业增加值（万元）	第三产业增加值（万元）	公共财政收入（万元）	人均财政收入（元）	生产总值公共财政贡献率	规模以上工业总产值（万元）	固定资产投资（万元）
桂林市 【6区11县(市)】不包含在内：秀峰区、叠彩区、象山区、七星区、雁山区	临桂区	2247	49	2157671	44034.1	374918	1386078	396675	162398	3314.2	7.5%	3641599	2250306
	阳朔县	1436	32	979683	30615.1	217176	383773	378734	55295	1728.0	5.6%	485650	953236
	灵川县	2302	38	1330269	35007.1	327886	646239	356144	107627	2832.3	8.1%	1864430	1604702
	全州县	3979	83	1524640	18369.2	444482	621704	458454	38562	464.6	2.5%	1538193	1248758
	兴安县	2333	38	1461724	38466.4	299621	778427	383676	133142	3503.7	9.1%	1795143	1547835
	永福县	2795	28	1028701	36739.3	224814	643929	159958	34324	1225.9	3.3%	1629680	845167
	灌阳县	1835	29	639093	22037.7	163125	324553	151415	18224	628.4	2.9%	832000	476074
	龙胜各族自治县	2538	18	498764	27709.1	100261	287159	111344	30092	1671.8	6.0%	466699	403241
	资源县	1954	18	450129	25007.2	96622	222560	130947	24623	1367.9	5.5%	443634	466186
	平乐县	1919	45	960343	21341.0	366972	344924	248447	30625	680.6	3.2%	864232	788877
	荔浦县	1760	39	1319799	33841.0	283821	618153	417825	84908	2177.1	6.4%	1593101	981958
	恭城瑶族自治县	2139	30	760984	25366.1	229018	356834	175132	32507	1083.6	4.3%	932129	722459

续表

地市	县域	行政区域面积（平方公里）	户籍人口（万人）	地区生产总值（万元）	人均生产总值（元）	第一产业增加值（万元）	第二产业增加值（万元）	第三产业增加值（万元）	公共财政收入（万元）	人均财政收入（元）	生产总值公共财政贡献率	规模以上工业总产值（万元）	固定资产投资（万元）
梧州市【3区4县(市)】不包含在内：万秀区、长洲区、龙圩区	苍梧县	2758	40	323300	8082.5	134800	117700	70800	47080	1177.0	14.6%	181426	201892
	藤县	3946	107	1944225	18170.3	452491	1150228	341506	121419	1134.8	6.2%	2807376	1872711
	蒙山县	1279	22	568987	25863.0	108853	293313	166821	25695	1168.0	4.5%	687639	461687
	岑溪市	2784	94	2182961	23223.0	322697	1483055	377209	180791	1923.3	8.3%	4281480	2269819
北海市【3区1县(市)】不包含在内：海城区、银海区、铁山港区	合浦县	2762	106	1869566	17637.4	740524	536734	592308	61701	582.1	3.3%	1302717	1604895
防城港市【2区2县(市)】不包含在内：港口区、防城区	上思县	2810	24	659658	27485.8	184105	333908	141645	75970	3165.4	11.5%	979300	475631
	东兴市	589	14	809761	57840.1	137860	349511	322390	107266	7661.9	13.2%	1116616	1053739
钦州市【2区2县(市)】不包含在内：钦南区、钦北区	灵山县	3558	163	1631541	10009.5	579378	523308	528855	69726	427.8	4.3%	1726369	1160706
	浦北县	2526	92	1442992	15684.7	356092	692400	394500	66340	721.1	4.6%	1809570	1143082
贵港市【3区2县(市)】不包含在内：港北区、港南区、覃塘区	平南县	2984	149	1855805	12455.1	467220	701530	687055	76535	513.7	4.1%	1553270	1190116
	桂平县	4071	196	2648517	13512.8	553878	1384596	710043	75963	387.6	2.9%	3059708	1653593

续表

地市	县域	行政区域面积（平方公里）	户籍人口（万人）	地区生产总值（万元）	人均生产总值（元）	第一产业增加值（万元）	第二产业增加值（万元）	第三产业增加值（万元）	公共财政收入（万元）	人均财政收入（元）	生产总值公共财政贡献率	规模以上工业总产值（万元）	固定资产投资（万元）
玉林市【2区5县(市)】不包含在内：玉州区、福绵区	容县	2257	85	1475555	17359.5	329505	784967	361083	81083	953.9	5.5%	2107521	1212477
	陆川县	1554	109	2025602	18583.5	303596	1114209	607797	93608	858.8	4.6%	3225261	1502652
	博白县	3836	182	2038586	11201.0	721683	753223	563680	104712	575.3	5.1%	1641808	1870345
	兴业县	1468	76	1195314	15727.8	358486	511223	325605	68609	902.8	5.7%	950648	1113564
	北流市	2472	147	2521373	17152.2	403896	1354377	763100	126866	863.0	5.0%	3196500	1907175
百色市【1区11县(市)】	右江区	3718	35	1761902	50340.1	238582	899761	623559	55333	1580.9	3.1%	77422	1215086
	田阳县	2373	35	1037735	29649.6	224011	579268	234456	70349	2010.0	6.8%	1310112	1200103
	田东县	2813	43	1199086	27885.7	243110	678211	277765	88217	2051.6	7.4%	1543084	1530065
	平果县	2457	51	1322678	25934.9	135308	941588	245782	155843	3055.7	11.8%	2294458	1530066
	德保县	2580	37	635564	17177.4	97328	408762	129474	55734	1506.3	8.8%	864226	785871
	靖西市	3326	66	1299197	19684.8	144789	910401	244007	94816	1436.6	7.3%	2332384	1300110
	那坡县	2223	21	197267	9393.7	66386	55263	75618	18865	898.3	9.6%	70289	210021
	凌云县	2057	22	246010	11182.3	72110	100500	73400	10846	493.0	4.4%	182500	252099
	乐业县	2633	17	174335	10255.0	62008	41967	70360	10614	624.4	6.1%	10424	249090
	田林县	5524	26	323039	12424.6	122748	86779	113512	15641	601.6	4.8%	171793	212147
	西林县	2997	16	186495	11655.9	82170	35361	68964	8890	555.6	4.8%	41447	216226
	隆林各族自治县	3518	40	452552	11313.8	96700	196279	159573	23250	581.3	5.1%	270900	285098

续表

地市	县域	行政区域面积（平方公里）	户籍人口（万人）	地区生产总值（万元）	人均生产总值（元）	第一产业增加值（万元）	第二产业增加值（万元）	第三产业增加值（万元）	公共财政收入（万元）	人均财政收入（元）	生产总值公共财政贡献率	规模以上工业总产值（万元）	固定资产投资（万元）
贺州市【1区3县(市)】	八步区	5517	117	2384354	20379.1	455758	1162390	766206	116648	997.0	4.9%	2297143	2996393
	昭平县	3273	44	564661	12833.2	183080	183473	198108	21100	479.5	3.7%	225550	700829
	钟山县	1472	44	764950	17385.2	154009	354975	255966	23092	524.8	3.0%	631437	872858
	富川瑶族自治县	1572	33	557437	16892.0	187088	227423	142926	24641	746.7	4.4%	665157	732716
河池市【1区10县(市)】	金城江区	2346	34	988388	29070.2	110913	422366	455109	24864	731.3	2.5%	873700	765669
	南丹县	3905	32	726768	22711.5	108013	419217	199538	63078	1971.2	8.7%	1171382	406591
	天峨县	3184	18	430617	23923.2	67495	276089	87033	10704	594.7	2.5%	368164	181720
	凤山县	1738	22	164814	7491.5	51574	39902	73338	7899	359.0	4.8%	92412	205505
	东兰县	2437	31	206352	6656.5	64687	51065	90600	13161	424.5	6.4%	34175	178524
	罗城仫佬族自治县	2692	38	369745	9730.1	140824	91312	137609	17126	450.7	4.6%	151737	236598
	环江毛南族自治县	4553	37	388684	10505.0	165230	93817	129637	15243	412.0	3.9%	175320	248049
	巴马瑶族自治县	1976	28	264916	9461.3	93541	72880	98495	21144	755.1	8.0%	127695	213431
	都安瑶族自治县	4116	70	354649	5066.4	122464	79573	152612	36566	522.4	10.3%	103036	316337
	大化瑶族自治县	2750	46	446730	9711.5	82268	238257	126205	39933	868.1	8.9%	231616	255005
	宜州市	3857	66	993999	15060.6	365758	269660	358581	48846	740.1	4.9%	386405	458008

续表

地市	县域	行政区域面积（平方公里）	户籍人口（万人）	地区生产总值（万元）	人均生产总值（元）	第一产业增加值（万元）	第二产业增加值（万元）	第三产业增加值（万元）	公共财政收入（万元）	人均财政收入（元）	生产总值公共财政贡献率	规模以上工业总产值（万元）	固定资产投资（万元）
来宾市【1区5县(市)】	兴宾区	4403	112	2503985	22357.0	542159	977070	984756	56026	500.2	2.2%	2454085	2276209
	忻城县	2541	43	515500	11988.4	176105	173497	165898	24703	574.5	4.8%	311418	330703
	象州县	1918	37	912894	24672.8	265175	445669	202050	39872	1077.6	4.4%	910706	673330
	武宣县	1704	45	932848	20730.0	236371	444361	252116	43753	972.3	4.7%	1076835	692204
	金秀瑶族自治县	2469	16	256553	16034.6	78246	67886	110421	20421	1276.3	8.0%	77402	177825
	合山市	366	14	352555	25182.5	36899	183249	132407	22524	1608.9	6.4%	369034	229279
崇左市【1区6县(市)】	江州区	2918	37	1323978	35783.2	231139	576980	515859	90955	2458.2	6.9%	1371200	858921
	扶绥县	2841	46	1237614	27991.6	379167	550031	358416	102017	2217.8	7.9%	1261626	1145046
	宁明县	3704	44	998232	22687.1	276883	453020	268329	85233	1937.1	8.5%	1023958	770098
	龙州县	2311	27	830560	30761.5	212437	336283	281840	59707	2211.4	7.2%	683001	685090
	大新县	2747	38	1012900	26655.3	198537	517057	297306	55807	1468.6	5.5%	1058343	781115
	天等县	2159	45	506389	11253.1	127582	180365	198442	39370	874.9	7.8%	237743	515940
	凭祥县	645	11	539115	49010.5	47995	155744	335376	86352	7850.2	16.0%	234778	730177
合计	81个	215716	4381	83171580	18984.6	20026112	38840990	24304478	4722608	1078.0		87345417	76085004

后　记

中研智业10余年来长期根植于县域,定位于“中国县域综合解决方案提供商和中国县域发展决策服务高端智库”,并努力为县域提供研究咨询和规划设计等综合服务,取得了一些可喜的成绩。应国家大力推进建设新型智库的号召和要求,依托于中研智业10余年县域服务根基,北京中研智库应运而生,并继续秉承专注县域打造专业高端智库。县域智库如何做,如何破题,如何提供有价值的资讯成果,虽然感觉熟悉,但是顿显茫然,因此清空归零,彻下决心,从县域基础性研究做起,选择西部县域为关注起点,才有了《中国西部县域经济数据报告(2015)》的粗浅拙作。

编著过程中遇到最大的困难则是数据量大、部分数据缺失、辨别及汇总整理难度大等问题。本报告虽然仅选择了反映县域经济的主要几个常规和关键指标,但涉及12个省市自治区900余个县区,已形成了庞大的数据库。为了保证数据的正确性、合法性、完整性、一致性,项目组以《中国县域统计年鉴》、《中国统计年鉴》、《中国乡镇行政区划简册》、《各省市自治区统计年鉴》、《统计公报》、《相关区县统计公报》、政府工作报告等为数据来源渠道,同时电话访问了解相关省市区县部分负责人,经过查阅、比对、核实、入库等,在项目组的坚持不懈努力下,最终形成了本报告。

中研智业经济系列丛书已正式出版了7本,这是第8本,但进行县域经济数据报告的编著尚属首次，缘于数据的滞后、部分数据的缺失、官方数据查询难度大等现实问题及编者水平能力的局限，还存在一些不足，恳请读者谅解并批评指正。在以后的县域数据报告编著过程中，我们将进一步更加完善、充实和深化。

最后，感谢项目组的艰辛工作和努力付出！感谢为我们项目组提供工作支持和方便的各省市及区县的相关人员！

樊 森

2017 年 3 月